우남 이승만 전집 3

한국교회핍박 외

하와이 도착 직후 입주한 집(cottage) 앞의 이승만. 아래의 글씨는 이승만의 친필. 이승만은 호놀룰루 푸우누이(Pu'unui) 구역에 있는 이 집에서 『한국교회핍박』을 집필했다.
(연세대 이승만연구원 소장)

105인사건으로 애국지사들이 압송되는 장면.

윤치호 (국가기록원 소장)

언더우드(Horace G. Underwood)

1908년 서울 종로에 신축된 황성기독교청년회관(皇城基督敎青年會館: 서울YMCA). 이승만이 귀국한 후 1911년 왼쪽 끝부분에 체육관이 증축되었다. 이승만은 이 건물내 3층의 지붕 밑방에서 기거했다. (연세대 이승만연구원 소장)

1912년경 서울YMCA의 간부들과 학생 연합회 대표들이 함께 찍은 사진. 맨 끝에 서있는 이가 YMCA의 총무 질레트(Philip L. Gillett)이고 그 아래가 이승만이다. 맨앞 가운데 인물은 회우부 간사 김일선이고 그의 오른편에 서있는 이가 브로크만(Frank M. Brockman) 협동총무이다. (연세대 이승만연구원 소장)

이승만이 이끈 서울YMCA의 성경연구반 학생들의 뒷모습(1911년). 건물의 정문앞 가운데에 질레트 총무와 이승만의 모습이 보인다. 옆의 글씨는 이승만의 친필이다.

(연세대 이승만연구원 소장)

이승만이 호놀룰루에 도착한 날(1913. 2.3) 시내에서 출영객들과 함께 찍은 사진. 가운데가 이승만이고 왼쪽 끝이 박용만이다. 이날 부친의 부고에 접한 이승만의 표정은 침통하다. (연세대 이승만연구원 소장)

호놀룰루 오아후(Oahu)섬의 공원에서 친구들과 피크닉을 즐기고 있는 이승만과 동포들 (1913.7.19). (연세대 이승만연구원 소장)

우남 이승만 전집 3

한국교회핍박 외

김명구 역주 · 해제

연세대학교 대학출판문화원

『우남 이승만 전집』 발간에 즈음하여

성경은 모세가 이스라엘 건국의 기초가 되었다고 말해 줍니다. 모세를 통해 주어진 율법은 이스라엘의 정신이 되었고 서구 국가 기초의 한 자락이 되었습니다. 모세는 비록 한 때 젊은 혈기로 애굽인을 죽인 적도 있었고, 하나님의 뜻에 따라 가나안 땅으로 들어가지도 못했습니다. 그럼에도 이스라엘 국민은 모세의 위대한 행위와 업적을 일방적으로 외면하지 않았습니다. 오히려 민족사랑의 진실됨을 기술하며 그 위대함을 자랑하고 있습니다. 기독교는 인간의 공과(功過)를 물을 때, 과오를 먼저 내세우지 않기 때문입니다. 그런데 우리 대한민국은 이승만 대통령에 대해 너무나 인색합니다. 정확한 지식과 이해가 없이, 우리 사회 일각에서는 삼가야 할 모욕도 서슴지 않습니다.

기독교 복음을 받아드린 후, 한성감옥에서 이승만은 이렇게 간구했습니다. "오 하나님 저를 구원해주시고 우리나라도 구원해 주옵소서." 이후 개인구원뿐만 아니라 한국을 구원해야 한다는 사명감은 그의 인생의 주제가 되었습니다. 그의 신앙고백과 사상은 대한민국 수립으로 이어졌고, 그래서 하나님 앞에 기도드림으로 제헌국회를 시작했습니다. 하나님이 이 땅을 주관하시도록 간구했고, 그 결과 오늘날 대한민국은 그

정신과 수준을 세계적 차원으로 올려놓을 수 있었습니다.

이승만은 대한민국의 체제를 구축했고 국가 존립에 필수적인 요건들을 확보했습니다. 그는 청년 개혁운동가, 한국의 초기 언론인, 대한민국 임시정부의 대통령, 외교독립운동의 주창자, 한국기독교의 지도자, 대한민국의 기초를 놓은 대통령, 공산 책동의 위험을 이겨내고 창의적 정책으로 대한민국의 미래를 준비한 대통령으로 유명합니다. 그럼에도 대한민국 첫 대통령은 말년의 실정으로 인한 오명과 좁은 정치의 틀 속에 갇혀 정당한 평가를 받지 못하고 있습니다. 그는 죽어서 하와이에서 돌아올 수 있었습니다. 그렇지만 수많은 국민들의 애도 속에 동작동 국립묘지에 안장되었습니다.

첫 단추를 잘못 끼운 것처럼, 대한민국의 모든 대통령들의 마지막이 불행했습니다. 역사는 우리에게 이것을 일러줍니다. 우리가 이승만 대통령을 제대로 밝힐 때, 앞으로 대한민국 미래의 대통령들도 행복한 정치를 할 수 있으리라 믿습니다.

현금의 대한민국에서 북한의 김일성과 박헌영의 전집도 읽혀지고 있습니다. 그러나 이승만의 저술들은 몇 권의 발간에 그치고 있습니다. 한국교회와 한국 역사 앞에 이를 부끄러워하며 우리는 가장 선행적이며 기초적인 작업으로 『우남 이승만 전집』 발간을 시작했습니다. 우리 '우남이승만전집발간위원회'는 그의 저작들을 성공적으로 발간해 그의 전체 삶이 얼마나 열정적이었고 그가 대한민국과 대한의 백성들을 얼마나 사랑했는지 밝히고자 합니다. 또한 그의 과오가 무엇인지도 정확히 드러내고자 합니다. 그래서 그에게 덧씌워 있던 오해들이 있다면 이를 풀고자 합니다. 또한 그 과오가 드러나면 대한민국이 타산지석으로 삼을 수 있도록 하려 합니다. 이승만 대통령에 대한 올바른 역사해석이 이루어지면 대한민국이 올바른 진로를 찾을 수 있을 것이며, 대한민국 국민이 행복해 할 것이고, 하늘나라에 계신 그 분도 감사할 것입니다.

기독교인의 한 사람으로 나는 좁은 틀이나 법의 한 구절로 이승만을 볼 것이 아니라, 역사의 주관자이시고 결정자이신, 우리 기독교 언어로 표현한다면 하늘의 눈으로 이승만을 해석해야 한다고 생각합니다. 하나님은 어떤 이의 부정적 단편으로 인해 그 인생 전체를 부정하지 않으시기 때문입니다. 긍정과 부정을 공평하게 평가하되 선하신 목적으로 이끌어 가시는 분이기 때문입니다. 그렇지만 이승만에 대한 평가는 전집을 대하는 독자들의 손에 달렸습니다.

『우남 이승만 전집』은 약 35권으로 발간될 예정입니다. 한국교회가 나섰지만 각계의 관심과 격려, 그리고 지원이 절실합니다. 대한민국과 우리 사회의 정체성을 확인하기 위한 작업이고 함께 해야 하는 사업이기 때문입니다. 우리는 이 사업이 대한민국의 정통성을 확립하고 한국역사를 올바로 이해하는데 초석의 역할을 다할 것으로 믿어 의심치 않습니다.

『우남 이승만 전집』 발간사업의 절실함에 적극 동의하시는 이건수 회장님께서 마중물을 마련해 주셨습니다. 이승만건국대통령기념사업회를 이끌고 계신 신철식 회장님, 현경사회복지회 김현태 회장님, 우남소사이어티 김영수 회장님, 미국에서 대한민국을 위해 활동 중이신 양동자 전 총장님과 크리스챤포럼 회원들께도 감사드립니다. 그리고 본인이 속해 있는 인천제일교회의 교인 여러분들과 여러 기관에서 재정 지원과 기도로 성원해 주셨습니다. 선한 뜻이 하늘에 닿을 것입니다.

이제 『우남 이승만 전집』 발간의 첫 열매로 세 권의 책, 곧 『독립정신 역주본』, 『독립정신 영인본』, 『한국교회핍박 외』가 나왔습니다. 이를 위해 수고하신 모든 분들에게 감사드립니다. 전집 발간을 처음 제안하시고 학문적 작업을 주관하고 계신 연세대학교 이승만연구원 김명섭 원장님에게 하나님은 큰 축복의 문을 열어 주실 것입니다. 또한 전집발간위원회와 이승만연구원을 오가며 협력을 이끌어내신 하관철 목사님, 『독립정신』의 번역뿐만 아니라 전집 사업의 총무 역할로 애쓰시는 오영섭 연구교수님, 기독교 통사를 쓰시면서 『한국교회핍박』 번역 및 해제 작업에 참여해 주신 김명구 연구교수님, 그리고 옆에서 이 사업을 도운 이승만연구원의 연구팀에게도 감사를 드립니다. 학문적 조언을 아끼지 않으신 유영익 교수님을 비롯한 여러 학자들께도 경의를 표합니다. 특히 발간 위원을 자청하시고 허락하신 모든 분들께도 큰 감사를 드립니다. 하나님의 역사책에 그 지혜와 헌신이 기록될 것입니다.

2019년 3월

우남이승만전집발간위원회를 대표해서

이 규 학 감독(Bishop)

『우남 이승만 전집』 발간을 시작하며

역사적으로 큰 영향을 남긴 인물의 유작들을 모은 전집(全集, Collected Works, Werke, Oeuvres complètes) 출간은 인류문명사의 소중한 전통입니다. 몽골제국의 침략을 받는 와중에 만들어진 『팔만대장경』이나 『조선왕조실록』 같은 기록문화유산을 가진 대한민국에서도 여러 근현대사 인물들의 전집들이 도서관에 비치되어 있습니다. 도산 안창호, 백범 김구, 몽양 여운형, 죽산 조봉암, 그리고 이정 박헌영의 전집들이 출간되었고, 김일성전집도 비치되어 열람되고 있습니다.

대한민국 임시정부와 대한민국 대통령을 지낸 우남 이승만(雩南 李承晩, 1875-1965)의 유작들을 모아 출판하는 일은 정파적 이익을 초월한 문화사업으로 추진되었어야 했습니다. 그럼에도 불구하고 이제까지 『우남 이승만 전집』이 출간되지 못한 것은 한문, 한글, 국한문혼용, 영문, 프랑스어 등으로 되어 있는 그의 저작들이 워낙 방대하기 때문이기도 하지만 그에 대한 정치적 평가가 분분하기 때문이기도 합니다.

미처 공공의 문화사업으로 추진되지 못했던 이 일을 기독교계와 연세대학교를 주축으로 민간에서 추진하게 된 것은 뜻깊은 일입니다. "우상을 섬기지 말라"는 기독교정신은 늘 어떤 정치적 인물을 미화하는 것을 경계하고 냉철하고 객관적인 학문적 입장을 견지하도록 권면하고 있습니다. 1996년 이후 연세대학교는 다른 학교나 기관이 이런 저런 이유로 수증을 기피하기도 했던 우남 이승만 문서를 여러분들의 후원을 받아 보존, 분류, 공개하는 사업을 계속해오고 있습니다.

3.1독립운동과 대한민국 임시정부 수립 100주년이 되는 2019년에 『독립정신』과 『한국교회핍박』을 필두로 『우남 이승만 전집』 발간의 첫 발을 내딛게 된 것은 2016년 11월 18일 연세대학교(총장 김용학)와 우남 이승만전집발간위원회(위원장 이규학)가 체결한 협약서에 기초한 것입니다. 2016년 7월 18일 기독교대한감리회 이규학 감독이 이끄는 〈크리스챤 포럼〉은 연세대학교 이승만연구원의 이승만 전집 간행 취지에 가장 적극적으로 호응했고, 하관철 목사가 담임하고 있는 강화문산교회의 교인들은 '작지만 큰' 헌금을 최초로 모아주셨습니다.

연세대학교와 발간위원회 간 협약서가 체결된 다음해인 2017년 9월 26일 연세대학교 알렌관에서 이승만전집발간위원회 창립모임이 이규학 발간위원장의 주재로 개최되었습니다. 멀리 미국에서 참석한 양동자 하워드대학교 명예교수의 기도로 시작된 이 자리에서 교계와 학계 명사들의 격려사가 이어졌습니다. 1960년 4월 신흥대학(현 경희대) 시위대를 이끌기도 했던 이건수 현 한미동맹재단 명예이사장이 이승만 전 대통령과의 개인적 악연과 한국현대사의 이면을 증언하며 지원을 약속했습니다. 2017년 11월 13일 연세대학교 김용학 총장실에서 이건수 이사장의 기금이 전달되어 전집 발간사업이 본격적인 궤도에 오르게 되었습니다. 2018년 3월 26일에는 연세대학교 알렌관에서 〈이승만대통령 전집 발간을 위한 기독인 대표 모임〉이 이규학 발간위원장의 주재로 발족되었고, 우남이 장로로 장립된 바 있었던 정동제일교회 송기성 목사의 설교말씀이 있었습니다.

이승만건국대통령기념사업회(회장 신철식)와 우남소사이어티(대표 김영수)에서도 『우남 이승만 전집』 발간의 필요성에 공감하여 전집 발간이 완료될 때까지의 후원을 약속했습니다. 이승만 대통령이 활동했던 하와이 독립운동기지와 인연이 깊은 인하대학교 동문회의 큰 어른이신 김현태 회장, 남종우 인하대 명예교수께서도 소중한 후원을 해주셨습니다. 그 밖에 발간위원으로 참여해주신 많은 분들의 정신적, 물질적 지원이 큰 도움이 되었습니다. 이승만의 정치적 과오에 대해 비판적 입장을 견지하는 분들 중에서도 그의 저작이 지닌 문화재적 가치를 인정하여 참여해주신 분들도 계십니다.

이러한 후원 속에 2018년 1월 5일 이화장에서 이인수, 이병구 두 유족 대표들과 연세대학교 이승만연구원 사이에 이승만 저작에 대한 재산권 양도계약이 이루어졌습니다. 우남의 유족 이인수, 조혜자 부부께서 1997년 연세대학교에 기증한 방대한 양의 문화재급 문서들은 『우남 이승만 전집』 발간의 기초가 되었습니다. 1996년 최송옥 여사와 최병설 대표께서 이승만연구를 위해 기증한 우남관은 전집 편찬이 이루어진 산실이 되었습니다.

이승만문서와 우남관은 송자, 김병수, 김우식, 정창영, 김한중, 정갑영 등 역대 총장들과 김용학 현 총장의 각별한 관심 속에 기증자들의 뜻을 존중하여 보존되어 왔습니다. 연세대학교 이승만연구원의 전신인 현대한국학연구소의 유영익 초대 소장을 비롯하여 문정인, 이영선, 한성신, 김혁래, 이정민 전임 소장들, 현대한국학연구소가 연세대학교 교책연구원인 이승만연구원으로 승격된 후 초대 원장을 맡은 류석춘 전임 원장, 그리고 진영재, 김성호, 여인석, 함재학 운영위원들과 최강식 감사, 신현한 감사 등의 노고는 연세대학교 이승만연구원의 역사에 길이 기록될 것입니다.

연세대학교 총무처, 시설처, 조병욱 연세대학교 총동문회 부회장, 그리고 경비관리실 여러분들은 연세대학교 우남관에서 이루어지는 작업뿐만 아니라 우남관 자체가 지닌 문화재적 가치를 소중하게 생각하고, 세세하게 배려해주었습니다. 소중한 문화재를 보존하고, 전승하는 마음으로 전집 출판에 최선을 다해 준 연세대학교 대학출판문화원 관계자들의 노고 또한 이 전집과 함께 길이 기억될 것입니다.

『우남 이승만 전집』 발간을 위해 2017년 11월 4일 개최된 제1차 편집자문회의 이후 편찬체계, 표지 디자인, 번역 방식 등과 관련하여 저명 학자들(김성호, 김명구, 신복룡, 오영섭, 유영익, 이주영, 최연식, 허동현, 홍선표 등)께서 귀중한 고견들을 주셨습니다. 비록 모든 고견들을 취합하여 반영할 수는 없었지만, 많은 시행착오를 줄이고 전집 발간에 박차를 가할 수 있었습니다.

『독립정신』 역주 작업에 매진하는 한편 발간 취지에 공감하여 계획안을 만들고, 편집 및 출판과정에서 수고한 연세대학교 이승만연구원 연구교수 오영섭 박사, 『한국교회핍박』 및 기타 기독교 관련 이승만 저작의 역주 및 해제를 담당하는 한편 기독교계와 연세대 이승만연구원을 연결하는 교량 역할을 담당한 교회사학자 김명구 목사(신학박사)의 노고는 이 전집과 함께 길이 기억될 것입니다. 연세대학교 국문학과 허경진 교수는 『한국교회핍박』 및 기타 기독교 관련 이승만 저작의 교열을 맡아 수고해주었습니다. 대한민국의 역사를 연구하는 한편 이승만연구원의 여러 업무들을 맡아 처리해주고, 전집 발간과 관련한 참신한 의견들을 개진해 준 유지윤, 김주희, 김정민, 한서영, 박현우, 박재원, 홍준석

등 젊은 연구자들이 전집발간과 함께 더욱 성장하기를 기원합니다.

불멸과 무오를 추구하는 기독교정신에 따라 세워진 연세대학교를 통해 다시 햇빛을 보게 된 우남 이승만의 저작들이 가능한 무오하게 출판되어 불멸의 문화재로 남을 수 있기를 기원하며, 여러분의 지속적인 관심과 격려를 부탁드립니다.

2019년 3월

연세대학교 이승만연구원 원장

정치외교학과 교수

김 명 섭

축사

『우남 이승만 전집』이 마침내 발간된 것을 부끄럽고 안타깝지만 뜨거운 가슴으로 축하합니다.

이승만건국대통령기념사업회 회장으로서 또 대한민국 국민의 한 사람으로서 진작에 했어야 할 사업의 첫발을 이제서야 내딛게 되었다는 사실에 가슴 뿌듯한 안도감을 느낍니다.

우리나라 건국대통령의 전집이 없다는 것이 얼마나 창피한 일인지 우리 국민들은 제대로 인식하지 못해 왔습니다. 세계 최빈국이라거나 최약소국이라 해도 자국의 건국대통령과 건국의 역사를 자랑스럽게 여기는 것은 당연하다 하겠습니다. 하물며 대한민국 건국의 역사는 하나님의 기적이라고 할 정도로 대단한 대서사드라마였고 그 주인공은 이승만이었다고 할 것입니다.

이것은 대한민국이 건국 70년만에 세계 최빈국에서 세계 10대 무역대국으로 성장한 역사 그 자체가 입증하고 있는 사실입니다. 박헌영전집이나 김일성전집까지 열람할 수 있는 나라에서 이승만 대통령의 전집만이 없는 채로 지금까지 발전해왔다는 것은 놀라운 일입니다.

이제 총 35여권으로 계획된 『우남 이승만 전집』 발간사업의 첫발을 내딛게 되었습니다. 이승만 대통령은 대한민국 역사상 어떠한 지도자, 어떠한 전직 대통령들보다 많은 저술 활동을 했습니다. 그는 90 평생 시인, 언론인, 계몽운동가, 독립운동가, 정치사상가, 건국운동가, 통치자로서 많은 저작물을 남겼습니다. 이러한 저작물을 모아 발간하는『우남 이승만 전집』은 19세기말부터 20세기 후반에 이르는 한국 근현대사를 올바로 규명하는데 크나큰 역할을 하게 될 것입니다.

2019년은 3 · 1독립운동 100주년이자 이승만이 대한민국임시정부 대통령이 된 해입니다. 이 뜻깊은 해에『우남 이승만 전집』제1차분을 헌정하게 된 것을 기념사업회 회장으로서 무한한 영광으로 생각합니다.

이승만전집발간위원회 위원장이신 이규학 기독교대한감리회 전(前) 감독님, 연세대학교 이승만연구원 김명섭 원장님, 그리고 발간사업에 참여하여 노고를 아끼지 않으신 여러분들께 진심으로 감사와 축하를 드립니다.

아무쪼록『우남 이승만 전집』발간을 계기로 대한민국 건국역사와 이념이 바로 서게 되기를 두 손 모아 기도드립니다.

2019. 3. 26.

이승만건국대통령기념사업회

제11대 회장　신 철 식

목차

한국교회핍박

서문

일본이 한국교회를 핍박하는 이유는 한국인들과의 공동 관계가 매우 크기 때문인데, 이 책을 보게 되면 소상히 알 것이다. 이 책은 내가 목도한 것과 당지에서 미국 각 신문에 전해 알린 것, 미국 각 교회에서 대표를 파송해서 직접 보고한 것, 각 교회 월간지와 미국선교회에서 발간한 글들의 요점을 추려서 간단히 만든 것이다. 그렇지만 깊이 주의하여 보면 당연히 얻는 것이 있을 것이다.

바라는 것이 있는 사람은 일을 하려하고 일을 하려고 하는 사람은 사실을 알려고 한다. 이것은 다름이 아니라, 일을 알아야 바르게 행동할 수 있으며 바르게 행동해야 소망을 이룰 수 있기 때문이다. 만일 알고도 행치 않으면 어떤 결과도 일어나지 않을 것이다. 이 글을 쓰는 의도는 일본이 잘못한 것을 알리려는 것이 아니라 우리가 잘할 수 있다는 것을 알리기 위함이다. 이 뜻을 알고 행동하기를 힘쓰기 바란다. 이 글은 우리 한국 민족 전체에 도움을 줄 것이다. 이 재판의 전말은 장차 기회가 주어지는 대로 번역하여 따로 발간하려 한다.

1913년 3월

이승만 자서[1)]

1) 自序.

한국교회핍박

일본은, 한국을 합병한 이후로, 어떠한 곡절도 겪지 않고[2] 목적한 바를 이루어 왔다. 그런데 이번, 윤치호[3], 양전백[4] 등 123인을 구속하고 재판한 사건으로 인해 비로소 세계 각국에서 논쟁이 일어났으니, 일본으로서 크게 불행한 일이다. 미국 뉴욕의 유명한 월간지 아웃룩[5](1912년 12월 4일자)[6]은 보도하기를,

"동양 각국에서 중대한 범죄 사건으로 인해서 재판 처벌하는 일이 종종 생긴다. 일본 동경이나 청국 북경에서 각기 자기 국민들을 감금하거나 징역에 처하거나 교형이나 참형에 처하더라도, 외국인의 생명과 재산에 관계된 일이 아니면 서양 각국에서는 전혀 상관한 적이 없었다. 그렇지만 이번에 조선 사람 123명의 재판 사건 때문에, 동서양 각국이 이

---

2) 원문에는 "층절(層節) 업시"로 되어 있다.

3) 尹致昊, 1866-1945. 조선, 대한제국의 근대운동가요 정치가 · 교육자 · 사상가 · 언론인이며 기독교운동가였다. 본관은 해평(海平)으로 『독립신문』 발행인이었고 제2대 독립신문사(獨立新聞社) 사장, 만민공동회 최고지도자였다. 서재필이 강제 추방된 이후 독립협회의 중심에 있었다. 한국 남감리교회 최초의 세례교인으로 일본은 윤치호를 '105인사건'의 주모자로 몰았다.

4) 梁甸伯, 1869-1933. 1907년 조선예수교장로회신학교(일명 평양신학교)를 제1회로 졸업했고 한국 최초의 장로교 목사 일곱 명 중 한 사람이 되었다. 선천 신성중학교와 보성여학교를 설립하고 황성기독교청년회(YMCA)의 지도자로도 활동하고 있었다.

5) 1870년에 *The Christian Union* 의 이름으로 창간된 주간지였다가 1893년부터 1928년까지 *The Outlook* 으로 이름이 바뀌었다. 이 잡지는 종교적 주제로부터 사회적 정치적 이슈에 대해 비판적으로 다루었다. 이 잡지는 *The New Outlook* 으로 이름이 바뀌어 발행되다가 1935년에 폐간되었다.

6) 이승만은 1912년 12월 4일자 아웃룩에 '105인사건'이 보도되었다고 하나 이 사건의 내용은 12월 14일자에 보도되었다.

렇게 관심을 기울이는 것은 통상을 시작한 이후로 처음 있는 일이다." 라고 했다.

이 사건의 재판을 시작한 후로 일본과 청국과 아라사[7], 구라파 각국, 미국과 오대리아주[8] 등 모든 나라의 신문과 잡지를 통해 소식이 전해졌을 때, 일본을 비판하거나 변호하기도 하고 한국에 와 있는 미국 선교사들과 한국교인들을 비난하거나 변호하는 등 공론이 자못 분분했다.

세계에서 가장 유력한 신문 중에서, 이 일에 전력을 기울여, 한국인들이 무죄하다는 사실을 연속해 게재한 신문은 뉴욕 헤럴드[9]와 태양보[10]이며, 영국 런던 시사주보와 일본 신호[11]에서 발행하는 재팬크로니클[12] 등 여러 신문이다. 이는 모두 영문으로 발행하는 신문이다. 그 외에도 일본어와 청국어로 발행되는 신문에도 여러 의견들이 분분했다. 교회 신문과 잡지 중에 미국 남감리교회에서 발행하는 주간 『선교잡보』는 서울에서 보내는 직접 보고한 내용을 연달아 게재했다. 뉴욕에서 발행하는 장로교 선교회 기관신문 주간지 컨티넨트[13]도 한국에서 선교사들

---

7) 러시아를 말한다.

8) 오세아니아주를 말한다.

9) *New York Herald*, 1835~1924년 미국 뉴욕 시에서 발행된 일간신문으로 페니페이퍼(1페니짜리 신문) 발행 운동으로 생긴 최초의 신문 중 하나이다. 제임스 고든 베넷(James Gordon Bennett)에 의해 창간되었고, 미국 저널리즘의 효시로 거명되기도 한다.

10) *The New York Sun*. 1833~1950년까지 뉴욕 시에서 발행된 2번째 조간 페니페이퍼였다. 미국에서 오랫동안 영향력 있는 일간 신문들 중 하나였다.

11) 고베(神戶)를 말한다.

12) *Japan Chronicle*. 일본 고베(神戶)에서 영국인이 발행하던 영자신문으로 105인 사건뿐 아니라 「시일야방성대곡」 전문을 게재했고, 3 · 1운동 당시 일본이 저지른 제암리교회 사건 등을 크게 보도하기도 했다.

이 비밀리에 보낸 편지, 선교사들과 일본 통감[14] 데라우치[15]사이에 오고간 전후의 공적 편지[16], 장로교 선교회가 워싱턴에 있는 일본 공사와 교섭한 공문들을 일일이 연속해서 게재했다.[17]

재팬크로니클은 교회신문이 아님에도, 일본 관리들의 불공평한 행정에 대해 일일이 논박한 후에 별도로 책 한권을 출판했다. 작년 6월 27일에 시작하여 8월 27일까지 재판한 전말을 소상히 조사해서 게재했고 선교사들의 의견과 법률가들의 반론을 하나하나 적어 발매했다. 장로교 선교회 총회에서도 공평한 논조와 정직한 논법으로 전후 사정에 대한 논쟁들을 한 권의 책으로 발간해 각 지역에 배포했다. 이것은 모두 문서상 드러난, 대략적인 공론들이다.

작년 겨울 이후, 각 선교회 총무와 감독들이 자기들의 교회를 대표해 워싱턴으로 가서 미국 외교부나 일본 공사와 직접 교섭했던 것이 우리가 알기에도 수차례였다. 특별히 자기들끼리 회의를 하며 비밀리에 의논한 것과 위원들을 파송해서 실정을 탐지하거나 혹은 반대 운동한 것이 여러 번이다. 가장 크게 드러난 것이 작년 10월 11일에 뉴욕에서 특

---

13) *The Continant*. 미북장로교회 기관지였다.

14) 이 책에서 이승만은 데라우치를 통감으로 불렀다. 그러나 데라우치 마사타케(寺內正毅)는 조선총독부 초대 총독이다. 을사늑약 후에 통감부가 만들어지고, 한일강제병합 이후에 조선총독부가 만들어졌다.

15) 데라우치 마사다케(寺內正毅, 1852-1919)

16) 원문에는 공함(公函)으로 되어 있다.

17) 1912년 5월 27일 이후, 미국교회는 주미 일본대사 진다 스테미(珍田捨巳, 1857-1929)의 동의를 받아, 기독교 기관지 등에 일본 대사관과 주고받은 내용들을 공개했다. 그 내용은 미국 감리교여성선교사연합회 보고서(Third Annual Report of the Womann's Missionary Council of the Methodist Episcopal Church, 1912-1923)에 대해 상세히 보고되었다.

별 공회를 열고 이 사건을 의논한 것이다.[18)]

장로교와 남 · 북감리교 선교회 총회와 미국 성서공회와 세계청년회[19)] 총본부에서 각각 대표를 보냈고, 전 미국 국무장관 로우씨[20)]와 포스터[21)] 두 사람과 전 하버드대학 총장 엘리오트[22)]씨와 예일대학교 총장 해들리[23)]씨, 뉴욕 아웃룩 월보사장 아보트[24)] 씨, 그 외에 몇몇의 신사들이 참석해서 난상토론을 했고 결정한 내용을 발표하였다.[25)]

그것을 대략 살펴보면, 미국 각 교회 지도자들이 일본 정부 및 교회 지도자들과 직접 교섭해서 이 일이 공평하게 처리되도록 힘쓰고, 이 사실을 아무쪼록 비밀리에 처리해서 미국 안에 있는 모든 배일[26)] 신문에 전해지지 않도록 하는 것이 좋겠다고 했는데, 이것은 이 일로 인해 미국

---

18) 이 사건의 해결을 위해 1912년 10월 11일 뉴욕의 '알딘클럽'(The Aldine Club)에서 미국 기독교계 지도자들이 모임을 가졌다.

19) 국제청년회를 말한다.

20) 미국의 역대 국무장관 중 이런 이름으로 불린 사람은 없다. 이 자리에 참석한 로우(Seth Low)는 뉴욕 전 시장이었다. 그는 1910년 에딘버러 세계선교사대회 미국 대표로 참석했다.

21) John Watson Foster. 1892년에 미국 제23대 대통령 벤저민 해리슨 6세(Benjamin Harrison VI)정부에서 제32대 국무장관으로 8개월간 일을 했다.

22) Charles William Eliot. 제21대 하버드대 총장으로 1869년 35살의 나이로 총장이 되어 40년 동안 재직하면서 하버드대학을 세계적인 연구 중심대학으로 만든 인물이 되었다.

23) Arthur Twining Hadley. 당시 예일대학 총장이었다.

24) Lyman Abbott. 당시 *The Outlook* 편집장으로 회중교회 목사이다. 기독교 신앙을 개인 문제뿐 아니라 사회문제에도 적용시키는 사회복음을 널리 전파했다. 원문에서 이승만은 그를 사장으로 명기했다.

25) 이 자리에서 14개 항에 걸친 권고문(recommendations)이 만장일치로 채택되었다. 이들은 일본정부와 직접 교섭하기로 했고, 이 문제에 대해 강력히 항의하고 공평히 처리하도록 요구하기로 했다.

26) 排日.

내에 배일사상이 격동되면 도리어 방해될까 염려했기 때문이다.

이런 이유로 각 교회에서는, 이를 구체적으로 알지 못하나, 여러 방면에서 조용히 처리하려 하고 있다. 일부 미국 사람들은 일본 천황에게 직접 글을 보내 한국에 수감되어 있는 교인들을 일시에 사면해 주는, 그런 은사를 베풀어 달라고 하고 있다. 장로교 선교회에서는 이런 일이 크게 옳지 않다고 여겨 공표하기를, "이런 글을 일본 황제에게 보내는 것은 우리가 바라는 것이 아니다. 진실로 한국인들이 죄가 있다면 공개 재판으로 공평히 처리해서 법대로 다스리고, 죄가 없다면 무죄라는 것을 세상에 공포해야 한다. 우리는 일본 황제의 은사를 요구하는 것이 아니요 공정한 법률에 의거해서 시행하기를 요구할 뿐이다"고 했다.

오늘날 한국이 당면한 형편을 볼 때에, 이런 소문이 세상에 알려지는 것이 참으로 신기한 일이다. 일본은 문호를 개방한 이후로, 각국으로부터 정의롭다고 인정받는 것이 가장 중요하다는 것을 깨달았기 때문에, 통상 외교에 전력해서 관리들이나 국민들은 말할 것도 없이, 자기 나라에 영광될 일에 대해서는 반드시 세상에 드러내려 하지만, 자기 나라에 수치스런 일은 한사코 감추기에 힘을 쓴다. 상하 관민이 이런 일에는 한마음이 되어 있는 것이다. 그 외교적 수단이 점점 노련해져서, 세상을 향해 어떤 말을 하든지 남들이 믿게 되었으니 이것이 러일전쟁 이후 3-4년 동안에 변화된 상황이다.

외교적으로 이만큼 신뢰를 받았고,[27] 한편으로는 언론을 장악하고 그 영향력을 확대했다. 자기나라 내부에 각국 언어로 발행하는 신문과

---

27) 일본 정부가 가장 반일적 인물로 지목했던 헐버트(Homer Bezaleel Hulbert, 1863-1949)도 러일전쟁 당시에는 일본을 강력히 지지하고 있었다. 그가 반일로 돌아선 것은 을사늑약 직전, 일본의 실체를 확인하고 나서이다.

잡지가 여러 가지인데, 틈틈이 외국의 신문, 잡지 등에도 글을 게재해 홍보에 힘을 쓴다. 언론 사업에 영향력을 가진 인물들을 정부나 국민이 은근히 도와서 외국으로 보내 자기나라를 세상에 자랑하도록 하고 있다. 뉴욕과 여러 도시에 홍보를 담당하는 장소를 설치하여, 동양 각국과 관계된 모든 사정을 알려고 하는 사람이 생기면 그 곳과 교섭하게 한다. '만국신문연합회'와 비밀리에 협약을 맺고 동양 정세에 관한 모든 소문들을 일본 정부가 원하는 만큼 세상에 알린다. 이것은 모두 세계의 공론을 주도하는 거대 기관을 움직이는 방법을 거머쥐었기 때문이다.[28)]

'만국신문연합회'라고 하는 곳은 여러 신문사가 연합해서 각국에 특파원들을 파송하여, 어느 나라에 어떤 사건이 생기면 그 곳의 주재원이 한 신문사로만 전보를 보내고, 그 신문사에서 각 신문사로 전달하게 되어 있다. 이렇게 하는 것은 각 신문사에서 주재원들을 각각 파견하는 것보다 경제적 이익이 매우 크기 때문이다.

일본인들은 일본에 와 있는 만국신문연합회 주재원을 수단과 방법을 가리지 않고 포섭하여, 각국으로 전달하게 되는 동양에 대한 정보를 대개 일본이 원하는 대로 전달하도록 한다. 그렇기 때문에 서양 사람들이 동양에서 일어난 일들을 제대로 알기가 자연 어려운 것이 되었다. 그런 까닭에, 일본의 외교와 언론의 영향력이 이렇듯 강해, 지난 6-7년 동안 한국에서 일어난 사건, 특별히 관병들이 돌발적으로 일본군과 무수한 혈전을 벌였고 지방에서 의병들이 봉기해 소요를 일으킨 것이 여러 번임에도 불구하고, 세상에 아는 사람도 없고 알려고 하는 사람도 없었다.

아무 능력도 없고 항상 평화만 주장하는 한국 교인 120여명에 대한

---

28) 이승만에 의하면, 일본은 미국 언론에 자국 홍보를 위해 매년 100만 달러 이상을 사용했다.

사건이 무슨 관계가 있었는지, 미국 남감리교 선교회에서는 총무 핀슨[29)]박사를 특별히 한국 서울로 파견해 이 재판이 끝날 때까지 머물게 해서 사실을 지켜보고 직접 보고하게 했다. 뉴욕 헤럴드 신문사에서는 청국 북경에 있는 특파원 오을[30)]씨를 직접 한국 서울로 보내 이 일을 직접 보고하게 했다. 만국신문연합회 특파원의 방해를 받지 않고 한국 서울에서 재판한 사실을 보고 듣는 대로 전보로 즉시 알리도록 했기 때문에 미국 뉴욕에서 매일 이 신문이 연속해서 들춰낼 수 있었는데, 태양 같은 대의정도[31)]는 결국 사람의 힘으로 가릴 수 없다는 것을 깨닫게 된다.[32)]

이 사실이 외국으로 퍼지는 바람에 일본 관리들의 야비함이 들어나게 되었고, 그 영향이 자연 일본의 각 신문에까지 미친 것이다. 작년 7월 중에 발행된 「신일본」이라는 일본어 신문에 게재된 논설의 대강 줄거리를 번역해서 옮겨보면, “조선 통감 데라우치는 신문 자유권을 검열하고 정보원들을 전국에 배치시키는, 모든 심한 정책을 사용해서 조선 백성을 탄압한다. 조선반도를 큰 포대로 삼고 그 안의 모든 백성을 다 군사로 여기는 모양인데, 이는 도리어 일본에 해로운 정책이다. 지금은 조선을

29) William Washington Pinson, 1854-1930. 미국 남감리교 목사로 1910년 해외선교부 총무가 되었다. 한국 남감리교의 거두 윤치호가 105인사건의 주모자로 재판에 회부되자, 미국교회가 핀슨을 특파하여 재판의 진행을 감시했다. 1928년 연희전문학교 남학생 기숙사를 건축하는 데 자금 지원을 해 ‘핀슨홀’이라 이름을 붙였다.

30) *New York Herald* 북경 특파원 올(J. K. Ohl, 1863-1920)을 말한다. 올은 신문에 여러 차례 기고해서 105인사건이 일본에 의해 날조된 사건임을 밝혀냈다.

31) 代義正道.

32) 초기 미국 해외선교본부의 움직임은 소극적이었다. 그러나 1912년 2월 12일과 13일 이틀에 걸쳐 *New York Herald*가 이 사건을 대대적으로 보도한 것을 기점으로 그 대응이 급속히 바뀌었다.

힘으로 누를 때가 아니요 은혜로 다스려야 할 때"라 하였다.

이런 의견들이 각 신문을 통해 들어나게 됨으로 일본 국민들이 차츰 자기 정부 내의 군부 세력을 반대하기 시작했다. 금년 2월에 이르러서는 일본 군부대신이 조선에 육군 2개 사단을 더 파견하자고 제의하였으나 반대가 일어나서 내각이 사퇴하기에 이르렀다. 가쓰라 내각은 또다시 군부 세력을 강화하려 했지만 국민들이 반대해서 동경은 큰 격변을 겪고 전국에 내란으로 번질 뻔했다.[33] 호놀룰루에서 발행하는 스타블레틴[34] 2월 11일자 논설란에 게재한 것의 줄거리를 살펴보면 다음과 같다.

> 이번에 동경을 큰 전쟁터로 만들고 일본 전역을 소요로 몰아 간 것은 오로지 군인 정치체제를 숭상하기 때문이다. 사이온지[35] 내각은 한국에 육군을 더 늘리자는 문제로 인해 퇴출당했고, 가쓰라 내각 또한 군부 세력을 중심으로 정치체제를 구성하려다가 마침내 전 국민의 격노를 산 것이다. 일본 국민들은 애국하려는 성향과 무기를 숭상하며 정부 명령에 순종하는 성격임에도 이번 가쓰라 정책에 대해서는 하루아침에 변하여 한 마음으로 항거하였으니, 군부 정파 세력은 아주 꺾어져 버렸다 … 군인들을 높이던 일본인들의 습관이 점차 변하고 있는 증거라 하겠다.

---

33) 가쓰라의 제3차 내각은 그의 과두정치와 군비증강 계획을 반대하는 격렬한 데모로 인해 7주만에 끝났고, 가쓰라는 그로부터 몇 달 뒤 사망하였다.

34) *Star-Bulletin*은 미국 하와이 호놀룰루에서 발행되었다. 2010년 6월 6일 발행 중지 전까지 하와이주에서 2번째로 큰 일간지였다.

35) 일본 제12 · 14대 내각총리대신을 지낸 사이온지 긴모치(西園寺公望, 1849-1940)를 말한다.

무기를 숭상하는 것이 일본인들의 전통적 특성임에도 지금에 이르러 이렇게 반대가 생기는 것은 일본인 중에도 차츰 그 위험성을 깨닫는 자들이 있어, 온전히 이것만 믿어서는 안 된다는 것을 알게 되었기 때문이다. 한국에서 일어난 교회 사건으로 인해 세계에서 시비가 일어나게 되자 일본인들은 자연 통분히 여기게 되었으니, 그 정부 내각이 전복된 것은 각국 언론들의 논박이 영향을 미쳤기 때문이다.[36]

서양 사람들은 기독교회가 핍박받는 것을 보면 항상 특별히 집중하니 여기에는 몇 가지 이유가 있다.

첫째는 동정을 표하려 함이다. 기독교회는 자고로 대의와 정도를 위해 세상으로부터 핍박을 받던 종교였다. 이렇게 핍박을 받으면서 교회는 더욱 왕성하게 되기 때문에, 예수가 탄생하신 때부터 돌아가실 때까지 전후 33년 동안에, 핍박 중에 모든 사업을 다 이루었다. 그 후 모든 사도들도 하나같이 핍박받는 것을 일용할 양식으로 삼았다. 로마가 교회를 핍박할 때에, 교인들은 땅 속에 굴을 파고 숨어 살면서도 하나님을 섬기면서 차츰 교회를 설립하였다. 오늘날 구미 각국의 모든 자유와 행복을 주고 있는 기독교 문명은 모두 핍박 중에서 기초가 잡힌 것이다. 그런 까닭에 인종과 나라를 구별하지 않고, 예수를 위해 핍박 받는 자들을 온 세상 기독교인들이 알게 되면 모두 동정을 표하는 것이다. 이것은 예수를 사랑하는 마음에서 예수를 위하여 핍박받는 사람들을 사랑하는 것이다.

영어에 심패시[37]라는 글자는 서양인들이 지극히 중요하게 여기는 어

---

36) 이승만은 가쓰라내각이 붕괴 최대 원인이 105인사건이 세계 언론에 알려졌기 때문이라 여겼다.

37) sympathy.

휘이다. 이것은 동양 말에 동병상련[38]이라는 말과 대체로 그 뜻이 같으므로 '동정'이라고 번역하는데, 대개 같은 처지에 처한 사람들은 서로 정을 표시한다는 뜻이다. 세계 사람들이 이번 재판 사건에 동정을 표하는 것은 다른 이유가 아니라, 예수를 믿는 한국인들이 예수를 반대하는 일본 관리들에게 죄 없이 핍박당하는 것을 분하게 여기기 때문이다.

둘째는 교회를 보호하기 위함이다. 애초 미국이 동양 각국과 통상 교섭을 시작할 때에 두 가지 큰 목적이 있었는데, 하나는 통상이고 또 다른 하나는 선교였다. 상업의 목적은 돈을 버는 것이므로, 청국과 일본 등의 모든 대도시에 많은 무역 시장을 만들었지만 한국에는 특별히 확장된 것이 없었다. 선교의 목적은 종교이므로, 국가의 빈부와 도시의 크기를 가리지 않고, 다만 종교적인 사업만 잘되면, 자신들의 재정을 가지고 자신들의 인력을 사용하여 교회를 설립하는 것이다. 다행히 한국에는 선교 부분에 많은 관심을 기울여서 각처에 교회들을 설립하였다. 지난 27-8년 동안 한국교회가 확장된 것은 실로 역사상 처음 있는 일이라며, 세계 각국을 향해 으뜸이라고 칭찬하며 관심을 기울여 왔다.

30여 년 전까지만 하더라도 동양의 산중처사국[39]로 처해 있어, 심지어 일본인이나 청국인까지도 한국의 산천에 오고 가는 것을 허락하지 않았다. 32년 전에 서양인들이 처음 와서 통상하기를 청할 때에도 대원군은 전국에 군대를 일으켜 강화도에서 싸우고 물리쳤다. 이후, 전국 각지에 척화비를 세우고 글을 새겨 넣었는데, "서양 오랑캐와 화친하려는 자는 역적으로 다스린다"고 하였다. 그 전후에 "천주학쟁이"라 하여 잡아 죽인 수가 수천 명이다. 이런 나라에 예수교가 어떻게 들어갈 수 있

38) 同病相憐.

39) 山中處士國, 쇄국하는 나라를 의미한다.

으며, 설령 들어갔다고 하더라도 누가 이 종교를 믿으려 하겠는가? 당시 사람들이 말하기를, "우리 예의지국에는 천만년이 지나도 서양 종교가 결단코 횡행하지 못할 것이라"하였다.

그렇지만 나라의 문을 연지 30년이 채 되지 않아 우리나라 교회가 어떻게 흥왕하였는지를 보면, 교인 숫자가 26만 명이나 되었으며 (작년 12월 14일자 아웃룩 잡지 보도에 의하면, 한국 기독교인의 수는 모두 37만 명에 달한다고 한다.) 외국 선교사가 대략 300여 명이고 예배당이 500처, 교회학교가 962개소, 의학교가 1곳, 간호학교가 1곳, 병원이 13곳, 진료소가 18개소, 고아원 1곳, 맹아학교가 1곳, 나병원이 1곳, 인쇄소가 1곳으로, 한국교회에 속한 재산은 미국 돈으로 100만 달러에 달하며 매년 교회로 사용되는 경비는 약 25만 달러나 된다. 이만큼 크게 발전된 교회는 실로 고금에 드문 일이라 하겠다.

세계의 모든 교회가 말하기를, 하나님이 한국 백성을 이스라엘 백성처럼 특별히 택해서, 동양 처음으로 기독교 나라를 만들어서 아시아주에 기독교 문명을 발전시킬 사명을 맡기시려는 것이라 한다. 그러므로 이번 기회에 한국교회를 돕는 것은 장차 일본과 청국을 기독교화 시키는 기초가 된다고 하여, 각 교회에서 발행하는 신문, 월보, 잡지에 한국교회의 소식이 그칠 때가 없으며 교회 순례자들의 연설이나 보고에 한국 교회에 대해 칭찬하지 않는 것이 드물 정도이다.[40] 얼마동안 이대로만 계속된다면 머지않아, 한국 백성의 장래에 '문명', '자유', '복락'을 손꼽으며 기대할 수 있다. 지금 일본이 이것을 자기들이 선 자리에서 보지 못하고

40) 1907년의 한국교회 대부흥운동을 목도하거나 소식을 접한 기독교 선교사들과 인사들은 경의를 표하면서 하나같이 한국의 역할을 이렇게 규정했다. 우찌무라 간조(內村鑑三, 1861-1930)도 한국이 '동양제국을 교화시킬 수 있는 나라'로 평가를 했다.

무심히 지나치는 것 또한 자연스런 모습일 것이다.

셋째는 일본인들이 한국에 있는 외국 선교사의 명예와 자유를 위태롭게 하기 때문이다. 이런 사실에 대해서는 뒤에 다시 설명하겠지만, 몇 년 전 일본이 러시아와 싸울 때에 세계 형편을 비교해보면 러시아인들을 이기는 일은 어렵지 않았다. 러시아인의 절반은 구라파 서양 제국 중에 속해 있었고 통치하는 자들 또한 모두 백인종인데, 동양 황인종이 서양 백인종을 쳐서 이기면 구라파 각국의 감정을 일으킬 수가 있기 때문에, 불가불 영미 양국의 동정을 얻어야 후환이 없을 줄을 소상히 파악했다. 게다가 러시아는 예부터 남의 영토를 탐해서 춘추전국시대에 불법적으로 탐욕을 부렸던 진나라와 같이, 세력을 믿고 신의를 저버린 나라였다. 그러므로 일본이 기회를 이용하여 외교와 언론을 통해 세상에 선포하기를, "러시아인들이 동양을 병탄하려 하기 때문에 우리가 동양을 보존하기 위해서 전쟁을 한다"고 하였다. 저렇듯 탐욕을 부려 불법을 저지르는 러시아를 타도하려는 것에 누가 찬성을 하지 않겠는가?

당시 영미 양국이 일본을 칭찬하며 열렬히 지지한 것은, 과연 일본인들이 바라던 바였다. 사람마다 말하기를, 일본이 러시아를 치는 것은 청국과 한국에 제일 복된 일이라 하였다.[41] 한국의 임금이 러시아 공사의 보호를 받고, 한국 정부는 김홍륙[42], 이용익[43] 등의 수중에서 놀아나 러

41) 미국의 기독교계나 재한선교사들, 한국의 독립협회도 강한 반러시아 의식을 갖고 있었다.

42) 金鴻陸, 미상-1898. 함경도 출신으로 탁월한 러시아어 능력으로 러시아어 통역을 맡았다. 1898년 7월 26일 황태자의 커피에 독을 타서 독살하려 했다는 혐의로 체포되어 사형되었다.

43) 李容翊, 1854-1907. 1903년 러시아가 대한제국 침략을 목적으로 압록강 어구에 있는 용암포의 조차권을 요구하였을 때에 정부에서 이를 승인하도록 적극적으로 활

시아인들에게 의존하여, 용암포와 의주 등의 삼림, 금광, 석탄기지 등 모든 이익을 넘겨주고 멸망을 자초하며 세계 여론에 역행하고 있었다.

일본은 세상에 선포하기를, "조선 사람들이 미개한 러시아인들의 전제정치 아래로 들어가 그 지배를 받고자 하여 우리를 배척하려 하니, 우리가 억지로라도 관할 통치해서 우리와 같은 문명국에 이르도록 이끄는 것이 한국인들에게 복이 될 것이다"라고 하였다. 이에 세상 사람들이 거의 다 이 말을 곧이듣고 말하기를, "일본은 한국의 보호자요 이등박문은 한국의 은인이다. 한국인들이 이것을 모르고 아직도 배척하고 있지만, 장차 일본의 은혜를 받아 잘 발전하고 나면 모두 깨닫게 되고 아무런 시비가 없을 것"이라 하였다. 이런 상황에서 한국인들은 러시아의 해삼위[44]를 근거지로 삼고 있었는데, 마침 그때에 스티븐스[45]와 이토 히로부미[46]를 살해하는 일이 일어난 것이다.

일본은 이런 기회를 틈타서 세상을 향해 선포하기를, "한국인들이 아직까지 러시아를 의지하고 일본을 배척하는 사상을 근거로 러시아와 미주 국가를 근거지로 삼고 있으며, 암살단을 꾸려서 자기들을 위해 일하는 모든 일본인 관리나 미국인 친구들까지도 모두 암살하려 한다"고 주

동했다. 그 후 용암포의 조차권을 러시아에 넘겨주도록 적극 주장했다. 1903년 러일전쟁의 발발 분위기가 짙어지자 친러파를 대표하는 입장에 서 있었다.

44) 해삼위(海蔘威), 블라디보스톡(Vladivostok)을 말한다.

45) 일본 대사 이노우에 가오루(井上馨, 1836-1915)를 따라 내한한 스티븐스(Durham White Stevens, 1851-1908)는 1904년 8월 22일 한일 외국인고문초빙에 관한 협정서를 강제 체결 할 것을 기안하여 12월 27일 대한제국 외부고문관으로 임명되었다. 이후 1905년 을사늑약, '고종의 강제 퇴위'와 한일신협약 체결 때도 배후에서 중요한 역할을 했다. 재미교포 전명운의 저격과 폭행, 뒤이은 재미교포 장인환의 저격으로 1908년 3월 24일 사망했다.

46) 伊藤博文. 1841-1909.

장하였다. 한국인들 중에 망국의 한을 품고 있지 않은 사람이 없는데, 자기 동포들이 남들로부터 포악한 대접 받는 것을 보든지, 아니면 일본인들이나 서양인들이 세상 곳곳을 다니며 글을 짓거나 연설을 할 때 한국과 한국인들에 대해 이치에 맞지 않고 불공정한 발언을 하게 되면 어찌 격분이 치밀지 않겠는가?[47)]

이렇게 격분한 마음을 품고 있지만 형편과 사정을 살펴 마음을 굽히고 돌아앉아 서양인의 문자를 배워 그들의 뜻을 알며 우리의 뜻을 알려야 한다. 그리고 좋은 친구들을 많이 얻어 세력을 넓히며 의로운 일을 힘써 행해야 한다. 그래야 세계로부터 공감과 지지를 받을 수 있고, 말할 기회든 일할 기회든 얻을 수 있으며, 순풍에 돛을 단 것과 같이 우리의 목적지에 도달할 수 있을 것이다. 이런 일들을 미처 생각지 못하고 오직 앞뒤 가리지 않는 혈기에 의해 치솟는 불만을 가슴에 품는 자가 없지 않으니, 분한 일을 당해서 남과 싸우려고 하는 마음이 생기는 것은 짐승이나 사람이나 매 한가지이고 한국인의 처지에 그 누구라도 가만히 앉아서 불평하지 않으랴. 그렇지만 결단코 남을 암살하자든지, 무정부파[48)]라든지, 허무당[49)]의 이름을 내건 그런 단체는 전혀 없었다.

몇 년 전에 전국의 인심이 격동하였을 때에, 한두 가지 불행한 일이

---

47) 미국의 잡지 *Harpers Weekl* 는 "한 제국을 위해 싸우는 미국인(A Yankee Tilt For An Empire)"이라는 글에서, 대한제국이 멸망당했음에도 불구하고 스티븐스가 일본을 위해 한결 같이 헌신한다는 내용을 싣기도 했다.

48) 아나키즘(Anarchism)을 말한다.

49) 허무당(虛無黨)은 1860년대 제정러시아 시절 급진적인 정치적 사상가 니꼴라이 체르니셰프스키(Nikolai Chernyshevksy, 1828-1889)를 지도자로 하여 결성된 당파이다. 일체의 기존 권위를 인정하지 않고 사회의 기성 도덕과 제도를 파괴하여 자유로운 사회를 이룩하려 했다.

있음을 빙자해서, 일본이 이런 저런 말을 만들어 세상에 공표했기 때문에 남들은 혹시 곧이듣고는, 한국인들을 얼마쯤 의심하는 사람들도 없지 않았다. 이런 상황을 이용해서 한국 선천 장로교학교[50] 학생들을 잡아 가두고 윤치호, 양전백 등 모든 유명한 교회 지도자들을 잡아 가두며 말하기를, "이 사람들이 데라우치 통감을 암살하려 한다"고 하였다. 윤치호와 양전백 등을 잘 알고 있는 사람들은 이 사건에 대해 의심할 이치를 찾지 못했다. 또한 아직 철이 없는 학교 학생들이 무슨 혐의가 있는가 의아해하면서, 공평하게 심사하면 "죄가 없는 여러 사람들이 다 무사 방면될 것이라"며 기다렸다. 그런데 얼마 후에 발표하기를, "미국 선교사 수십 명이 한국인들과 공모한 증거가 드러났다"고 하였다.

그제야 교회가 나서서 재판에 참여하며 비로소 사실이 드러났는데, 연루자들에게 악형으로 고문을 해서, 몇몇의 선교사들의 이름을 거짓으로 꾸며 진술서에 넣은 것이다.[51] 이 선교사들 중에는 일본이 가장 좋은 친구라고 지목했던 몇몇이 있었는데, 미국 각 교회에서는 일본의 발표를 듣고 한편으로 어처구니없어 실소하고 또 한편으로 분노하며, "일본이 과연 이럴 줄은 몰랐다" 하는 사람이 많이 생겼다.[52] 이 일로 각지에서

---

50) 북장로교 선교사 매큔(George Shannon McCune, 1872-1941)이 교장으로 있던 신성중학교를 말한다.

51) 신성학교 교사 강규찬(姜奎燦, 1874-1945) 등은 극심한 고문에 못 이겨 자신과 신성학교 동료 교사들, 그리고 매큔 선교사마저 데라우치 총독 살해 음모에 가담했다고 허위 자백했다.

52) 사건을 조작한 구니토모 쇼겐(國友尙謙, 1876-?)은 일반 재한선교사들 뿐만 아니라 미북감리회 동북아 총책이었던 해리스(Merriman Colbert Harris, 1846-1921) 재일 감리교 감독까지 이 사건에 연루되어 있다고 발표했다. 해리스는 메이지 천황으로부터 공로훈장 서옥장(瑞玉章)을 세 번이나 받은 친일적 선교사로 알려져 있었다.

비밀리에 공회[53]를 갖고 방책을 논의하기에 이르렀다.[54]

미국의 여러 교회들은 헤럴드 신문[55]을 통해 급박한 소식을 먼저 전해 듣고, 각 지역의 목사들이 따로 모임을 갖고 이 일을 논의하였다. 지금까지 일본인의 말을 곧이듣고 "교회 핍박이 없다"고 주장하던 이들도 비로소 깨달으며, "일본이 이렇게 할 줄은 생각지도 못했다"고 말했다.[56] 이것은 헤럴드 신문이 교회기관지도 아님에도 이렇듯 명백하게 사실들을 밝혀냈기 때문이다. 만국신문연합회 특파원으로 일본에 주재하던 기자가 이번 사건을 사실대로 보도하지 않은 것에 대해서도 시비가 분분히 일어났다.

그렇지만 아직까지도 이 일에 대해 아는 세상 사람들이 적은 것은 무슨 이유일까? 그 이유에는 몇 가지가 있다.

첫째, 한국인이 사건의 일부만이라도 알려 해도 알 수가 없으니 모를 수밖에 없다. 외국 선교사들이 자기들이 아는 것을 한국 교인들에게 다 알려 주면 혹시 한국인 사회에 어떤 소동이 생기지나 않을까 염려하기 때문이다. 또한 일본이 "선교사들이 한국인들을 선동해서 배일운동을 벌인다"며 공격이 더욱 심할 것이기 때문에, 오히려 일에 방해가 있을까 염려하여 모든 일을 비밀리에 시행하는 것이다.

---

53) 公會.

54) 재판에서 선교사들이 연루되었다는 기소의견이 나오자, 미국 북장로교회, 남북감리교회, 청년회 국제위원회 대표들이 1912년 4월 3일 모여 함께 대응 전략을 모색하고 공동으로 행동하기를 결정했다. 이 결의에 의해 미국교회들이 일본 대사관과 교섭한 주요 내용들이 언론에 공개되었다.

55) *New York Herald*를 말한다.

56) 처음 일본을 옹호했다가 일본을 비판했던 브라이언(Authur Bryan, 1852-191), 루미스(Henry Loomis, 1839-1920) 등은 재일선교사들이었다.

청국 북경과 상해와 광동 등지, 오대리아 주에 있는 외국 선교사들까지 이름도 모르는 많은 사람들이 한국 각 교회와 청년회 지도자들에게 편지하며 "한국 교우들이 주를 위해서 모든 핍박을 당하며 의를 위하여 고난 받는 것에 감사한다"는 말로 위로하고 있는데, 도리어 우리나라에 와있는 선교사들은 아무 말도 하지 않는다. 때문에 한국인들은 자세한 속사정을 들을 수 없으며, 한국인들이 어떻게 속박을 어떻게 당하였는지도 모른다. 경찰에게 잡혀가서 악형을 당하고 석방된 사람들도 감히 형벌을 당했다는 말을 할 수 없다.

사람이 금방 피범벅이 되어 감옥에서 끌려나와 이튿날 땅에 묻히는 것을 분명히 보았는데도, 일본이 "악형을 사용하는 일이 도무지 없다"고 발뺌을 해도, 아무도 이에 대해 말하는 사람이 없다. 자기 친구가 지금 잡혀갔는데도 이를 전하기 두려워하며, 무슨 이유로 몇 십 명 몇 백 명이 잡혀갔고, 이들이 어디 있으며 어떻게 되었는지… 같은 도시 안에서도 지옥 속에 있는 것처럼 들어 앉아 있는데 어떤 사정이 있었는지 들을 수 있겠는가?

하물며 대부분의 한국인들은 아직까지도 기독교회가 내세와 영혼구원만 내세우는 것으로만 알고, 장래 이 세상 복락의 기초가 되는 것에 대해서는 아직도 깨닫지 못하고 있다.[57] 또한, 이 옥사[58]가 교회에 관계되는 일로만 알고, 전국의 우리 한국인들 공동의 희망과 관계되는 줄 모르고 있기 때문에 알려고도 하지 않는다. 어떤 사람은 생각하기를, '외국

57) 1901년 재한선교사들은 교회와 국가의 문제에 대해 비정치 원칙을 발표했다. 그리고 한국교회도 1907년 평양 영적대각성운동 이후 교회의 정치 간여 금지를 전통화시켰다.

58) 獄事.

선교사들은 한국의 친구인체 하지만 사실은 일본을 도우며, 한국인들이 어리석게 교회 때문에 화를 받아도 도울 수 없고 도울 생각도 하지 않는다. 그러니 다 쓸데없다' 하며 남의 일 보듯 하고 있으니 그 속사정을 알 수 없는 것이다.

둘째, 미국인으로 말할 것 같으면, 세계 모든 나라의 정치나 상업, 전쟁이나 평화에 관한 여러 가지 상황에 대해 각기 흥미를 느끼는 곳이 많기 때문에, 동양의 조그만 한국 일에 대해 별로 중대하게 여길 것이 없다. 이것은 교회 일에 관심이 없는 미국인 대부분의 형편이다. 그밖의 사람들 중 일부는 배일사상을 가지고 있어, 어떤 기회가 생기면 일본 배척의지를 부추기려 한다. 이러한 배일사상이 미국 안에서 점점 자라고 있는데, 이것은 태평양 양편에 있는 두 나라 사이의 평화를 위태롭게 할 일이라고 미국의 모든 정치가나 사회 지도자들이 깊이 염려하고 있다. 그렇기 때문에 한국교회 핍박사건이 일어나 점점 선동되는 것을 보고 조용히 처리되기를 희망하고 있다. 이것은 다만 미일 양국간의 평화를 잃게 될까 염려하는 것뿐만 아니라, 이 일로 인해서 한국교회가 더욱 해를 받을까 두려워하기 때문이다.

작년 10월 11일에 뉴욕시에서 특별히 만찬회를 열고 전 국무부장관들과 대학 총장들, 몇몇 인사들이 모여 논의한 이후, 여기에 기록한 것과 같이 결정하였다. 그에 따라 각 지역의 목사들이 회집하던 것을 모두 정지시키고 각 신문 정치난에 민심을 부추길 수 있는 정보들을 싣지 않기로 했다. 다만 각 선교회 총회에 대표들을 워싱턴으로 보내거나 한국 서울로 특파하도록 각별하고 정중하게 요청하는 한편, 교회를 핍박하는 잘못들을 모두 일본 경찰이 저지른 것으로 돌리기로 했다. 일본 정부가 모르는 것을 경찰들이 모의해서 애매한 교인들을 핍박한 것으로 했던 것이다. 이는 일본 정부의 외교적 체면을 크게 손상하지 않게 하여 이 사건을 번복시키고 무사히 끝내기를 희망하기 때문이다.[59)]

애초에 일본 사람들의 생각에는 선천학교 학생들을 잡아 가두어, 앞뒤 맥락이 서로 통하지 못하게 만든 후에, 악형으로 강압해서 데라우치를 암살하려 했다'는 자백을 받아내려 했다.[60)] 또한 '몇몇 선교사가 공모하였다는 진술서를 증거로 한국인들을 5년이나 10년 동안 감금형에 처하고, 또 이를 증거로 "미국 선교사들이 한국인들과 공모하여 일본 관리들을 살해하려고 했다"고 발표하려 했다.[61)] 그러면 세상 사람들이 대답할 말이 없을 것이고, 이것을 이용해서 교회와 선교사들을 곧바로 공박하면 모든 일들이 자기들 뜻대로 될 것이라고 믿었다. 그런데 의외로 이 사건이 세상에 먼저 드러나 논쟁이 걷잡을 수 없이 일어나게 되자 일본은 모든 논쟁을 잠재우기 위해 각 국의 월간지, 잡지 등에 기고한 글을 통해 그 사건 내용을 대강 밝혔다.

일본은 기독교회를 핍박한 것이 아니고 기독교회 내부의 불법자들을 처리하기 위해서라 했다. 1908년에 한국 외부 고문인 미국인 스티븐스를 미국 샌프란시스코에서 암살한 자가 한국 예수교인이고, 1909년 10월에 한국의 제일 큰 은인인 이토 히로부미를 하얼빈에서 암살한 자가

---

59) 1912년 10월 11일 뉴욕의 '알딘클럽'(The Aldine Club)에서 참석자들은 14개의 권고문을 확정지었다. 미국 내에 배일사상이 확장되면 미일간에 정치문제로 발전되고 선교에 불이익을 줄 것이라 우려했기 때문이다.

60) 당시 일본이 사용한 고문의 종류는 무려 72종에 달했으며, 그 고문법은 일본 경무총감 아카시 모토지로(明石元二郎, 1864-1919)가 러일전쟁 당시 스파이로 러시아에 갔었을 때 러시아 경찰이 폴란드 인에게 사용했던 것을 배워왔다고 알려져 있다.

61) 애초에 일본 법정은 이 사건 조작의 주도자인 경부(警部) 구니토모 쇼겐(國友尙謙)이 1912년 4월에 작성된 기소의견서에 따라 이 같이 판결하려 했다.

한국 천주교인이며, 같은 해 11월에 일본 총리대신이 한국을 순방했을 때 암살을 모의하던 자 21명 중에 18인이 기독교인이고, 그때를 전후해서 일진회원 중 각 지역에서 살해당한 자가 모두 926명이라 밝힌 것이다. 그리고 1910년 12월 28일에 통감 데라우치가 의주 압록강에 다리 놓은 것을 기념하는 낙성식을 거행하고 서울로 돌아오는 길에, 한국 학생들이 일제히 선천 정거장에 나와서 영접할 때, (연로[62] 각지에 학교마다 지시해서 일본기를 가지고 일제히 정거장에 나오게 했는데, 이는 경찰이나 동장이 일일이 지휘하여 시켰기 때문이다) 통감이 탄 기차가 정오 즈음에 정거장에 도착했다. 이때 흉계를 꾀하는 자들이 권총과 단도를 두루마기 속에 감추고 준비하였다가 기회를 기다렸고, 통감은 무심히 기차에서 내려 답례를 했다. 모해하려는 자들이 비록 3, 4보 가까이 접근했지만 경찰들이 극력으로 보호했기 때문에 손을 대지는 못했다는 것이다.(이 내용은 작년 봄에 일본 총독부에서 발표한 성명서 중에 있는 말이다) 이 사건이 마침 발각되었고 일본은 이런 죄인들을 처리하기 위한 것이지 교회를 핍박하는 것이 아니라 한 것이다.[63]

또한 월간지 아웃룩(작년 12월 14일자)을 통해 주장하기를, "금년 정월 경에 일본 경찰이 한국 내지에서 강도 무리를 잡아 심문하니, 그 강도의 목적이 국민들의 재물을 늑탈하여 자기들이 쓰려고 한 것이 아니고 애국단체인 신민회[64]의 재정을 도와서 일본 관리들을 암살하는 운동

62) 沿路.

63) 1912년 1월 23일 총독관저에서 재한선교사들을 면담한 데라우치는 총독부가 기독교회를 '소요의 소굴'로 믿는다는 소문은 전혀 근거없다고 말한 바 있다. 그리고 법에 따라 정의가 실현되도록 할 것이라고 피력했다.

64) 신민회는 안창호(安昌浩, 1878-1938)가 1907년에 국권 회복을 목적으로 박은식(朴殷植, 1859-1925) 등과 함께 조직했다. 총감독 양기탁(梁起鐸, 1871-1938), 총서기

을 확장하고자 했다"는 것이다. 이 적도들의 진술을 근거로 조사해보니, 충청남도 내의 각 지방과 평양, 선천 등지의 각 기독교 중심지에 신민회 근거지를 비밀리에 설치하고 일본 관리들을 암살하기 위해 계획적으로 운영한지 오래 되어 있었다는 것이다. 스티븐스와 이토 히로부미를 살해한 것, 이완용을 해치고 일진회원 926명을 내지의 각처에서 살해한 것이 모두 이 애국단원들이 저지른 일이라는 것이다.[65]

이렇게 강도죄로 잡힌 죄인이 그 동안에 많았지만, 금년(1912년) 1-2월간에 진술서에 적혀 있는 수백 명을 잡아들이고 4월경에는 일일이 조사해서 진술을 받아낸 것이 책 35권 분량이 되었다. 통감 데라우치를 모살하려는 음모가 이 진술로 발각되었는데 공모자 123인을 자세히 조사해보니 태반이 교회학교 교사와 학생이며 목사, 전도사 등과 윤치호, 양기택[66], 류동열 등이 모두 기독교인이었다는 것이다.[67]

6월 28일에 한국 서울에서 재판을 시작할 때 공개재판으로 방청을 허락하였는데, 피의자들의 친척들과 선교사들 여러 명이 참석했다. 변

이동녕(李東寧, 1869-1940), 재무 전덕기(全德基, 1875-1914), 집행원 안창호, 평의원 이갑(李甲, 1877-1917), 유동열(柳東說, 1879-1950), 이승훈(李昇薰, 1864-1930), 안태국(安泰國, 미상-1920), 김구(金九, 1876-1949), 이동휘(李東輝, 1873-1935) 등이었고, 서울 전덕기, 경기도 양기탁, 황해도 김구, 평안남도 안태국, 평안북도 이승훈, 함경도 이동휘가 책임자였다.

65) 일본은 그간에 일어났던 살해사건의 배후에 신민회가 있다고 보았다. 105인사건에 대해서도, 1910년 8월 30일 신민회원 약 200명이 강제 병합에 반대하는 시위를 하려 계획했는데, 이 때 신민회장 윤치호가 암살을 제안했고, 그 실행을 위해 안태국, 양기탁, 이승훈 등과 이를 구체적으로 모의했다고 발표했다.

66) 원문에서 이승만은 양기탁을 양기택으로 표기했다.

67) 1912년 1월과 2월, 4월의 기소의견서에 기록된 인물들의 면면을 살펴보면, 주도자로 꼽힌 윤치호는 남감리교 최초의 세례자이지만 나머지 사람들은 대부분 북장로교 교인들이다.

호사도 16명이 출석하였는데, 급기야 심문하는 자리에서 모든 피의자들이 억울하다며 무죄를 주장했다고 한다. 일본인들은 이러 저러한 말로 무수한 변명을 했는데, 이것들은 모두 남들이 곧이 믿도록 꾸민 말들이었다.[68)]

만일 4, 5년 전에 이런 일이 있었다면 사람들은 의심 없이 믿으며 말하기를, "일본인들이 저렇듯이 설명하는 것을 보니 정녕 거짓이 아니리라"고 하는 자가 많았을 것이며, 만일 기독교회가 관계하지 않았다면 세상 사람들은 참인지 거짓인지 가리지 않고 사리에 맞는지 틀리는지도 물으려 하지 않았을 것이다.[69)] 지금은 미국 안에서도 차츰 일본인들의 성질을 깨닫는 자가 많아졌다. 기독교회를 암살을 꾀하는 흉악한 무리의 소굴로 몰아가는 마당에, 어찌 세상 사람들이 모두 눈감고 앉아 곧이 들으려 하겠는가? 각 교회에서 따로 사실을 파악해서 각각 자기 교회 신문에 게재하였기 때문에 지금 미국이 믿고 있는 것은 일본이 설명하는 것과 대단히 다른 것이다.

지금 우리가 일본 당국자들과 한국교회 사이에 관계되는 대강의 형편을 서로 비교하고 분석하면 이 같은 충돌에 이르게 된 것을 설명할 수 있다. 일본은 한국을 점령한 후로 외교적 환경을 뜻대로 만들어 놓았기 때문에, 한국 내지(內地)의 민심을 정돈하는 것이 매우 긴요하고 중

---

68) 1912년 7월 11일에 열린 공개 법정에서 피고인들로 지목된 사람들은 고문에 의해 강요된 자백이라 증언했다.

69) 평양에서 사역하던 미국 북감리회 노블(William Arthur Noble, 1866-1945) 선교사의 부인 매티 노블(Mattie Wilcox Noble, 1872-1956)은 자신의 일기에서, 일본 정부의 초청으로 예일대학교 심리학 교수 래드(George Trumbull Ladd, 1842-1921) 박사 부부가 이토 히로부미의 초청으로 한국에 두어 달 머물며 "교육과 윤리"를 주제로 강연했는데, 일본인들이 한국 땅에서 저지른 옳지 못한 일들을 전했을 때 전혀 믿으려 하지 않았다고 증언했다.

요한 일이었다. 각 지방에서 의병이 일어나는 것은 그 수가 아무리 많다 하더라도 잘 훈련된 자기들 군대에 비해 규율이 없고 전투 방법도 모르고 무기도 변변하지 않기 때문에 이를 무찌르기가 매우 쉬웠다. 각 지방에서 일어난 수만 명의 의병을 모두 몰살해도 세상에서는 전혀 알지 못하기 때문에 크게 걱정될 것이 없었다.[70]

그렇지만 기독교회만은 한국에서 가장 큰 조직인데다가 내외국인이 합동해서 하나로 묶여져 있고 각 지역과 서로 이어져 있다. 서양 각국과 호흡을 나누고 있을 뿐만 아니라, 교회 안에서 활동하는 사람들은 근대 정신을 받았고 애국사상이 가장 굳건하게 박혀 있다. 이 사람들은 잘 속이기도 어렵고 무력으로 제어하기도 불가능하기 때문에 은혜를 베풀고 정의[71]를 얻는 것이 상책인 줄 깨달았다. 한편으로 교회 지도자들과 소통도 하고 재정을 주어서 교회 일을 돕기도 하였고, 선교사들을 대할 때에도, "우리는 한국인의 현세 행복을 돕고자 하는 사람들이오, 당신들은 한국의 내세 행복을 도우려 하는 사람들이니, 피차에 목적이 같다. 그러니 서로 도와 일하자"[72]하고는, 세상에 선포하기를 "만일 러시아가 조선을 점령하게 되었다면 기독교라고는 씨도 남기지 않았을 것이다. 우리가 이끌게 되었기 때문에 종교 자유 일체를 보호하는 것인데, 이는 기독교회에 차차 행복으로 다가올 것이다"고 하였다.[73]

---

70) 1907년 대한제국 군대는 일본의 강제 해산에 맞서 강력히 저항했고, 각 지방에서 일어난 의병들도 일본에 저항했다. 그러나 1911년에 이르러 이런 저항은 거의 사라졌다.

71) 情誼.

72) 을사늑약 당시 이토 히로부미는 선교를 보장하는 대신 재한선교사들이 정치에 간여하지 않도록 요청했다. 대부분의 선교사들은 선교 활동을 보장받기 위해 이에 응했다.

다른 한편으로는 자기 나라에 와 있는 선교사들로 하여금 각국으로 다니며 연설도 하고 글도 지어 '일본이 한국 교회를 도와준다'고 알리도록 했다. 영미 제국으로서도 바로 얼마 전, 일본이 러시아를 물리치고 동양을 완전히 장악했던 것을 역사에 이례적인 일로 여겨 일본에 대한 평가가 나날이 높아 가고 있었기 때문에, 이런 말을 듣고 어떻게 털끝하나라도 의심할 수 있겠는가? 실제로 일본이 한국을 점령한 것이 교회와 한국인 모두에게 행복한 것이라 믿고 있었다.

한국에 와 있는 선교사들이 가만히 살펴보니, 한국 기독교인들의 수는 보잘 것 없을 정도로 적어서 적수공권[74]으로 일어나 독립을 회복할 처지는 되지 못했다. 설령 일본이 속으로는 한국교회가 부흥하는 것을 싫어한다는 것을 알아도, 영국과 미국의 교회는 일본의 말을 곧이듣고 일본 관리들에게 순종하는 것이 옳다고 생각하였다. 아무리 자신들이 일본에 반대해도 그것이 한국인들을 선동해서 배일하려 한다는 비판을 들을 것이기 때문에, 자기네 처지도 위태로워질 것이고 교회 또한 위험에 빠질 염려가 있었다.

선교사들의 역할을 위해서라도, 어느 나라든지 그 지역 관리들에게 복종하며 질서를 지켜 정치 문제에 간여하지 않아야 한다. 오직 영혼 구원의 사역에 전념하는 것이 기독교를 숭상하는 나라들의 일반적인 통례인데, 만일 한국인의 애국사상을 위해서 일본 관리들을 배척하는 태도를 보이면 결코 용납될 수 없었다. 그렇기 때문에, 자신들의 사역을 생각해

73) 선교사 게일(James Scarth Gale, 1863-1937) 등은 일본이 아니었다 하더라도 '20세기의 강압자 러시아'가 대한제국을 집어 삼켜, '황제'와 모든 한국민들의 생존을 파멸시켰을 것이라 주장했다.

74) 赤手空拳.

서든 한국교회의 장래를 생각해서든, 불가불 일본 관리들을 있는 힘껏 도와서 한국인들의 배일사상을 진정시키면 장차 한일 양국 국민들이 하나가 되어 공평한 이익을 누릴 날이 다가오지 않을까 기대하였다. 그러므로 선교사들은 전력을 다해서 교회 내에서 어떤 정치 연설을 하거나 애국사상을 발표하는 것을 모두 금지하였으며, 일본이 원하는 것들을 할 수 있는 대로 해 주었다. 차라리 이것이 선교사로서 올바른 태도라 할 수 있을 것이다.

이외에 몇몇 사람들은 일본의 수단에 팔려 외국으로 다니며 "일본이 한국을 위해 한량없이 좋은 일들을 많이 하고 있다"고 말하며, "일본인과 한국인이 영원히 하나의 국민이 되는 것이 조선 사람들의 복이라"고 소리를 높인다. 또한 "전국에 설립된 엡윗청년회[75]를 없애, 다시는 모이지 못하게 하자"는 자도 있고[76] 한국인들이 감옥에서 악형을 당해도, 글을 기고하여 신문에 게재하는 내용이, "애초에 일본은 고문을 가하는 일이 없다"고도 한다.[77] 이 사람들도 모두 자기들이 확신하는 것이 있어서 이런 말을 했겠지만, 실상을 왜곡하는 것이 어찌 한국인들을 위해 공정한 것이 될 수 있겠는가? 한국인들의 감정이 나날이 악화일로에 있으니 이 또한 자연스런 것이다.

---

75) 신앙을 돈독히 하기 위한 감리교회의 청년조직으로 미북감리교회 선교사들은 교회를 세울 때 웹윗청년회로 같이 만들었다. 그러나 재한선교사들은 엡윗청년회가 정치조직으로 변모하자 이를 해산시켰다.

76) 엡윗청년회를 공식적으로 해산시킨 인물은 스크랜튼(William Benton Scranton, 1856-1922) 선교사이지만 그에게 압력을 가한 인물은 해리스 감독이다. 해리스는 일본의 입장을 대변한 대표적 인물 중 하나이다. 몇몇의 미국 교계 지도자들과 재일 선교사들은 고문이 없었다는 일본 총독 데라우치 마사다케의 주장을 그대로 전하기도 했다.

77) 대개 재일(在日)선교사들은 일본 정부의 발표를 그대로 믿고 자신들의 글에 실었다.

선교사들 중에 이런 사람이 한 둘 뿐이겠지만, 일본을 편들어 말하는 한 두 명의 뜻이 세상에 설명하기 쉬울 뿐 아니라, 일본도 이런 내용들을 듣게 되면 한국인과 서양인에게 힘을 다해 공포하였다. 이런 말들을 이용해서 한국인들에게 선교사들을 증오하게 하는 마음을 치솟게 하려는 의도가 숨겨져 있는 것이다.

이런 사람들 이외의 공정한 생각을 갖고 있는 선교사들은, 이렇게 저렇게 변명하고 싶어도 말로 할 수도 없고 글로 할 수도 없어 아무런 말도 못하고 묵묵히 지켜보고 있다. 이렇기 때문에 한국인들은 미국 선교사들이 모두 일본을 도와 일하는 자들이어서, 정치적 발언을 하지 못하게 하고 애국사상을 발표하지 못하게 하며, 일본의 모든 잔혹한 행위를 조금도 비판하지 못하게 하는 것이라 본다. 우리가 원통하고 답답한 일을 당하여도 돕지 않고 도리어 불공평한 일본 관리들 탓으로만 돌릴 뿐이라고 보는 것이다. 선교사는 우리의 친구가 아니고 교회는 우리나라를 멸시하는 기관이며, 목사와 교회 지도자들은 모두 구복[78]에 팔려서 서양인의 노예로, 오직 육신이나 의탁하다가 죽어서 영혼이나 잘살자는 썩어빠진 물건들인 것이다. 따라서 우리의 장래 희망이 될 것은 전혀 없다고 비판을 한다.[79]

이는 한국 사람들이 그 형편을 알지 못하기 때문으로, 일본은 교활한 수단으로 이런 생각들을 일으키는 것이다. 이런 것들이 겹치면서 외국 선교사들의 명망은 점차 떨어지고 기독교회의 사역은 날이 갈수록 손해

---

78) 口腹.

79) 1910년 4월 5일자 『대한매일신보』는 재한 선교사들이 개인구령적 신앙만 강조하고 교회의 비정치화를 획책한다는 비판의 글을 실었다. 한국 주재 모든 외교공관이 서울에서 철수한 상황에서 교회가 민족운동의 구심체 역할을 하지 않고 국가와 민족의 존망을 외면한다는 질책이었다.

를 당하고 있으니, 이 또한 당연한 결과이다.

선교사들의 생각에는, 지금은 한국 사람들로부터 비난과 반대를 듣겠지만, 그럼에도 불구하고 교회의 기초만 잘 잡아 놓으면 장차 한국인들은 교회를 통해 희망을 얻을 것이요, 교회가 정치적 간여를 하지 않으면 일본이 방해할 꼬투리가 없을 것 같아서 일본의 말을 일부 듣자는 것이다.

일본으로서는 정부 관할 업무를 모두 마친 후, 곧바로 교회 관할 업무를 처리하기 시작하였다. 지난 3년 동안 백방으로 힘을 썼는데, 한편으로는 간접적 수단을 써서 반대했고, 다른 한편으로는 외교적 수단을 썼다.

첫째, 반대 운동을 한 것을 보면, 일본은 한국에 기독교가 설립된 후로 점점 쇠잔해 가고 있는 불교를 발전시켜 서울 내외의 각 지역에 절을 크게 짓고 남녀 신도들을 모으며 승려와 신도들의 권리를 신장시켰다.[80] 교자나 인력거를 타고 종로 대로를 거만하게 돌아다닐 수 있게 했고 재[81]와 불공을 드려 명성과 위세를 높이게 했다. 이에 무지한 백성들이 구름 모이듯 모였다. 일반적으로 말하면 이것은 모두 일본에서 행해지는 일과 같다. 백제 때에, 우리나라에서 도승을 보내 불교를 일본에 전파함으로써 일본이 우리의 문명을 빌어갔는데, 지금에 와서는 일본이 우리에게 다시 갚는 것 또한 당연한 일이라 하겠지만, 은연중 한국 기독교회에 대한 영향이 없지 않은 것이다.

일본은 은근히 동학 잔당을 도와, 일본에 가 있던 손병희와 이용구로

---

80) 1910년 일본은 각황사(지금의 조계사)를 4대문 안에 창건하도록 허락했다. 선교사들은 이것을 기독교회를 압박하기 위한 일본의 종교정책이라 지적한 바 있다.

81) 齋.

하여금 천도교나 시천교[82]라는 것을 만들어 세우게 했다.[83] 서울 한가운데에 소위 자기들의 교당을 크게 짓고 기독교회 예배 형식을 배워다가 경문을 외우고 천주를 섬긴다고 한다. 서울과 지방의 어리석은 백성들은 손씨와 이씨를 천신같이 바라보고 조석 때에 백미 2-3 숟갈씩을 모아 보내며 "시천주 조화정 영세불망 만사지[84]"라는 동학의 경문을 소리 높여 낭독한다. 교세가 100만 명에 달한다고 하는데, 이것도 겉으로 보면 일본의 간섭이 전혀 없는 것 같다. 하지만 2-30 명의 한국인 단체도 만들지 못하게 하는 데, 어떻게 한국 동학도들이 100만 명의 단체를 만드는 것을 이유 없이 허락해 주겠는가? 이것만 보더라도 그 속사정을 가히 짐작할 수 있는 것이다. 이외에도 공자교나 단군교, 중앙교 등 여러 이름만 있는 종교 전부를 헤아리기가 어렵다.

일본조합교회[85]에서도 선교사들을 서울로 보내, 일본인들은 제쳐놓고 한국인들에게 전도하며 여러 교회들을 설립했다.[86] 한국인들 중에서

---

82) 侍天教. 동학의 일파로 이용구(李容九, 1868-1912)가 세웠다. 명칭은 동학의 경전에 있는 문구(侍天主造化定 永世不忘萬事知)에서 따왔다

83) 대한제국이 천도교를 박해하던 것과 달리 일본은 을사늑약 이후 천도교를 비롯한 한국의 토착종교에 대해 지원을 아끼지 않았다. 천도교의 제3세 대도주인 손병희(孫秉熙, 1861-1922)가 을사늑약 이후 한국으로 돌아올 수 있도록 했을 뿐만 아니라 중앙교당 건립을 허락하는 등 많은 협조를 했다.

84) 侍天主造化定永世不忘萬事知.

85) Congregational Church of Japan. 1886년 본래 미국 회중교회의 일본 교단으로 창설되었다가 1904년 러일전쟁 승리 이후 미국 회중교회와 결별하고 일본조합교회라는 이름으로 활동했다. 일본 제국주의 패망 때까지 조선의 복음화라는 명분 아래 일본의 황국신민화 정책의 앞잡이 역할을 했다.

86) 일본조합교회는 1904년 서울에 경성 조합교회를 설립하면서 한국을 전도대상으로 삼고 교회를 세워나갔다. 한일 강제병합을 하나님의 이름으로 축하했고, 동시에 한일병합론을 주장했다. 일제의 식민지 정책에 가장 열정적으로 호응했다.

명망 있다는 인물들을 통해 전도하도록 하며, 일본 청년회[87]를 서울에 설립하여 한국 청년회와 연합하기를 요청하고 있는데, 이것도 은근히 한국 기독교회를 반대하는 정책에서 나온 것이다.[88]

둘째는 외교적 수단을 통해서인데, 종종 일본 호텔이나 일본 목사의 집에서 연회와 만찬을 열고 한국의 이름 있는 교회와 청년회 지도자들을 초청해서 대접하거나, 한국인 호텔이나 한국의 은행 모임에 특별 친목회를 열어 자주 초청하고 있다. 그러나 한국인들은 여러 가지 핑계를 대며 잘 가지 않는다. 한국 목사와 청년회 실무자들을 초청해서 관광단을 조직하고 일본을 여행시키지만 일부는 핑계를 대며 가지 않고 일부 참여한 사람들 또한 마지못해 끌려가서 관광만 하고 올 뿐이다.[89]

종종 한국인들에게 은근히 부추기기를, "한국 기독교회가 이만큼 성장했으니 이제는 능히 독립적으로 교회를 세울만하다. 일본은 여러 해 전부터 벌써 몇몇 교파가 연합해서 장로교니 감리교니 하는 이름에 구별 없이, '일본 기독교회'라는 이름으로 통칭하고 교회의 주도를 모두 일본 사람이 하도록 하며 감독도 일본사람으로 선정하고 있다. 독립된 교단의 자격으로 미국 선교부가 주관하지 못하게 하되, 다만 재정적으로 도와주는 일과 선교사들을 보내는 일은 계속해서 받아들이고, 모든 행정 업무는 일본인들이 주관하고 선교사들이 옆에서 돕는 권한만 가지도록 해서, 임의로 좌지우지하는 폐단이 없도록 하였다. 서양 목사와 교사들을 하나님같이 섬긴다든지, 일본 교인들을 노예같이 취급하는 폐습이 조

87) 이 책에서 이승만이 언급하고 있는 '청년회'는 YMCA를 가리킨다.

88) 일본 YMCA는 서울에 '경성YMCA'를 세웠다.

89) 일본이 세운 경성YMCA는 1911년 8월에 29명의 한국 기독교 지도자들을 도쿄에 초청하였다. 후일 일본을 돌아보고 돌아온 이상재는 일본의 근대문명이 외형적 힘의 문명만을 추구한다고 비판한 바 있다.

금도 없다. 한국교회도 이만큼 커졌으니 우리 교회를 모범 삼아 독립교회를 세우면 참으로 한국인들의 행복이 될 것이다"고 한다. 그리고 또 한편으로 말하기를 "한국과 일본이 한 나라가 된 후로 우리가 마땅히 정을 나누어야 하고 서로 사정을 자세히 알아야 할 터인데, 우리 기독교로 말하면 모든 사람을 하나같이 형제처럼 사랑하는 종교이니, 우리 동양 민족이 교회를 통해 서로 소통하며 함께 일을 잘 해내야만 서양인들로부터 모욕과 멸시를 받지 않을 것이다"고 한다.[90]

한국인들의 처지에서 이런 말을 들으면 저마다 모두 절절이 옳은 말로 들리겠지만, 멀리 내다보고 생각하는 사람들의 입장에서 가만히 헤아려 보면 그 중에 의심스러운 것이 없지 않다.

우선 그동안 겪었던 정치 역사만 보아도 일본이 나서서 우리보고 독립하라고 하더니, 얼마 후에는 '보호국'이라 하고 또 얼마 지나 '합병'이라고 하였다. 지금에 와서 우리 기독교회를 독립적으로 운영하라고 하는 것 또한 이러한 의도에 불과하지 않나 하는 의심이 자연스럽게 생길 수밖에 없다. 서양 선교사들이 우리를 노예처럼 취급하였다고 하였는데, 과연 몇몇의 새로 한국에 온 선교사 중에 혹시 거만 무례한 사람이 없지는 않겠지만, 일본인 상전들처럼 대우를 받지는 않았다. 재정적인 면에서만 보아도, 교회의 일반적인 경비는 우리가 스스로 부담하고 있지만, 미국에서 매년 원조하는 것이 적지 않다는 것 또한 깊이 생각하지 않을 수 없다.

독립적으로 운영을 하는 것이 좋기는 하지만, 아직 우리는 모든 준비

---

90) 조합교회 대표적 인물인 에비나 단조(海老名彈正, 1856-1937)는 한국병합을 시작으로 아시아를 일본혼으로 통합해 나가야 함을 강조했다. 그는 일본의 '동양민족의 대융합'과 '대륙진출'을 '지상에서의 신국(神國)건설의 실현'으로 보았다.

가 되어있지 못하다.[91] 일본은 독립된 교회의 운영을 준비하는 시점에서 미리 총명한 청년들을 선발해서 미국 각 교단 신학교로 보내어 몇 년씩 준비시키고, 돌아온 후에야 교회 독립에 착수하였다. 그랬기 때문에 그 일들을 능히 감당해 나아갈 수 있지만, 우리는 아무 것도 없이 별안간 따로 독립해서 나오면 그 일은 누가 감당할 수 있겠는가? 설령 모두 잘 할 수 있다고 할지라도 지금은 이런 문제를 논의할 때가 아니다. 미국교회와 교류 소통하는 가운데 우리의 일들을 그들이 알 수 있고 그들의 일들을 우리가 배울 수도 있는 것이다. 피차에 교류하고 소통함으로써 서로에게 이익을 얻을 수 있는데 구태여 변경할 필요가 없다. 뿐만 아니라 우리에게 한 가지 통로가 열려있는데, 열린 것을 우리의 손으로 막으면 남의 흉계에 빠질 염려가 있게 된다. 혹시 교회의 독립을 도모하였을지라도 지금은 그런 제안을 우선해서 꺼내는 것이 불가하다. 일본이 권면하는 모든 말은 조금도 효과가 없는 것이고 한국인들과 미국인들이 더욱 친근해야 교회 사업이 나날이 확장된다. 일본 당국자들이 깊이 근심하는 것 또한 괴이한 일이 아니다.

한국교회 지도자들에게 기독교회 내부에서 독립전쟁을 준비하자고 하든지 배일사상을 요동치게 해서 독립을 회복하자는 등, 그런 어리석은 정치적 전략은 추호도 없을 것이다. 그렇지만 자신들도 모르게 일본 정부의 정략과 부딪치는 두 가지 큰 문제가 일어날 수 있다. 곧, 첫째는 외교와 관계되는 일이고 둘째는 내치(內治)와 관계되는 일이다.

---

91) 재한선교사들은 네비우스 선교방법과 같은 엄격한 정책에 따라 한국의 개개 교회를 위해서는 선교비를 지원하지 않았다. 그렇지만 총회나 총리원, 미션 스쿨 등의 운영을 위해 매년 적지 않은 선교비를 지원했다.

외교상 관계

첫째, 외교적 관점에서 말하면 일본 정부의 목적은 아주 영원히 한국과 서양 각국과의 교류를 끊어서 일본이 한국 안에서 무슨 일을 하든지 세계가 전혀 모르게 하는 것인데, 이것이 매우 중요하다. 한국과의 통상 수익이 별로 크지 않기 때문에 서양의 거상들은 크게 주목하지 않았고 그나마 남아있던 몇몇의 사업들을 합병을 당한 이후에 모두 거두어 돌아갔다. 이전에 한국 정부에서 인허했던 영국인과 미국인들의 금광의 기한이 끝나면 이들은 모두 떠날 것이다.

미국인들이 시작하였던 경인철도[92]와 서울 시내의 전차 회사며 전기회사는 모두 일본인이 주도하도록 만들었고, 서울 안에 서양인이 설립하였던 애스토리아 호텔과 손탁 호텔(Sontag Hotel)[93], 두 호텔 모두 일본인들이 사서 하나는 없앴고 다른 하나는 통감부에서 경영하였다. 서양의 유력한 사업가들은 애초에 그곳에 들어갈 까닭이 없지만, 간혹 여행차 잠시 서울을 들릴 때에 자연히 가야만 하는 곳이 그 호텔이다. 말 한마디를 물어보려 해도 일본인들을 찾아가는 것 이외는 다른 방법이 없다.

혹 이름 높은 신사가 여행을 위해 한국에 들어오면 부산항이나 의주

92) 1891년 3월 고종은 미국 기업가 제임스 모스(James R. Morse)와 '철도창설조약'을 협상했고, 모스는 여러 문제를 극복하고 경인선 부설권을 획득하였다. 1897년 3월 22일 오전 9시 경인가도상의 우각현(牛角峴, 지금의 도원역 부근)에서 기공식과 함께 공사를 시작했으나 자금난과 기술적 난제가 겹쳐 공사가 중단되었다. 1898년 5월 10일 공사 중인 경인철도는 170만 2452원 75전(당시 100만 달러)에 일본의 '경인철도합자회사'에 양도되었다.

93) 1902년에 당시 러시아 공사 웨베르의 처형(妻兄)으로 알려진 독일여성 손탁(Antoniette Sontag, 1854-1922)이 고종황제로부터 하사받은 정동 29번지 약 1,184평의 땅에 2층 양옥을 짓고 호텔을 개업했다. 정동구락부가 이 호텔에서 개최되었다.

압록강에서부터 군인, 경찰, 외교관들이 전후좌우를 호위하여 들어와서 만찬과 연회로 성대히 접대한다. 대일본제국의 영광이 나타나도록 하고 못된 조선 인종의 더럽고 추악한 것을 들어낸 후에 떠나보내니, 한국인이나 선교사는 애초부터 대화 한마디 할 수 없다. 이러므로 한국을 다녀온 사람들이 한국에서 본 것은 일본이 보여준 것이고 들은 것은 일본이 들려준 말이며 받은 것은 일본의 대접인 것이다. 자연히 진심이든 겉으로든 일본의 높고 귀한 광채를 해와 달같이 빛내어 주니, 이런 일은 일본 당국자들의 한 짓에 10분의 1에 불과할 뿐이다.

오직 기독교회에 있어서는 이와 같지 않다. 서양인의 재정과 서양인의 인력으로 설립한 것이 하루아침에 없어지지도 않을 것이고 10-20년 내로 철수할 리도 없는 것이며 그 교회가 있을 때까지 서양의 예수 믿는 모든 나라들과 소통하는 문을 막을 수 없을 것이다.

선교사들이 한국에 이익을 구하러 온 것이 아니요 오직 한국인들에게 영적 행복을 주려고 온 것이니, 자연히 그 관계가 밀접할 수밖에 없다. 외국에 가서는 한국 교회의 정황을 설명하고, 한국에 와서는 서양 교회의 상황을 말하면서 서로 정을 나누고 동정을 표명하여 피차간에 예수를 믿음으로 말미암아 한 형제와 한 식구가 되는 이치를 가르친다.[94] 아무 친구도 없고 돌아볼 곳도 없어 낙심하고 물러났던 한국 사람들, 어떤 생각도 할 수 없던 사람들이 비로소 교회에 들어와 선교사들에게 의탁하였고 서로 포기 못할 친구로 여기게 되었으니 선교사들은 한국의 가장 큰 외교 창구이다.

94) 평양에서 활동한 감리교 선교사 무어(John. Z. Moore, 1874-1936)는 1907년 평양 대부흥운동 이후 "서양인과 한국인이 한 형제이고 하나"라며 기존의 생각이 바뀌었음을 고백했다.

세계 여행자들은 구미 각국에 항상 왕래하는데, 세상 구경을 하러 다니는 사람들이 동양에 갈 때에는 우선 4억의 인구를 갖고 있는, 제일 오래된 나라인 청국에 가서 북경, 상해, 광동 등지의 유명한 상업도시와 만리장성, 성시[95] 누각, 이삼천년 된 고적들을 구경하려 한다. 그 뒤에는 일본에 들어가 여러 섬의 빼어난 경치, 횡빈[96]와 동경[97]의 근대화된 생활상, 유명한 벚꽃과 비단 기모노 등 모든 아름다운 상품들을 구경하려 한다. 그렇지만 한국에 이르러서는 특별히 즐길만한 것이 적은 듯, 주마간산[98]으로 바삐 지나가거나 그렇지 않으면 아예 한국에 들리지도 않고 지나가려 한다.

결국 교회 일에 전력하는 사람들이 한국선교사들의 연설을 듣거나 선교여행자들의 말이나 글을 통해 한국 기독교회의 지나온 역사를 알게 된 후에는, '한국이란 나라는 정말 신기한 곳이구나' 여기게 된다. 미국 선교사들이 들어간 지 30년이 채 되지 못했음에도 불구하고 교회 사역이 어찌나 잘되었는지, 어떤 교회는 수요일 예배 때에 남녀교인이 평균 천여 명씩 모인다 하며, 하나님을 섬기는 열성과 기도하는 열심이 얼마나 간절한지… 그런 예배에 한 번 참여하면 성경이 말씀하는 옛날 오순절성령[99]의 감화를 받은 것 같이 뜨거운 마음을 얻고 돌아온다는 말을

---

95) 城市.

96) 요코하마(橫濱).

97) 도쿄(東京).

98) 走馬看山. 말을 타고 달리며 산천을 구경한다는 뜻으로, 사물을 자세히 살펴보지 않고 겉만 바삐 대충 보는 것.

99) 『신약성경』 사도행전 2장에 오순절 성령강림사건과 그 내용이 다음과 같이 묘사되어 있다. "오순절 날에 제자들이 믿음으로 은총을 받고 한 곳에 모였는데 홀연히 하늘에서 성령이 강림하여 저희가 다 성령 충만함을 받고 성령이 임하심을 따라 다른 방언으로 말하더라." 이 성령 강림의 사건은 기독교회의 태동과 보존의

듣게 된다.

이런 말을 듣고 흠모하는 마음이 심중에 가득하게 되어 어떤 사람은 "좋은 집과 사랑하는 가족을 놓아두고 한국에 가서 하나님의 일을 하겠다"고 자원하기도 하고, 한국에 아무리 가고자 해도 나이가 많아 해외선교부에서 허락하지 않기 때문에 '생전에 한국 땅만이라도 밟아보고 죽어도 여한이 없겠다'고 한다. 또는 어떤 신문이나 월간지에 게재된 수십 명의 한국 교인들의 이름을 기록하고 아침저녁의 기도하는 시간에 그 명단의 이름들을 불러가며 "이 사람들을 모두 복주소서"라고도 한다. 이런 것들은 모두 내 눈으로 본 것이니 그 이름들을 다 쓰지 않겠지만 그 사람들이 지금도 모두 여기저기에서 은근히 한국을 위해 돈을 보내는 것 또한 적지 않다.[100)]

영국과 미국 교회 친구들이 한국을 이렇게 흠모하는 까닭에 교회의 유력 인물들은 동양에 갈 때면 만사를 제쳐놓고 한국을 심방하게 되는데, 이는 모두 한국교회를 구경도 하고 그 정세와 형편도 연구하려 함이다. 이런 친구들은 한국에 갈 때마다 의례히 친하게 지내던 선교사들의 집을 찾아 들어가게 되니 일본인은 다른 곳으로 초청하여 접대할 수도 없고 초청해도 가지 않는다. 늘 한국 선교사들의 집에 가서 머물며 한국 교회에서 예배를 보든지 아니면 연설을 하든지, 한국 교우의 집을 심방해서 한국교회가 어떻게 해서 이렇듯 부흥되었는지 그 이유를 묻게 된

중요한 근거가 된다.

100) 1900년 미국 오하이오 사업가 세브란스(Louis Henry Severance, 1838-1913)는 애비슨(Oliver R. Avison, 1860-1956) 선교사의 요청으로 거액을 보내 세브란스 병원을 세우게 하였다. 이외에 미국의 독지가들의 한국 선교사업을 위해 적지 않은 선교비를 보냈다. 1907년의 평양대각성 운동 이후 미국교회는 선교사 후보생들을 한국에 파견해 부흥된 한국교회의 모습을 보여주며 훈련시키기도 했다.

다. 그리고 그 방법을 연구하거나 정치상황도 은근히 탐지한다.101)

한국인들이 자기 나라를 잃고 남의 나라의 속박 중에서 현재 모든 곤란을 당하지만 하나님이 특별히 한국 사람들을 택하셔서 세상의 빛나는 일들을 할 수 있게 하셨으니, 아직 때가 이르지 않았지만 환란을 인내하며 부지런히 일하면 자연히 무궁한 복락을 누릴 날이 있을 것이라 한다. 이런 말로 한편 권면도 하고 한편 위로도 하니, 이것은 결코 일본이 원치 않는 것이다.

일본이 온갖 방법으로 이를 방해하려고 하여도 할 수 없었다. 기회를 얻어 자기들이 자랑스럽게 여기는 어뢰102)를 보여주려 해도 선교여행을 하는 교회 지도자들은, 외교적 체면 때문에, 한두 번 통감부를 방문하는 것 이외는 특별히 일본인들을 가까이 하려 하지 않는다. 이 일은 일본 정치적 힘이나 외교수단으로도 어떻게 할 수 없는 일이다.

대체로 영미의 위대한 사상가들은 세계적인 보편 사상이 많고 한 나라나 한 인종만을 위하는 편협한 태도가 적기 때문에 정치적인 힘을 믿고 정의를 저버리는 인물들을 물리치려 한다. 약하고 고통 받으며 남으로부터 학대받는 사람들을 도우려 하는데, 마치 예수가 세상에 계실 때에 행하신 것처럼 한다. 이는 사람마다 그 마음에 얼마쯤은 본디부터 지니고 있는 성향이지만, 특별히 기독교회 진리를 통해 크게 발달시킨 것이다.

---

101) 1909년에 채프만(John Wilbur Chapman, 1859-1918), 알렉산더(Charles McCallon Alexander, 1867-1920), 학니스(Robert Harkness, 1880-1961) 등 세계적 부흥사들이 들어왔고, 이듬해부터는 미국 북장로교 해외선교부 총무 아더 브라운(Arthur Judson Brown, 1856-1963), 뉴욕 대학의 헨리 맥크랙킨(Henry McCracken, 1840-1918), 세계 선교의 큰 영향력을 갖고 있던 아더 피어선(Arthur Tappan Pierson, 1837-1911) 박사, 볼티모아 여자대학 총장 가우처(John Franklin Goucher, 1845-1922) 박사 등 세계적 기독교계 인사들이 한국에 입국했다.

102) 魚雷.

영미 사람들은 몇 년 전 러시아가 탐욕과 억지 부리는 것을 징계해서 일본을 후원하여 러시아를 꺾어 눕히게 했는데, 그때에 은근히 믿고 기대한 것은 일본이 세계 모든 나라 공통의 이익을 위해 싸우는 것이니 러시아를 몰아내면 아시아의 경제나 종교의 자유, 공익을 모든 나라들이 함께 얻게 될 것이라고 기약했기 때문이다. 그렇지만 결과적으로, 러시아가 물러나고 일본이 들어섰는데, 일본이 하는 일은 러시아가 하려던 것과 조금도 다르지 않았다. 일하는 방식은 같지 않지만 결과는 모두 같았던 것이다.

가령 비유를 들어 말하면, 산골에 한 부촌이 있었는데 러시아 사람들은 대낮에 대로(大路)에서, 군기를 들고 북을 치고 나팔을 불며 10리나 5리에 총과 대포를 늘어놓고 동네로 들어가면서 살인과 방화를 일삼았다. 노약자들을 가혹하게 다루고 부녀자들을 겁박하였으며 재산과 살림살이, 기름진 밭과 넓은 집들을 낱낱이 차지하였다. 그 잔혹 무도함은 세상 모두가 아는 것이다.

일본은 처음에는 정처 없이 떠돌아다니며 밥을 빌어먹던 형세로, 마치 친구의 집을 방문한 것처럼, 짚신감발하던 자[103]가 조금 씩 틈을 보며 안으로 들어와서 허리를 굽히고 고개를 숙이며 겸손한 태도와 다정스런 말을 하며 하인들이 자는 구석의 행낭까지 들어왔고, 점차 집 주인과 사귄 후에 건너 방과 안방까지 얻어 들어간 뒤 오장육부까지 샅샅이 긁어내고, 기회를 엿보다가 일시에 일어나 주인과 하인들을 한데 결박한 것과 같다. 천 길의 구덩이로 몰아넣기도 하고, 아무 소리도 못하게 하고, 조용히 엎드려 자살하게 만든 후에 모든 재산 전부를 자기 것으로 만들었다. 세상은 그때, 그 이면[104]의 실상을 알지 못했다.

103) 볏짚으로 신과 발을 싸매었던 사람이라는 표현으로 아주 빈곤한 사람을 일컫는 말이다.

한동안 일본의 겸손한 면모와 담대하고 의로운 기개를 칭찬했지만, 사람의 죄악은 영원히 감추지 못하는 것이니 그 사실이 모두 들어나게 되는 날에는 세상이 속은 줄을 깨닫고, 일본과 러시아가 하는 일들이 모두 같다는 것을 알게 될 것이다.

만주사건[105]만 보더라도, 러일전쟁 이전 일본은 세계에 선포하기를, 자기들이 "러시아를 물리치고 만주를 개방해서 모든 나라가 일제히, 통상의 이익을 누릴 수 있게 하겠다"고 하더니, 지금은 서양 사람들이 상업이나 정치적으로 만주에서 발을 붙을 곳이 없게 만들어 놓았다.[106] 또한 전쟁 전에 일본은 세계에 선전하기를, "한국에 들어가서 농, 상, 공업 등 모든 분야의 수익성을 높여 한국인에게 유익이 돌아가게 하고 종교의 자유를 보장해서 기독교회를 부흥시키겠다"고 했다. 그러더니 지금 모든 부분의 이익 전부를 욕심껏 가졌고 한국인들은 점점 벌어먹고 살 수 없게 되었다. 러시아 사람들과 달라서 기독교회를 불 지르며 기독교인들을 살해하는 일 같은 것은 감히 못하지만 속으로는 교회를 반대하고 유지할 수 없게 만들려고, 일본인들은 고위직과 하위직 관리들은 물

---

104) 裏面.

105) 1900년 6월에 의화단이 만주방면으로 진출하고 7월에는 청군이 러시아기선에 포격을 가하는 사건이 있었다. 이를 빌미로 러시아는 18만의 군대를 파견하여 만주 전역을 점령하였다. 러시아는 만주에 질서가 회복되면 철군하겠다고 했으나 계속 주둔했다. 이에 일본을 비롯한 열강들이 철병을 요구했고 결국 러일전쟁으로 이어졌다.

106) 러일전쟁 이전 일본은 영국과 미국에 만주를 개방하겠다며 협조를 이끌어냈다. 그러나 포츠머스조약 체결 이후, 일본은 1905년 11월 17일 대한제국을 보호국화하고, 동년 12월 22일 청일조약 체결로 기존에 러시아의 만한철도 이권을 탈취하고, 곧이어 관동도독부의 설치, 남만주철도주식회사의 설립 등의 만주선점조치를 취하였다. 이로써 일본의 만주 개방 약속은 지켜지지 않았다.

론이고 일반인들까지 한 마음으로 힘쓰고 있다.

이 같은 실상을 세계 사람들이 어떻게 영원히 모를 수 있겠는가? 이렇게 하면 세계 사람들은 일본의 행위를 의심하며 일본의 내심을 살피려는 때가 점점 더 생길 것인데, 이 어찌 사람의 힘으로 막을 수 있겠는가? 더구나 기독교 선교여행자들은 산천경개를 구경하는 일반 사람들과 달라서 곳곳의 정치 · 종교 · 사회상 등 모든 형편을 있는 그대로 살피고 확인해서 세계의 흐름과 비교한다. 이 나라의 사정을 저 나라에 가서 설명하고, 저 나라의 사정을 다른 곳으로 전하여 모든 나라와 모든 인종의 문명 수준을 비평하는 것이다. '정의'가 막힘없이 흘러 윤리 사상이 발전되는 것을 자신들의 사명으로 삼기 때문이다. 한국의 내정을 연구해서 세계에 전파하는 사람들이 바로 이 사람들인 것이다.

이런 여행자들 중에도, 소경 단청[107] 구경하듯이 그저 다녀간 뒤, 자기들이 생각나는 대로 이렇게 저렇게 떠들어대는 사람이 없지 않다. 그렇지만 대개 눈을 뜨고 귀를 열고 다니는 사람은 동양에 가서 얼마 있으면 한국교회가 나날이 부흥함과 일본 관리들이 교회 일을 방해하는 정황을 낱낱이 알게 되어, 돌아가서는 "일본이 기독교를 반대하지만 한국은 얼마 지나지 않아 기독교 국가가 될 것"이라는 말을 하게 된다.

가령, 일본에 인구 8,000명 정도 되는 도시를 보면, 기독교를 잘 믿는 곳이라 할지라도 신자는 불과 1-2 백 명에 못 미치고 예배당도 조그마하다. 사찰과 신당은 굉장히 큰데 반해 교회 다니는 사람들은 적고 불교와 신도(神道)에 참여하는 사람들은 매우 많다.

한국은 그렇지 않다. 작은 도시인 선천에 8,000명 정도 살고 있는데,

---

107) 丹青.

교인이 4,000명 이상이고 가장 큰 집이 예배당과 학교이며 부근의 촌락도 거의 기독교인들로 이루어진 동네이다. 주일이면 평균 1,200명에서 1,500명 되는 교인들이 2-3부로 모여 예배를 드리며 수요기도회에 참여하는 남녀 교인은 700명에서 1,000명 정도가 된다.[108] 선천보다 더 큰 평양 같은 대도시는 그 규모가 더욱 굉장하니, 이는 영국이나 미국의 교회가 부러워 할 일이고 본받아야 할 일이다.

"하나님께서 한국을 특별히 택하시고 동양에 기독교 문명의 기초를 놓게 하신 이유로 해서, 교인들은 벌써 제주도와 북간도, 만주, 해삼위[109] 등지와 북경까지 선교사를 파송하고 힘껏 전도하고 있다.[110] 우리가 이때를 맞아 교회 일에만 전력하면 한국은 일본과 청국을 모두 기독교로 인도할 것이다"하며, 간혹 일본이 교회를 학대하는 정황을 비밀리에 전하기도 한다. 공개적으로 이야기를 나누며 불평을 드러내기도 하지만, 이것은 배일사상에서 나온 것이 아니다. 다만 한국 교인들의 독실한 신앙을 알게 해서 자기네 청년들에게 권면하기 위해서이다. 예로부터 기독교는 핍박을 받는 중에 뿌리를 내리고 기독교 문명을 발달시켰기 때문에, 핍박을 받으며 예수를 따르는 자가 참 기독교인이라고 인증하였다.

---

108) 미국 북장로교 선교사 휘트모어(Norman C. Whittemore)가 1898년 선천읍교회를 설립한 이래, 장천(長川)을 경계로 기존의 선천읍교회를 북교회로 하여 남교회가 분리되었고, 이후 북교회에서 중앙교회(1930)가, 남교회에서 동교회(1931)가 분립되는 등 지교회들이 생겨났다. 선천은 4천 여호, 2만의 인구를 가진 소읍이었지만 60% 이상이 기독교인이어서 주일날 장날이 겹치면 장이 서지 못할 정도였다.

109) 블라디보스토크.

110) 1907년 대부흥운동 이후 한국교회는 제주도와 북간도, 만주, 블라디보스토크 등지와 북경까지 한국인 선교사들을 파송했다.

수십년 전에 선교사들이 동양으로 와서 선교를 시작할 때 자기 나라에서도 반대하는 사람들이 많았는데, 이 사람들은 "동양인들이 예수를 믿겠다고 하는 것이 모두 밥이나 얻어먹으려고 오는 자들이지 실상은 기독교인이 아니라"고 비판하였다.[111] 따라서 지금 이러한 사실들을 증거로 가져다가, 비판했던 사람들의 주장을 막으려 한다. 서양교회의 신문, 잡지 등에 이런 류의 논쟁이 가끔 게재되기 때문이다.

이러한 한국교회 지도자들이나 서양 선교사들, 외국 교회 방문객들은 실상 정치적 간섭을 하려거나 배일사상을 가지고 있는 것이 아님에도 한국에 교회가 있다는 이유 하나 때문에 한국의 정치 상황을 외국에 있으면서도 알게 되는 것이며, 세계의 정의를 한국으로 이어지게 하는 것이다.

일본 당국자들이 어찌 이런 것을 모르겠으며 어찌 이런 일들을 달갑게 여기겠는가? 이런 상황들을 점점 더 알게 되면서, 장차 일본에 큰 후환이 될 것이라 염려되지 않을 수 없는 것이다. 일본은 이렇게 외교적 관계가 얽혀있기 때문에, 한국교회를 싫어하는 것이다.

내치상[112] 관계

둘째는 한국 교회가 일본의 내치 정책에 방해가 되기 때문이다.

당초 일본이 조선을 먹을 때에, 욕심 많은 자가 주인 없는 고기 덩이

111) 1907년의 평양 영적대각성운동 이전, 선교사들은 한국인 입교자들 중 많은 수가 생명과 재산의 보호, 곧 치외법권적 울타리가 필요해 기독교에 입교했다고 비판하기도 했다.

112) 內治上.

를 갖게 된 것처럼, 잘 드는 칼과 날카로운 포크(삼지창 같은 젓가락)로 잘 베어 한 입에 삼켰지만 큰 고깃덩이를 잘 소화시킬 수 있을지 큰 문제가 되었다. 대개 고기가 상에 놓여 있을 때에는 칼과 포크가 대단히 요긴하지만, 고기가 목을 넘어간 뒤에는 칼과 포크가 소용이 없다. 이는 그 고기에 체해서 소화를 잘 못하더라도, 칼날을 가지고 뱃속에 든 음식물을 소화시킬 수 없기 때문이다.

일본이 무력으로 조선을 잘 삼켰지만 무력으로 한국을 바꾸어 일본이 되게 할 수는 없는 것인데, 장차 무슨 방법으로 새로운 일본으로 만들 것이며 어떻게 해서 한국인들을 영원히 복종케 할 수 있을런지 확실히 알지 못하고 있다. 일본이 여러 나라의 정치가들을 은근히 주목하고 있는 이유는 이를 위한 것이고, 일본 당국자들이 깊이 연구한 여러 가지의 한국에 대한 정책들도 모두 이것이 궁극적인 목적이다.

무엇이든지 이러한 정책에 도움이 될 만한 사람들은 용납이 되겠지만, 이러한 정책을 방해하는 사람들은 결코 버틸 수 없는 형세이다. 일본인의 생각에는 한국의 기독교회가 자기 나라의 정책에 대단히 저촉되는 이유는 여러 가지이다.

1) 교회는 한국인들이 자유롭게 회집할 수 있는 곳이다.

대개 사람들이 함께 모이면 자연스럽게 공론이 생기며 힘을 가지는 단체로 발전된다. 그러므로, 일본이 한국을 합병한 뒤부터, 일본 관리들의 허락을 얻기 전에는 한국인이 4-5인 이상이 되어도 단체를 조직할 수 없었다. 그런데 기독교회에서는 특별히 종교의 자유를 내세워 남녀노소가 어렵지 않게 모일 수 있으므로, 전국의 인심이 모두 그리로 쏠리는 것이다. 각 시골구석까지 예배당을 설립하여 서로 밀접한 관계를 이루고 마음과 뜻을 통하게 하니, 이전의 독립협회나 모든 정치단체 지도자들로 알려져 있던 인물들이 많이 교회로 들어가 세력을 모아 전국적으로 큰 조직을 만들었다.

청년 애국자들이 삼삼오오 전국 각지에 출몰하여 소리를 높이고, "우리는 나라도 없고 아무 것도 없지만 먼저 천국을 구하면 모든 것이 저절로 생겨나리라"고 전하였다. 태극기를 금지한 뒤로 경축일이 되면 적십자기를 예배당에 높이 매달았고, 애국가를 금지한 뒤부터 찬미가를 대신 불렀다. "믿는 사람들아 군병 같으니 앞에 가신 주를 따라가자"는 곡조를 큰 목소리로 기운차게 불렀던 것이다.[113] 경찰, 군인과 비밀 정보원들이 틈틈이 간섭하며 헤집고 들어와 일거수일투족을 낱낱이 탐지하였는데, 먹고 살기 어려워 비밀리에 정보를 정탐해다가 바치는 자들은 몇 푼 월급에 팔려 보고 들은 사실들을 과장해서 적어 보고한다.

어떤 목사 한 사람이 "너희 원수를 사랑하라" 하신 성경 말씀으로 전도하였는데, 경찰청에서 불러다가 무섭게 으르며 "네 원수라 함은 누구를 지목하는 것이냐" 묻기도 했다. 일본 도쿄 대학을 졸업하고 서울로 돌아온 모씨가 종로 청년회회관에서 연설할 때, 자기의 지내온 일들을 말하다가 심한 계모 아래에서 서럽게 지내던 사정을 이야기했는데, 경찰청에서 "이것은 은근히 일본을 비유한 것 아니냐"고 말하면서 3일 밤낮을 감옥에 가두었다가 풀어주기도 했다. 성탄절 방학 때에 청년회 학생들이 성경 내용을 가지고 연극을 준비하였는데, 그 연극 내용이 구약의 모세가 이스라엘 족속을 인도하고 애굽 왕의 속박을 벗어나 홍해를 건

113) 일본은 이 찬송가를 호전적이라 했고, 기독교인들이 모두 군인이 되어 일본을 쳐서 물리치라고 선동하는 것으로 보았다.

너는 것으로 꾸몄다가, 이 내용 속에 은근한 비유가 들어 있다고 해서 무수한 곤욕을 당하였다. 이외에도 이러한 일들이 비일비재하여, 말로 다 할 수 없다. 이렇게 하는 것은 일본이 한국교회가 자유롭게 모일 수 있고 자유롭게 의견을 말하며 토론할 수 있는 권리가 주어진 것을 싫어하기 때문이다.

2) 기독교회 안에 활동력이 많기 때문이다.

세상 모든 생명을 가진 피조물들은 모두 활동하는 힘을 가지고, 서로 경쟁하는 세상 속에서 삶을 영위하고 생존을 이어 나가고 있다. 만일 사람에게 이러한 활동력이 없다면, 비록 생명은 아직 붙어있다고는 하나 죽은 시체나 다름이 없다. 어찌 활동하는 생명이라 할 수 있겠는가?

한국이 일본에 합병을 당한 뒤부터 한국인들은 낙심하고 낙망해서 아무런 낙도 없고 어떠한 여유도 없으니 무슨 활동력이 생기겠는가? 자고로 한국은 남에게 의뢰하는 습관이 있었는데, 임진년[114] 일본이 침범할 때에도 명나라에 구원병을 요청해서 나라를 보전하였다. 갑신년의 정변[115]에도 개화파들은 일본 군대를 요청하여 왕궁을 지키려 한 반면 수구파들은 청나라 군사들에게 보호를 요청하였다. 갑오년 동학난 때에도 한편으로는 일본군을 청하고 또 다른 한편으로는 청나라 군사들을 불러들이는 바람에 우리 백성이 도륙당하고 양국이 충돌하게 되었다. 무술년 정변[116]도 몇 사람이 일본에 요청하여 이슥한 한 밤중에 궁궐에

114) 1592년의 임진왜란을 말한다.

115) 1884년에 일어난 갑신정변을 말한다.

116) 문맥상 무술년이 아니라 왕후 민씨시해사건이 일어난 을미년(1895)을 말하는 듯하다.

침입해서 국모를 살해한 것이 이유가 되었다.[117] 임금은 러시아 공사를 의지하고 보호를 받게 되자, 위패[118]와 사패야[119]를 태산과 같이 의뢰하고, 토지 · 삼림 · 금광을 내어주었다. 백성들은 일본군들이 입성하는 것을 밤낮으로 간절히 바라면서, "일본에 가 있는 망명객들이 오늘 온다. 내일 온다"며 기다리다가 러일전쟁이 일어나 그 결과로 이 지경에 이른 것이다. 지금은 삼척동자라도 남을 의지하는 것과 남에게 바라는 것이 얼마나 어리석은 것인지 깨닫게 되었다.

이제는 "더 기대할 것이 아주 없다"하며 영영 낙심하여 맥이 풀려 사지가 게을러졌다. 아무런 희망이 없기 때문에 무언가 해야겠다는 생각조차 하지 않으며, 아무 것도 하지 않으니 활동력 없어져서 나날이 쇠잔해가고, 날로 썩어가는 것이다. 비유하면 사람의 육신에 원기가 쇠잔해지면 갖가지 병이 나타나게 되는 것과 같이, 국민의 활동력이 쇠해지면 모든 부패한 행위와 골육상잔의 폐단이 겹겹이 일어나게 된다. 이것이 지금 우리나라의 일반적 상황이다.

특별히 기독교회는 끝없는 생동력이 저절로 생겨나 총명하고 준수한 청년들이 서로 이끌고 권하며, "온 세상이 모두 우리의 적국이라고 해도 우리가 예수와 친구만 되면, 제일 친구가 많은 분이기 때문에, 우리에게 군함 대포가 하나도 없을지라도 만능의 힘을 가지신 하나님만 의탁하면 세상에 두려울 것이 없다. 우리의 육신은 죽여도 영혼을 죽일 수 없는 자들을 무서워 할 필요가 없다. 우리는 아무 것도 할 수 없지만, 하나님

117) 1895년 10월 8일 일본공사 미우라 고로(三浦梧樓)의 사주에 의해 일본인들이 경복궁에 침입하여 왕후 민씨를 시해했다.

118) 러시아공사 웨베르(Karl I. Weber, 韋貝)를 말한다.

119) 러시아공사 스페이에르(Alexei de Speyer, 士貝耶, 1854-1916)를 말한다.

의 도를 전하는 것은 세상에서 감히 막을 사람이 없다"고 말한다.

이런 여러 가지 말씀이 사람의 마음속에 새겨지기 때문에, 스스로 끝없는 능력이 생기는 것이다. 만일 이런 말씀이 한 두 사람의 의견에 따라 지어낸 것이거나 우리나라의 정치적 형편 때문에 사람들의 마음을 요동시키려는 것이라면, 잠시 마음을 들뜨게 하는 헛소리라 할 수 있을 것이다. 그렇지만 이것은 1900여 년 전에 예수가 모든 고초와 고난을 겪으며 하신 말씀들이다. 이후 사도들이 무수한 핍박과 형벌을 당하면서 전한 진리인 까닭에, 성경책을 보고 믿는 사람들의 마음 중심에 스스로 이런 굳센 의기와 담략이 생기고 태산 같은 능력이 금할 수 없이 솟아나는 것이다. 그러므로 당시 로마제국의 세력으로도 능히 이를 억제하지 못했고 유럽 각국의 제왕들이 모두 복종하게 된 것이다. 이것이 어찌 사람의 힘으로 할 수 있는 일이겠는가? 사람이 행하지 못할 것을 행하게 하며, 무에서 유를 만들어 내며, 죽음의 자리에서 살기를 바라는 것이 모두 기독교의 오묘한 이치이다. 이런 이치가 마음속에 든 뒤에는 모든 사람이 낙심할지라도 나 한사람만은 굳센 마음이 생기고 슬퍼하는 중에서도 기쁨이 생기며 핍박 중에서도 힘이 생기게 된다.

함경도와 강원도에서 제일 유명한 전도사 모씨가 가는 곳마다 활동력이 생겨서 사람들이 힘을 모아 예배당을 짓고 학교를 설립하는 등 각 도시와 촌락에 새로운 풍조가 일어났다. 일본 경찰이 무슨 사건을 빙자해서 잡아가두고 무수한 고문을 가한 뒤에 인천 앞바다의 조그만 섬으로 귀양을 보냈다. 얼마 뒤에 어떤 친구가 시간을 내어 가서 보니 얼굴에 화색이 여전하고 기운도 생생해서, 일본 관리들에게 성경 말씀을 가지고, "일본이 예수를 믿어야 참으로 강한 나라가 되리라"고 전도했다고 한다. 이에 일본인들까지도 이 사람은 좋은 사람이라고 일컬었다고 한다.[120)]

이번 윤치호 씨 등 123인 사건을 조사하기 위해 미국 테네시에 있는 남감리교 해외선교부에서 서울에 파송한 선교부 총무 핀슨씨가 재판에 참여하여 그 갇힌 사람들을 일일이 대면한 후, 작년 9월 29일에 이렇게 보고하였다.

"여러 달 동안 고초와 형벌을 받은 사람들이 조금도 낙심하거나 두려워하는 태도가 없고, 정직한 말씨와 절도있는 기개로 법관을 대하고 있다. 미국 안에서도 이런 처지에 있게 된다면 이같이 굳세게 자기를 지키는 사람들을 찾아보기 어려울 것이다. 헌병들이 정말 제일 좋은 곡식을 선택해서 베어낸 줄 깨달았을 것이다. 이 사람들은 모두 부랑자나 법을 어지럽게 하는 자들이 아니요, 태반이 장로교 교리 문답으로 잘 훈련된 교인들이다. 이 사람들을 외모로 보아도, 위태로움을 무릅쓰고 용맹스럽게 나갈지언정 어리석은 생각으로 범죄에 빠질 사람들은 결코 아니다."

3) 기독교회에 합심하는 능력이 있기 때문이다.

대개 정치단체는 항상 여러 사람의 의견들을 취합해서 난상토론을 하는 중에 가장 좋은 정책을 선택해 시행하게 된다. 나라마다 정당이 있으며 각 정당 안에서도 비판이 일어나고 반대도 생긴다. 중대한 일이 많을수록 자주 풍파가 일어나게 되는 것이다. 이것은 각 사람들의 의견이

120) 이동휘(李東輝, 1873-1935)를 말한다. 그는 강화 보창학교를 설립하고 교장이 되었다. 개성 · 평양 · 원산 등지에도 여러 학교를 설립했다. 함경도 각 지방을 돌며 기독교 전도사로도 활동했다. 그의 헌신으로 함경도의 이원, 단천 등지에 교회들이 세워졌다. 1911년 105인사건으로 함경도에서 피체되어 황해도 무의도에 3년간 유배되었다.

같지 않기 때문에, 사람마다 자기가 보는 것과 아는 것이 제일 좋은 줄로 믿기 때문에 생기는 것이다. 정당과 정치 비판은 어느 나라든지 다 있는 것이지만 영국과 미국의 정당은 피차 다툴수록 국가에 유익할지언정 큰 피해를 일으키지 않는다. 이것은 각 사람들이 자기들이 다투는 논쟁의 본래의 의도를 잊어버리지 않기 때문에 자기 나라의 공동 이익을 잊지 않고 그것을 목적으로 삼기 때문이다. 자기들이 하려고 하는 일이 나라에 유익을 가져올 것이라고 알 때에는 어디까지든 나갈 수 있는데까지 나가보다가, 그 일이 유익하지 못한 것이라 깨닫게 되면 바로 포기하고 다른 사람들의 의견에 찬성하고 행동을 같이 하게 된다. 여러 정파가 모두 같은, 한 나라 사람이라는 공동체주의를 잊지 않은 까닭이다.

그러나 우리나라 사람들은 옛부터 외국인들과 섞여 지내본 적이 없었고, 오랫동안 나라의 문을 닫고 우리끼리만 지냈으며, 그 안에서도 서로 조그만 이해와 권리를 놓고 다투었다. 삼삼오오 갈라서서 다투고 음해하던 습관이 골수에 깊이 박혀있다. 급기야 외국과 교류하던 당시, 곧 러시아, 일본, 서양 제국이 분쟁의 빌미를 얻기 위해 기웃거릴 때, 서푼 너푼 밖에 안 되는 사소한 이해를 다 버리고 모두 일심으로 힘을 합해 조직을 이루고 외국과 싸울 생각을 끝내 하지 못했다. 도리어 자기 세력을 위해 각국의 공사관을 찾아다니며 비밀리에 보고하고 서로 음해하기를 일삼았다. 외국은 한국인들끼리 서로 다툼질하는 틈을 타서 가만히 앉아 이익을 얻기만 하면 되었다.[121)]

동서양이 서로 교류한 이후로 청국은 영국과 한 번 싸웠고, 프랑스와 한번 싸웠는데, 결국 의화단이 일어나 서양제국들을 모두 몰아내자는 주

---

121) 원문에는 "좌수어인지공"(坐收漁人之功)으로 표기되어 있다.

장까지 나왔고, 일본이 청국과 싸우고 러시아와 싸울 때는 일본 전국이 합심하였다. 오직 한국만은 지난 30년 동안 여러 번의 전쟁이 있었지만, 전국이 합동해서 외국과 다투어 본 적이 한 번도 없었고 매번 우리들끼리 다투었다. 그 와중에 외국 군대를 불러다가 우리나라에서 전쟁을 했고, 우리 백성들을 어육[122]으로 만들었다. 심지어 독립협회가 생기면 황국협회 보부상패[123]가 일어났고, 보안회[124]가 생기면 일진회[125]가 나섰으며, 외국으로 나간 자들은 망명객으로 몰려다녔다. 서로 총질, 칼질이나 하고 애국당이라 하면서 내 것이 옳으니 네 것이 옳으니 하다가[126]나 몰라라 할 따름이었다. 이러한 품성을 그냥 가지고 지금 가만히 세상에 들어앉아 있어서는, 남들이 가만히 두어도 부지할 수가 없을 것인데 하물며 남의 주머니 속에 들어가 있는데 어떻게 벗어날 수 있겠는가? 마

122) 魚肉.

123) 1898년 서울에서 조직되었던 어용단체로 당시 수구파들이 보부상(褓負商)을 앞세워 독립협회에 대항하기 위해 조직되었다. 초대회장은 정낙용(鄭洛鎔, 1827-1914)이었으나 그 뒤 법부(法部)의 민사국장(民事局長) 이기동(李基東, 1856-1922)이 수천 명의 보부상을 일시에 가입시키고 스스로 회장이 되고 중추원 일등의관(中樞院一等議官) 고영근(高永根, 1853-1923)을 부회장으로 앉혀 독립협회 반대투쟁을 폈다.

124) 1904년 2월 23일 한일의정서 조인 후 일본인 나가모리 도키치로(長森藤吉郎)가 일본공사관을 통해 궁내부 산하 어공원(御供院)이 관장하던 산림, 천택(川澤)과 황무지의 개간권을 요구했다. 이에 반대운동을 벌인 송수만(宋秀萬, 1857-?), 심상진(沈相震) 등이 서울 종로 백목전에서 보안회(保安會)를 창설했다. 회장에 신기선(申箕善, 1851-1909), 부회장에 이유인(李裕寅), 대판회장에 송수만이 추대되었다.

125) 1904년 8월 송병준(宋秉畯)의 주도로 설립되었다. 1904년 8월 18일 유신회로 출범했다가 8월 22일 일진회로 개명했다. 일진회의 강령은 일제의 조선지배권을 강화시키려는 목적을 담고 있었다.

126) 원문에는 '서울이니 시골이니 하다가'로 되어있다.

땅히 남을 자기 몸같이 사랑하시는 하나님의 도를 통해 품성이 변화되어야만 모두 새사람이 될 수 있고, 그래야 비로소 희망이 생길 것이다.

예수 앞에 나와서 참다운 감화를 받은 사람들은 이전에 자기 몸만을 위해 살고자 했던 것과 남의 살을 베어다가 자기 배를 불리려 했던 것, 남의 목숨을 끊어다가 자기 목숨을 이으려 했던 모든 죄악들을 회개하고 남들의 이익과 손해, 남들의 화와 복을 먼저 생각하게 된다.[127] 성경 말씀에 의지하여 형제자매가 서로 사랑하기를 힘쓰고 전도하며, "예수는 포도나무요 우리는 모두 가지이니 가지가 나무에 붙지 아니하면 열매를 맺지 못하리라", "우리가 모두 같은 주께 속했으니 한 몸의 지체와 같고 한 집안의 식구와 같다"고 말하게 된다. 동서남북은 물론, 모두 일심으로 한 공동체로 일하기 때문에, 일본이 이렇게 큰 조직이 한 마음으로 움직이는 곳에서 혹시 무슨 사단이 일어나지 않을까 의심하는 것은 이상한 일이 아니다.

4) 교회를 통해 국민의 원기가 유지되기 때문이다.

국가의 원기가 쇠하면 인심이 사특해지고 품행이 부패해지며 나날이 음란하고 방탕한 곳으로 빠지게 되어서, 필연적으로 시들고 쇠잔한 지경에 이르게 된다. 동양의 성현들이 항상 도덕으로 국민의 원기를 배양하는 약석[128]을 삼았던 것도 결국 이런 까닭이 있다.

---

127) 헐버트 같은 선교사도 초기에 한국이 문명국가가 될 수 없다고 주장했다. 그 이유는 우상숭배와 미신, 게으름, 노동 의욕의 부재, 부패의 문제 때문이었다. 그러나 기독교회에 들어와 회심 체험을 한 이후, 교인들의 생활 태도는 서구의 어떤 사람들 못지않게 엄격한 기준을 갖게 되었다고 술회했다.

128) 藥石.

소위 합병 이후로 한국 백성 전체를 나누어보면, 다수의 백성은 무식하고 양순한 마음을 가지고 있어 관리들을 호랑이처럼 두려워하기 때문에, 비록 속으로는 조선에 대한 생각이 가득하더라도, 감히 들어나게 발표하지 못한다. 이런 사람들을 일본 당국자들은 염려하지 않는다.

또 다른 유형은 이완용·송병준이나 일진회원으로 드러난 자같이 일본의 충직한 종으로 자처하고 나선 자들이다. 지금 이런 무리들이 설사 독립을 회복해야 한다고 나서서 위태로운 지경을 어떻게든 벗어나려 하더라도, 남들이 믿어주지 않을 것이기 때문에 이런 자들 또한 일본 당국자들이 크게 염려하지 않는다.

또 다른 유형은 주색잡기에 빠져서 드넓은 세상에 자기 몸 하나 태어난 것만 가지고도 장하게 여기는 자들이다. 소위 몇몇의 벼슬아치들은 저녁마다 패를 지어 잔치하고 노름한다 하는데, 하룻밤에 몇 천원 몇 만원씩 따고 잃는다고 신문에 자자하게 난다. 당초 이런 자들의 뇌 속에 나라라는 것이 들어갈 수도 없겠지만, 설령 무슨 마음이 우연히 생겨 종로거리를 지나가며 당장 나라를 회복해야 한다고 소리를 질러대도 사람들이 거들떠보지 않을 것이니, 이런 사람들도 일본당국자는 조금도 염려하지 않는다.

또 다른 패거리는 노골적으로 드러내놓고 배일하는 인물로 행세하는 자들인데, 이런 자들은 한국인들이 은근히 우러러보거나 추종한다. 그렇지만 그 수가 많지도 않고 그 종적도, 여기저기에 뱀이 지나간 자리처럼, 알 수가 없으니 어떻게 이 사람들이 받아들여질 수 있겠는가? 이런 사람들은 외국에 나가 있거나, 본국 감옥에 갇혀 징역을 살고 있거나, 섬으로 귀양을 가서 세월을 보내고 있기 때문에, 이야말로 군사를 부릴 수 없는 영웅일 뿐이다. 그러므로 일본으로서도 크게 두려울 것이 없다.

한국인들 중에 수효도 많고 자기 지역에서는 모두 다소 명망이 있는 사람들이 있으니, 가장 중요한 사람들이다. 어떻게 보면 일본의 주권에 복종하는 듯도 하고, 어떻게 보면 "피위피 아위아"[129]하듯이 무관심한 듯 보이기도 한다. 남과 잘 섞이지도 않고 별로 외부 출입도 하지 않고, 경축절 연회에 구경이나 참여도 아니하며, 혹시 일본 당국자들이 벼슬을 하라고 요청하면 정중히 사양하고 물러가, 교회 일에만 몸을 던져 교육이나 전도에 종사한다. 혹 일본 사람들이 얼마씩의 월급을 주면서 정탐해 달라고 해도 듣지 않고, 주색잡기로 유혹해도 빠지지 않으며, 어린아이와 청년들에게 모르핀과 담배를 가까이 하는 폐단을 지적한다.

모르핀이라는 것은 아편과 같아서 한번 습관을 들이면 영원히 끊기 어려운 것으로, 문명한 나라에서는 약 재료로 조금 쓸 뿐 다량으로 사용하는 것을 금지하고 있다. 그러나 일본이 이것을 한국에 많이 전했기 때문에 몇 년 전부터 미국인 헐버트[130]씨가 누차 비판한 것이다. 또한 지권연[131]은 여송연 담배보다 더 해롭다고 하기 때문에 이 나라에서는[132] 애초부터 여성들이 피우지 않으며, 혹 피는 사람이 있어도 남들이 수치로 여기고, 더욱이 아이들은 어린 뇌에 피해가 많다고 해서 국법으로 금하고 있다. 기독교회에서는 담배 피는 것을 도덕적 품행이 결여된 것으

129) 彼爲彼 我爲我, "그는 그이고 나는 나다"의 뜻이다.

130) 헐버트는 선교사가 되기 이전, 1886년 육영공원(育英公院) 영어교사로 한국에 들어왔다. 1906년 고종의 밀사로 한국과 수교한 미국을 비롯한 9개국의 국가원수에게 을사늑약 무효를 선언하는 친서를 전달했다. 1907년 헤이그 밀사사건의 중심에 그가 있었고, 이후 미국에서 서재필(徐載弼, 1864-1951), 이승만(李承晩, 1875-1965) 등의 독립운동에 힘을 보탰다.

131) 본래 조선시대에는 장죽과 곰방대를 이용해 담배를 피웠다. 일제강점기가 도래하면서 담배를 썰어 종이에 말아 넣은 지권연(紙卷煙)이 수입되었다.

132) 미국을 말한다.

로 여기고 있다.

일본은 담배를 정부의 전매물로 만들어 남녀노소가 모두 피우며, 전국 각처에 담배회사를 많이 설립하여 어린 아이들을 수백 명씩 고용해서 담배를 만들고 있다. 이것은 어린아이들의 뇌 속에 적지 않은 손상을 줄 뿐만 아니라 도덕적 문제도 심히 큰 것이다. 뉴욕 장로교 선교부에서 발간한 책에 의하면, 평양 장대현교회 목사 길선주[133]씨가 자기 교인들에게 권면하기를, 담배가 대단히 해로운 것이니 자식들이 피우지 못하게 하고 담배회사에서 일도 하지 못하게 하라고 했다고 한다. 그러니까 일본 경찰들이 주의를 주면서, "담배는 정부에서 전매하는 것이니, 담배를 반대하는 것은 곧 정부에 반대하는 것이다. 또 다시 이같이 반대하면 죄로 다스릴 것이다"고 하였다 한다.[134] 이와 같은 사건은 비일비재하다. 기독교회가 도덕적 풍조를 맑게 하는 일은 일본 관리들의 뜻과 이렇게 반대가 된다.

5) 교회에서 청년 교육을 힘쓰기 때문이다.

"학문이 힘이다"라는 말을 서양 사람들이 항상 하는데, 정말 그 실체가 있는 말이다. 동서양은 물론이고 전제정치를 하는 나라에서 백성을

---

133) 한국 개신교 역사상 가장 위대한 목회자요 부흥사로 알려져 있다. 많은 사람들을 교회에 입교시켰고 부흥운동을 통해 많은 교회들을 설립하도록 했다. 3·1운동 때에 33인의 한 사람이었고 이로 인해 2년의 옥고를 치르기도 하였다. 석방된 뒤로는 북간도를 비롯해 전국을 순회하면서 부흥집회를 인도했다.

134) 일본의 전매사업은 1898년 잎담배 전매로 시작되었고 국가가 직영했다. 한국강점 이후 일본은 한국에도 이를 시행했다. 일본 총독부는 한국교회의 금주와 금연 정책에 대해 신랄히 비판한 바 있다.

교육시키지 않으려는 것이나 주인이 노예들을 교육시키지 않는 것은 모두 학식에 능력이 있다는 것을 깨달았기 때문이다.

일본은 서양제국들과 통상을 시작한 후로 3-40년 동안 배를 골아가며 공부한 결과 세계에서도 큰 문명 부강한 나라로 지목을 받게 되었다. 일본 또한 학식에 힘이 있음을 깨달았던 것이다. 그래서 한국에 모든 긴급한 일을 처리한 후 교육 절차를 개정할 때, 전국 교육기관을 정부가 총괄하기로 작정하고 한국인들에게는 고등교육을 시키지 않기로 방침을 정한 것이다.[135)]

각 도시에 일본인 학교는 굉장히 크게 지어 운동장과 기숙사 규모 등을 모두 교육받을 수 있을 만큼 갖추어 놓았다. 그러나 한국인들은 입학하기를 원하는 자도 적을뿐더러 설령 원한다고 하더라도 받아주지 않았다. 한국인을 위한 학교를 따로 마련해야 했는데 규모가 몹시 초라하고 교육과정 책들을 대개 일본어로 만들어 가르치며 한국 역사와 한국어 과목을 폐지하거나 가르치는 내용들을 모두 자기들 뜻에 맞게 꾸며서 가르친다. 공업실습소를 설립해서 공업의 일반 기술을 연습시키는 정도이고 서울에 있던 외국어 학교를 모두 없앴다. 모셔왔던 교사들은 모두 자기들 학교로 받아들이는 한편 남녀학생들을 자기들 학교로 옮기도록 유도했다. 이런 학교라도 많이만 설립하고 잘만 가르쳤으면 차차 이로움을 깨닫고 자녀들을 보내 교육을 받게 했겠지만, 실상은 그럴 듯하게 포장만 했을 뿐 유명무실[136)]했다. 일본말과 일본어 책으로 배우는 것 이외

135) 일본은 1911년 8월 23일 칙령 제229호로 제1차 조선교육령을 선포했다. 내용은 한국인에게 일본어를 습득시키고, 되도록 적은 경비로 초보적인 실업교육에 치중하여 충성된 일본인을 만드는 데 주안점을 두었다. 1916년에 가서야 기존 학교를 승격시켜 몇 개의 전문학교를 설립하였다.

136) 본문에는 "벌제위명"(伐齊爲名)으로 표기되어 있다.

에 특별히 수준 높은 것이 없는데 누가 자녀들을 보내려 하겠는가?

아울러 한국인들이 이미 설립한 학교들이 있다. 러일전쟁이 일어난 후에 전국 백성들이 신학문 교육이 긴급하다는 것을 깨닫고, 도시와 농촌 곳곳에 설립해서 어린이들을 교육시킨 학교들이다. 이 학교들은 교회학교를 졸업한 학생들을 받아들여 산술, 지리, 역사, 화학 등의 과정을 기본적으로 가르쳤다. 우리 동포들이 설립해서 우리말로 가르치는 학교에 가려고 하는 것이 어찌 자연스러운 심정이 아니겠는가? 이런 까닭에 전국 곳곳에 이런 소학교가 가득했다.

일본이 이 일을 처리할 때, 학무국[137]에서는 일본인들을 각 학교에 파송해서 사무를 총괄하도록 하고 그 학교 학부형들에게 명하여 매달 교사의 월급으로 3-40원(일본돈)을 주라고 했다. 어떤 사람들은 자녀[138]들을 불러다가 그만 두게 했고 어떤 사람들은 그렇게 해서라도 교육을 시키려 했다. 그 교사들은 사용하고 있던 모든 교과서를 폐기하고 학무국이 새로 만든 교재들을 학생들에게 사서 쓰게 하였다.

내가 재작년 4월경에 학교들을 시찰하러 다니다가 부산 초량에 이르렀을 때 학교 직원이 하는 말이, "오늘은 학교를 마지막으로 여는 날이다"고 하였다.[139] 그 이유를 물으니, "거의 8, 9년 전에 동네 유지들이 재정을 모아 땅을 사서 학교 건물을 크게 지었고 그 옆에 상업회의소를 설립해서 상업을 크게 발전시켰으며 그 상업회의소에서는 매년 2,000원

---

137) 조선총독부가 설치한 행정 조직이며, 일제강점기 한국에서 문교, 종교, 사회 행정을 관장했다.

138) 원문에는 자질(子姪)로 되어 있다.

139) 이승만은 프린스톤대학에서 박사학위를 받고 1910년 말에 서울YMCA의 학감으로의 부임했다. 이후 1년 6개월 동안 서울YMCA 성경반을 인도했고, 한 달 여간 전국을 순회하며 학생 하령회를 주도했고 강연활동을 했다.

씩 학교로 보내 경비를 충당하도록 했다. 학교가 확장되어 학생이 거의 300명에 달했는데 얼마 전 학무국에서 일본인 교사를 보내어 사무를 총괄하게 하라고 했다. 그 교사가 상업회의소에서 매년 지출하는 재정 2천원을 자기가 맡아서 쓰겠다고 말했는데, 기왕 학비를 위해 마련된 돈을 학교에 쓰는 것은 문제될 것이 없지만, 이 큰 학교와 넓은 땅이 모두 관청 소유로 넘어가게 될 터이니 부득이 폐교하기로 결정했고 오늘이 마지막이다"고 했다. 내가 간신히 두어 마디 말로 위로했지만, 제대로 하지 못하고 돌아오고 말았다. 전국 각지 사립학교들을 일본이 모두 이런 방법으로 총괄하니 일본 관할로 들어가지 않은 학교는 실로 없었다.

오직 교회학교만 아직까지 독립 자격을 유지하고 있는데 이것이 큰 문제이다. 원래 선교사들이 한국에 들어와 곳곳에 예배당과 학교를 함께 설립하였는데 아무리 작은 예배당이라도 그 안에 의례히 소학교를 마련하였다.[140] 선교지역마다 기숙학교를 세웠기 때문에 교인들은 의례히 자기 자질들을 교회학교로 보냈다. 문전옥답을 내버려두고 어떻게 교회를 반대하는 일본 학교에 보내겠는가? 이따금 경찰이 시골 구석구석을 돌아다니며 교인들을 불러다가 윽박지르며, "어찌하여 자식들을 관립학교에 보내지 않고 교회학교에 보내는가?" 물으면, 겁이 많은 사람들은 자연히 교회학교와 발을 끊고 예배당도 다니지 않게 하였지만 어떤 사람들은 여전히 계속해서 학교에 다니게 하니 일본이 어떻게 할 수가

140) 일본이 한국을 강점하기 이전, 이미 한국에는 기독교회에서 운영하는 수백 개의 사립학교들이 있었다. 일본은 학교의 힘을 약화시키기 위해 1915년 종교계 학교에서 교육과 종교를 완전히 분리시키는 소위 사립학교규칙중 개정령(私立學校規則中改正令)을 발표하였다.

없었다.

소학교만 해도 일본은 좋지 않게 여기는데 더욱이 고등학문을 가르치는 대학교에 이르러서는 그 관계가 매우 심각하다. 일본은 한국인들에게 고등학문을 가르치지 않기로 작정했기 때문에, 한국 학생들이 외국에 나가는 것을 백방으로 막았다. 기독교회에서는 평양에 대학교를 설립하였고 개성과 서울에 대학교를 만들려고 몇 해 동안 준비하는 학교가 여럿이 있다. 청년회학교와 기타 중학교 자격을 갖춘 학교가 큰 도시마다 있는데, 그 학교들의 수준이 모두 낮지 않았다. 각 교회가 십 수 년 동안 공을 들여 예산을 모으고 해마다 늘리려고 하는데 어떻게 하루아침에 폐지시킬 수 있겠는가? 작년 봄에 일본 총독부에서 한국인 교육제도를 만들어 공포했는데 이 제도대로 하면 어떤 학교도 존립할 수 없고 오직 일본관립 초등학교와 소위 공업학교라는 몇 개 학교만 남을 뿐이다. 교회학교만은 아직 이 제도 밖에 벗어나 있어서 독립자격으로 세워져 있기 때문에 일본은 이것을 달갑게 여기지 않고 있다.

6) 교인들이 우상을 섬기지 않기 때문이다.

일본이 숭상하는 종교는 대개 두 가지이다. 하나는 불교인데, 한국불교와 조금 다르지만

우상으로 섬기는 것은 같다. 또 다른 하나는 신도라 하는 것인데, 이 종교의 근본 목적은 일본 황제를 숭배하는 것이다. 이 종교 때문에 전국의 남녀노소들이 자기들의 황제를 천신같이 섬기는데 만일 이것을 반대하는 자가 있으면 곧바로 불충한 백성으로 지목된다.

황제의 탄생일을 경축하는 날에는 모든 예식을 준비하여 놓고 대소

관민[141]이 한 곳에 모여 절차대로 시행한다. 탁자 위에 황제의 초상화를 걸어 놓았다가, 앞에 덮었던 것을 벗기면 대소관민이 일제히 일어나서 경배하는 풍속이 있다. 서울에 있는 한 사립여학교 학생들이 이 예식을 행하는 자리에서 한 명도 고개를 숙이지 않았다. 일본 관리들이 대단히 노해서 곧바로 일본 황제를 반대하는 죄로 여겨 교사들을 협박했고 교사들은 무수한 고난을 당하였다. 어떤 사람이 은밀히 학생들에 사주해서 그랬던 것인가 알아보니, 그 실상인즉 그 학생들 대부분이 기독교인의 자녀들이었다. 우상에 절하지 말라는 것이 애초부터 교회에 들어가면서 가장 먼저 배우는 말인데 인간의 형상을 경배하는 자리에 어찌 고개를 숙이겠는가?

그 여학생들은 마음이 이렇게 깨어 있어서 사신 우상에게 절하는 것을 단지 어리석은 것으로 알았을 뿐만 아니라, 곧 하나님의 계명을 범하는 줄로 믿었기 때문에 아무도 시킨 사람이 없었는데도 일제히 고개를 들고 있었던 것이다. 교사들이 "이것은 그 그림을 섬기는 것이 아니고 경례하는 것이며, 남들 하는 대로 하는 것이 옳다"고 설명하면, 어떤 학생들은 이에 순종하려 하지만, 대부분의 학생들은 "나는 마음으로 하나님 계명을 거역할 수 없으니 차라리 공부를 그만 두겠다"고 말하며 자퇴했고, 이런 사건이 전국에 허다하였다. 이런 충돌은 당연히 일어나게 되어 있다.

일본은 연중에 국가 명절이 매우 자주 있는데 태반은 신[142]에 대한 제삿날이다. 혹은 역대 왕 중에서 유명한 사람들과 충신열사 중에서 가장 드러난 자들을 귀신같이 섬겨서 제사를 지내는데, 그 날을 국가 명절

141) 大小官民.

142) 神.

로 여기는 것이다. 이러한 명절을 경축하는 것에 대해 한국에 와서 더욱 주의를 기울이니, 이는 한국인들이 일본의 명절을 지키게 하려고 하기 때문이다. 각 학교를 휴교하고 상점을 닫게 하며 집집마다 기를 달도록 하고 시골에서는 큰 관청에 모이도록 해서 예식 절차를 시행한다.

각 교회학교에서는 처음부터 조상에 제사 지내는 것과 4월 8일의 석가여래 탄일을 명절로 삼는 것이 모두 불가하다고 가르쳐왔는데, 일본신의 제삿날이기 때문에 휴교한다는 것은 불가하다며 종종 반대하고 나선 이들도 있었다. 어떤 학교에서는 부득이 휴교를 하지만 학생들에게 일본 신(神)의 제사일이니 휴학한다고 공표하기 어려워서 친목회를 준비하든지, 축구경기를 열던지, 그 날은 학생 일동이 함께 즐기려고 휴교한다고 발표한다. 학생들도 말은 안하지만 속으로는 알고 있으며, 학생들 속에 있는 정보원들도 모두 알아들으니, 일본인들도 이 같은 일에 대해 모두 간파하고 있다.

기독교인이 운영하는 상점에서도 가게를 닫는 이유에 대해 교인으로서 대답하기 어렵기 때문에 종종 어떤 핑계를 만들고 변명하는데, 실상은 일본 관리의 명령을 거역하려는 것도 아니요 일본 신(神)의 제삿날이니 따르지 않겠다는 것도 아니다. 다만 종교적 문제로 인해서 자연스럽게 생기는 모양새이다. 그런데 어떤 일본 관리들은 기독교인들 모두가 일본을 배척하는 사상이 있어 이렇게 한다고 분석한다. 겉으로 드러난 모습을 보면 이렇게 판단하는 것도 이상한 일은 아니다.

내가 내지의 교회들을 순례할 때 어느 먼 곳에 이르렀는데 (지명과 인명은 기록하기 않겠지만 내가 모두 잘 아는 사람들이다) 아주 커다란 신에게 제사를 지내고 있었다.[143] 그 제사일을 맞이해서 일본 병참부대에서 경축 절차를 준비하고 있었는데 마치 하와이 군도에서 워싱톤[144]

탄생 경축일을 준비하는 것과 다름이 없었다. 그러나 특별히 다른 것이 있었는데 워싱톤 탄생 기념일에는 미국인들이나 원주민들이나 모든 외국인을 가리지 않고 다들 워싱톤의 덕을 기리며 진정으로 축하를 표한다. 누가 억지로 시키는 것이 아니기 때문에 모든 사람들이 많은 돈을 쓰면서도 모두 진정으로 즐긴다. 그러나 일본신 제사일은 이와는 달라서 헌병들이 돌아다니며 집집마다 일본 국기를 달게 하고 기를 달지 않으면 징벌을 가한다.

원근 각지에서 국민들 모두를 어느 날 몇 시에 이러 저러한 관청으로 모이라고 하니 한 명도 빠지지 않고 모든 일들을 제쳐놓고 참여해야 탈이 나지 않는다. 경축하는 날에는 신을 경배하는 제례를 시행하고, 한편으로는 어지간한 악기와 기생들을 데려다가 주안상을 차려놓고 질탕하게 논다. "대일본제국 만세"를 부른 후에 아무 것도 모르게 불려가서, 한편에 서서 두려운 마음을 가지고 구경하던 백성들에게, 이름을 기록해주며 경축 비용으로 얼마씩 내놓으라고 한다. 촌민들은 아무 말도 못하고 내어놓고 아무런 사단없이 빠져 나가는 것을 오히려 다행히 여긴다. 각각 돌아간 뒤에는 아무 말도 하지 못한다.

이 가운데 기독교인들은 한두 번 참석하여 보니 사신에 절하는 것과 술과 기생과 질탕하게 노는 것이 모두 기독교의 도리를 지키는 것이 아니어서 부득이 돈을 내놓을지언정 그 놀이에 참여하는 것을 진정 원하

---

143) 이승만은 1912년 3월 26일 미국을 향해 다시 서울을 떠났다. 미국 미네아폴리스에서 개최되는 국제 감리교대회에 한국의 평신도 대표로 참석한다는 명목이었다. 이때 잠시 일본에 들러 카마쿠라(鎌倉)에서 열린 '한인학생대회'에서 의장을 맡아 학생복음회를 발족하고, 4월 10일 감리교 선교 동북아 총책인 해리스감독과 함께 미국으로 떠났다.

144) George Washington을 말한다.

지 않았다. 그런 이유로 한두 번 출석하지 않고 벌금만 내었더니, 이번에 내가 이 지방에 갔을 때에는 병참부대에서 특별 훈령을 내려 교인 전체를 소집하였다. 교회에서 서로 의논하여 몇몇 사람들을 대표로 보내었더니 “헌금을 각자가 내면서 교인 전체가 오지 않은 것은 관령을 거역한 것이다”고 하였다. 그 교회 영수[145]인 아무개씨를 불러다가 징벌을 가했는데, 며칠 동안이나 징역 살고 있던 죄수들과 함께 영문 뒤편에 땅을 파서 지게로 져다 옮기는 노역을 시킨 것이다. 그 가운데 장로 모씨는 나이가 많고 지위가 높은 사람인데도 머리에 수건을 쓰고 등에 지게를 지고 종일 흙을 나르다가 저녁에야 집으로 돌아왔다. 교인 형제자매들이 모여 여러 말로 위로하였지만 모씨는 아무 말 없이 듣기만 하더니, 찬송가를 찾아서 혼자 찬송 몇 소절을 부르다가 곤하여 저절로 잠이 들었다.

7) 선교사들의 도의적 영향력이 한국에 확장되었기 때문이다.

세상 사람들은 한국을 산중처사의 나라[146]라고 여겼다. 이는 서양 여러 나라와의 교류를 싫어했기 때문만이 아니라, 동양의 나라들과도 상통하기를 싫어했기 때문이다. 애초 서양제국들과 통상하기를 싫어했던 것은 청국이나 일본이나 모두 같았다. 한국은 서양의 나라들이 있는 줄 몰랐을 때부터 문을 닫고 이웃나라 사람들이 자기 지역에 발을 들여놓지 못하게 하였다. 이는 한국인들의 성향이 특이해서 그런 것이 아니다. 지나간 역사를 연구해 보면 그 이유를 소상히 알게 될 것이다.

145) 領袖.

146) 山中處士의 나라.

옛부터 한국인들은 동양 유교문명의 수준이 높아서 예의를 숭상하고 도덕을 귀히 여겨 남의 땅을 침범하거나 변방을 노략질하는 것을 야만의 미개한 습성으로 여겼다. 항상 사방이 무사하고 천하가 태평하기를 바랐기 때문에 무기를 사용하지 않고 문방사우[147]를 소중히 여겨 문신을 높이고 무관을 천시하였다. 따라서 백성들이 스스로 나약하게 되었고 외국의 침입에 대비가 없었다. 일본과 청국이 서로 기회를 틈타 군대를 보내 영토를 침범하고 백성들을 잔혹하게 해치며 임금을 욕보인 것이 한두 번이 아니었다. 이러한 이유로 한국인들의 사상에는 외국인들이 모두 우리의 적이요 우리를 해하려고 오는 자라고 여겼고, 30년 전에는 일본과 청나라까지도 우리 영토로 들어오지 못하게 하였던 것이다. 따라서 '처사의 나라'라고 부른 것이 당연했다.

서양 사람들이 비로소 우리나라에 들어오기 시작하자 한국 사람들 생각에는, 이 사람들이 모두 우리를 해하려고 오는 줄 알고 죽음을 각오하고 저항하며 막으려 했다. 1882년에 미국과 처음 통상한 후로 여러 가지를 겪고 경험해 보더니, 저 외국 사람들이 실제로 우리를 이롭게 하려고 온 것이 아니라고 한국인들은 여기게 되었다. 상업 자본가들이 우리에게 와서 상점을 열거나 광산과 철도를 운영하는 것은 다 우리의 금과 은을 가져가려 했던 것이다. 청국, 일본, 러시아, 어떤 나라들의 공사와 영사들도 우리의 영토를 차지하려거나 내정을 간섭하러 온 자들로, 하나도 우리에게 유익을 주려고 온 자들이 아니었다.

다만 기독교 선교사들만이 자기네 나라와 좋은 집을 버리고 자기 나라 돈을 가져다가, 언어와 풍습이 생소한 동양 각국에 와서 모든 어려움

---

147) 文房四友.

과 위험함을 무릅쓰고 예수의 도를 우리에게 전하려 하였다. 혹시 그들 중에 어떤 선교사들은 사사로운 이익이 될 것인지 아닌지를 살피는 자도 있겠지만, 대부분의 선교사들에 대해 말한다면 자기네 재력과 자기네 힘을 들여서 자기들이 제일 좋아하는 것을 우리에게 주려고 하는 것이니 어찌 우리의 친구가 아니겠는가? 하물며 선교사들은 아무리 품행이 좋지 못한 자라고 하더라도 한량과 같은 관광객들과 비교할 정도가 아니니, 우리가 표준으로 삼을만하다. 적어도 학문적 수준이 대학교 졸업생이라야 미국선교회에서 파송하기 때문에, 지금 동양에서 서양문명을 수입하려는 이 시대에 전부 우리의 스승이 될 만한 인재들이다. 곳곳에서 경천애인[148] 사상과 근대 문명을 발달시켰던 학식으로 우리를 가르치며 우리와 함께 살고, 모든 환란과 질고를 우리와 함께 하니 어찌 우리의 친구가 아니겠는가?

러일전쟁이 일어나기 전에 미국 국무부장관으로 만주의 문호 개방문제를 제안한 바 있던 존 헤이[149]씨는 동양 선교사업에 가장 큰 힘을 썼는데, 한국에도 좋은 친구였다. 불행히 러시아와 일본 간의 평화회담[150]

---

148) 敬天愛人.

149) John Hay, 1938-1905. 1898-1901년 대통령 윌리엄 매킨리(William McKinley, 1943-1901)와 데오도어 루스벨트(Theodore Roosevelt, 1858-1919) 때 국무장관을 지냈다. 1899년 만주에 대한 문호개방정책을 제창하고, 파나마운하 건설에 관한 헤이-폰스퍼트조약을 조인하는 등 미국의 해외팽창정책에 큰 역할을 했다.

150) 일본이 한반도와 만주 지배권을 놓고 격돌한 러일전쟁에서 승리하자 러시아는 평화회담을 청했다. 미국의 중재로 1905년 9월 일본과 러시아는 포츠머스 강화조약을 맺고 휴전이 성립되었다. 이 조약으로 일본은 조선에 대한 지도 · 감독권을 인정받았으며, 러시아는 일본에게 여순 · 대련의 조차권(租借權)과 남만주 철도(東淸鐵道)를 양도했다. 또 사할린 남부를 할양, 북위 50도 이남을 일본령으로 하였으며, 연해주와 캄차카의 어업권을 인정했다

의 결말이 나기 전에 갑자기 세상을 떠났는데, 이것이 우리에게 큰 불행이었다.

그가 작고하기 전에 나를 만나 조용히 담화를 나누었는데, 그의 얼굴에 희색이 돌면서 먼저 자랑스럽게 하는 말이, "서울에 있는 우리 공사에게서 보고가 왔는데, 러일전쟁이 시작되기 전에 러시아 코사크 군인들이 의주를 넘어서 평양으로 들어오면 기독교회에 불을 지르고 교인들을 모두 잔인하게 해칠 염려가 있다는 소문이 파다하게 퍼졌다.151) 우리 공사가 군함을 평양에 파견하고 모든 선교사들을 그 지역으로부터 물러나 다른 곳으로 가라고 권고하였으나, 선교사들은 자기 처자들만 보내면서, '우리는 한국 교우들과 생사를 함께 할 것이니 염려하지 말라'고 했다고 한다.152) 과연 우리 선교사들이 한국 교우들을 사랑한다는 것도 알게 되었지만 한국교인들 또한 선교사들을 사랑하는 것도 알게 되었다"고 했으며, 아주 많은 설명을 들었다. 여러 해 동안 한국인과 선교사들 사이에는 정말 두터운 정이 맞닿아 있었던 것이다. 한국인들 중에는 선교사들을 얼마나 추앙했던지 심지어 선교사를 하나님같이 섬긴다는 논평까지 있었다. 일본은 이런 것들을 자세히 들여다보고 있는데 어찌 언짢은 마음이 생기지 않을 수 있겠는가?

만약에 내가 동네 아이들을 잘 달래고 때리며 을러서 네가 가진 물건들을 모두 나에게 주고 나에게 와서 잘 복종하라고 하면, 그 아이는 내

---

151) 시모노세키조약(Treaty of Shimonoseki, 下関条約)이 체결된 이후 러시아 · 독일 · 프랑스 삼국은 일본의 요동반도 점유를 반대하고 나섰다. 이에 일본은 요동반도를 청나라에 반환했고, 이를 틈타 러시아가 장악하면서 요동반도에 군대를 파견하고 요새를 만들었다.

152) 평양에서 선교활동을 하던 감리교와 장로교 선교사 중에서 러일전쟁으로 인해 선교지를 벗어난 사람은 없었다.

주먹 힘을 무서워하여 고개를 반쯤 숙이고 들어올까 말까할 것이다. 그럴 때에 이웃집의 키도 크고 힘도 센 사람이 와서 어루만지며 불쌍히 여기는 표정으로 위로도 하고 권면도 하면 그 아이는 자연히 그 어른을 친구로도 여기고 보호자로 여기는 한편, 내 눈치를 보면서 그 어른 앞으로 가게 될 것이다. 이런 모습을 보게 되면 내 마음 속에 그 아이도 밉거니와, 그 사람이 더욱더 나의 원수같이 보일 것이다. 자연히 "저 사람을 먼저 때려 눕혀야 저 아이가 별 수 없이 영원히 내게 복종할 것이다"고 생각할 것이고 저 아이 앞에서 그 사람을 욕보일 수 있을 만큼 욕보이려 할 것이다. 일본에게 미국을 욕보이고 싶은 마음이 어떻게 없겠는가?

한미 양국이 처음 통상조약을 맺을 때 그 약정서에 "어떤 나라든지 한국이나 미국정부에 대해서 공평치 못한 일을 하면, 그 사실을 알게 되는 즉시, 피차 힘을 다해 도와 서로의 교의를 표한다"고 했는데[153], 러일 평화회담 때에 하와이에 있는 우리 동포들이 대표를 뽑아 대통령 루즈벨트씨에서 보내 도와주기를 청한 것이 이 항목에 의거한 것이다. 그 때 대통령은 "만일 이 글을 귀국 공사관을 통하여 가져오면 공적 문서가 될 것이니, 이 조약에 의거하여 평화회담에서 설명하겠다"고 말했었다.[154]

---

153) 조미수호통상조약 제1관에 다음과 같은 조항이 들어 있다. "이후 대조선국 군주와 대미국 대통령 및 그 인민들은 각각 모두 영원히 화평하고 우애있게 지낸다. 타국의 어떠한 불공평이나 경멸하는 일이 있을 때에 일단 확인하고 서로 도와주며, 중간에서 잘 조처하여 두터운 우의를 보여준다". 미국은 이 조항을 외교적인 관례로만 해석함으로써 대한제국에 대한 이 약속을 실행하지 않았다.

154) 헐버트가 전한 고종황제의 친서는 1905년 11월 20일에 접수되었다. 그러나 1908년 11월 30일 제38대 미국무장관 루트(Elihu Root, 1845-1937)는 워싱턴에서 일본대사 다카히라 고고로(高平協定)와 워싱턴에서 루트-다카히라 협정(Root-Takahira Agreement)을 체결했다. 태프트-가쓰라 각서(Taft–Katsura memorandum)에 나타난 일본의 한국 강제병합을 재차 확인한 것이다.

당시 대통령 측근에 있던 미국인들은 모두 이것이 매우 잘된 일이라고 치하했으나, 소위 주미 한국공사관이라는 곳에서 '이 내용을 소개할 수 없다'고 했다. 그러니 미국 대통령이 어떻게 한국 백성들의 사사로운 편지를 공문으로 인정할 수 있겠는가? 그러므로 그 일은 중지 되었을 뿐만 아니라 그 후 일본은 각국에 "이미 지나가 버린 시절에 한국이 각 나라와 체결한 모든 조약의 내용들은 모두 무효로 돌리기를 청구한다"고 선언하였다. 그러나 미국은 한미통상조약의 내용들을 무효로 돌리는 것을 인정하지 않았다.[155)]

통상이후 일본과 청국, 한국에는 일제히 서양 각국의 소위 치외법권이라는 것이 생겨나 서양인이 동양의 어느 나라에서든지 범죄사건이 생기면 그 나라 경찰이 잡아다가 자기 나라의 법률대로 다루지 못하게 하고, 그 범죄인이 속한 나라의 영사로 하여금 그 나라 법률에 의거해서 다루게 하였다. 일본이 정치제도와 법률을 점차 바꾸어 서양의 제도와 흡사하게 만들어 놓았는데, 미국과 영국이 먼저 반론을 제기해서 일본에서의 치외법권을 철회했다. 그래서 서양인들이 일본에서 범죄를 저지르면 일본법으로 다스릴 수 있지만, 청국과 한국은 끝끝내 바꾸는데 힘을 기울이지 못했기 때문에 각국의 영사들은 여전히 치외법권을 누릴 수 있는 것이다.

일본이 한국을 합병한 후 각국과 교섭하여 치외법권을 한국에서도 철회하라고 했기 때문에 유럽 각국은 모두 차례차례 철회하겠다는 의사를 밝혔지만, 미국만 홀로 미루며 국제법적으로 공개 철회를 하지 않고 있다. 이로 인해 일본은 미국에 대해 감정이 없을 수 없다. 한국인들은

155) 일본은 을사늑약을 기점으로 대한제국의 모든 외교 관계의 종식을 선포했다. 미국도 을사늑약이 체결된 후 한미관계의 종식을 선언하며 공사관을 철수시켰다.

은근히 "미국이 아직도 치외법권을 철회하지 않았으니 일본 관리들이 미국 선교사들에게는 무례하게 대할 수 없다"며 미국인들의 힘을 얼마쯤 높게 생각하고 있다. 이는 비록 한국인들 중에 어리석은 자의 의타심으로 인한 것이지만, 겉으로만 보면 얼마쯤은 그런 관계가 없지는 않은 것이다.

일본은 여러 가지 방법으로 선교사들을 논박하는데, 외교적으로나 언론을 이용해서 수시로, "선교사들이 이전부터 한국에서 정치적 간섭을 많이 하던 습성이 있었는데 지금도 한국 정치에 간섭한다"거나, "한국인들의 애국사상을 기르게 해 배일운동을 충동질한다"거나, "이토 히로부미를 암살한 사건은 선교사 모씨가 시킨 것이다"고 하는 등 비판을 한다. 서울에서 일본인이 발간하는 한글신문을 통해 선교사들을 자주 비판하거나, "선교사들이 미국에 가서 허세를 부리며 한국 기독교회를 이용해서 돈을 얻어다가 자기 배만 채운다[156]"거나, "선교사 중에 한국 여인을 첩으로 둔 자도 있다"는 등 수없이 많은 유언비어로 공격한다. 이는 미국인 선교사들이 아무런 힘이 없다는 것을 한국인들에게 보이기 위한 것이다.

그 이면을 모르는 자들은 교회를 비방하며 가까이 하려하지 않지만, 이전부터 모든 것을 자세히 알고 있는 사람들은 선교사들과 더욱 더 친밀히 지낸다. 이 때문에 무슨 특별한 사건을 일으키기 전에는 어찌 할 수 있는 방법이 없다는 것을 일본 관리들은 더욱 확실히 깨달았을 것이다.

---

156) 본문에는 "비기지욕"(肥己之慾)으로 표기되어 있다.

8) 혁명사상의 풍조가 동양에 전파되기 때문이다.

혁명이라는 것은 백성들이 궐기해서 정부를 전복하고 자기들의 뜻대로 새로운 체제를 조직하는 것을 말하는데, 동양의 역사책에는 없는 내용이다. 간혹 임금이 덕망을 잃어 민심이 이반되면 뛰어난 인물이 나타나서 벼슬도 없는 몸으로 백성들을 움직여 나라를 뒤엎고 새 나라를 세우거나, 혹은 정부 집권자들이 민심을 의지해서 임금을 몰아내고 왕족 중에서 덕행과 명망이 있는 인물로 대신 세우기도 한다. 이는 맹자가 말했던, "백성이 중하고, 종묘사직이 그 다음이요, 임금은 또한 그 다음이라"[157] 하신 뜻에 맞는 것이다. 그러나 이것은 실상 혁명은 아니다.

아래 사람들로부터 일어나서 주권을 바꾸는 것은 마찬가지이지만, 맹자가 말씀하신 것과 같다면 첫째, 백성을 위하고 둘째, 종묘와 사직을 유지하기 위해 임금을 몰아낸 뒤에는, 백성들은 정부를 조직하는 일이나 새 나라를 설립하는 일에 전혀 간섭이 없이 모두 물러나면서, 주무자들로 하여금 그들의 지혜와 능력대로 잘 다스려서 나라를 평안하게 하라고 했을 따름이다. 이는 임금을 바꾸고 그 임금이 다스리던 일정한 기간만 끝낸 것이지, 정부의 제도나 국권의 주장을 바꾼 것은 아니다.

옛날에는 국가 권력의 주인은 임금이고 백성은 손님이었던 탓에 백성을 노예같이 여기고 육축같이 길러졌다. 그러나 지금은 백성이 국가 권력의 주인이고 임금이나 대통령은 그에 속한 종이다. 이런 까닭에 백성들은 나라 일을 자기 일로 알게 되었고, 자기 일같이 간섭하는 방법을 마련했으며, 임금이 아무리 악할지라도 국법에 매이도록 해서 감히 어떻

157) 『맹자』 진심장구(盡心章句) 하(下) 14장에 나오는 내용을 말한다.

게 할 수 없도록 만들어 놓았다.

옛날에는 백성들이 위에 앉은 사람들이 잘 다스리는 것을 본 후에는 모두 믿고 의뢰해서 그 사람들에게 맡겨두고 물러나서 요순시대의 강구연월[158]만 바랐다. 주권자는 자연스럽게 "내가 어떻게 하면 백성들을 잘 다스리고 백성들을 선한 행실을 하게 하여 만세에 빛나게 할 것인가"를 생각하는 한편, "내가 어떻게 하면 내가 세운 기업을 영원히 변함없이 대대로 물려주어 자자손손 천만대를 누리게 할까" 생각할 것이다. 이를 위해 백성들을 가르치기를, "왕이라는 존재는 하늘이 명령하여 만민의 위에 거하게 하는 자이니, 아래에 있는 백성들은 순종할 따름이다. 만일 패악한 무리가 왕명을 거역하면 하늘의 명령을 어기는 것이다. 천하의 죄인이 될 것이고 국법에 반역하는 무리이니, 여러 동강이로 베어내 참혹하게 죽임을 당하도록 할 것이다[159]"고 했다. 그리고 이에 의거해 법을 만들고 이에 의거해 민심을 이끌도록 했다. 백성들은 곧이 믿었으며 정부는 이를 구체화시켜 백년 천년 이러한 정치체제로 다스려 왔다. 이런 이유로 오늘날에 이르러서도 동양 사람들은 전제정치에 관습화되어 노예성향이 고질화 되었다. 따라서 혁명이 무엇인지 모를 뿐만 아니라 서양의 혁명 역사를 보게 되면 곧바로, "이것은 모두 삼강오륜에 벗어난 오랑캐의 악습이라"며 비판하고 배척하기에 이르렀다.

이러므로 세계 사람들은 항상 비평하기를, "동양 사람들은 천성적으로 전제정치가 잘 맞기 때문에 애초부터 정치혁명이라는 것 자체도 모르지만, 앵글로색슨(영미 인종을 통칭함)은 자유평등 사상을 가지고 태

---

158) 康衢煙月. 강구(康衢)는 사통오달의 큰길로서 사람의 왕래가 많은 거리, 연월(煙月)은 연기가 나고 달빛이 비친다는 뜻으로 태평한 세상의 평화로운 풍경을 말한다.

159) 원문에는 천참만육(千斬萬戮)으로 되어 있다.

어났기 때문에 서양역사에만 혁명이 나타났다"고 한다. 그러나 내가 이것을 오랫동안 연구해보니 이는 인종적 성향 때문이 아니고 종교적 특성 때문이었다. 동·서양 종교를 비교 연구하는 사람은 모두 내가 보았던 것을 옳다고 여길 것이다.

우리나라 유교에 대해서만 말해 보더라도, 공자께서는 천종지성[160]으로 태어나서 철환천하[161]하면서 수신제가평천하[162] 하는 도[163]를 세상에 전하실 때 모든 나라의 임금들을 찾아보고 '그 도를 행하라' 하였으나, 능히 본받으려는 임금이 없었고 세상에서 시행되지도 않아서 부득이 물러나 글로써 이를 전하셨다.[164] 그 글의 취지는 모두, 세상의 임금이 된 사람들이 자기가 말하는 어질고 높은 사상을 본받아 그대로 시행하면, 문왕[165]과 같이 백리밖에 되지 않은 작은 땅을 가지고 있어도 덕화[166]를 널리펴서 세상[167]의 모든 나라 사람이 그 나라 사람이 되어 복종하게 될 것이고, 천하를 통일하여 요순의 태평성대를 회복할 수 있게 되리라는 것이다.

이 사상으로 말하면, 위에 있는 한두 명을 가르쳐 아래의 만민을 잘 다스리게 하는 것을 가장 크게 내세운다. 만일 통치자가 이를 행하지 못

160) 천종지성(天縱之聖)은 하늘이 낸 거룩한 사람이라는 뜻이다.

161) 철환천하(轍環天下)는 교화를 위해 천하 각지를 돌아다닌다는 뜻이다.

162) 修身齊家平天下.

163) 道.

164) 원문에는 도부득행우세(道不得行于世)로 되어 있다. 이승만은 『동몽선습(童蒙先習)』에 나오는 내용을 인용했다.

165) 청국 주나라를 창건했던 무왕의 아버지를 말함.

166) 德化.

167) 원문에는 사해지내(四海之內)로 되어 있다.

하면 다른 어떠한 방법이 없어 가만히 앉아서 좋은 천운이나 기다릴 따름이다. 그러므로 이 종교를 숭상하는 세상에서는 영원히 혁명 사상이 생길 수 없는 것이다.

기독교로 말하면, 예수께서는 애초에 미천한 자로 태어나셔서 당시 형편을 살펴보니, 유대는 로마에 속국인데 소위 집권자들은 로마 세력에 의지해서 불공평하게 백성들을 다스렸고, 서기관들과 세리들은 세력을 믿고 간악한 꾀를 부렸다. 유대교회에서는 하나님을 섬긴다고는 하나 모세의 율법을 숭상해서 외형과 형식으로만 하나님을 숭배하였다. 긴 옷을 입고 저잣거리에서 인사 받기를 좋아하며, 중언부언하며 기도를 오래하는 것으로 거짓 의로운 체하였다. 부유한 자들은 그럴듯하게 포장하여 자선사업을 행하고 남에게 보이기 위해서 나팔을 불려 하지만, 속으로는 과부의 집을 빼앗는 자들이었다.

그러므로 예수께서는 이러한 모든 것을 일제히 혁신하기 위해 권력과 재산을 가진 자들이며 명망과 학식이 있다고 하는 자들을 곳곳에서 탄핵해서, 모든 악한 자들로 하여금 그 죄악을 자복하게 하고, 참 마음으로 하나님 앞에 나오기를 권하셨다. 한편으로는 가장 불쌍한 자들과 병든 자와 죄에 빠진 자들을 가엾이 여겨 도와주고 고쳐주셨으며 동무를 삼으셔서 같이 다니며 제자를 삼으셨다. 자기의 뒤를 따르라 하시며, "나는 의로운 자를 구하러 온 것이 아니요, 이스라엘의 잃은 양을 찾으러 왔다"고 하시고[168], "건강한 사람은 의사가 필요 없지만 병든 자들은 필요하다"고 하셨다.[169] 33년 동안 전도하신 것은 신분이 낮은 백성들로

---

168) "인자가 온 것은 잃어버린 자를 찾아 구원하려 함이니라"(누가복음 19:10).

169) "예수께서 대답하여 가라사대 건강한 자에게는 의원이 쓸데없고 병든 자에게 라야 쓸데 있나니 내가 의인을 부르러 온 것이 아니요 죄인을 불러 회개시키러 왔

하여금 죄악을 버리고 하나님의 의를 구하게 하려는 것이다.

이런 이유로 신분이 높은 자들과 권세가 높고 부유한 자[170]들의 시기와 의심을 받아 무한한 고난과 핍박을 당하시다가 마침내 자기 제자의 고발로 모함을 받아, 로마 황제를 반대한다는 죄명으로, 못 박혀 죽임을 당하시게 되었다. 우리의 영적인 관계는 물론이고, 정치적 관계로 보더라도 역사상 최초의 혁명 주창자이신 것이다. 모든 사람이 다 하나님의 동등한 자녀가 된다는 논리와 사람의 마음이 악한 풍습과 어리석은 습관, 모든 죄악에서 벗어나서 자유롭게 활동할 수 있는 원리를 전부 상세히 가르치셨다. 신약 성경을 공부하는 사람이 자기도 모르게 스스로 혁명사상을 얻게 되는 것을 보면 정말 그 책은 진리를 가르치고 있다. 진리는 사람의 마음을 자유롭게 만들기 때문이다.

유럽 각국에서도 신약[171]의 이치가 전파되기 전에는 전제주의가 중심이 되었다. 로마제국 시대에는 제국주의의 발달이 극점에 이르렀고, 프랑스 왕 루이 14세에 이르면 전제주의가 얼마나 심했든지 "짐이 곧 국가"라 칭하였다. 이는 우리나라 사람들이 나라와 임금을 구별할 줄 몰라서, 임금을 곧 "나랏님"이라고 하던 것과 같은 뜻이다.

단지 구라파의 정치사상만 이런 것이 아니고, 교회제도 또한 마찬가지였다. 교황이 자리를 차지해서 온 세상을 모두 로마교회로 종속시키고, 자기가 하나님의 명령을 대신해서 전제로 다스린다고 하였다. 심지어 각국의 제왕들도 그의 무릎 아래 복종하였다. 신약성서의 말씀을 감추고 보지 못하게 하였으며[172] 모든 사람들은 교황과 신부 등의 교회

노라"(누가복음 5:31-32).

170) 본문에는 "권귀호부(權貴豪富)ᄒᆞᆫ 쟈"로 나와 있다.

171) 新約.

직무를 가진 자들을 통해서 하나님을 섬겨야 했다. 직접 기도를 드리거나 죄 사함을 구하지 못하게 했고, 사람의 마음을 어리석은 말과 요망하고 사악한 의도를 가지고 겹겹이 속박해서, 심지어 돈을 받고 죄를 용서하며 문서까지 주어 행악하는 권리를 허락하기에 이르렀다. 서양 사람들의 전제주의가 동양에 비교하면 오히려 심했다고 할 수 있다.

4백년 전에 로마교회에 속해 있던 마틴 루터[173]는 일찍부터 교육을 받아 교황의 절대 통치에 복종했다. 조용히 신약성경을 공부해 보니 교황이 행하는 일이 하나님의 뜻과 예수의 진리에 매우 어긋나는 것을 깨닫게 되었다. 비로소 교황에 대항하여 교회 제도를 혁신하기로 결심하고, 신약이 말하고 있는 것을 세상에 공표하였다. 그 파괴력이 얼마나 강했던지, 당시 로마 교황의 힘으로도 능히 억제하지 못하고 30년 전쟁이 일어나 유럽 대륙이 요동쳤다. 결국 반대하던 교회를[174] 완전하게 만들어 세워 사람마다 자유롭게 신약성서를 공부할 수 있게 했고, 직접 하나님께 기도할 수 있게 했다.

이후로 2백년 동안 루터의 종교개혁의 흐름이 정치제도까지 개혁하기에 이르렀고, 영국, 프랑스, 미국 등 각국의 정치 대혁명이 여기에서 생겨났다. 오늘날 구미각국이 평등의 자유를 누리는 모든 인간의 행복은 거의 다 여기에서 시작된 것이다. 이런 이유로 루터를 근대 문명의

---

172) 1517년 루터의 종교개혁 이전 로마 가톨릭교회에서 성경은 사제들 이외에는 볼 수 없었다.

173) Martin Luther, 1483-1546. 교황청의 부패를 보고 1517년 자신이 교수로 있던 비텐베르크대학 교회 문 앞에 〈95개조 반박문〉을 붙여 교황청에 정면으로 대응했다. 교황에게 파문당했지만 이른바 '종교개혁'을 촉발시켰다. 이후 기독교회는 개신교와 천주교로 분리되었다.

174) 여기에서 반대하는 교회는 개신교회를 말한다.

시조라 칭하는 것은 정말 적당한 말인데, 루터선생의 힘은 예수의 진리로부터 비롯된 것이다.

이러므로 로마교회에서는 지금까지도 신약성경을 공부하는 것을 허락하지 않으며, 천주교를 믿는 나라에서는 신약성경 보는 것을 금하며, 터키나 러시아와 전제정치를 받들고 있는 나라들은 이 책을 전파하는 것을 일체 금지하고 있다. 이는 다 성경에 자유 평등 사상이 들어있기 때문이다.

기독교가 처음 동양에 전파될 때부터 동양 각국이 모두 이를 배척해서 신구약성서를 전하지 못하게 했는데, 이단사설이라고 하거나 천주학이라 하는 등의 말로 반대하고 비방하였다. 그 까닭은 다름이 아니라, 이 책이 가는 곳마다 모든 완고하고 어리석고 요사한 풍습과 부패하고 완악한 마음을 변화시켜 새로운 기운과 새로운 마음과 새로운 문명을 일으키고 사람의 행동과 품행을 점차 변화시킴으로써 그 사회가 변하기 때문이다.

이번에 청나라에서 벌어진 대혁명[175]이 실상은 모두 기독교회로 말미암은 것으로 서양 문명을 받아들여 자유사상을 발전시킨 결과이다. 그 혁명의 지도자들은 모두 진실한 기독교 신자가 아니면 교회학교나 교회 기관으로부터 교육을 받은 사람들이다. 정치 혁명과 종교의 관계는 대개 이런 것이다.

서양 선교사들과 한국교회 지도자들은 정치적 혁명운동에 대해서는 조금도 관심이 없으며, 기독교가 장래 한국 혁명의 기초가 돼야 한다는 생각은 꿈에도 없다. 아울러 한국교인들은 기독교와 정치 혁명 간에 상

175) 1911년에 일어난 신해혁명(辛亥革命)을 말한다.

호 관계가 있는 줄도 모른다. 다만 원하는 것은 세상을 구원하는 큰 도로 우리나라의 모든 죄악에 빠져있는 백성들의 영혼을 구원해서 일제히 영생을 얻게 하며, 죄악을 버리고 착한 데로 나감으로써 이 세상 장래 문명의 기초를 삼으려는 것에 불과하다.

하지만, 일본 당국자들이 보기에는, 한국교회는 독립사상을 배양하는 곳이요 한국교인들은 장래에 혁명을 주창할 자들인 것이다. 그러므로 일본이 한국교회를 통제하고 한국교인들을 다스리기 전에는 장래의 화근을 막을 수 없다고 여기는 것이다. 하물며 지금의 시기는 서양 혁명 사상의 조류가 청국으로 들어왔고 동양 전체로 퍼져가고 있어 일본 국민들 또한 이 조류에 휩쓸려 혁명을 일으킬 염려가 없지 않다. 뿐만 아니라 한국은 일본과 청국의 중간에 위치하고 있어서, 지리적으로 청국에서 발달되고 있는 모든 근대화 작업이 한국으로 말미암아 일본까지 전파될 수 있는 것이다. 이 혁명의 조류가 조선반도에 도달하고 일본까지 미치는 것은 마치 이웃집에 붙은 불길이 바람을 타고 내 집까지 미치게 되는 것과 같으니, 중간에 있는 집에 불길이 미치지 못하게 하는 것이 불길을 잡는 상책이다. 그 중간 집에 있는 불붙기 쉬운 모든 물건들을 급히 치우는 것이 당연하다. 일본이 한국교회를 통제하려는 것은 이 같은 이유에서이다.

이상에서 말한 몇 가지 이유로, 일본은 한국교회 합병운동을 시작한 지 여러 해 동안 여러 가지 노력을 기울였는데, 모두 여의치 않았다. 한국인들을 은근히 권면해서 서양인들을 배척하고 교회를 독립시키려 해 보았고, 한국교회 지도자들과 교제를 친밀하게 해서 자연스럽게 감동받도록 힘을 써 보았지만, 모두 여의치 않았다. 평화적으로는 이루지 못한다는 것을 깨달았기 때문에 지난 3년 동안 협박하는 정책을 썼다. 전국

각지에서 백방으로 교회를 핍박한 정황은 말로 다 할 수 없지만, 여러 가지 방법으로 막고 방해한 것을 보면, 한국교회가 사람의 힘으로 세워진 것이 아니라면 지금까지 부지할 수 없었을 것이다. 세상 권력으로 기독교회를 타파하려고 하는 것은 정말 어리석은 생각이다.

한국 기독교청년회[176)]

한국 청년회는 미국 뉴욕에 있는 세계 청년회 본부에 속한 것으로, 미국인 질레트[177)]씨가 주창해서 설립한 지 거의 10년 되었다. 미국의 전 체신부 장관 워나메이커[178)]씨의 기부금 4만원으로 서울 중심부에 3층 벽돌집을 크게 지어 정문 위에 한자로 '황성기독교청년회(皇城基督敎靑年會)'라고 크게 새겨 넣고, 전국에서 청년들을 모아 육체와 정신과 영혼의 유익을 도모하고 발달시키는 것을 목적으로 삼았다. 이 기관은 지난 8-9년 동안 대단히 발전하여 현재 회원이 1,600여 명이고 임원은 모두 70여 명인데, 미국인이 5명이다. 회관 대지 가격이 약 3만원에 달하고 적립금은 거의 5만 원인데, 회관 옆에 체육관을 짓기 위해 한국과 미국에서 재정을 거둬 모았으며 머지않아 공사를 시작하게 될 것이다.

전국의 총명하고 준수한 청년들이 이 안에 모여서 한편으로는 운동부를 설치해서 여러 가지 운동 체조와 격투기, 각종 구기운동으로 신체를 건강하게 하고, 한편으로는 공업부를 설치해서 여러 가지 기계들을

176) 이승만이 원문에서 사용한 "기독교청년회" 혹은 "청년회"라 함은 YMCA를 말한다

177) Philip L. Gillett.

178) John Wanamaker.

사용하여 목공과 철공, 인쇄와 구두 제조 등 다양한 공업을 권장하고 있다. 또 다른 한편으로는 교육부를 설치하여 중학교 과정 200여 명 학생들이 주 · 야간으로 나뉘어 모든 신학문에 힘쓰고 있다. 그 중에서 졸업한 학생들이 노동자들을 모아서 야학교를 설치하고 신학문을 교육시키고 있고, 매일 저녁 출석하는 학생들이 200여 명에 달하고 있다. 종교부에서는 복음회와 사경회, 전도대를 조직해서 천국사업에 전력하고 있어, 세계 모든 청년회 중에서 한국 청년회가 영적 사업을 가장 힘있게 한다는 칭찬을 받고 있다.

이런 모든 사업을 통해 청년들의 기개를 발전시키니 그 명망이 전국으로 퍼져나가, 각 대도시에 지회 설립 허가를 요청하나 허락하지 않고 있는데, 이것은 정치적 상황으로 인해 혹시 남들의 의심을 받지는 않을까 염려하기 때문이다. 단지 일본 도쿄에 한국 유학생들을 위해 청년회 지회를 설립했고 종교 사업에만 힘을 쓰다가, 작년 500명의 학생들 중에서 거둔 작은 돈들을 모아서 회관을 짓기로 결심했다. 미국 청년회 본부에서도 재정적으로 도와 금년에 회관을 짓는 역사를 시작하려 한다.

애초에 미국 청년회 총회에서 동양에 지회를 설립할 때 중심 지회를 두 곳으로 나누었는데, 하나는 도쿄에 두어 일본 청년회의 모든 사무를 전담하도록 하고, 다른 하나는 상해에 두어 청국 청년회, 광동청년회, 한국 청년회의 모든 사무를 전담하고 총괄하도록 하였다. 이것은 모두 경제적 관계 때문이지 국가나 지역적 구별 때문은 아니었다. 그러므로 한국의 청년회는 일본의 청년회와 서로 상관이 없었고, 중국의 청년회와는 친밀하게 교류해서 올해 상해청년회로부터 재정적 찬조를 많이 받았다. 그렇지만 사무 처리는 피차 간여하지 않았고, 완전한 독립조직으로서 그 권리를 지켜왔다. 동경에 있는 한국청년회 또한 이러한 규약에 따라 상

해청년회에 속해 있고, 일본의 청년회와는 상관이 없다.[179)]

합방 이후, 이토 히로부미가 청년회에 대해 여러 가지로 호의를 표하고 많은 재정적 후원을 하였지만, 그 전부터 한국 황실에서 매년 일본돈 1만원씩 보조하여 청년회 경비로 쓰게 했었다.[180)] 합방 후 통감부는 전과 다름없이 계속해서 보조하기로 약속했고, 내외의 모든 신문들은 요란하게 이를 퍼뜨렸다. 일본 통감이 한국청년회를 열심히 도와주는 은혜를 베풀고 있다고 무수히 칭송하였던 것이다.[181)]

일본은 한국에서 정치적으로 긴급한 문제들을 모두 정리한 후에 교회에 관한 일들을 착수하여 청년회에 가장 먼저 주의를 기울였는데, 이것은 청년회가 각 교파들의 중간에 끼어있어 그 입지가 매우 좁았으나 이 조직 안의 청년들의 활동력이 가장 활발했기 때문이다. 서울에 있던 일본 청년회 임원들이 간혹 한국 청년회 임원들에게 "지금은 한국이 일본과 합동했으니 황성청년회가 상해청년회와 연합하는 것이 불가할뿐더러, 여기에 매년 경비로 1만원씩 일본 총독부에서 주고 있으니 일본 청년회와 연합하는 것이 마땅하다. 만일 여전히 우리와 관계를 맺지 않는다면 총독부에서 재정을 후원하지 않을 것이다"고 말을 한다. 한편으로 일본 총독은 "청년회 내부에는 이러 저러한 정객들이 있어 배일사상을

---

179) 한국 YMCA는 창립될 때부터 YMCA 세계연맹(The World Alliance of YMCAs)에는 가입되지 못하였지만, 청국과 홍콩의 청년회와 함께 같은 전체위원회(General Committee of China, Korea and Hong Kong)에 속해 국제적으로 보호받고 있었기 때문에 일본은 한국 YMCA를 조종할 수 없었다. 또한 한국 YMCA가 일본 도쿄에 세운 동경YMCA도 일본 YMCA의 통제를 받지 않았다.

180) 한국 YMCA는 월남 이상재가 청년회 제2대 총무가 되던 1913년부터 일본이 후원하는 돈을 받지 않았다.

181) 이토 히로부미는 대한제국에서 해마다 주던 보조금 1만원을 계속해서 청년회에 주도록 했다.

선동하기 때문에 일본 관리들이 특별히 주목하는 것이다. 속히 이 문제를 잘 처리하지 않으면 장차 충돌이 있을 것이다"고 하며 은밀히 협박하고, 물밑으로는 상하이와 미국 청년회 지도자들과 교섭하여 한·일 청년회의 합동을 획책하고 있다. 그 이면을 알지 못하는 외국인들은 이러한 의견을 당연한 것이라 생각하기도 하고, 다른 한편에서는 반대하는 사람들도 있었다.

이에 대해, "이 일은 한국 청년회를 주관하는 서양인들과 한국인들이 결정하라"고 하자, 일본에 있는 청년회 총무인 서양인 아무개씨와[182] 서울에 있는 일본 청년회 임원들은 한국 청년회와 즉각 교섭을 시도했다. 다행히 서울의 일본청년회 총무는 바르고 너그러운 신앙인이었기 때문에 일본 관리들을 설득하여 심한 핍박에 이르지는 않았다. 그렇지만 모든 정보원들과 정탐꾼들은 회관을 떠나지 않고 회관 내부의 모든 업무들을 사사건건 방해하였으며, 결국 문제를 일으켰다. "서울 한국 청년회 회관 정문 위에 새겨져 있는 '황성기독교청년회'라는 명칭에서 '황성'[183] 두 글자를 지우고, 상해청년회와의 자매관계를 철회할 것이며, 의사부[184] 임원을 일본인 중에서 몇 사람 정하라"고 하였던 것이다.[185]

---

182) 존 모트(John Raleigh Mott, 1865-1955)를 말한다. 모트는 1881년부터 1915년까지 국제YMCA의 학생부 책임자를 지냈다. 이후 YMCA 사무총장에 선출되었으며 1926년 YMCA 국제위원회 의장이 되었다. 1946년 제2차 세계대전 이후의 원조사업에 대한 공로로 노벨평화상을 받았다.

183) 皇城.

184) 議事部.

185) 1911년 일본은 모트를 종용하여 한국 청년회가 청국과 홍콩 청년회의 전체위원회로부터 분리하도록 하는 한편, 한국 청년회가 일본의 산하로 들어가게 하였다. 모트는 청국 청년회 총무인 브로크만(Fletcher Sims Brockman)으로 하여금 한국 청년회를 청국, 홍콩 전체위원회에서 탈퇴시켜 독립시키고 일본 청년회 산하에

청년회를 주도하고 있는 내외국인들과 부회장 윤치호씨도 이런 요구들을 모두 받아들이려는 생각이 없지 않았다. 이것은 당시 정세를 살폈던 때문이었다. 그러나 깊이 헤아려 보니, 이런 몇 가지 요구 중에서 한 가지라도 수용하면 한국인들이 도처에서, "모모 임원들이 서양인들과 합세해서 청년회를 일본에 팔아먹었다"고 해서 크고 작은 사건들이 일어날 것이었다. 그뿐 아니라 당장 한국인들이 재정적으로 후원하지 않을 것이고, 회관을 찾는 사람들도 몇몇에 불과하게 될 것이니 하나라도 고칠 수 없었다. 설령 고치더라도, 일본인의 성향상 몇 가지 고친다고 해서 만족하게 여기고 다시는 아무런 말 없이 가만히 있을 리가 만무하였다. 한번 고개를 숙이기 시작하면 소위 진지구무이[186]일 것이라는 비난도 나올 것이었다. 그런 이유로 몇 차례 비밀회의를 거쳐 모든 업무를 전과 다름없이 계속하기로 결정하였다. 도쿄에 있는 한국 청년회에 대해서는 일본 외무부가 한국 유학생 회관 지을 터를 주겠다는 약속을 이미 했었는데, 이때 와서 일본은 "만일 한국 청년회가 청국 청년회와 단절하지 않으면 그 땅을 주지 않겠다"고 했다. 이에 대해 한국인들은 "그 땅을 포기할지언정 청국 청년회와 단절할 수 없다"고 하였다. 이는 재정적 관계 때문에 부득이한 상황이었다.

청년회의 일을 이렇게 결정한 후 얼마 되지 않아 윤치호씨가 체포당하더니, 며칠 후에 경찰이 청년회회관에 와서 학생 하령회의 문서들을 조사하였으며 하령회에 참석한 학생들 중에 아무개 또한 체포당했다.

두라고 명령했다. 그러나 회장인 제르딘(Joseph Lumpkin Gerdine)과 총무 질레트 등 한국 청년회의 위원들이 이에 강력히 반대해 뜻을 이루지 못했다.

186) 진지무구이(秦之求無已)는 진시황(秦始皇)의 요구가 그침이 없다는 뜻으로 탐욕이 한 없음을 이르는 말.

이 일을 미루어 볼 때, 일본은 여러 가지 온유한 방법으로 한국 청년회를 합병하려 했지만 결국 여의치 못하게 되자 부득이 위압으로 복종시키는 것이 필요하다고 깨닫고 윤씨를 모살 범인으로 몰았던 것이다. 한편으로는 공박하고 또 한편으로는 외교 권력을 가지고 안팎으로 주선하여, 한국 청년회의 입장이 심하게 고립되었다.

금년 1월에 청년회의 이름을 변경해서 '황성' 두 글자를 포기하여 '중앙기독교청년회'라 하였고, 상해청년회와 결별하여 앞으로 독자적 자격으로 조례를 공표하려 했다. 이것은 일본이 트집할 수 있는 단초를 막고 독립적으로 유지하기를 위한 것이었다. 최근에 몇몇 한국인들이 무리를 져서 임원들을 공격하며 주장하기를, "한국 청년회가 미국 청년회와의 교류를 끊어야 하며, 일본 청년회와 통합하는 것이 마땅하다"고 했는데, 그 자세한 실상을 아직 듣지 못하여 확실히 말할 수 없지만, 아마 일본은 자기네들의 일을 추진해 나가기에 한국같이 좋은 나라가 세상에 다시없다고 생각할 것이다.[187] 몇 년 전에 한국정부를 복속시키려 할 때 한국 백성들이 먼저 궐기하여 일어나 '일본의 속국이 되기를 원한다'는 뜻을 세상에 공표하였고, 지금도 청년회를 복속시키려고 하는 자리에 한국인들이 들고 일어나서 일본 청년회에 붙여지기를 자청하니 한국인은

187) 1913년 1월 20일 유신회 회장 사일환(史一煥)은 한국 YMCA가 일본 YMCA의 산하에 들어가는 것과, 외국인 이사를 한국인들로 교체하는 것, '황성기독교청년회'를 '조선중앙기독교청년회'로의 개칭하는 것을 골자로 하는 건의안을 제출했으나 한국 YMCA는 이를 거부했다. 모트의 중재에 따라 한국 YMCA와 일본 YMCA는 4월 12일 '황성기독교청년회(皇城基督教青年會)'를 '조선중앙기독교청년회(朝鮮中央基督教青年會)'로 개칭하고, 일본 YMCA의 산하에 들어가도록 합의를 보았다. 그렇지만 "한국 청년회는 일본 YMCA 동맹과 미국 YMCA 연맹과 미국 학생청년회(World's Student Christian Federation)로 더불어 연락케 한다"는 내용을 삽입함으로서 완전히 일본 청년회에 예속되는 것은 피했다.

참 희한한 인종인 것이다.

장차 한국교회를 유지하는 문제에 대해서, 우리는 일본 통감이나 헌병이나 경찰이나 감옥에서의 고문 등은 두렵지 않고 오직 한국인들이 제일 무섭다. 이는 장차 교회 안에서도 한국 교인들이 궐기해서 다투어 일진회의 공명을 얻으려는 자들이 생길 수 있기 때문이다.

올해 1년 동안 한국 사람들이 행한 일을 보면, 남에게 며칠 동안의 품삯을 받아먹기 위해 자기 집에 불을 지르는 일에 밤낮으로 분주하게 지냈던 것이나 다름이 없다. 이 사람들을 어서 바삐 회개시키고 감화시키지 못하면, 북미주의 인디언이나 하와이 원주민들이 제 몸을 자해하여 스스로 멸족했던 것처럼, 서로 끌고 서로 밀어서 필경에는 민족이 멸절되는 경우를 면하지 못할 것이다.

선천학교[188]와 재판 전망

장로교회 선교 본부에서 받은 보고서를 보면, 1911년 가을부터 교회에 대한 핍박이 더욱 심해졌다. 각처에서 한국 교인들을 체포하고 학대하였는데, 그 중에서 평안도 선천이 가장 많은 피해를 보았다고 한다. 그곳에 있는 교회학교[189]는 미국인 휴 오넬씨의 헌금으로 설립되고 매큔씨가 운영하는데, 중학교 수준으로 총명하고 준수한 학생 158명이 모여 한편으로는 공부에 힘쓰고 또 다른 한편으로는 교회 일에 힘을 쓴다. 자기들 스스로 재정을 마련하여 졸업생인 차재명[190]씨를 선교사로 남도

188) 선천의 신성중학교(信聖中學校)를 말한다.

189) 신성중학교를 말한다.

에 파송해 전도하게 했고 장차 힘이 미치는 대로 블라디보스토크와 간도 등지에도 선교사를 보내기로 계획을 세웠다. 국내 청년들의 활동력이 가장 넘치는 곳이 이곳인 것이다.

같은 해 10월 12일에 학생 세 사람이 체포를 당했고, 얼마 후에 교사와 학생들이 일제히 체포되어 사슬로 결박당해 기차에 실려서 서울로 올려 보내졌다. 학교는 곧 휴교하기에 이르렀고, 목사들과 장로와 모든 교회 지도자들도 차례로 잡혀갔기 때문에 온 지방이 난리를 맞는 듯 했다. 전국 각지에서 이렇게 잡혀가는 사람의 수를 알지 못할 정도였다. 한 번 잡혀간 후에는 어디로 갔는지, 어떻게 되었는지, 무슨 잘못 때문인지 도무지 알 수 없었고, 부모와 처자식들이 울부짖으며 거리를 방황했지만 호소할 곳이 없었다. 서울 내외에 주둔하고 있는 일본군들이 대오를 이루어 군기를 높이 들고 북을 치며 나팔을 불며 방방곡곡을 활보하고 시위를 하니, 평소에 조용했던 민심이 백만진중에 둘러싸인 것 같이 정신을 차리기 어려웠다.

일본 신문이 연일 보도하는 기사에는, 기독교인들이 전무후무하게 큰 죄를 지었기 때문에 연루자들을 낱낱이 잡아 죄를 범한 자들을 가려내고 있는 중이라며, 앞으로 잡힐 사람이 수백 명이라고도 하고 수천 명이라고도 하여 벼락 치듯 을러댔다. 군인, 경찰들이 윤치호씨의 집을 둘러싼 후 체포하고, 안팎을 낱낱이 수색하여 모든 휴지조각까지 다 뒤졌다. 서울 안팎의 모든 기독교인들은 죄가 없는데도 바늘방석에 앉은 것 같았다.

---

190) 車載明, 1881-1947. 1910년 신성중학교 출신으로 새문안교회의 조사(助師)를 거쳐 1912년 31세 되던 해에 장로(長老)로 피택되었다. 1916년 평양 장로회신학교를 졸업하고 목사 장립을 받았다. 그리고 새문안교회 최초의 한국인 목사가 되었다.

풍성학려[191]하고 있다는 소문이 전국에 파다히 펴졌을 뿐만 아니라 외국까지 널리 알려져, 뉴욕신문에는 "한국교인 6,000여명이 전국 각지의 감옥에 수감되었는데, 그 중 3명은 고문을 당하다가 감옥에서 죽었다"고 보도되었다. 일본 통감은 이에 대해 변명하려고, 뉴욕 태양보[192](작년 10월 3일자)에 기고하였는데, "전국 감옥에 갇힌 죄인은 287명이다. 6,000명의 죄수가 있다는 말은 거짓말이고, 애초부터 고문하지 않았다"고 하였다.[193] 그리고 동년 4월 19일에 서울에서 일본인이 발행하고 있는 영자신문에서 보도하기를, 이 사건으로 인해 수감된 자가 150명이라고 했다. 익명의 서양 사람이 특별히 조사해 작년 7월에 미국 선교부에 보고한 것을 보면, 이 사건으로 인해 수감된 자가 157명인데, 그 중에 9명은 재판도 없이 유배를 보내고, 3명은 고문을 받다가 죽었고 20명가량은 석방되었으니, 수감된 사람은 125명이라 하였다.[194]

미국교회가 찾아내어 신문에 게재된 것을 보면, 수감된 125명이 거의 모두 기독교인데 그 중에서 조합교회 교인이 2명, 감리교 교인이 6명, 장로교 교인이 89명이다. 장로교인 중에 5명은 교회 목사이고, 8명은 장

---

191) 風聲鶴唳. 바람소리와 학의 울음소리라는 뜻으로, 싸움에 패한 병정이 바람소리나 학의 울음소리도 적군인 줄 알고 놀라서 두려워하는 것을 일컫는 말. 곧 겁을 집어먹음. 사람이 아무것도 아닌 작은 일에도 놀라는 것을 말한다.

192) *The New York Sun*.

193) 일본 외무성은 1912년 6월 8일자 주미일본대사 진다 스테미에게 훈령을 내려 6,000명이 포박되었다는 것이 사실무근이라는 것과 일본 경찰이 고문을 하지 않았다는 것을 발표하게 했다.

194) 고문으로 인해 김근영, 안세환, 정휘순 등이 사망했고, 상동교회 전덕기 목사는 그 여독으로 사망했다. 105인 사건에 연루되어 검거되어 고문을 받았던 신성중학교 학생 선우훈(鮮于燻, 1892-1961)의 증언에 의하면, 당시 일본 경찰이 사용한 고문의 종류는 72종이었다.

로이며, 8명은 집사이고, 10명은 시골 각처에서 예배당을 이끄는 영수(領袖)들이었다. 42명은 세례교인이고, 13명은 세례문답을 마친 사람들이었다.

교회 잡지에서는 말하기를, "이 사람들은 신앙이 독실하며 품행이 올바르기 때문에 모든 사람들이 추앙하고 있다. 하물며 윤치호 같은 사람은 동서양에 널리 알려져 있을 뿐 아니라 기독교회의 큰 지도자이다. 이런 사람들을 암살범으로 모는 것은 마치 현재의 미국 대통령 윌슨[195]씨가 교장으로 있던 프린스턴 대학교의 교수들과 학생들, 목사들이 합동해서 사람을 죽이려고 음모를 꾸몄다고 하는 말과 같으니, 누가 곧이 듣겠는가?"라고 하였다.

이 풍파는 단지 한국인에게만 미친 것이 아니라, 서양인들에게도 미쳤다. 선천학교의 문이 닫힌 뒤, 경찰들이 그곳 선교사의 집에 난입하여 방마다 들어가서 모든 그릇과 철합[196], 궤짝과 상자 등속을 낱낱이 뒤지며 병기와 권총, 탄환과 비밀문서들을 내어 놓으라고 협박하였다. 각 신문에 알리기를, "수감된 한국인들이 모두 자백하여 선교사들이 음모를 주도한 죄상들이 전부 발각되었다"고 하거나, 어떤 선교사의 집에서는 권총 수십 정이 쏟아져 나왔다고 신문에 말하였다. 이런 말을 곧이 믿는 사람은 없었지만, 선교사들은 이 사실을 밝히기 위해 공개 재판을 요청하였다.

작년 6월 28일에 경성지방법원에서 재판이 열렸을 때, 무죄한 교인들의 변론을 위해 선교사들이 변호사를 고용했다. 그러나 이 변호사들

---

195) Thomas Woodrow Wilson, 1856-1924. 이승만의 스승으로 프린스턴 대학 총장을 지냈다.

196) 鐵盒.

은 재판이 열리는 잠시 동안만 구속된 사람들을 볼 수 있을 뿐이고, 다시는 허락되지 않았다.[197] 일본이 고용한 변호사들은 여러 달 동안 임의로 감옥 안에 들어가서 경찰이 위협하는 앞에서 구속된 사람들을 어르고 달랬는데, "재판이 시작되면 경찰청에서 시키는 대로 대답해야지, 그렇지 않으면 다시 형벌을 받게 된다"고 하며 앞뒤가 어그러지지 않도록 꾸며 놓았다. 심지어 재판관들과도 뒤에서 모든 것을 약속하고 있었다.

장로교 선교부에서 이렇게 발표하였다.

> 일본은 세계에서 상등한 문명의 나라로 대접을 받고 싶어 하지만, 이 재판의 절차를 보면 제일 하등 사회에서도 공평한 사상을 갖고 있는 사람이라면 이같이 하지 않는다. 이번 재판에 대해, 가장 공정하지 못하다는 세 가지 큰 이유를 말하고자 한다.
>
> 1) 피고의 답변을 통역자를 통해 일본어로 번역해서 재판장에게 전달했는데, 해명하는 말은 전부 빼고 횡설수설하여 넘기며, "고문을 사용했다"는 표현을 "혹 심하게 질문했다"고 하거나 "어떤 것으로 눌렀다"는 말로 대신 사용하여 번역했다. 변호사들이 그 사실에 대해 변론해도 재판장은 "그런 것은 모두 관계가 없다"고 대답했다. 이것은 공평치 못하다.
>
> 2) 증인이 말을 못하게 한 것이다. 어떤 목사 한 사람에게 '음모하는 자리에 참석했다는 것을 자백하라'고 했는데, 방청인 수십 명이 일어나서 '그 목사가 그 날에는 다른 지방에서 전도활동을 하였다'며 증언하려

197) 미국 북장로회 선교본부는 현지 선교사들을 통해 재판 과정을 감시했고 피의자들의 변호사 선임을 도왔다. 윤치호를 위해 미국 장로교회와 감리교회는 메이지대학 총장을 지낸 우자와 후사아키((鵜澤總明, 1872-1955)를 변호사로 선임했다.

는 것을 다 듣지 않고 말을 못하게 하였다. 길목사의 아들[198]에게, '아무 날에 의주로 가서 암살을 모의하였음을 자백하라'고 했을 때, 평양신학교에서 가르치는 선교사 두 사람이 일어나서, '그 날 길씨가 학교에 있었다'고 맹세라도 하려 했지만 모두 물리쳤다. 그 외에도 여러 가지가 있었으니, 이 또한 공평치 못한 것이다.

3) 이 재판의 처결은 경찰들이 엮어서 진술서를 만들어 온대로 판결이 된 것이지 사실대로 심문한 것이 아니니 공평하다 말할 수 없다. 둘째로, 소위 경찰이 받은 자백했다는 진술서에 선교사 19인의 이름을 넣고 암살 모의에 공모하였다고 하거나, 모의를 하는 자리에 참석하였다고 하거나, 권총을 구해 주었다거나, 학생들을 꾸짖기를 "통감을 대면하였을 때 총을 쏘지 못하였으니 겁쟁이"라고 했다고 한다. 선천학교 교장 매큔씨가 학생들과 약속하기를, "내가 정거장에서 통감과 악수를 할 것이니, 손을 잡는 것을 보면 통감인 줄 알고 의심 없이 총을 쏘라"고 하였다" 하고, 평양 선교사 마펫[199]씨가 "통감을 죽이지 못하였다고 한국인들을 크게 꾸짖었다"고 하며, 이런 것들을 모두 자백했다고 그 진술서 안에 들어 있었다. 이런 말들을 서양인들이 애초부터 곧이 믿지 않을 것이기 때문에, 재판관들은 이런 내용을 다시 묻지도 않고 그냥 넘겼다.

---

198) 길선주(吉善宙, 1869-1935) 목사의 장남 길진형(吉鎭亨, 1891-1917)을 말한다. 당시 길진형은 선천 신성학교 교사로 근무했다. 그는 2년간 옥고를 겪다가 풀려났으나 고문 후유증으로 병을 얻어 1917년에 사망했다.

199) Samuel Austin Moffet, 1864-1939. 미국 북장로교 선교사로 한국 이름은 마포삼열(馬布三悅)이다. 1890년 한국에 온 이래로 46년간 평양을 중심으로 선교생활을 했다. 조선예수교장로회신학교 설립의 중심인물이었고 한국 장로교회의 기반을 닦았다. 이 책이 고발하고 있는 105인사건을 미국 장로회본부 선교국에 보고하여 국제적인 여론을 일으켰다. 1934년 일제의 탄압 때문에 활동할 수 없음을 깨닫고 1936년 미국으로 돌아갔다.

이것이 공평한 법이라 할 수 없는 이유는, 대개 한국인들이 죄가 있으면 서양인들도 죄가 있을 것이요 서양인들이 죄가 없으면 한국인들도 죄가 없어야 되는데, 어찌 진술서는 하나인데 한국인들만 죄를 받고 서양인들은 그저 넘길 수 있겠는가? 이것이 공평치 못한 것이다.

셋째는, 피고들은 재판정에서 소위 자백이라는 것에 대해 낱낱이 변론하였거나 혹은 답변을 통해 '경찰청에서 꾀이는 바람에 아무렇게나 대답했다'고 했다. 어떤 사람은 본래부터 정신이상이 있는 자인데, "나는 통감을 죽인 후에 유럽로 가서 헤이그 만국평화회의 회장도 죽이려 했다"고 했다. 다수의 사람들은 "고문에 정신을 모두 잃었을 때에 무슨 소리를 하였는지도 모르고, 깨어난 후에는 이것이 모두 꿈에도 생각하지 않은 일이다"고 변명하거나, "연약한 육신이 이기지 못해서 할 수 없이 대답하였다"고 했다. 이러한 변론이 무수히 많았지만 하나도 증거로 채택되지 못했다. 이것을 어떻게 공평한 법이라 할 수 있겠는가.

이 재판이 매일 열리고 심문하는 과정을 거칠 때 법관들이 얼마나 공평하지 못했는지, 7월 17일이 되자 변호사들은 "우리는 이런 재판을 더 이상 듣기 싫으니 의견이나 설명하겠다"하고 진술하였는데, 대강 내용을 보면, "이 재판은 국법을 어기고 있다. 제국 법관의 영광을 실추시키고 있으니, 재판장 쓰카하라[200]와 그 동료 법관들을 일제히 교체하고 다른 재판장을 내세워 새롭게 공판을 진행하는 것이 마땅하다"고 했고, "재판관들의 심리를 정지시키고 고등법원에 청원해서 새로운 재판관을 청구해야 한다"고 한 것이다.[201] 고등법원에서 이를 응하지 않았기 때문

200) 츠가하라 토모타로(塚原友太郎)는 조선총독부직속 경성복심법원 판사로 있었다.
201) 변호사들은 1차 변론에서 재판기피를 신청했다.

에 얼마동안 안건을 정지하였다가, 8월 23일에 다시 속개했다. 예상외로 나흘 동안만 심사하고 갑자기 공판을 중단하더니, 9월 28일에 판결 선고를 발표했는데 105인에게 감금형을 내렸다. 윤치호씨 등 6명은 10년형 감금형에 처해졌고, 18명은 7년, 39명은 6년, 42명은 5년형이 내려졌다. 1명은 거의 죽게 되어 병원으로 보내지는 바람에 선고를 내리지 않았다. 17명은 방면되었는데 그 중 14명은 선천학교 학생들이었다.

이 선고서가 공포되자 도쿄의 유명한 일본인 변호사 우자와[202]와 오가와[203] 두 사람이 "이런 재판은 태고시대에나 하던 풍속이고 미개한 법이며 야만스러운 일이다"는 말을 공공연하게 하고 다녔다. "이 진술서대로만 하면 경찰에게 벌을 주어야 하는데 오히려 무죄한 사람들이 벌을 받았다. 이는 법관들이 증거들을 받아들이지 않았기 때문이다", "윤치호씨가 서울에서 암살모의를 하는 자리에 참여했다는 날에는 송도의 자택에 있었던 것이 분명한데 증거로 채택되지 않은 것은 법을 어긴 것이다. 또한 일본 헌법에 종교의 자유를 보호한다고 했는데, 이 재판을 보면 종교를 핍박한 것이 확연하다"는 등, 이런 저런 말을 쏟아놓았다. 이런 내용들이 각국의 신문들을 통해 전해지자, 일본이 불법을 저지른 것들에 대해 세계가 비판했다.

작년 10월 1일에 수감되어 있던 105인은 이 판결에 불복하고 고등

---

202) 우자와 후사아키((鵜澤總明, 1872-1955)를 말한다. 1908년 일본 중의원 의원을 지냈고 극동군사재판소 판사를 역임했다. 1919년 도쿄에서 있은 2 · 8독립선언 사건 때 최팔용 등 9명은 금고 1년에서 7개월 15일의 형에 처해졌는데, 당시 무료 변론을 맡았다. 당초 일제는 이 사건에 내란죄를 적용하고자 하였으나 오자와 등의 적극적인 변론으로 이를 막을 수 있었다.

203) 오가와 헤이키치(小川平吉, 1869-1942)를 말한다. 변호사로 일본 정우회(政友會)의 일원이었고 또한 일본 우익단체인 흑룡회의 일원이기도 했다. 1925년 2월 제29대 일본 법무대신이 되었다.

법원에 항소해서 재심사를 받았는데, 금년 3월 20일에 이르러 판결을 선고하였다. 윤치호과 양기탁 등 5명은 각각 6년형에 처해졌고, 그 외 99명은 무죄 방면되었다. 방면된 사람 중 하나는 오랫동안 병원에 있었다고 하는데, 자세한 소식이 없어 어떻게 되었는지는 알지 못한다.

윤치호씨를 일본이 마지막까지 유치[204]시키려 하는 것은, 한편으로는 종교적 관계도 있지만, 일본의 체면을 보호하려는 생각도 간절하기 때문이다. 앞으로 윤씨가 옥중에서 죽게 될 지라도 하나님 나라의 의(義)와 동포의 장래 행복을 위해 이런 고난을 당하는 것이니, 윤씨에게는 영광이요 우리에게는 감사할 바이다. 또한 이번에 방면된 여러 동포들에 대해서 말한다면, 무한한 고초를 겪은 후에 응당 그 의를 더욱 귀중히 여겨 하나님 나라의 일에 더욱 힘을 쓸 것이다. 속담에 이르기를, "정금은 풀무에 던져진 후에야 더욱 빛이 난다"하였고, 성경은 "나를 인하여 너희를 욕하고 핍박하고 거짓으로 너희를 거스려 모든 악한 말을 할 때에는 너희에게 복이 있나니 기뻐하고 즐거워하라 하늘에서 너희의 상이 큼이라. 너희 전에 있던 선지자들을 이같이 핍박하였느니라"(마태복음 5장 11-12절) 하셨으니 이것이 어찌 일시적인 위로의 말뿐이겠는가?

진실로 믿는 자의 피는 기독교의 씨앗이요, 의로운 자의 핍박은 기독교 문명의 기초이다. 오늘날 우리가 당하고 있는 고난은 장래의 행복을 위한 것이니, 어린 양이 이리의 무리에게 나가는 것같이 순종하는 중에 하나님의 대의를 세우면, 앞으로 올 세상에서도 모든 권세를 이길 것이다.

어떤 영국 신문들은 "일본이 한국을 대하기를 영국이 식민지 인도를 대하듯 하려 하지만, 이번 교회 사건을 보면 십분 뜻대로 되지 못한 듯하

---

204) 留置.

다" 하였으며, 어떤 미국 신문은 이 일에 대해서 "영국정부와 영국교회가 특별히 교섭한 결과로, 일본이 어쩔 수 없이 90 여명을 방면했다. 미국정부는 특별히 힘쓴 것이 없으니 우리의 수치스러운 일이다"고 보도했다. 어떤 신문에서는 "이 일이 이 정도에서 처리된 것은 한국교회의 능력을 드러낸 것이다. 앞으로 일본은 당연히 조심하게 될 것"이라고 썼다.

이는 모두 다른 나라 사람들의 개인적 의견이니, 진실로 우리는 일본과 권세를 다투자고 하는 것이 아니고 일본인을 배척하자는 것도 전혀 아니다. 다만 바라기는, 일본이 우리의 종교 자유를 방해하지 않아 조선인종이 장래에 생존을 유지하고 자유 복락을 누릴 수 있다는 희망이 있게 하면 우리는 일본의 정치 자유를 조금도 방해하지 않을 것이니, 어찌 피차에 다행한 일이 아니겠는가?

만일 일본이 한국교회를 아예 없애고자 한다면, 일본당국자들은 옛날 로마황제 네로가 실수한 것이나 한국의 대원군이 동학을 일으킨 것, 청나라 서태후가 의화단을 일으킨 것과 같은 조소를 면치 못할 것이다. 마침내 한국교회를 더욱 공고하게 할 따름이니 이는 기독교회가 하나님의 능력으로 세워진 까닭이다.

학생청년회의 종교상 회합

학생청년회 종교상 회합의 중요성

각 학생 청년회에서는 각각 일정한 날을 정해서 매주일 한 번씩 종교적 주제로 회합을 갖는데, 이런 회합은 학생 청년회의 중심적 장치라 할 수 있다. 이 회합으로 인해 각 위원부의 사무가 실제로 행해질 수 있고 각 학생들의 무한한 영적 능력을 발달시킬 수 있으니, 그 중요성을 충분히 알 수 있다. 이 책이 대강 설명하고자 하는 것은 세계의 모든 학생청년회가 겪어왔던 것을 고찰해서 가장 도움이 될 만한 것을 서로 간에 참고하기 위한 것이니, 종교 사역에 힘쓰는 학생들에게 근본적 도움이 되기를 바란다.

학생들을 위해서 학생들끼리 돕자는 것은 그 본의도 좋지만 교사나 다른 사람들이 이루지 못할 일들을 성취할 수도 있고, 겸해서 학교에 있을 때에 남을 위해서 힘을 기울이는 중에 자기 또한 영적으로 큰 능력을 얻어 세상의 모든 시험을 이길 수가 있으니 이것이 종교 회합에서 얻는 대체적인 결과이다.

이 책에서 '회합'이라고 하는 것은 새롭게 만든 어휘인데, '회의'를 말하는 것이 아니고, 주도하는 조직과 단체가 없이 오직 모이기만 하는 것을 가리키는 말이다. 이 두 가지의 구별이 매우 중요하다.

회합의 범위와 성격

학교생활 한 해 동안에, 여러 가지 회합이 있을 것이니, 이러한 여러 가지 회합의 범위와 성격을 먼저 구별하는 것이 필요하다.

1. 첫 회합

한 해 동안 새 학기가 시작되면 처음 여는 회합이 제일 중요한데, 이것은 새로 들어오는 학생들이 예수 앞으로 나오기를 확실히 작정하게 할 수 있기 때문이다. 매번 개학한 뒤 수 삼일 이내에 모이는 것이 바람직하다.

2. 성경공부 회합

그 다음으로 중요한 회합은 학생들을 권면해 성경공부에 전력하게 하는 것이니 이 모임은 성탄절에 임시로 하든지 학기 중간에 모이는 것이 더욱 유익하다.

3. 기도 회합

여러 회합 중에서 가장 중요한 부분이다. 기독교를 믿는 학생들의 영적 성심(聖心)을 발달하게 하는 것이 이 회합의 목적이니, 항상 다른 회합이 있는 중간에 때를 정해서 여러 명이 모일 수 있는 대로 모여 몇 분 동안 기도하는 것이다. 이렇게 하는 것은 여러 학생들이 모이기에 편하게 하기 위한 것이다. 그러나 기도 회합이 너무 자주 열리면 성심(聖心)이 적어지고 예식으로만 여길 염려가 있다. 차라리 한두 번 성심(聖心)으로 모이고, 그 이외에는 성경공부를 위해 모이는 것이 더욱 도움이 된다.

4. 복음 회합

믿지 않는 학생들을 위한 모임이다. 적어도 매달 한 번씩 모이는 것이 필요한데, 일정한 날이 없이 아무 때나 모이며, 목적은 중요 임원들 이외에는 알리지 않는 것이 좋다. 목적을 알면 출석하는 학생들이 많지 않기 때문이다. 성경 말씀을 전할 때 믿지 않는 학생들을 믿게 할 수 있도록, 그런 학생들을 위주로 할 것이고, 인도자는 특별히 경력이 있는 사람을 택해야 한다. 말씀을 전하는 사람이 여러 명일 때는 함께 모여서 먼저 기도한 후에 개회하는 것이 바람직하다. 이 회합은 항상 엄숙하고 조용해야 하며 말을 활발하게 하지 말고 성심(聖心)을 보이는 것이 좋다.

여러 학생청년회에서 매년 가을에 특별히 일주일 동안을 청년들을 위해 기도하고, 겨울에는 한 날을 정해 모든 학교를 위해 기도하는데, 이것이 모두 복음회 성격에도 부합된다. 아무쪼록 믿지 않는 학생들을 인도하려는 것이 공동의 의지이다. 그러나 어느 때에 개회할 것인지는 각 청년회가 각기 편의대로 정할 것이다. 결국 믿지 아는 학생들에 성령이 임하시기를 도모해야 하는데, 믿는 학생 중에서 먼저 능력이 생겨야 한다. 복음회 시작하기 전 일주일 동안 믿는 학생들은 특별히 기도 회합으로 모이는 것이 필요하다.

이런 복음회에는 학생들의 사정을 잘 아는, 유명한 전도인을 정해서 인도하는 것이 크게 도움이 되지만, 대개 학생들끼리 (스스로) 힘쓸 때에 많은 실적이 일어난다.

5. 공동회합

이것은 무슨 일을 하든지 모든 학생들이 많이 회합할 수 있는 기회를 만들어 공동으로 회합하는 것이다. 교사 중에 합당한 인물이나 학생들 중에 특별히 명망있는 인물, 혹은 다른 곳에서 고명한 교양인을 선택해서 강연하게 한다.

이런 자리에서는 학생사회의 아름답지 못한 행위들을 드러내어 말하는 것을 꺼리지 않아야 한다. 허랑방탕하거나 주색잡기 등에 빠지는 것이 개인적으로 육신이나 학교, 사회전체 모두에 손해되는 이유를 논리적으로 뚜렷하게 설명해야 사람마다 확연한 깨달음이 생기게 된다. 말하는 자가 깊이 조심해야 할 것은, 남의 흉을 보거나 비판하는 것으로 보이지 말아야 하고 진실 되게 권고해야 스스로 양심이 발하게 된다.

더욱 힘을 써 설명해야 할 것은, 흔적을 드러내는 죄악보다 심령 안에 짓는 죄악이 더욱 위험하다는 점이다. 사람이 부패한 생각을 버리고 마음을 청결케 하는 것은 모두 심령의 근원을 맑게 함으로써 이루어지는 것이다. 어떻게 특별히 힘쓰지 않을 수 있겠는가?

6. 선교 회합

지금 세상은 동서양에 선교하는 시대이다. 모든 나라가 문호를 열고 종교를 전파하기에 힘을 다하고 있어 기독교회로서는 실로 전에 없는 좋은 기회라고 할 수 있다. 그런 까닭에 기독교를 받드는 나라에서는 각 학교 안에 선교회가 있어 학생들 몇 명씩 반(class)을 만들거나, 내지(內

地)의 어떤 지방을 선교하는 것을 목표로 삼거나, 어떤 나라에 선교하는 것을 목적으로 정하여 매주일 일정한 날에 서로 모여 흥미를 가지고 공부한다. 간혹 유명한 선교사를 초청하여 여러 반(class)이 함께 모여 강의를 듣고 학생들로 하여금 하나님 나라를 이 세상에 확장하는 사업에 종사할 수 있도록 힘을 기울이기도 한다. 우리나라에 온 선교사들 중 많은 사람들이 이런 가운데에 왔다. 우리 학생들 또한 이 시대에 가장 힘써야 할 일이다.

7. 하령회 보고

매년 여름 동안 각 학생청년회에서는 대표자를 보내어 경치가 빼어난 산과 바다에 모여 큰 회의를 열어 서로 좋은 실적들을 비교하고 더욱 발전할 수 있는 좋은 방안도 의논하며, 좋은 강의를 듣는다. 일주일이나 10일 동안 심령에 풍부한 복을 얻게 되는데, 이것이 하령회의 중요한 영역이다. 이런 하령회에는 국내 학생청년회만을 대표로 하는 모임도 있고, 내외국이 공동으로 대표하는 모임도 있는데, 국내 각 모임이 확장되거나 되지 못하는 것을 참고로 하여 (문제점들을) 바로 잡게 된다.

이 하령회가 끝난 후에 각 학교가 가을 학기를 개학한 뒤, 학생청년회원들 대다수가 참석한 자리에서 각기 자기 '회'에서 파송했던 하령회 대표들의 보고를 듣게 된다. 이 보고에서 단지 보고 들은 사실만 전달해서는 안 되고, 대표자들이 가장 감동받은 것들을 활기 있게 설명해야 듣는 사람들 또한 감화력을 얻게 된다. 이렇게 하면 하령회의 효력이 널리 미치게 되니, 하령회는 이만큼 중요하다.

종교부 위원

1) 위원의 조직

회장은 온갖 사무를 인도할만한 자격이 있는 자로 선정하는 것이 필요하고, 위원은 그 학교 안의 각 반에서 몇 명을 택해 정하는 것이 유익하다. 위원의 수효는 학생들이 많고 적음을 고려하여 정하는 것이 옳다.

위원회가 좋은 성과를 얻으려면 회장과 위원 모두 영적 사업의 중요함과 학교 안에서 남을 위해 일할 수 있는 기회들을 이용할 줄 알아야 하며, 부지런히 기도하는 사람들을 선정하는 것이 당연하다.

혹 어떤 일은 부위원을 택해서 맡기는 것이 좋은데, 합당한 사람이 특별한 일을 인도하게 하고 원 위원회의 지휘를 받아 합동해서 일하면 피차에 서로 도움이 될 것이다. 부위원장은 의례 원 위원회의 일반 위원이나 특별위원을 겸하도록 하는 것이 당연하다.

2) 위원의 직책

(1) 종교형편을 조사함

사회 형편이 변하는 것에 따라 종교적 문제 또한 변하게 된다. 위원회에서 적합한 사람을 택해서 각각의 과제를 주고 오랫동안 조사해서 보고하도록 한다. 다른 '회'의 성경공부반(Bible Class)이나 중앙청년회의 복음회, 각 교회의 여러 가지 종교 모임에 참여해서 중요한 방법과 부족하거나 잘못된 이유들을 조사 보고해서 서로 도움이 되도록 한다. 이런 보고는 각 위원장이 모여서 듣고 의논해서 일의 범위를 결정한다.

(2) 일 년 동안 해야 할 일을 예정함

위에서 말한 대로, 여러 가지 회합들을 적절히 시행하려고 할 때, 한 해 동안 시행할 일을 미리 계산해야 된다. 그렇지만 반년마다 새롭게 준비하는 것이 좋다. 반년 동안 어떤 모임을 가질 것인지, 어떤 제목으로 강의할 것이지를 종이로 인쇄해서 순서를 만들고 그 다음 반년에는 다시 만들도록 한다. 예정했던 순서들을 임시로 개정하는 것도 필요하다. 이것은 중간에 특별히 긴요한 일이 생길 때, 해오던 일들을 그만두지 않게 하기 위함이다. 모든 회합에는 각각 특별한 목적과 과제가 있는데, 시간과 형편을 이유로 서로 충돌되는 것이 없도록 잘 배분하는 것이 좋다.

(3) 합당한 인도자를 얻음

각 회합을 이끌거나 강의하는 인물은 그 회합의 목적에 맞게 정해야 한다. 가령 기도회를 잘 인도하는 사람이라도 복음회에 적합하지 못할 수 있고, 복음회를 잘 인도하는 사람이 성경반을 잘못 이끌 수도 있다. 위원들은 그 모임의 성격을 비교해서 사람들을 정하되, 적어도 1주일 동안을 기록해서 사람을 정한 뒤, 회합의 성격과 목적을 알도록 해서 시행착오가 없도록 해야 한다.

또한 어떤 긴요한 일이든지 인도하는 사람이 미리 알게 해서 준비할 수 있도록 해야 한다. 여러 사람이 모인 회합에서 강의할 때, 위원은 전후 순서가 적합하도록 배열하는 동시에 미리 알도록 하고 개회하기 전에 인도자와 그 모임의 최고 지도자들이 따로 모여 먼저 기도하는 것이 마땅하다. 큰 도시에 있는 학교는 유명한 연설가나 학자들과 서로 소통할 수 있는 기회를 얻기 쉽다. 이런 기회를 살펴보다가 학생청년회나 교육사업에 종사하는 인물을 초청해서 인도하게 해야 한다.

(4) 음악을 준비함

위원들은 열심이 있고 합당한 자격을 갖춘 인물들을 선택해서 일을 맡겨야 하지만, 풍금이나 코넷(cornet) 같은 악기를 연주할 사람과 노래로 찬송 인도할 수 있는 사람을 선택해서 기회가 있을 때마다 시간에 앞서 앞으로 나와 연주하게 하고, 모인 사람들이 하나님의 영광을 열심히 찬송하도록 해야 한다. 항상 믿는 자들이 인도하도록 하며 학생들끼리 찬송 인도하게 하는 것이 좋다. 간혹 함께 모여 연습도 하고 새 곡을 택해서 준비하였다가 신선한 음률로 여러 사람을 감동하게 한다.

(5) 회합할 장소를 준비함

회합할 장소를 알맞게 준비하는 것이 중대한 문제는 아니지만, 자리가 정결하지 못하거나 장소가 너무 춥거나 너무 덥거나 탁한 공기가 들어오는 등 여러 가지 불편한 일이 있으면 회합에 적지 않은 방해가 된다. 특별히 주의해서 미리 준비를 해야 하며, 간간히 살펴보아야 한다. 만일 전적으로 맡길 사람이 없으면 학생들끼리라도 차례대로 돌아가며 오는 사람들을 공손히 접대하고 기거하는 것과 출입하는 것이 편하도록 힘을 써야 한다.

(6) 사람을 모집함

참석할 사람들을 많이 모집하는 방법은 그 회합에서 유익함을 얻게 하는 것에 달렸다. 청중들이 돌아가서도 깊이 생각할 수 있는 것을 얻도록 해야 하며, 평생 시행했을 때 도움이 될 수 있는 것을 얻도록 힘써야 한다. 영적 능력이 이런 회합에서는 사람들을 많이 모이게 하는 광고가 된다. 이 능력이 많을수록 홍보가 널리 된다.

그밖에 위원들은 각자가 힘을 써서, 친하든 친하지 않든 간에 사람들을 초청해서 참석하도록 해야 하며, 이전 모임의 재미있었던 일들과 다음 회의 특별한 것들을 설명해야 한다. 여러 사람들이 이처럼 힘을 쓰면 많은 사람들을 모이도록 하는 것이 용이하다. 그러나 이런 회합도 너무 자주 있으면 필경 무력하게 될 염려가 있다.

(7.) 개인적으로 준비함

위원들은 다른 사람들이 당연히 이런 회합을 표준으로 볼 터이니 매사를 특별히 준비하는 것이 마땅하다. 그 회합에서 연구할 과제에 대해, 몇 분 동안 말할 것을 미리 준비하는 것이 그 회합에 정성을 다하고 있음을 보여주는 것이 되고, 또한 인도할 사람이 갑자기 문제가 생겨 불참하더라도 낭패가 없게 된다.

(8) 내빈을 영접함

이런 회합을 인도하는 자 중에는 경력이 없이 처음으로 인도하는 인물도 있을 것이다. 아니면 강좌를 진행할 때에 말하는 것을 어렵게 여기는 인물도 있을 것이다. 그런 사람들에게 한 두 마디의 친밀감 있는 말이나 권면하는 말은 대단히 도움이 된다. 혹시 내빈 중에는 처음 오는 사람들도 있을 것이고, 믿지 않는 사람들도 있을 것이다. 혹은 어떤 감동을 받은 사람들도 있을 것이다. 이런 사람들에게 친절히 인사하고 함께 담화도 나누며 함께 산책도 해서 심령의 문제로, 자연스럽게 영생의 길로 들어오게 하는 것이 대단히 필요하다. 적합한 사람을 선발해서 이런 일을 맡겨 긴요한 곳에서 기회를 기다리게 하고 좋은 결실을 얻기를 도모해야 한다.

(9) 처음 시작하는 이를 권면해서 인도자의 자격을 연습하게 함

처음 시작하는 사람들은 큰 회합에서 발언하는 것을 당연히 어려워할 것이다. 기도회나 복음회합 같은 조그만 회합에서 간혹 발언도 하고 기도로 인도하는 것이 경력을 쌓는데 매우 좋고, 또한 심령의 능력을 많이 얻을 수 있다. 작은 회합에 새로 믿는 사람들이 참석할 때에는 항상 몇 분 동안 시간을 허락해서 각자가 몇 마디씩 말하도록 권면하는 것이 필요하다.

인도자가 주의할 것

개회해야 하는 시간에는 지체 말고 꼭 정한 시간에 곧바로 개회하는 것이 매우 중요하다. 만일 몇 분 동안이라도 지체해서 여러 사람들이 오기를 기다리면 이것은 매번 지체되는 단초가 된다. 시간을 잘 지키는 것이 대단히 중요하며 폐회하는 것 또한 정한 시간에 하는 것이 당연하다. 만일 정한 시간을 넘기면 다른 곳에 모임이 있는 사람은 얼마라도 편치 않게 여길 것이다. 아무리 재미있는 회합이라도 너무 시간을 끌면 좋은 결과를 손해 보기도 쉽고 그 후 부터는 참석하고 싶어도 시간 때문에 참여 못할 사람도 있을 것이다.

가령 100명 중에 99명이 말을 더 듣고 싶어 해도 차라리 폐회할지언정 1명이 지루하게 여겨서 불평하는 마음이 일게 하는 것은 마땅치 않으니, 일정한 시간에 폐회하는 것이 필요하다. 그러나 부득이한 사건이 있는 경우에는 정한 시간에 폐회하고 다시 작은 방에서 따로 모이거나 아니면 몇 분 동안 정회해서 불가불 나가야 사람은 나가게 하고 남는 사람으로 다시 개회하는 것은 무방하다.

복음회합에 인도하는 사람이나 폐회할 때에 믿지 않는 사람들로 하여금 손을 들게 하거나 일어나서 새로 믿기를 작정하게 하거나, 혹은 더욱더 신실한 신앙인이 되기를 작정하는 뜻을 표하도록 하는 것은 도움이 되지만, 이런 방법을 자주 사용하면 점점 습관이 되어 효과가 적어지기 쉽다. 간간히 다른 방법으로 엄숙히 기도하고 폐회하는 것 또한 좋은 방법이다.

설명할 때에 과제에 대해 할 수 있는 말을 다하지 말고 긴요한 것 몇 가지는 남겨두어 다른 사람들이 말할 수 있게 해야 하고, 시간을 넉넉히 남겨 아무쪼록 기회를 만들어 다만 몇 마디씩이라도 말하도록 권면하도록 한다. 기도로 인도해야 하는 사람도 있지만, 말없이 속으로 기도해야 하는 사람도 있다. 이렇게 여러 가지 방법으로 다른 사람들을 권면해야 하니, 이것은 모두 인도하는 사람이 형편에 맞게 임기응변해야 한다.

인도하는 사람이 말할 것을 미리 준비하지 못했다며 사과하는 것은 그 회합에 대단히 방해가 된다. 미리 준비해서 궁색함이 없게 하는 것이 좋고, 부득이한 경우에는 여러 사람들에게 말할 과제를 미리 나누어 주고, 그 과제에 대해 생각하도록 하고 몇 마디씩 발언하게 하면 개회한 뒤에 궁색함을 면할 것이다.

발언하는 사람은 항상 하나님의 말씀을 공부하는 것으로 의견을 내세우고 하나님의 뜻대로 행동하기를 힘을 써서 준비하면, 말할 때에 비록 토론은 잘하지 못하더라도 성령의 권능이 있음으로 자연히 사람의 마음을 감동시키는 효과를 얻게 될 것이다.

회원이 주의해야 할 것

위에서 말한 것들은 특별히 임원들이 주의해야 할 점을 기록한 것이지만, 실제로 모든 회원들에게 모두 중요한 것이다. 회원들이 협동하지 않으면 임원들이 실제로 어떻게 할 수가 없다. 임원과 회원을 가리지 않고 한 몸이 되어 주의를 기울여야 하는 것이 합당하다.

이 장에서 별도로 회원들이 주의해야 할 점을 말하는 것도 또한 모든 사람들이 주의해야 할 것이니, 회원들이 일체가 되어 주의를 기울여야 하는 것은 하나님의 영광을 학생들에게 드러내어야 함과 학생들이 완전한 기독교인의 자격을 이루도록 하기 위해서이며, 믿지 않는 자로 하여금 죄악의 결과를 알게 하기 위해서이다. 모든 회합을 이 목적으로 시행하면 능히 그 본뜻을 이룰 것이다.

(기도)

기도 인도를 할 때에 늘상 하는 말로 전례(前例)에 의지해서 중언부언하지 말고, 특별히 공손한 마음으로 어떤 일이나 어떤 사람의 형편을 위해 간절히 간구해야 한다. 구할 때에 하나님이 주실 줄로 확실히 믿음으로 기도할 것이니, 이런 기도로 인해 이 세상의 큰일들이 성취되는 것이 많은 까닭이다. 기도의 능력은 오직 구하는 데만 있는 것이 아니고, 그 구하는 마음을 가지고 자기가 실제로 행하는데 있다. 구할 때에 진심으로 구해야 하며, 그렇게 구할 때에 먹었던 마음이 평생 행위로 드러나면 성령의 무한하신 능력이 주 안에 생길 것이니, 과연 이루지 못할 일이 없다. 요한복음 14장 13절-14절과 7절을 보라

(성경공부)

기도의 효험이 있기를 바라는 자는 불가불 성경공부로 범사의 근거를 삼아야 한다. 하나님의 말씀이 우리 마음속에 있지 않으면, 우리가 구하는 것을 하나님이 들으신다고 바랄 수 없기 때문이다. 그러므로 학생들이 마땅히 해야 할 직무는 각각 자기의 방에서 매일 일정한 시간을 어기지 말고 정한 시간에 조용히 성경 몇 장이나 몇 구절을 공부하는 것이니, 평생 그 말씀대로 행해야 육신과 세상을 이기고 무한한 능력이 생긴다. 골로새서 3장 16절을 보라

(성신)

이런 모든 회합에서 능력이 생기고 좋은 성과가 있기를 도모하는 자는 사도행전을 보아야 한다. 1장 1절에서 9절까지와 1장 4절에서 5절까지 공부하고, 성신과 관계되는 구절을 특별히 주의해서 보라. 누구든지 성신의 충만함을 얻기 전에는 자기가 말하는 것과 기도하는 것과 힘써 성취하라는 것이 모두 남에게 참되고 거짓 없는 것으로 보이기 어렵다.

다른 사람으로부터 신용을 얻지 못하고서야 어떻게 뜻하는 것들을 얻을 수 있겠는가? 그러므로 성신의 충만하심을 얻는 것이 진실로 가장 긴요한 일이다. 이는 각자 자신의 영적인 공부를 통해 얻을 것이다. 하나님의 뜻이 어떠한지를 알게 되면, 당연히 해야 할 일은 모든 사정을 가리지 말고 행해야 한다. 당연히 하지 말아야 할 일은 아무리 어렵고

손해를 당하더라도 하지 않도록 힘써야 한다. 이것이 정말 예수를 믿는 자들의 당연한 의무요 또한 성신의 도우심을 받을 수 있는 일이다. 이런 교인이라야 어렵지 않게 다른 사람들이 마음에 감화력을 얻게 할 수 있다. 모든 회원들은 예수의 이름으로 기도하고 하나님의 말씀이 마음속에 항상 계시게 하며 성신을 충만하심을 얻도록 하라.

학생청년회 종교 관계 방침

제1편

1. 복음 (결정하는 회)	천국을 먼저 구함	마태복음 6장 33절
2. 성경공부회	성경을 공부하는 이유	
3. 경봉[1]	사도되는 자가 마땅히 준비할 것	
	마태복음 7장 16-21절	
	요한복음 15장 14-17절	
4. 선교사	역사상 교회 치리자로 유명한 사람들	

제2편

1. 경봉	세계의 예수 믿는 학생들을 연합함
2. 경봉	그리스도는 기도하는 사람
3. 복음	학생의 시험받음
4. 선교사	외국 선교에 대한 국내 문제

---

1) 경봉(敬奉)은 성경을 근거로 말씀을 가르친다는, '설교'의 가장 높임말이다.

제3편

1. 경봉	그리스도의 개인교제 기독교를 믿는 학생들이 이같은 사업의 지위와 권능을 보임
2. 경봉	육신을 제일 유익하게 사용함
3. 선교사	선교 방침
4. 경봉	방학 동안에 학생들이 당연히 조심해야 할 것 예수 탄생일 휴가 때에 좋지 못한 사상을 버리고 교인으로서의 생활의 제일 높은 위치로 나아가 매일 경건한 성경공부와 개인기도의 유익을 취함

제4편

1. 성경공부회	성경공부하기를 권장함 매 반년마다 사경회원들을 모두 회집해서 이미 반열에 들어온 사람들을 더욱 권장하며, 또한 반열에 들어오지 않은 자들에게 권해서 성경쓰기를 시작(入錄)하게 함
2. 경봉	성신을 충만히 받음 에베소서 5장 18절
3. 선교사	청국에 전도하기 위해 연구함
4. 경봉	기도와 관계되는 필요한 성경 구절 요한복음 1장 13-14절 요한복음 15장 7절

요한1서 3장 21-22절

제5편

1. 복음	그리스도를 섬기기에 방해되는 것 학생들이 예수를 믿으려 하지만 방해되는 것이 있어 믿지 못하는 이유를 소상히 들어 설명하고, 예수께서 행하신 일을 증명해서 그 방해되는 것들이 이기기 쉬운 것이라는 것을 설명함
2. 경봉	예수를 위해 사회에 몸을 바침 고린도후서 8장 1-12절 9장 6-15절
3. 선교사	국내 선교
4. 복음	예수께서 의혹을 타파하심

제6편

1. 경봉	평생에 종사할 사업을 정함 올바르게 정하는데 도움이 되는 것
2. 선교사	바울은 선교사
3. 경봉	바울이 감화를 받기 전과 받은 후에 지킨 의리 빌립보서 3장 3-16절 갈라디아서 2장 16-21절
4. 경봉	성공한 자의 자취 고리도전서 1장 13절 히브리서 2장 18절

	고리도후서 12장 8-10절
	골로새서 3장 1-3절

第7편

1. 경봉	여러 가지로 일함과 성신의 일하심
	고린도전서 12장
	신임 직원과 위원이 각각 자기의 직무에 따라 복무를 할 때에 다른 사람이 충분히 찬성할 만한 것으로 회무의 과제와 정책을 삼을 것. 또 학생으로서, 어떻게 하든지, 더욱 부지런히 예수를 섬길 수 있음을 보일 것.
2. 경봉	성경을 공부하는 이유
3. 선교사	기도와 선교
4. 경봉	학생하령회의 장구한 목적

第8편

1. 복음	변할 수 없는 법률
2. 경봉	겸손함은 덕행의 근본이 됨
	마태복음 18장 1-4절
	요한복음 13장 3-17절
	빌립보서 2장 3-8절
3. 선교사	인심을 감동시킬만한 사업
4. 경봉	찬양하는 예배
	골로새서 3장 16-17절

시편 100편, 103편

제9편

1. 경봉 생명의 더욱 풍족함
요한복음 10장 10절, 15장 1-11절
2. 경봉 아침에 성경보고 기도함
3. 경봉 사랑은 제일 좋은 예물
고린도전서 13장
4. 복음 마지막 작별하는 모임

이 글은 각 학생청년회 회원들에게 전파하려는 것이 아닙니다. 오직 각 위원에게만 전해서 회중에게 중요한 방침을 대강 알게 하려는 것입니다. 이것은 전례에 따라 시행하라는 것이 아니고, 보아서 참고하기에 도움이 되고자 하는 것입니다. 만일 확실하지 않은 요소가 있거나 더 알고자 하는 것이 있으면 파락만[2] 이승만 양씨와 협의하십시오.

---

2) 브로크만(巴樂萬, Frank Marion Brockman, 1878-1929)을 말한다. 1905년 내한하여 1906년 한국 YMCA 부총무로 봉직하면서 직업교육을 주도했고, 다양한 주제의 강연회와 토론회를 통해 한국 청년들을 의식화시켰다. 1908년 서울YMCA 공동총무로 활동했고 1914년 조선중앙 YMCA와 9개 학생 YMCA 등을 포함하여 조선 YMCA연합회(현 한국 YMCA연맹)를 조직하여 초대 총무로 선임되었다. 이승만 박사와 함께 YMCA 학생운동을 주도하기도 했다.

학생청년회 회장

학생이 학교 있는 동안 제일 막중한 책임은 학생청년회 회장의 책임이다. 학교에서 졸업하고 나간 후에도 영적 사역을 할 기회가 있지만 이런 기회는 다시 얻게 될지 알 수 없는데, 학교에 있으면서 지위가 주어진 것을 크게 다행스럽게 여겨야 한다. 그러므로 이 직책을 맡은 사람은 당연히 이 사역에 관한 모든 일들을 모두 알아야 막힘없이 이런 좋은 기회를 이롭게 쓸 수 있다.

제1. 회장의 자격

1) 회장은 당연히 범사를 총괄할 만한 자격을 갖추고 있어야 사람을 바로 선택해서 각 사무를 맡길 수 있으며, 또한 그 맡긴 일을 모두 시행하게 할 수 있다. 이런 자격이 없으면 아래 설명하는 여러 가지 자격을 모두 겸비했을지라도 완전히 성공하기는 어려울 것이다.

어떤 학교든지 학생의 성향을 구별해 보면, 남들을 인도할 수 있는 사람도 있고 남의 인도를 받을 사람도 있는데, 인도를 받아야 할 사람을 머리로 섬기는 것은 어떤 조직이든지 큰 실수이다. 그러므로 특별히 인도자의 자격을 가진 인물을 택해서 당연하게 해야 할 일을 알게 하고, 알고 있는 것을 시행하여 나가게 하여 천하 모든 사람의 인도자 되시는 대주재를 여러 사람들이 깨달아 알도록 해야 한다.

2) 학생청년회의 일이 얼마나 긴요한 줄을 확실히 알고, 그 회에서 일할 기회를 얻은 것을 다행히 여겨야 한다. 만일 회장 역할을 하는 것에 대해 주저하는 마음이 있다면 차라리 그 지위를 맡기지 않은 것이 옳다. 그러므로 그 회를 완전히 성취시키려면 반드시 그 일에 열심을 내며 이러한 기회 얻는 것을 즐기고 정성을 다하려는 자를 선택해야 한다.

3) 회장은 그 회의 긴요한 조건과 중대한 관계들을 어느 정도는 소상히 알아야 한다. 처음 회장으로 피선될 때에는 '회'에 관한 온갖 것들을 모두 안다고 할 수 없지만, 피임된 후에는 즉시 공부하고 연구해서 소상히 알도록 해야 한다. 그렇지 않고 모든 일을 알지도 못하고 알기를 원하지도 않는다면 중대한 사업을 이룰 수 없고 학생들로부터도 이해를 얻지 못하게 된다. 이는 오랫동안 여러 가지 일을 겪고 지내면서 알게 된 것이다.

4) 사업상으로도 합당한 자격을 가지는 것이 필요하다. 중대한 사역을 맡게 되었으니 남들이 신앙을 얻을 수 있도록 해야 하고, 모든 사무들을 총괄하게 되었으니 사소한 일이라도 부지런히 해야 하고 주의를 기울여야 큰일을 감당할 수 있다.

대체로 사회를 인도하는 자들이나 큰 사업가, (그리고) 여러 목적들을 이루어 내고 있는 자들을 보면 항상 작은 일에 주의를 많이 기울인다. 또한 모든 여러 가지 일들을 살필 때에도 계획성 있게 해야 한다. 그렇지 않으면 그 많은 책무를 모두 시행할 수 없을 것이다.

모든 일을 신속히 처리할 수 있도록 힘을 다해야 한다. 자신으로부터 이끌림을 받는 사람들의 시간이 귀하다는 것을 항상 생각해야 하는 것이다. 앞일을 미리 생각해서 일년 동안에 어떠한 좋은 기회가 생기게 될지 살펴야 회무를 넓힐 수 있으며, 사람들과 함께해서 헤쳐 나갈 수 있는 방안을 찾아내는 데에 익숙해야 여러 사람들을 이끌기에 적합하게 된다. 또한 용맹하게 앞으로 나아가는 힘이 있어야 모든 사업들이 확장된다.

5) 언제든지 그리고 할 수가 있다면, 성적이 뛰어난 학생이 회장이 되도록 하는 것이 좋다. 이것은 그 이유가 여러 가지인데, 먼저 그 '회'의 위치를 왕성하게 할 것이고, 학생과 교사 모두 우러러 볼 것이다. 또한 공부에 착실한 학생은 흔히 다른 일에도 열심히 하는 법이니 회무(會務) 역시 잘 볼 수 있을 것이다.

6) 학생사회에 얼굴이 잘 알려진 사람을 회장으로 정하는 것이 중요하다. 여러 학생들에게 유익함을 끼치려는 조직의 인도자가 되었으니 당연히 여러 사람들로부터 이해를 얻어야 하며, 모두 한마음으로 돕기를 즐겨할 수 있도록 힘쓰는 것이 당연하다.

7) 소망을 잃지 않는다는 것은 회장이 이뤄내야 할 목표의 근본적 바탕이다. 어느 정도의 어려운 일에 낙심하거나 미래가 잘될 것이라는 희망을 굳건히 가지지 못한 사람에게 책임을 맡기는 것은 불가하다. 다른 '회'들이 겪은 여러 가지 일을 보면, 인도자가 하나님을 의탁하고 그 바라는 바를 조금도 저버리지 않았기 때문에 놀라운 실적을 많이 얻을 수 있었던 것을 알 수 있다.

가장 어렵고 낙심되는 일이 있을 때는 더욱더, 회장은 소망하는 마음으로 무한한 능력을 발휘해야 한다. 이러한 소망을 가지는 것은 자기의 재주를 믿는 것이 아니고 오직 못할 것이 없으신 하나님을 믿고 의뢰해서, 남들의 의견이 어떠하며 옳고 그릅이 어떠하다는 것을 헤아리지 않는 것이다. 여러 사람들이 혹시 반대하거나, 모든 사람들이 열심을 내지 않거나, 여러 어려운 경우에 처하더라도 참고 낙망하지 않고 하나님께서 이루어주시기까지 바라고 기다려야 한다.

8) 도덕적 품행이 완전한지를 살펴야 한다. 회장의 지위를 얻은 사람은 드러난 범죄가 없어도 남들이 시비를 걸 때가 있다. 이것은 오직 회장 자신의 명예와 미래 신분에 방해가 되는 것만이 아니고, 그 '회'에게 주어지는 기회와 영적 능력에 모두 손해를 끼치게 된다. 학교에 관계된 모든 사람들이 모두 회장의 행위와 범절을 주목하고 있다는 것을 깨닫고, 사사로이 행동하는 것이나 남들에게 교만하지 않도록 십분 조심해야 한다.

설령 자기 생각에 특별히 그릇된 것이 없다 하더라도 남을 이끌기에 방해될만한 일은 그만두는 것이 자기 자신과 '회' 모두에 유익할 것이다.

9) 성령의 감화하심을 온전히 받은 사람이어야 이 직책을 능히 감당할 수 있을 것이다. 이런 능력이 아니면 그 '회'의 제일 큰 목적을 달성할 수 없을 것이다. 그 '회'의 인도자가 되었을 때는 '회'의 수준이 많은 부분에 있어 인도자의 수준에 따라 구별이 된다(는 것을 알아야 한다). 회장의 영적 가치관이 좁고 약하면 그 '회'에서 이루어지는 영적 업적이 풍족할 수 없으며, 만일 회장의 영적 근원이 충만하면 그로인해 넘쳐흐르는 행복과 능력이 한량없다.

이상에서 말한 여러 가지 자격을 겸비한 사람을 얻기는 대단히 어려울 것이지만, 미국의 각 학생청년회의 역사를 보면 이런 사람을 찾아낸 곳도 여러 곳이 있다. 어떤 '회'에서는 이런 사람을 두고도, 회장을 선정할 때에 깊이 생각하지도 않고 기도도 간절히 하지 않고 소홀히 선택함으로 해서, 그런 인물을 얻지 못한 곳도 많이 있다. 만일 이만한 인물이 과연 없다고 하더라도 만점에 가장 가까운 인물로 선정하는 것이 마땅하다.

대체로 몇 가지 조목을 기록한 것은 오직 회장 공천위원들의 주의(注意)를 기울이게 하려는 것뿐만 아니라 회장이 주의해야 하기 때문이다. 만일 피선된 회장이 몇 가지 중에서 자기가 갖추지 못한 것이 있으면 간절히 기도하고 힘써 일함으로 그 단점을 보충할 수 있다.

제2. 회장이 당연히 준비할 것

1) 회장이 새로 피선된 후에 전임 회장과 조용히 대면해서 그 '회'의 형편과 사정이 어떠했다는 것과 위원회를 새롭게 조직할 일과 '회'의 새로운 방침을 어떻게 정할 것인지를 문의해야 한다. 또한 가장 어려운 일에 대해 어떻게 조처를 취하면 좋을지를 묻는 것이 좋다.

2) 학생청년회가 여러 곳에 설립된 나라는 매번 봄에 각 학생청년회 회장끼리 모여 '회장 매년회'를 열고 여러 긴요한 일들을 의논하는데, 이 '회'의 목적은 새로 피선된 회장들에게 직책과 의무와 기타 여러 가지 중대한 요건을 들려주고 소상히 설명해서 알도록 해주기 위한 것이다. 이 '회'에 참여하는 것은 대단히 중요하다. 여기에서는 훌륭한 사례 등 배울 것이 많이 있다.

3) 각 회장은 당연히 자기가 맡은 구역을 자세히 조사해야 한다.

첫째) 학교의 학생 수와 학년, 그 학교의 위치가 사회적 · 도덕적 · 종교적으로 어떠한지, 학생들의 영적 · 육적 시험과 위태함은 어디로부터 기인되는지, 교사와 학생들이 그 '회'에 대해 어떠한 의견을 갖고 있는지, 혹시 동조하고 있지 않다면 그 이유가 무엇인지, 그 '회'에 대해 특별히 판단하기 어려운 문제와 기타 여러 가지 관습이며 각양 절차와 형편을 낱낱이 살펴야 한다.

둘째) 학교가 자리하고 있는 지역에 관한 것이다. 그 지역에서 어떤 일이 그 '회'를 잘되게 하며 어떤 일이 방해를 하는지, 그 지역에서 '회'를 확장시킬 수 있는 기회와 형편을 살펴야 한다.

셋째) 학교 내부의 종교적 사업에 관한 것이다. 혹시 학교 안에 다른 '회가 있는지, 어느 기독교 단체에서 인도하는지, 그 학교 안에 별도로 인도하는 종교사업이 있을 경우 회장은 당연히 두 단체가 서로 뜻이 잘 맞도록 하고 충돌이 일어나지 않게 해야 하며, 한 마음으로 서로 돕게 하는 것이 좋다.

넷째) 본회의 형편이다. 회장이 자기 학교 안에서 그 '회의 회의록을 자세히 익혀서 전 회장이 실수한 것을 자신의 거울로 삼아 다시 실수가 없도록 하며, 전 회장이 잘한 일은 자신의 모범을 삼아 시행해야 한다. 지나간 역사를 소상히 아는 것은 대단히 중요하며, 지나간 역사를 상고해야 하는 것뿐만 아니라 당연히 현재의 형편과 사정을 더욱 자세히 알아야 한다. 회원과 위원의 실적을 조사하고 여러 회원들과 친밀히 교제하는 것 또한 필요하다.

4) 위에서 말한 몇 가지가 준비된 후에는 그 '회와 각 위원부의 중대한 문제와 긴급한 업무를 책으로 기록할 것이며, 겸해서 자기 자신과 각 위원장이 당연히 준행해야 할 방침 또한 기록해야 한다. 이것은 자신이 뜻한 것을 더욱 분명히 드러내는 것이고, 앞으로 일을 신속하게 잘 마치

도록 하기 위함이다.

5) 매번 어려운 일을 당할 때마다 다른 청년회들이 겪은 것들과 각 지역으로 순회하는 총무가 조사 보고한 것을 가지고 모범으로 삼아 최종 결정해야 한다. 이것은 문자로 소통하거나 하령회 혹은 다른 공회에 참석하면 알 수 있다. 간혹 지역을 순회하는 청년회 총무의 비평도 들어야 한다. 회장은 당연히 공책을 따로 가지고 있다가 이런 기회가 있을 때에 중요한 것을 얻는 대로 적어 놓으면 회무(會務)에 활용할 수 있을 것이다. 또한 1년 동안 매주 어떤 일정한 시간을 정해놓고 '회에서 일어난 일에 대해 연구하는 것이 당연하다.

6) 여러 가지 방면에서 얻은 중요한 방법들은 그 '회에 적합하도록, 모방하여 사용하는 것은 전적으로 회장에게 달렸다.

7) 회장이 스스로 쓰는 일지를 가지는 것은 대단히 유익한데, 항상 몸에 지니고 다니기 편한 것으로 한다. 일년 동안 시행할 일을 순서대로 적고 각 위원회장과 회원들의 명단과 '회의 중요한 문제와 매년 '회에서 정한 방침과 기타 중요한 것들을 기록해서 아무 때나 찾아볼 수 있도록 한다. 이외에 수첩 하나를 따로 가지고 다니고, 그 안에 매일 꼭 해야 할 일들을 적으면 잊어버리거나 무심히 넘기는 실수가 없어서 크게 도움이 된다.

8) 항상 잊지 않고 특별히 기억해야 하는 것은 영적 준비이다. 만일 영적 능력이 부족하면 그 맡은 직책이 결코 자기 마음을 흡족하게 하기 어려울 텐데, 하물며 하나님의 뜻을 기쁘시게 할 수 있겠는가? 그러므로, 만일 처음부터 시작하지 않았다면, 당연히 지금 바로 시작해서 아무리 어려운 일이 있을지라도 따지지 말고 매일 혼자 성경 공부하는 습관을 만들어야 하며, 끊임없고 변함없이 공부해야 한다. 겸해서 혼자 기도하는 법도 알아야 한다. 매일 적어도 30분씩은 조용한 곳에서 혼자서 정

성스럽게 하나님과 교통해야 한다. 이것을 통해 능력을 얻으면 모든 일에 한없는 힘이 생긴다. 설혹 다른 일은 못하더라도 각 회장들이 잊지 말아야 할 것은 이것 한 가지이다. 무릇 하나님의 일을 하려고 하면 하나님의 능력을 얻어야 한다. 하나님의 능력은 기도하는데서 가장 많이 생기는 법이다.

제3. 회장의 직책

1조) 회장은 모든 통상위원과 임시위원을 선정한다. 위원을 선정하는 것에 대해서 아래 기록한 몇 가지를 주의하면 도움을 얻을 것이다.

(1) 위원장을 먼저 선택하고 나머지 임원은 위원장과 의논해서 정하면 화합함을 얻고, 위원의 업무도 매우 활기차게 진행된다.

(2) 각 위원부의 임원 수는 그 위원부의 업무와 형편에 따라 합당하게 정한다.

(3) 각 위원회 업무의 성격을 살펴서 위원의 자격이 어떠해야 할지 결정해야 한다.

(4) 위원을 정할 때에는 각 반(班)과 각 '회와 기타 여러 가지 영역을 객관적으로 비교해서 편견 없이 대표가 되게 한다.

(5) 모든 위원 중 몇 사람은 이미 이런 일에 경력이 있는 사람으로 택하는 것이 좋겠지만, 만일 그렇지 못한 경우에 위원장은 반드시 회무에 생소하지 않는 사람으로 선정해야 한다.

(6) 여러 위원이 모두 이런 경력이 있는 것을 필요로 하지는 않는다. 위원장이 당연히 힘써서 사람들을 연습시켜 일꾼이 되게 하는 것이 또

한 청년회의 목적이다.

(7) 위원장의 임기는 항상 회장과 같이 1년으로 정하되, 위원들의 임기는 적어도 3개월 이상으로 정하는 것이 좋다.

(8) 위원을 정할 때에는 각각 개인적으로 면대해서 허락을 받은 후에 완전히 정한다. 궐위가 생기면 합당한 사람을 구할 때까지 가만히 두고 기다릴지언정, 합당하지 못한 사람을 급히 선정하면 안된다.

제2조) 각 위원부가 완전히 조직되었는지 살펴보아야 한다. 위원부마다 서기를 두어 기록하게 한다. 회무는 조리 있고 객관적으로 분배해서, 각 임원이 각각 시행해야 하는 책임을 세세하게 나누어서 맡긴다.

제3조) 각 위원마다 임명된 즉시 시무하기를 특별히 힘써야 한다. 회장이 이것에 별반 힘쓰지 않으면 어떤 임원은 예사롭게 지내다가 적합한 진행 절차를 놓치기 쉽다.

제4조) 회장은 각 위원회의 위원을 겸해야 한다. 모든 일을 대강은 알아야 권면하거나 도울 수도 있고, 각 위원장 위원들이 맡은 직분을 시행할 때에 나중에 허락 없이 간섭할 수 없기 때문이다. 이는 각 임원이 열심히 일하는 것을 혹시 방해할까 염려함에서 나온 것이다.

제5조) 각 위원장은 맡은 일을 신실히 행하도록 힘써 살펴야 한다. 다음 몇 가지를 주의하는 것이 매우 유익하다.

(1) 가장 필요한 사무를 알아야 한다.

(2) 자기가 직접 실제로 일을 해서 모범을 보여야 한다.

(3) 위원장은 당연히 해야 할 일을 대신해 주지 말아야 한다. 아무리 일에 속한 것일지라 도 대신해 주는 것은 앞으로 해가 된다.

(4) 모든 일의 범위를 구분해 각 사람에게 나누어 맡겨야 한다.

(5) 일을 맡긴 후에는 믿고 목표를 이루기를 기다려야 한다.

(6) 각 위원장은 행해야 하는 일을 깊이 주의를 기울여야 하고, 정성껏 한 일에 대해서는 공로를 치하하는 것이 당연하다.

(7) 어려운 일을 당할 때에는 성심을 다해 함께 기도하며 도와주어야 한다.

(8) 사무에 유익한 서적들을 많이 구입해야 한다.

(9) 모든 공회에 대표 보내는 것을 힘써 주선해야 한다.

(10) 일정한 때를 정해 위원 회합을 열 수 있도록 힘써 도와야 한다.

(11) 위원장의 공로로 자기 생색을 내게 되면, 그렇지 않다는 것을 설명하는 것이 지혜롭다. 그 외에 여러 가지 중요한 일들은 모두 정해진 시간에 살펴서 시행해야 한다. 이상의 몇 조목은 오직 회장만이 주의해야 할 것이 아니고 위원장 또한 각 위원과 관계되는 것에 대해서는 채택해 사용해도 무방하다.

제6조) 각 위원부에서 일정한 때를 지정하고 문서 보고를 하게 해야 한다. 이것은 회장이 간섭해서 시간을 어기지 말고 양식을 갖추어 가지고 오게 해야 한다.

제7조) 위원들이 의사(意思) 회합을 할 때마다 매번 주석(主席)으로 참여해서 인도해야 한다. 이 회합의 성격은 갖가지 모든 회무를 환히 알려고 하는 것이니, 사소한 일까지도 회의록에 소상히 적어야 한다. 이런 회합은 적어도 매월 한 차례씩 개회하는데, 어떤 '회에서는 매주 한 번씩 모이기도 한다.

제8조) 임원 회합에 주석(主席)해서 인도해야 한다. 이 회합에서 주의를 기울여야 하는 것은 모든 긴요한 문제들을 의논하고 실행할 일을 정하며 각 위원부의 사무를 고르게 바로잡는 것이다. 각 위원장과 위원이 모두 참여하는 것이 당연하며, 다른 학생들이 참석하는 것은 좋지 않

다. 통상 회합은 새학기가 시작될 때마다 열어야 한다. 간혹 특별 회합을 열 필요가 있다. 다과회로 모이거나 저녁 식사를 함께 한 뒤 곧바로 개회할 수도 있고, 개회하기 전에 회장이 순서를 정하여 그 순서대로 시행해도 좋다. 시간은 균등히 분배해서 각 위원부에 배정하고, 각 위원부의 일들이 배정한 시간 안에 모두 의논될 수 있도록 힘쓰며, 반드시 실행될 수 있게 한다. 보통 관계되는 일 또한 의논해야 하는데, 이런 회합의 시간은 적어도 두 시간 가량은 되어야 한다. 회장은 새로운 일들을 매번 기회를 봐서 제출한다. 혹시 저명한 손님이 있을 때에는 초청해서 간단한 연설을 주문하거나 일들을 의논할 때 도움을 요청할 수 있다. 간단한 기도로 폐회하는데, 이런 회합이 아니면 그 '회의 모든 일들을 일정하게 이루기는 어렵다.

제9조) 모든 의사회합과 특별회합에 주석하는 위원장은 개회와 폐회를 정한 시간대로 하고 있는지, 장정을 미리 만들어 가지고서 장정대로 시행하려다가 손해되는 것이 있는지, 총괄하는 이가 명령조로 일을 시키는 것이 많지는 않은가를 모두 살펴야 한다.

10조) 이 '회에 대해서 교장과 각 강사와 그 지방에 있는 각 교회 목사들의 마음을 얻어야 한다. 회중의 좋은 업적을 듣고 간간히 전하며 매번 중요한 사건이 있을 때에는 모두 참석하도록 한다.

제11조) 하령회에 파송할 위원대를 조직하고 자기가 직접 위원대를 인도하는 것이 좋다. 어떤 회장은 말하기를, "자기는 이미 하령회를 몇 번 참석했으니 다시 갈 필요가 없고 다른 사람을 대신 보내는 것이 옳다"는 사람도 있지만, 하령회는 해마다 좋은 사건만 의논하는 것이 아니다. 새로 정해지는 방침과 규모를 알지 못하면 회무를 온전히 시행하기 어렵고, 회장이 참석해야 좋은 의논과 목적을 알게 되고 어떻게 해야 하

는지를 알게 되는데, 회장이 알지 못하면 남들의 복종을 얻기 어렵다. 당연히 해마다 참여해서, 여러 인도자들이 모여서 여러 겪은 일과 정책을 토론하는 자리를 통해 새로운 사상과 관념을 얻고 돌아오면 큰 도움이 된다.

第12조) 다른 학교와 연합해서 하는 모든 일을 적극적으로 알려야 한다. 무릇 학교 청년회는 세계 학생 사회와 함께하는 사업의 한 원소(元素)이다. 그러므로 전체적인 공동의 관계를 돌아보아야 큰 목적에 도달할 수 있다. 여기에 다른 '회나 다른 나라에서는 어떤 방법에 의해 잘되는 지를 보고 배우며, 비교하고 채택하자는 것이 세계가 서로 소통하고 경쟁하자고 말하는 본의(本意)이다. 그러므로 회장은 당연히 세계 학생회 총무와 최소한 문자로라도 교제해서 밖에서는 어떤 일이 진행되는지를 알아야 하며, 하령회나 기타 다른 큰 공회에도 참여해야 한다.

第13조) 매년 새 학년에 신입생들을 위해 행하게 되는 종교적 사업을 전력해서 도와야 한다.

第14조) 바뀔 때에 상세히 문서로 작성된 보고서를 만들어 신임회장에게 보관하게 해야 한다. 그 보고서에 기록할 것은 연간 각 위원부와 그 '회 정체에서 이룩한 일들을 간단히 적어 확실하게 표적을 알게 하고, 그 '회의 회계 현황이 어떠하며 다음 회기에 당연히 해야 할 일이 무엇인지를 말해야 한다. 이 보고서는 간혹 발간하도록 해서 차후에 참고할 수 있도록 해야 한다.

第15조) 회장의 매우 절실한 직책은 계속해서 차기 회장이 될 만한 인물이 갖추어야 할 자격을 배양하는데 있다. 회장 선거하기 전에 회원 중에서 명망 있는 인물을 살펴 간간히 일을 맡기며, 그 품격을 시험도

해보고 각 회원들로부터 의견을 들어, 아무쪼록 회장 선거를 할 때에 합당한 사람이 피선되도록 해야 한다. 그러나 매우 조심하고 공평하게 해야 한다. 마침내 회장을 선거한 후에는 신임회장에게 그 '회의 모든 사무와 긴요한 문제, 난처한 사정과 성취할 수 있는 모든 상황들을 소상히 알려주어야 한다. 이렇게 하여 자기가 회장으로 있을 때에나 바뀐 후에나 진정으로 도와 자기 후임으로 오는 회장의 실적이 자기보다 더 낫게 되기를 바라야 한다.

제16조) 회장이 항상 잊지 말아야 할 것은 자기가 여러 청년 일꾼을 양성하는 위치에 있다는 점이다. 학교 안에서 종교적으로 중요한 사업을 함께 도우려는 동지들을 인도하는 위치에 있으니, 이런 사역을 하게 되는 것을 단지 학교 안에 있을 때에 1년 동안만 종사하는 것으로 여기지 말아야 한다. 여기에서 단련하여 차후에 평생을 이런 사업의 일꾼이 되도록 만드는 것이 어느 정도는 이런 기회에 달려 있다. 이런 기회를 활용해서 많은 일꾼을 만들어내기를 항상 힘써야 한다.

제17조) 제일 주의해야 할 것은, 회장은 자기가 하는 사업이 더욱 확장되도록 해야 하며, 자기의 실적이 오랫동안 기준이 되기를 도모해야 한다. 성취해야 하는 것, 사업의 기초가 어떠해야 하는지 먼저 살펴야 한다.(고린도전서 30장)

제4. 회장의 사무 순서표

아래 기록하는 1년 동안의 회장의 순서표는 미국 만국청년회 총무와 각 관립 대학교 청년회 총무들이 합동해서 만들고, 각 학생청년회장으로 유명한 이들이 동의를 해서 정한 것이다. 각 '회가 이를 유통하는 것이 무방하니, 각각의 처해있는 상황에 따라 일부 수정하거나 늘리기도 해서 수용자에 맞게, 편리대로 선택해서 시행할 것이다.

첫째. 회장이 시무하기 전에 할 일

2월부터 3월까지

1) 임원을 선정함
2) 바뀐 회장과 의논함
3) 지난 회기에 회장 공회에서 했던 일을 조사함
4) 각 위원부 임원을 정하기 위해 '회의 사무와 사정을 조사함

4월

1) 각 위원을 정하고 그 성명과 직임을 공표함
2) 회장 공회에 참여함
3) 임원회합으로 개회하고 새 정책과 각 위원부의 책임을 정함
4) 모든 위원대를 조직하고 순서를 바로잡기 위해 각 위원장과 합동함
5) 의사 회합을 시작하고 예산을 마련함

5월

1) 위원을 특별히 보내어 신입생 사회의 일을 맡아 처리함
2) 하기학교에서 일할 위원들을 정하고 그 위원들과 합동하여 사무를 확장하도록 힘쓴다. 이것은 1년 동안 시행하게 될 모든 일의 중요한 작동 장치이다.

3) 의사회합을 열고 신입생 사회에서 일할 위원부와 합동해서 어떻게 하면 좋은 결과가 많을 것인가, 이번 하기학교에서 어떻게 하면 잘 될 것인가를 의논함

6월

1) 모든 임원들에게 권해서 새 학기 개학하기 전에 미리 가서 신입생들을 위해 일하는 것을 돕게 함

2) 학생청년회를 기념함

하기방학

1) 하기학교의 대표위원을 인도함

2) 신입생부 위원과 각 위원부장과 하기학교 대표자들과 교제함

3) 회장 공회와 하기학교에서 필기한 것을 조사함

4) 특별히 영적으로 준비함

5) 여관과 기숙사 상황을 고려해서 10명 이하의 신입생들을 돌보게 함

6) 개학하기 며칠 전을 기해서 모든 임원 전부를 모아 신입생을 위한 일을 준비함

개학하는 첫 달

첫 주일

1) 신입생을 위해 해야 할 일의 준비

2) 학생 중에 세례 받은 이가 몇 명인지, 어떤 교회에 다니는지 등 기타 여러 가지 종교 형편을 조사함

3) 친밀하게 환영함

4) 몇 가지 의도하는 회합을 첫 예배 날에 시행하는데, 그 7일 동안 모든 임원이 모여 의논하며 기도하고 이 일을 해야 한다.

둘째 주일

1) 각 학생들을 일일이 권고해서 입회하도록 함

2) 의사회합을 열고 모든 신입생들에게 권해서 위원이 되게 하고 돌아오는 새 학기에 대해서 시행할 일을 의논함

3) 위원부에 결원이 난 임원이 있으면 곧바로 골라 정해 채우고 새 위원으로 하여금 즉시 시무하게 함

4) 성경공부 하는 일에 대해 임원들이 모여 의논함

셋째 주일

1) 성경반을 조직함

2) 의사회합을 시작함

3) 재정을 청구함

4) 지방 각 학생 청년회 공회에 보낼 대표위원을 선정함

11월

1) 기도주일을 위해 준비함

2) 청년들을 위해 1주일간 기도함(둘째 주일에 시행할 것)

성탄 방학

1) 영적 부흥 역사를 연구함

1월

1) 임원들의 회합으로 특별히 개인적 사업을 의논함

2) 의사회합을 시작함

3) 학교를 위해서 만국기도하는 날을 준비함

4) 학교를 위한 만국 기도회합을 시작함

2월-3월

1) 임원을 공천하는 위원들을 택하여 정함

2) 임원 선거를 함

3) 1년 동안 시행한 일을 보고서로 기록함

4) 새 회장과 회동함

신입학생 인도

신입학생 인도 서문

지금 우리나라에 학생청년회가 처음 시작되는 때를 맞아, 이 책에서 배워 모범으로 삼을 것이 매우 많기 때문에 번역을 하게 되었다. 우리나라 학생들의 사정에 맞지 않는 것도 있겠지만 빼지 않고 번역하는 이유는 이것으로 인해 남의 나라 학교 사정이 어떠하다는 것을 대충이라도 알게 하기 위해서이다. 또한 우리 학생들의 형편도 점차 변해서 앞으로는 이런 것을 모범으로 삼지 않을 만큼 되기를 바라기 때문이다.

번역인 백

신입학생 인도

신입학생을 인도하는 의무

1) 신입학생을 위해 시행해야 하는 일의 목적과 방침

학생청년회 회원들이 신입학생을 위해 일하자는 목적은 두 가지이다.

첫째는 학교에 들어오는 믿는 학생들이 좋은 회원이 되게 하는 것이며, 자기 지역에 있는 예배당에 끝까지 잘 다니도록 하는 것이다.

둘째는 아직까지 온전한 교인 자격을 갖추지 못한 이들이 입회해서 점차 예수를 따르는 사람이 되게 하기를 위주로 하였다.

이와 같은 목적은 오직 1학년 신입학생에 대해 시행하려는 것이지만 그 외에 2-3학년생으로 처음 학교에 들어오는 학생들에게도 똑같이 시행하는 것이 당연하다. 하물며 학생들 중에 어떤 학생은 다른 학교에 오래 다녀서 이런 '회'에 참여할 기회가 있었지만 권하는 사람이 없어서 참여를 못하였거나 다른 이유로 참여치 못하여 아직 입회하지 않은 자가 있을 것이다. 이런 학생들에게 힘써 권해서 기회를 주는 것이 대단히 중요하다. 이렇게 중요한 일을 항상 봄 가을 두 학기 개학한 후에 시작하는 것을 '춘계 경쟁', '추계 경쟁'이라고 한다.

2) 신입학생 인도의 필요

학생청년회에 경력이 많은 인도자들의 말을 들어 보면, 개학한 후 여러 회원들이 한 마음으로 합력해서 신입학생들을 이끄는 것이 그 '회의 여러 가지 사업 중에서 가장 긴요한 일이라고 한다. 이 일이 이렇듯 긴요한 것은 무슨 이유일까? 다름이 아니라 각 학교에 매년 새로 들어오는 학생 숫자를 통계로 보면 정말 많기 때문이다. 이 많은 청년학생 사회에서 학생들끼리 힘써 일해야 할 것이다.

새로운 학생들이 이미 입교하였든지 아니면 교회에 다녔든지, 청년회 회원인지를 살피고 조사해서 종교 관계가 끊어지지 않도록 이끄는 것을 힘써야 한다. 만일 그렇지 않으면 처음 입학해서 다른 길로 들어서고 교회를 아주 저버리기 쉽게 된다. 산촌 깊숙이 있는 학교에서도 이런 학생들을 교회 범위 안에서 벗어나지 않도록 하는 것에 힘쓰고 있는데, 하물며 번화한 도시 안에 있는 학교에서야 더욱 조심해야 한다. 그 외에 교회 다니지 않는 학생들에 대해 말한다면, 새 학교에 처음 들어왔을 때에 종교 관념을 일으키기 쉽다. 여러 학교에서 겪은 경험을 바탕으로 보면, 입학한 후 두 주일 동안에 잘 인도하는 사람을 만나면 입교하는 사람이 많다고 한다. 조금 더 정착이 되면 여러 가지 학교 일과 공부에 매여서 그 마음을 돌이킬 수가 없게 된다. 그러므로 정착이 되기 전에 잘 이끌어서 성경에서 말씀하신 하나님 나라와 하나님의 의를 먼저 찾으라 하신 뜻을 알게 해야 한다. 다른 모든 일에 빠져들기 전에 힘써 인도하는 것이 옳은 방법이다.

근래에 학생들이 제일 먼저 힘을 기울이는 것은 토론이거나 아니면 다른 문학적 평판을 얻는 것, 운동 아니면 놀이 등등이다. 이런 것들이 모두 중요하지 않은 건 아니지만, 하나님과 하나님의 일을 행할 수 있도록 긴급한 직무를 먼저 시행하는 것이 옳다. 입학 초기에 이런 법을 가르쳐서 해 나가게 하면 온 학교 안에서 큰 능력이 될 것이다. 아울러 이런 도리를 시행하는 학생은 학문적으로나 육체적으로 쉽게 남에게 뒤쳐

지지 않을 것이다. 그러므로 새로 입학하는 학생마다 개인적으로 권면하고 알려주어 인간의 도덕성과 영성의 발달이 육체적이고 정신적인 것인 것을 양육하는, 그런 관계를 갖고 있다는 것을 알게 해야 한다.

이렇게 여러 사람들을 인도해서 예수 앞으로 나오게 하는 데에 교회와 청년회가 그냥 지나칠 수는 없다. 지나간 역사를 고찰해 보면, 입학한 후 처음 몇 주일 동안에 감화를 받지 못한 사람은 이후로 인도해 내기가 대단히 어렵다고 한다. 이런 기회가 이렇듯 중요한 줄을 알아야 한다. 그런데 어떤 학생은, 예전에 청년회에 대해 무슨 감정이 있었는지, 오해하고 있는 경우가 있다. 이런 학생에게 힘이 미치기 어려우면, 특별한 기회를 마련하여 그 원인을 연구해서 한편으로 '회 내부에 논리를 명확히 세워야 한다.

회무를 잘 처리하는 과정에서 학생 사회뿐만 아니라 강사들로부터도 좋은 신앙을 얻게 되는데, 신입생을 인도하는 동시에 성적이 우수한 학생에게도 그 영향력이 미치게 해야 한다. 각 학교에서의 경험을 참고하면, 영적으로 크게 부흥하는 힘은 항상 1-2학년에서 시작하여 3-4학년 때까지 미치기 때문이다.

3) 신입학생 인도할 단체를 조직함

이 일이 이렇게 중요함을 알게 되었다면, 이 일을 성취시킬 단체를 조직하는 것이 대단히 조심해야 함도 당연하다. 또한 이외에도 여러 관계가 있다.

첫째. 이 사업 전체를 여러 부분으로 나누고, 각 부분을 한 사람이나 한 단체에 맡겨 목적을 이루게 한다.

둘째. 각 반에 새로 들어온 여러 학생들을 하나도 빠짐없이 모두 인도하기를 힘쓰려 해도, 여러 사람의 단합된 힘이 없으면 될 수 없다.

셋째. 여러 학생에게 한 두 번씩 개인적으로 권면하고 그냥 버려두면 결실을 얻을 수 없으니, 조직된 단체가 있어 끝까지 힘을 써야 끝내 완전한 결과를 얻는다.

넷째. 1년에 한 번씩 주어지는 중요한 기회이니 이때에 온 '회'가 한마음으로 나서서 한 번에 전력을 다해야 한다. 조직이 완전해야 이런 능력을 효과적으로 이용할 수 있다.

다섯째. 이런 중요한 기회를 놓치지 말고 늦기 전에 한 사람도 빠뜨리지 말고 할 수 있는 대로 모두 인도해서 함께 회원이 되자는 것이니, 일을 신속히 해야 한다. 완전한 조직을 갖추지 못하고 있으면 이것을 이룰 수 없다.

이상 몇 가지 이유로 인해 단체를 조직하는 것이 중요하다는 점을 알 수 있다. 그러나 이런 단체를 잘 조직하자면 몇 가지 주의해야 할 일이 있다.

첫째, 새 학기가 시작하기 전에 조직 편성을 완전히 마칠 것이며,

둘째, 회장이 의사부 위원과 회의를 한 후에 별도로 한 위원부를 선택해서 이 경쟁에 관한 사무를 총괄적으로 주도할 수 있게 하고, 그 명칭을 '신입학생 사무위원부'라 칭한다.

위원들은 높은 인격을 갖추고 지각과 경력이 있는 인물들로 택해 위임한 뒤, 시간이 지난 뒤에는 경력이 없는 인물로 충원해도 무방하다. 사람을 선택하기 어려운 경우에는 임원회에서 주도해도 무방하다. 위원부의 부임원 수는 신입학생이 얼마나 될지 짐작해서 정하며, 회장이 위원부장을 겸임하는 것이 매우 유익하다. 그 위원부 단체를 조직한 후에

는 그 조직을 여러 작은 단위로 나누도록 한다.

친접부, 회원부, 종교부로 이름을 지을 수 있다. 친접부에게는 신입학생 사회를 접대하는 일을 전적으로 맡긴다. 회원부에게는 정거장에서 영접하고 생소한 학생들에게 모르는 것을 알려주고 인도하는 것, 종교적 사실을 조사해서 믿고 안믿는 것이 무엇을 의미하는지, 어떤 교회에 속하고 무슨 '회'에 참여는 것이 좋은지를 비교 고찰하게 하는 책임을 전담시킨다. 종교부는 모든 종교적 회합과 관계하는 것을 주도하도록 해야 한다.

4) 신입생 인도하는 일의 준비

학생들이 토론이나 어떤 다른 경쟁을 시작할 때에 항상 준비를 먼저 하게 되는데, 더욱이 신입학생을 인도하는 경쟁에서 준비 없이 시작해서는 좋은 결과 얻기를 바랄 수 없다. 이런 경쟁을 시작할 때에 준비해야 할 몇 가지 긴요한 조건을 생각하는 것은 당연하다.

우선, 학생들의 상황을 살펴야 한다. 심심해 하는지, 집 생각을 많이 하는지, 새 친구 사귀기를 좋아하는지 등 이런 모든 형편을 조사하고 그 형편에 필요한 방향을 정해서 인도하는 것이 좋다. 또한 학생들의 가장 위태한 점과 시험받는 일과 여러 가지 곤란한 사정을 살펴서 도와줄 방법에 대해 계획해야 한다.

이런 일에 대해 이미 좋은 실적을 거둔 다른 학교 청년회와 논의하여 좋은 방법을 배우거나 매번 하령회에 대표를 많이 보내기를 힘써서, 그런 때에 기회를 얻어 다른 학교 학생들과 만나서 문의하는 와중에 중요한 방법과 식견이 높은 생각들을 많이 배울 수 있다.

미국의 여러 대학교 학생청년회 중 가장 영향력이 있는 '회'에서는 모두 애를 써서 하령회에 대표를 보내는데, 코넬대학교만 가지고 말하자면 100명이 못되던 회원이 1년이 채 되지 않아서 300여명 회원으로 늘어난 것은 하령회에 참여하였던 대표 10명의 힘으로 된 것이다. 하령회에 참여해야 하는 이유가 이러하다.

또, 매 학년을 마칠 때, 특별히 회의를 열어서 신학기에 신입회원이 많이 모이게 하는 일에 대해 간단히 의논하고, 각 학생들로 하여금 이 일을 위해 기도하는 것과 사람들을 인도하는 것에 찬동하도록 권한 후에, 특별히 몇 분 동안 기도하고 마치도록 한다. 회장은 각 회원들에게 개인적으로 권면하고 방학 동안에 각각 이 일에 힘써 돕겠다는 약속을 받아야 한다.

또 개학이 시작될 즈음에, 각 회원들에게 편지로 권면하기를, "다른 학생들보다 좀 일찍 등교해서 신입학생 인도하는 것에 힘써 달라"고 요청해야 한다.

5) 신입학생 인도하는 일의 방법

(1) 학생들이 학교에 오기 전에 '회'에서 준비해야 할 것

첫째, 수첩을 만들어 전해야 한다. 이것은 학교마다 청년회에서 의례히 하는 일이다. 이런 수첩은 보기에도 얌전하고 주머니에 넣기에 단출하다. 오래 가지고 다녀도 손상되지 않게 만들고, 각종 중요한 것을 찾아보기 쉽게 기록해야 한다. 그 속에 인쇄해서 넣어야 할 것은 여러 가지로 중요한 것들인데, 대강 말하자면, 학교가 있는 지역을 그린 지도와 학교 내부의 도형과 수첩에 들어있어야 할 여러 목록, 회관이나 학교 건물에 대한 그림, 신입학생들에 대한 축사, 또는 중요하게 사용해야 할 말 몇 마디, 학교의 특별한 전통, 학교 내부의 건물들은 어떻게 찾아가는지, 교사 사무실과 학생들이 조직한 '회가 몇 개나 되는지 등 그 이외에 여러 가지 관계되는 것을 모두 기록해서 학생마다 이 수첩을 보면서 새롭게 알아야 할 것과 오랫동안 참고하고 필요로 할 수 있는 것이 많이 있도록 해야 한다.

책을 인쇄하는 경비는 흔히 영업적인 광고비용으로 충당하되, 광고를 선정할 때 도덕적으로 합당하지 못하다면 돈을 아무리 많이 받을 수 있다고 하더라도 게재하지 말아야 한다. 광고의 분량이 책의 기록 분량보다 많아도 좋지 않고, 책에 기록해야 할 내용과 광고의 내용이 함께 뒤섞여 발간하는 것도 옳지 않다.

매 학년 방학 전에 특별히 위원을 정해서 수첩 발간하는 일을 전담하게 하고, 발간 후에는 학교 규정집 전면에 한 권씩 넣어서 누구든지 원하는 사람은, 우편 비용을 보내거나 직접 오거나 사람을 보내든가 하면 주겠다고 해야 한다. 혹시 친구 연줄로도 나누어 주고, 위원을 정해서 널리 보내기도 해야 한다.

둘째, 학교에 입학하려는 학생에 대해 알고 있을 만한 사람들과 논의한다. 각 유년학교의 교장 교사와 각 교회 목사들, 각 청년회 총무와 여러 유년회 인도자들에게 통첩(通牒) 통신을 사용하고 편지에 소상히 적어, 그 청년회의 목적이 무엇인지와 신입생들에게 여러 가지로 도움이 되려 하는 뜻을 설명하고, 그 학교에 들어오려고 하는 학생이 있거든 이름과 주소를 적어 보내달라고 해야 한다. 그러나 긴요하지 않은 여러 가지 말로 남을 괴롭게 하면 도리어 일에 방해가 되니 재삼 조심하는 것이 좋다. 회장의 이름만 쓰지 말고 교장이나 유명한 교사의 이름을 쓰는 것이 또한 합당하다.

셋째, 학교에 입학하기를 원하는 학생들 모두에게 '회'에서 환영하는 뜻으로 편지를 보내야 한다. 그 편지에서는 학교가 관계하는 여러 가지 좋은 일들과 청년회에서 목적으로 하는 것과 입학하는 대로 청년회 사무소를 찾으면 여러 가지로 도움이 될 일을 말해야 한다.

넷째, 각 유년학교에 위원을 보내서 개인적으로 심방해야 한다. 한 사람만 보내도 좋고, 2-3명을 함께해서 보내도 좋다. 그 학교를 주도하는 사람과 미리 의논해서 어떤 시간에 오면 기회를 얻고 학생들에게 말할 수 있는 시간을 얻을 수 있다는 허락을 받은 후에, 명망이 있는 사람을 보내서 청년회에서 하고자 하는 일이 무엇인지, 중학교나 대학교에 입학하는 사람들이 이 '회와 함께 해서 얻는 이득이 어떠한지를 설명한다. 졸업하는 학생들과 특별히 따로 만나서 개인적으로 면담하며, 각 사람들의 이름과 졸업한 후에 어떤 고등학교에 입학하려고 하는지, 각 사람의 정보를 모두 얻고 적어야 한다.

위원들은 자기 학교를 대표하고 있다고 여기지 말아야 하고, 모든 학교가 공동으로 관계하는 학생 사회의 청년회 사업을 대표하고 있다고 하는 것이 사리에 맞다. 어떤 학교의 안내서 얻기를 원하는 학생들에 대해 작성하고, 각각 그 학교로 보내 주는 것도 무방하다. 이런 심방을 할 때에는 그 학교의 어떤 교사이든지 만나서 대화하고 피차 논의할 수 있는 길을 열어 놓는 것이 바람직하다.

다섯째, 각 회원들로 하여금 방학 동안에 기회를 얻는 대로 각 예배당이나 학교에서, 학생 청년회의 중요함과 그 '회'에 참여해서 얻을 이익과 여러 가지 관계를 말하고 남들에게 알려야 한다. 이렇게 함으로 좋은 신입생들을 많이 인도할 수 있게 된다.

이상 몇 가지 조건은 학교 형편에 따라 채용하기에 합당한 것도 있고, 합당하지 못한 것도 있겠지만, 아무튼 무슨 방법을 쓰든지 간에 신입생들에게 청년회에서 하는 일의 실제적인 이득을 깨닫게 하고 좋은 이해를 갖고 들어 올 수 있도록 하는 것이 당연하다. 그러므로 종교에 대한 좋은 이미지를 입학하기 전부터 가지게 하는 것이 이 청년회에서 확보해야 할 일이다.

(2) 학생들이 학교에 도착한 후에 접대하는 방법

첫째, 학생이 먼 곳으로부터 오니 도착하는 대로 영접해야 한다. 특별히 부위원이 정거장에 나가서 학생들이 오는 대로 맞이하는 것이 좋다. 어떤 학생청년회에서는 이 일이 별로 중요한 줄 깨닫지 못하고 아무 학생이나 대표자를 보내 신입생들을 영접하게 하는데, 이것은 정말 실수이다. 무릇 처음 입학하는 학생들은 거의 대부분 청년회에 도움이 되는 일꾼이 되는 법인데, 이런 학생을 영접하러 가는 인물의 됨됨이가 부족하면 처음 보는 사람은 그 '회 전체를 부족하다고 여기기 쉽다.

특별히 사람을 선택해서 이 직책을 맡기는 것이 바람직하다. 개학을 앞두고 부위원이 정거장에 나가서 기차마다 만나는 것이 필요하니, 카드를 만들어 간단히 위원의 직책과 '회'의 목적을 설명하는 내용을 새겨 넣어 가지고 있다가 신입생을 만나는 대로 한 장씩 주어서 보내도록 한다. 손가방이나 여행 짐들을 받아주기도 하고, 모든 묻는 말에 대해 아는 대로 알려주며, 그 이외에 여러 가지로 도아주고 대접하는 기회를 이용해서 친근하게 해야 한다.

둘째, 안내소를 설치해야 한다. 학교 안에 한 곳을 정하고 임원을 두어 개학한 뒤로 곧바로 일을 시작하게 해야 한다. 학교 내부와 학교가 자리하고 있는 지역의 모든 일들을 소상히 아는 사람을 그 곳에 있게 한다. 학교 일이 모두 정돈되기까지 열어두고 누구든지 와서 모든 일을 묻는 대로 대답해서 알려준다. 학생들의 긴요한 물품을 살 곳은 어디이며, 기숙사와 여관과 음식 파는 식당은 모두 어디인지, 어떤 곳의 숙식비는 얼마인지, 어디에는 어떤 사람이 있는지 등 모든 중요한 것을 기록해서 찾기 쉽게 만들어 놓았다가 묻는 대로 찾아서 알려주는 것이 필요하다. 아무쪼록 소상하고 조리 있게 기록해야 하며, 숙식하는 장소를 찾을 때 잘 믿고 점잖은 사람의 집을 선택해서 가리켜 주는 것이 당연하다.

안내소에는 적어도 두 사람이 있어야 번갈아 가며 일을 볼 수 있다. 기숙사와 세를 주는 방을 소상히 기록하여 카드에 적고, 주소와 가격 등 여러 가지를 써두었다가 누구든지 와서 거처할 곳을 구할 때에 그 카드를 보고 엇비슷한 곳을 정할 수 있도록 한다. 혹시 그 도시나 그 학교가 위치한 곳을 지도에 그려 벽에 걸어 사람마다 보기 편리하게 하든지, 어떤 학교에서는 그 학교 지도를 그려 걸기도 하는데, 이것은 학교 근처에 있는 집이 원근에 여럿이기 때문에 지도를 보고 찾기에 편리하게 하기 위해서이다. 수첩을 인쇄하여, 학교에 관련된 중요한 소식과 학교의 일년 동안의 기본적인 진행 순서를 적어서 한 권씩 나누어 줄 수도 있다. 우체국과 자동차 운행소를 임시로 설치해서 두루 편리하게 할 수 있고, 신문과 잡지는 잘 진열해서 보기에 편리하도록 해야 한다. 이 모든 것이 모두 신입생들을 도울 수 있을 것이라고 생각한다.

이런 안내소는 부위원회를 조직해서 업무를 주도하게 한다. 가장 경력이 있고 낯선 사람을 접대하기 위해 연습한 학생을 위원으로 정하거나, 교사들이 갖고 있는 신앙을 자기 것으로 만든 학생에게 직임을 맡겨 입학 절차와 학습해야 할 과목의 내용과 분량, 시간을 분배하는 방법, 시험을 어떻게 준비해야 하는 일 등 모든 일에 대해 권면하고 이끌도록 해야 한다. 이런 일을 맡는 사람을 가장 신중히 선택해서 도덕적으로나 영적으로 사람의 마음을 얻을 수 있다. 개학 초기에 이런 좋은 기회를 이용해서 사람을 예수께로 인도해야 한다.

셋째, 고용부를 설치해야 한다. 어떤 학교에서는 이것이 신입학생을 인도하는 데에 매우 중요한 부분을 차지한다. 경력이 있고 사리에 해박한 학생을 선택하되, 특별히 부위원회를 조직해서 이 일을 주도하게 해야 한다. 목적은, 학교 근처에서 고용인이나 심부름꾼 구하는 곳을 탐지하고 있다가 고학으로 공부하려는 학생이 있으면 알려주려는 데 있다. 이런 일은 큰 도시 안에서만 시행할 수 있을 뿐만 아니라, 시골에 있는 학교에서도 시행해서 많은 효과를 본 바 있다.

넷째, 종교 형편을 조사해야 한다. 이것은 개학한 후에 곧바로 시행하는 것이 필요하다. 대개 학생이 처음 들어올 때에 그 사람의 종교 수준을 보아야 어떻게 접대할 지를 알게 된다. 설령 믿는 사람이라 할 지라도 어떤 교회에 속하였는지 아는 것이 여러 가지로 도움이 된다. 혹시 '회'에는 특별히 도움이 되지 않더라도 이렇게 여러 가지로 아는 것이 근처의 목사들에게 유익하다.

덧붙여, 어떤 학교에서는 교사들이 이런것을 특별히 조사한다. 기도반이나 강연장에서 이름을 카드에 적게 하는데, 1) 이름은 무엇인가 2) 어떤 교회에 다니기를 원하는가 3) 청년회 회원인가, 이런 문제에 대답하게 한다. 그렇지 않은 곳에서는 불가불 학생들이 개별적으로 돌아다니며 조사해야 한다. 미국의 어떤 학교는 학생들이 널리 흩어져 살고 있는데, 사방으로 100야드나 되는 지방에 흩어져 있기 때문에 30명의 학생을 선택해서 위원을 정하고 일일이 돌아다니며 조사했는데 24시간 안에 소상히 보고했다고 한다. 이외에도 여러 가지 방편이 있겠지만, 소상히 조사해서 분명히 기록하는 것이 요구된다.

다섯째, 간친회(懇親會)를 열어야 한다. 새로운 학생과 친목하고 청년회와 가깝게 하는 데에는 간친회가 매우 필요하기 때문에 학생 사회에 친목회를 갖는 관습이 해마다 늘어나고 있다. 그 목적은 새로운 학생들과 청년회사이에 친근한 관계를 갖기 위함이고 다른 사사로운 뜻은 없다. '회'에서 종교 회합으로 모이기 전에 여는 것이 좋고, 혹시 신입학생이 늦게 입회하여 참석하기 어려운 경우에는, 개회할 수 있도록 간단히 시행해도 무방하다. 만일 청년회에 속한 집이나 방이 있으면 당연히 그 곳에서 열겠지만, 회원이 과히 많지 않으면 교사의 집이나 허락하는 친구의 집에서 모여도 무방하다.

모이는 장소는 단정히 차려 놓아야 하는데, 이런 모든 일을 부위원회를 조직해서 맡게 해야 한다. 어떤 학교에서는 여러 사람으로 위원회를 조직하고 특별한 직분을 나누고 맡기거나, 장소를 준비하게 한다. 초청하는 일을 맡거나 영접하는 임무를 맡기도 하고, 순서 만드는 것을 주도하기도 한다. 특별히 직무를 나누어 맡는 것은 효과가 더 좋기 때문이다.

순서를 만들 때에 주의해야 할 것은 청년회장이 먼저 두어 마디로 환영의 뜻을 설명한 후 교장이나 특별한 교사를 초청해서 간단히 말하게 하거나, 청년회가 이러한 여러 가지 부분들을 도우려 하는 뜻을 회장이 간곡히 설명해야 한다. 다만 한 사람이 10분을 넘기지 말고 간단히 말하도록 하고, 그 후에는 모두 섞여 앉거나 서거나 하며 지극히 재미나게 그 저녁을 지내서 새 학생들이 그 간친회를 오래 기억할 만큼 만들어야 한다. 부디 기회를 얻어 학교에 여러 사람들과 인사해서 모두 알도록 힘써야 한다. 학교 노래와 학교 음악대가 있으면 더욱 즐겁게 할 수 있어 좋으며, 할 수 있는 대로 다과를 준비하면 매우 빛이 난다. 끝난 뒤 돌아갈 때에는 임원들이 문 앞에 서서 나오는 사람을 맞으며 인사를 각별히 해야 한다. 혹시 종교 회합이 며칠 내에 있는 경우에는 따뜻하게 청해서 올 수 있도록 하며 그 후에는 개인적으로 찾아가서 대화를 나누는 것도 중요하다.

여섯째, 여러 학생들이 한 마음으로 전력해서, 새 학도들이 입학한 후 며칠 내로 하나도 빠지지 않고 예수께 나오기를 작정하도록 권면해야 한다. 이것이 청년회의 모든 일 중에서 가장 중요한 일이다. 정거장에 나가 영접함과 환영회를 여는 것과 그 이외에 모든 일을 하는 것이 모두 학생들의 영적 관계를 위한 것이다. 실제로 이 한 가지 일을 하기 위해서 준비하는 것이니, 모든 결과가 이 일 한 가지를 위해 있는 것이다.

이렇게 중대한 일을 최대한 순조롭게 성취하고자 하니, 가장 독실한 학생들을 선택해서 위원회를 조직해 주도하게 해야 한다. 다른 중임을 맡고 있는 사람이 위원을 겸임하게 해도 무방하다.

'회'에서 다른 일이 아무리 긴요하다 하더라도 이 일을 위해 모두 전폐하는 것이 당연하다. 참으로, 이 일 맡은 사람들이 신입학생들의 영적 관계를 중대히 여겨 모든 다른 일들을 전폐하고, 이렇게 좋은 기회를 활용해서 열심과 정성으로 일해야 한다. 첫 주일 동안에 이루어 내는 것이 개학한 후 한 두 달 동안에 이루어 내는 것보다 더욱 많다.

무슨 방법을 쓰든지, 그 학교 안에 모든 신입학생들이 하나도 빠짐없이 개학한 며칠 안으로 청년회에 입회하도록 권면해야 한다. 만일 믿지 않는 사람이 있으면 공동 모임에서나 개인적인 대화를 통해서든지, 예수

믿기를 작정했다는 결심을 간증할 수 있도록 이끌어 내야 하다.

규모가 매우 큰 학교에서는 첫 주일 동안에 모든 학생들을 일일이 이끌 수 없으나, 여러 회원들이 한 마음으로 일하는 자리에는 정말 뜻밖의 일들을 성취할 수 있다. 처음 한 두 주일 동안에는 매일, 적게 잡어 30분 정도를, 특별히 모여 이 일을 의논하고 간절히 기도해야 한다. 이런 모임에는 구태여 광고할 것 없이 개인적으로 청해서 모이는데, 다만 임원들만 모일 것이 아니라 모든 믿는 학생들이 모두 참여하여도 무방하며, 모이는 때마다 시간을 논의하는 시간과 기도하는 시간으로 나누어 사용하도록 한다.

개학한 후 처음 모이는 종교 회합은 반드시 신입학생들을 위해서 해야 한다. 이것은 작정하는 회합인데 이런 회합에 흔히 사용하는 문제는, 평생 누구를 섬길 것을 오늘 작정하도록 하며, "먼저 하나님의 나라를 찾으라", "학생이 모범으로 삼아야 할 어떤 단체는?(구약 다니엘서 1장)", "그리스도에 대한 이미지는 어떠한가?" 등 여러 가지이다.

이 회합이 그 학교 학생 청년회 중에서 제일 중대한 회합이니, 제일 합당한 사람을 선택해서 주도하게 해야 하지만, 말 잘하는 사람이 이끌게 하는 것이 필요한 것이 아니라 인도를 잘하는 사람이 도움이 된다. 또한 예수를 독실하게 믿고 학생 사회에 매우 추앙을 받은 사람으로 선택해서 한 말로 인도하게 해야 한다.

간혹 교사 중에서 명성이 높은 사람의 한 두마디 권면하는 말도 매우 도움이 된다. 회합할 동안 신입생들에게 시간을 많이 할애하고 기왕에 있던 학생들은 얼마동안은 가만히 있어야 한다. 새 학생들에게 권면해서 이전에 교회 안에서 일하던 내력을 말할 수 있게 시키고, 몇 사람이 이렇게 말한 후에는 또 말하고 싶은 사람들에게 모두 일어서라고 해서,

사람의 다소(多少)를 감안해서 1-2분씩이라도 기회를 주는 것이 좋다. 그 후에는 믿지 않는 학생들에게 기회를 주어서 믿기로 작정하게 하며, 상황에 따라, 이전 학생들 여럿에게 다시 기회를 주어서 더욱 독실하게 믿고 부지런히 하기로 작정하도록 권해야 한다.

모든 인도하는 사람들은 특별히 주목해서 예수 믿기를 작정하겠다고 새롭게 고백하는 학생이나 혹 고백은 하지 않아도 감동받는 빛이 보이는 학생들을 눈 여겨 보고 있다가, 추후에 개인적으로 얼굴을 마주대해 권면하기를 힘써야 한다. 폐회하고 돌아갈 때에 문 앞에서 새 학생들에게 책 한 권씩 주는 것도 좋은 방법이다. 혹(신경[1]) 아침에 기도하는 법을 설명하는 책 한 권이나 성경 공부 순서를 적은 책, 혹은 보통 사경반에서 유익한 책을 사용한다.

폐회한 후에는 개인으로 흩어져 신입생들을 찾아다니며 정성스럽게 일을 해야 한다. 이 일을 할 동안에는 항상 기도를 앞세워 일을 해야 한다. 이렇듯 힘을 다해 일하는 결과로 주 앞에 나오기로 작정하는 학생이 가장 많다. 여러 학교의 역사를 고찰해보면 가장 힘 있게 부흥하는 것은, 아주 많이, 이렇게 작정하는 회합에서 시작하였다.

6) 신입학생을 위해 시행한 여러 사업이 완전히 결실 맺게 되는 계획

어떤 청년회에서는 작정하는 회합이 지나면 신입학생을 위해 시행할 일은 모두 마친 줄 알고 더 이상 할 것이 없는 줄 여기는데, 이는 실수라고 생각한다. 실상은 이상의 모든 일이 기껏 큰 사업의 시작일 뿐이다.

---

1) 신경(晨更)은 현대의 기독교 그룹의 성경 묵상인 Q.T.(Quite Time)를 말한다.

그 뒤에 대한 조처를 잘 하지 못하면 좋은 결과를 거두기 어렵다.

'회' 안에서 권입(勸入)의 명칭은 무엇이라 하든지 학생들에게 권해서 입회하는 업무를 관장하는 임원(위원)이 있어서, 일정한 규모를 정해놓고 돌아다니면서 일관되게 학생들에게 권해서 입회하도록 해서 자격을 갖춘 학생을 한 명이라도 빠뜨리지 않도록 두루 힘써야 한다. 어떤 학교에서는 회원 모집하는 일을 작정하는 회합을 마친 후에 곧바로 시작하나, 일반적으로 말하면 간친회를 가진 뒤에 시작하는 것이 더욱 효과적이다. 회장이 신입학생 중에서 가장 독실한 학생을 조사해서 선택하고 권입위원과 연결하고 위원들마다 각각 가깝게 사귀며 권면해서 입회하도록 해야 한다.

권입위원은 학생들을 심방하는 시간을 매일 일정하게 정해놓고, 그 일정한 시간을 넘거나 모자라게 하는 폐단이 없도록 하는 것이 좋다. 처음 2-3일 동안은 자주 모여 의논하는 것이 필요하고, 종교형편조사표를 수시로 참고하는 것이 일을 하는데 매우 유익하다. 그러나 회원을 모집하는 일을 단지 권입위원에게만 맡기지 말고, 친접부 위원이나 종교부 위원 모두가 한 마음으로 시간을 분배해서 새 학생들을 심방하고 입회하도록 권해야 하며, 믿지 않는 학생들에게 믿기를 권면해야 한다.

남을 권면할 때에 한 두 번해서 안 듣는다고 포기해 버리지 말고 계속해서 힘쓰면 아무리 듣지 않던 사람이라도 들어오는 수가 있고, 결국 들어오는 날에는 일반적으로 가장 반대를 많이 하던 사람이 유력한 일꾼이 되는 법이다. 새로 들어오겠다고 작정하는 사람들은 각각 어떤 업무를 맡겨 일꾼이 되도록 하는 것이 좋다.

통신 서기가 그 학교 근처 각 예배당 목사와 교섭해서, 학생 중에서 종교형편조사표를 보고 청년회와 합동해서 일할 수 있도록 하고, 또한 특별히 목사들에게 권해서 학생들에게 전도를 하도록 하거나 개인적으로 심방도 하게하고, 교회 안에 어떤 종교 동아리가 있으면 이 일에 합력하기를 요청하게 해야 한다. 어떻게 하든지 그 학교 안이나 학교가 있는 지역에 여러 기독교 기관이 힘을 한데 모아서 전력을 기울이면 (입회) 성과가 정말 갑절이 될 것이다. 사경(査經) 위원은 마땅히 이전에 다녔던 학생들에게도 권면해서 다시 다니게 하도록 힘써야 할 뿐 아니라, 새 학생들에게는 더욱더 간곡히 청해서 학생들끼리 자원해서 공부하는 사경반에 입참하게 해야 한다.

선교부 위원들은 내외국으로 선교하는 일에 주의 기울이기를 권해서, 유명한 선교사들의 발자취나 다른 나라에 선교하는 형편과 세계 각국에 선교하는 사역 관한 책들을 통해 공부하는 선교반을 설치해서 새 학생들 다수가 참여하도록 해야 한다.

회장이 매년 봄학기에 각 위원부 임원들을 정할 때에 각 위원부마다 특별히 한 자리씩 비워 놓았다가 가을학기에 새 학생들 중에서 감당할 수 있는 사람을 정해서 보충하도록 하되, 그 자격을 살펴 일을 맡겨야 한다. 이미 갖고 있는 교회 경력을 보면 그 인격을 가히 알 수 있다.

모든 회원 전체에게 말한다면, 이것은 학생 사회의 종교 사업에 대한, 제일 중요한 기회이다. 이 기회를 잃지 않도록 한 마음으로 자기들의 학교에 영적 부흥이 일어나기를 도모해야 한다. 다만 자기 학교에만 무한한 복이 될 뿐만 아니라, 다른 학교 또한 그 영향력이 미치게 된다. 학생이 처음 새 학교에 들어와 아직 모든 생각들이 정해지지 않았을 때 영적 생각이 더욱 간절한 법이니, 그 사람 평생에 이처럼 좋은 기회가 없다. 학생 청년회에서 신입학생을 위해 시행했던 역사를 참고할 때, 이미 얻은 성과가 아무리 좋다고 하더라도 더 이상 잘할 수 없는 극점에

도달한 것으로 생각할 수는 없다. 당연히 항상 부족한 줄로 여겨서 전력하면 더욱더 한없이 좋은 성과를 얻을 수 있다.

부칙

믿는 학생이 자기 학교 학생 청년회에 참여하여 그 '회'를 왕성하게 하는 것은 당연히 여러 가지 이유가 있다. 여기 몇 가지 언급하는 것은 특별히 신입학생을 위해 일하는 모든 위원부 임원과 권입 위원들에게 도움이 되기 위한 것이다. 또한 믿지 않는 사람도 주의를 기울이길 바란다.

입회할 이유

(1) 학생 청년회는 각 학교 안에서 제일 크게 조직된 종교 단체이니, 학생이 해야 할 도리에 당연히 전력 찬성해야 한다.

(2) 그 '회'는 학생의 영적 유익에 직접 관계가 있으며

(3) 학생이 장래에 교회 인도자가 될 준비를 청년회에서 얻을 수 있으며

(4) 각 교회 모든 대표 학생들과 연락 교제하는 동안 영적 풍성한 복을 얻을 수 있으며

(5) 그 '회'의 모든 학생들이 각기 자기 동포들의 영혼을 위해 일할 수 있는 가장 좋은 기회를 준다

(6) 회원이 되어, 이미 만들어진 단체와 합동해서 일하는 것이 혼자 개인적으로 일하는 사람보다 학생 사회에 더욱 유익하며

(7) 모든 믿는 학생들이 한 몸이 되고, 연합해서 단체로 인도하기 전에는 자기 학교 안의 부패한 도덕적 품행과 종교를 반대하거나 종교와 상관없다고 여기는 모든 폐단을 제어할 수 없기 때문이고,

(8) 자기가 청년회에 참여하게 되면 다른 학생들 또한 본받기를 힘쓸 것이다. 설령 자기 자신은 '회의 힘을 얻을 필요가 없을지라도 남들이 보고 따르게 하는 것이, 알지 못하는 사이에, 무한한 능력을 일으키는 것이요,

(9) 가령 그 '회'에서 하는 여러 가지 일 중에서 한두 가지 자기 뜻과 맞지 않는 일이 있을 수 있지만, 그것을 이유로 입회하지 않을 것이 아니라, 도리어 입회하는 것에 당연한 이유가 있다. 첫째는 여러 가지 일 중에 몇 가지 합의할 수 있는 일이 있고, 둘째는 그 '회'에서 불가능한 일이 있으면 당연히 그 내부로 들어가서 힘써서 개량하기를 도모할 수 있다. 어떻게 폐단을 이유로 들면, 좋은 사업에 방해된다는 것을 깊게 생각하지 않을 수 있는가?

(10) 만일 믿는 학생이 미루어 짐작해서, 자기는 그 '회'에 참여할 겨를이 없어서 못한다고 할 수 있는데 이것은 대단히 위태한 생각이다. 어떤 사람이든지 하나님의 뜻을 행할 겨를이 없다고 생각한다면 그 사람의 영혼이 대단히 위태하다. '회에 다닐 겨를이 없다고 생각이 들수록 더욱더 입회하는 것이 옳으며,

(11) 만일 어떤 학생이 말하기를, 자기는 어떤 예배당에서 일을 하고 있기 때문에 '회에 다닐 필요가 없다고 할 수 있는데, 이것은 정말 깊이 생각하지 못하고 하는 말이다. 그것이 아니라는 이유는 여러 가지인데

첫째, 예배당 일은 학생이 아니라도 할 사람이 있겠지만 학교의 일은 학교 밖에 있는 사람이 할 수 없는 일이다. 남들이 못하는 학교 일을 그만두고 아무라도 할 수 있는 교회 일에 전력해야 하겠는가? 만일 미루어 짐작해서, 교회를 위해 우선적으로 일하는 것이 나의 사명이라 할 수 있는데, 이것은 더욱더 깊이 생각하지 못하고 하는 말이다. 교회에 대한 사명으로만 본다면, 세계 인류 사회 중에서 제일 중요한 영역이 되는 학생 사회를 예수께로 인도 하는 일보다 더 큰 사명이 없다. 청년회가 교회를 위해 설립된 것이라고 생각하는 것이 옳다.

(12) 학교 안에 있는 청년회 한 곳에 참여하게 되면 세계 학생 사회의 제일 큰 단체와 소통하게 된다. 미국과 캐나다에 있는 학생 청년회만 해도, 족히 650여 '회에 회원이 총 4만여 명이다. 덧붙여, 세계 각 청년회의 대표들을 모아서 만국학생기독교대연합회가 짜여지는데, 이 '회'에 참여한 '회'가 총 1,500여 소(所)이고, 회원으로 학생과 교사를 합해서 6,5000여 명에 이른다. 이렇게 큰 단체의 한 부분이 되는 것을 어떻게 원하지 않을 수 있겠는가?

(13) 세계에 있는 기독교 청년회에 대한 통계를 보면, 5천여 소(所)이고 회원은 총 5십만여 명이다. 이것은 단지 학생뿐만 아니라 모든 직업과 여러 가지로 나누고 합해서 짜여지고, 지구 모든 나라에 흩어져 있어 연락하고 소통하고 있다. 이 시대의 청년이 되어 어떻게 이렇게 큰 운동에 참여하지 않을 수 있겠는가?

(14) 주를 믿는 학생이, 학교에 있을 때에, 주 섬기기를 어떻게 잠시라도 미루면서 졸업한 후나 학년을 마친 뒤에 일을 하겠다고 생각할 수 있겠는가? 당장 당면한 기회를 잃지 않는 것이 합당하다. 성경에 말씀하시기를, "너희가 말하기를, 넉 달이 지나야 추수할 때가 이르겠다, 하지

아니하느냐? 보라, 내가 너희에게 이르노니, 너희 눈을 들어 밭을 보라. 이미 희게 되어 추수하게 되었도다"[2] 하였으며, 또 말씀하시기를 "때가 아직 낮이매 나를 보내신 이의 일을 우리가 하여야 하리라 밤이 오리니 그 때는 아무도 일할 수 없느니라"[3] 하셨다.

신입학생 인도 끝

2) 요한복음 4:35

3) 요한복음 9:4

해제

『한국교회핍박』

1913년 4월에 발간된 『한국교회핍박』은 '105인 사건'의 전말을 다룬 이승만의 저술이다. 이 책은 이 사건의 시작부터 1913년 3월 30일 경성 이심(二審)법원에서 피소자 윤치호, 양기탁, 이승훈, 안태국, 임치정, 옥관빈을 제외한 나머지 99인에게 무죄선고가 내려진 직후까지 다루었다.

이승만은 하와이에서 약 두 달간의 이 책을 집필했고, 박용만이 주필로 있던 「신한국보」를 통해 출간했다. 책의 표제는 이승만의 친필로 되어 있다. 목차는 "서문" "한국교회핍박" "외교상 관계" "내치상 관계" "한국기독교청년회" "선천학교와 재판전말"로 구성되어 있다. 이승만은 내용의 이해를 돕기 위해 사건에 연루되어 수감되어 있던 윤치호의 사진을 비롯하여 감리교 송도 한영서원 교사와 학생들의 단체사진, 1912년 5월 1일에 미국 미네아폴리스에서 열리는 세계감리교 평신도대회에 참석할 한국 대표를 선발하기 위해 1912년 3월 9일 열린 한국 감리교회 평신도 대회 사진, 서울과 근교 20여 곳에서 모인 각 사립학교 학생 성경공부반 사진, 동경 유학생 운동회 사진, 평양 여자소학교 학생 사진,

서울YMCA 회관 사진. YMCA야구단 사진, 선천 신성중학교와 교사(敎師) 사진을 삽입했다.

이 책에서는 원문의 용어나 어투를 가급적 살리려 했다. 그러나 독자의 이해를 돕기 위해 문장과 단락을 나누고 현재 사용하지 않는 단어는 현대어로 바꾸었다. 그런 경우 각주로 이를 알렸다. 고유명사나 특수명사의 경우, 때에 따라 한자와 영자를 병기했고, 인명의 경우 한자 이름과 일본인의 한자이름을 각주에 넣었다. 한글이나 한자 이름으로 기술되어 있는 서양인의 이름은 각주에 본래의 이름과 성을 적었다. 이승만 자신의 오류는 각주를 통해 바로 잡았다.(예를 들어, 데라우찌 통감 → 데라우찌 총독) 일본 지명의 경우 각주에 한자를 넣었다.

이 책의 우선 독자는 하와이로 이주해 와 있던 교민들이라 볼 수 있다. 한글로 기록되어 있고, 문체도 당시의 지식층이 아닌 일반 대중들을 위한 것이기 때문이다. 이승만은 하와이 교민들에게 한국의 독립이 기독교회에 달려 있음을 알리기 위해 이 책을 집필했다.

이 책은 '105인 사건'의 전말뿐만 아니라 한국을 둘러싸고 벌어지고 있는 한국, 미국, 일본간의 국제정치의 상관관계를 밝히는 중요한 정보를 제공한다. 이승만은 일본이 이 사건을 조작한 이유가 한국교회를 핍박하기 위한 것이라고 결론 내리면서 한국교회가 미국교회, 미국정치, 한국의 독립과 불가분의 관계를 갖고 있음을 강조하였다. 또한 러일전쟁 이후 결별된 한미관계가 양국의 교회를 통해 복원의 가능성이 있음을 기대하고 있다. 이승만은 자신의 주장을 입증하기 위해 사건의 내용뿐만 아니라 이 사건을 둘러싼 국제정치의 역학, 한국교회와 미국교회와의 관계, 미국교회와 미국정치와의 관계, 한국교회와 일본의 관계를 분석하고 있다.

또한 이승만은 1907년에 일어났던 '영적대각성운동'과 '105인 사건'이 매우 유기적 관계를 갖고 있음도 밝히고 있다. '105인 사건'이 미국교회와 미국정부를 자극할 수 있었던 것은 1907년 평양을 중심으로 일어난 기독교회의 대부흥운동 때문이었다는 것이다.

덧붙여, 이 책은 이승만의 정치관이 어떠했는지, 그의 정보 수집 능력과 상황분석 능력이 어떠했는지, 그의 관계를 맺고 있던 인물들에 대한 것 등 많은 정보를 제공하고 있다. 동시에 이승만의 기독교관이 어떤 것인지 확인시켜 주고 있다.

이승만은 '105인 사건'이 한국교회를 핍박하기 위한 일본의 계략이라며 자신의 분석과 함께 그 내용을 자세히 기술하고 있다. 이승만의 의도와 이 책을 이해하기 위해 '105인 사건'의 전말을 알 필요가 있다. 사건의 전개와 그 내용을 보면 다음과 같다.

1910년의 한일강제병합 이후, 서북지역 기독교인들과 이 지역에서 활동하고 있던 신민회를 중심으로 독립운동이 확산되었다. 일본은 이를 탄압하기 위해 1912년에 일명 '105인 사건'을 조작했다. 기독교인들이 총독 데라우치 마사타케(寺內正毅)가 압록강 철교 개통식에 참석하기 위해 평안도 일대를 순행할 때, 그를 암살하려 했다는 것이다. 1911년 11월부터 다음 해 5월 초순까지 검거가 계속되었다. 일본은 신민회 회장으로 알려진 윤치호(尹致昊)를 전격 체포했고, 이승훈 · 양기탁 · 유동열(柳東說) · 안태국 등을 비롯해 600여 명에 가까운 인사들을 검거하고 투옥했다. 검거자들은 대부분 신성중학교 교사들과 학생들, 신민회 인사들과 서북지역의 장로교 교인들이었다.

1912년 5월 일본은 123명을 기소했다. 구속된 사람들은 구속 이유를 몰랐고 재일선교사 해리스(Merriman c. Harris)까지 연루되었다는 보도에 재한선교사들도 어이없어 했다. 그렇지만 일본은 각본에 따라 이 사건을 확대시켰다. 조선총독부를 대변하던 「매일신보(每日申報)」나 「경성일보(京城日報)」 등은 이 사건을 미국인 선교사들의 선동에 의해 장로교계가 주도한 사건으로 몰아갔다. 증거는 하나도 없었고 오직 고문을 통해 얻어낸 자백만 있었다.

이 사건이 처음 시작되었을 때, 재한 선교사들이 급전(急傳)을 보냈음에도, 미국 해외선교본부의 움직임은 소극적이었다. 일본과의 관계 때문이었다. 그러나 1912년 2월 12일과 13일 이틀에 걸쳐 「뉴욕 헤럴드」가 이 사건을 대대적으로 보도한 것을 시작으로 태도가 급속히 바뀌었다. 더구나 일본이 예비 신문 과정에서 선교사 연루설을 흘렸기 때문에 적극적으로 대응하지 않을 수 없었다.

미국 각 교회 선교부 총무들이 나서서 일본 외교 관리들과 접촉을 시도했다. 1912년 4월 3일 미국 북장로교회, 남북감리교회, YMCA 국제위원회 대표들은 함께 대응 전략을 모색하고 공동으로 행동하기로 결정했다. 이 결의에 의해 미국교회들이 일본 대사관과 교섭한 주요 내용들이 언론에 공개되었다. 미국 감리교회와 장로교회는 윤치호 등을 위해 메이지대학 총장을 지낸 우자와 후사아키(鵜澤總明)를 변호사로 선임했다. 그리고 이 사건의 변론을 위해 오가와 헤이키치(小川平吉) 등 일본의 저명한 법률가들 16명을 고용해 대규모의 변호인단을 구성했다. 미국 북장로교는 기관지 컨티넌트(The Continant)를 통해 1912년 8월 27일까지 재판 전말을 소상히 조사해서 기재했고, 선교사들의 논조와 법률가들의 반박 글들을 세세히 적어 발표했다. 장로교 선교회 총회에서도 전후 사정에 대한 논쟁들을 한 권의 책으로 묶어 미국 각 지역에 배포했다.

밴더빌트대학과 에모리대학 출신 상원의원들은 일본 감리교 목사이기도 했던 진다스테미(珍田捨巳) 주미 일본대사를 만나 이 사건에 대한 선처를 요청했다. 서울YMCA 3대 회장 저다인(George L. Gerdine)과 초대 총무 질레트(Phillip L. Gillette)는 조선총독부에 진정서를 보냈다. 세계 YMCA의 모트(John R. Mott)는 재판 결과에 한국기독교 장래가 걸려 있다며 저다인의 진정서를 에딘버러 세계선교대회 계속위원회 각국 실행위원들에게 보내 협조를 구했다. 세계 기독교계가 이 사건을 더욱 주시하게 된 것이다.

제1심 경성지방법원은 검찰이 구형한 형량을 대부분 그대로 받아들여 123명 중 18인을 제외한 105인에게 '모살미수죄'의 유죄판결을 내렸다. 윤치호 · 양기탁 · 임치정 · 이승훈 · 안태국 · 유동열에게는 징역 10년, 옥관빈 등 18명에게는 징역 8년, 이덕환(李德煥) 등 39인에게는 징역 6년, 오대영(吳大泳) 등 42명에게는 징역 5년형을 선고했다. 언도받은 105인 가운데 선천 신성중학교 교사가 10명이었고, 학생이 18명이었다.

제2심 공판은 경성이심법원에서 1912년 11월 26일 오전 10시에 시작되어 이듬해 3월 20일까지 총 52회에 걸쳐 진행되었다. 이때부터 피고인들이 신청한 증인과 증거 제출이 재판부에 의해 받아들여졌고, 비로소 변호인단의 '피고'에 대한 신문과 변론이 활발하게 이루어졌다. 그 결과 윤치호, 양기탁 등 6명을 제외한 99인이 무죄로 풀려날 수 있었다.

최종 6인은 고등법원(高等法院-현재의 大法院에 해당)에 상고한 끝에, 1913년 10월 최종심에서 승리를 거두었다. 일제는 1915년 2월에야 '특별사면' 형식으로 이들을 사면했다. 이것으로 '105인 사건'은 종결되었다.

'105인 사건' 당시 이승만은 서울YMCA 학감으로 활동하고 있었다. 따라서 그는 매우 가까이에서 일본이 이 사건을 어떻게 조작하고 어떤 상황으로 만들어 가는지 파악할 수 있었다. 이후 그는 YMCA의 존 모트와 미국선교사들, 그리고 재일선교사요 감리교 동북아 선교감독이었던 해리스의 도움으로 미국으로 피신하여 미국 정부와 사회, 개신교계가 이 사건을 어떻게 처리하는지 지켜보았다. 이승만은 이 사건을 둘러싸고 벌어졌던 일본의 탄압정책을 자신이 목도한 경험, 선교사들의 진술, 영미 각국의 신문 보도, 미국교회와 기독교계의 보고서와 발표문 등에 입각해 분석했고, 이를 통해 한국과 한국교회를 핍박하는 일본의 행태와 그 의도를 고발하려 했다. 따라서 이 책에는 이승만은 자신이 직접 목격했던 것, 미국 언론의 보도, 미국 각 교회와 선교단체 기관지 및 보고서, 각종 간행물에 나타난 기록들이 담겨 있다.

이승만은 '105인 사건'을 한국기독교에 대한 탄압과 박해사건으로 해석하고 있다. 그는 "서문"에서 일본이 '105인 사건'을 일으킨 것이 한국교회를 핍박한 것이라 확정 짓고 있다. 여기에서 그는 한국교회 핍박이 곧 한국인들이 당하는 핍박이라고 주장하였다. 그리고 그는 자신이 직접 목도한 것과 미국의 각 언론이 전한 것, 미국 각 교회의 보고서, 월간지 등에서 발췌해 사실을 전한 것이라고 말하고 있다. 그렇지만 국제사회에서의 일본의 영향력을 알고 있었기 때문에 현실적 한계를 드러내기도 한다.

"한국교회 핍박" 부분에서는, 이 사건을 다룬 여러 나라 신문 중에서 뉴욕 헤럴드(New York Herald)와 태양보(The New York Sun), 영국 런던 시사주보와 일본 고베(神戶)에서 발행되는 영자신문 재팬 크로니클(Japan Chronicle) 등이 가장 비판적인 기사를 썼음을 알렸다. 미국 남감리교회의 주간지, 뉴욕에서 발행하는 장로교 선교회 기관지 컨티넌트(The Continant)도 재한선교사들의 편지, 선교사들과 일본 총독 데라우찌사이에 오고간 공적 서신, 미국 북장로교 선교회가 워싱턴 주재 일본

공사와 주고받은 공문을 연속해서 게재했음을 소개하고 있다.

이 책에서 이승만은 1912년 10월 11일 뉴욕의 '알딘클럽'(The Aldine Club)에서 미국 남북 장로교와 남북 감리교 선교국 총무들, 미국 성서공회와 YMCA 국제위원회 이사단, 전 국무장관 포스터(John W. Foster), 전 뉴욕시장 로우(Seth Low), 전 하버드대학 총장 엘리오트(Charles William Eliot), 예일대학교 총장 해들리(Arthur Twining Hadley), 뉴욕의 아웃룩(the Outlook) 사장 아보트(Lyman Abbott) 등이 한국교회의 핍박문제를 해결하기 위해 모였다는 정보도 제공한다. 모인 사람들은 헤이그 평화회의의 미국 국제법 고문, 뉴욕대학의 정치 경제학 교수 등 정계, 교육계, 언론계, 법조계 등에서 활동하는 기독교계 거물들로 상당한 영향력을 가지고 있었다. 이승만은 이들이 '105인 사건'을 심도 있게 토의했다는 내용을 기술하였다. 또한 이 사건으로 인해 미국 남감리교가 선교부 총무 핀슨(William Washington Pinson)을 파견해 재판을 참관하도록 했고, 뉴욕 헤럴드도 중국 특파원 오을(J. K. Ohl)을 서울로 급파했다고 밝히고 있다. 미국의 언론과 교회가 문제를 계속 제기함에도 불구하고 미국 내부와 한국 내부에서 이 사건이 더 이상 확대되지 못한 이유에 대해 이승만은 자신의 분석을 싣고 있다.

이어서 이승만은 일본이 '105인 사건'을 어떻게 조작하고, 어떤 결과를 기대했는지에 대해서 밝히는 한편 왜 이런 일을 꾸몄는지에 대해서도 언급하고 있다. 또한 일본이 한국교회 지도자와 재한선교사들을 어떻게 회유하려고 했는지, 이에 대해 이들이 어떤 태도를 보였는지에 대해서도 진술하고, 일본이 기독교회를 약화시키기 위해 여러 공작을 했음도 밝히고 있다.

두 번째 장 "외교상의 관계"를 통해 이승만은 일본이 이 사건을 일으킨 외교상의 목적에 대해 설명하고 있다. 곧 한국과 서양 각국과의 관계를 완전히 단절하려는 것이 일본의 일관된 방침이라고 주장한다. 그런 이유로 일본은 서양인들과 한국인들과의 접촉을 철저히 막으려 했는데 한국교회가 이를 방해한다며 논리적으로 이를 설명하고 있다.

이승만은 적지 않은 서구의 교계 인사들과 언론계와 경제계 인사들이 한국을 찾는 이유에 대해 설명하고 있다. 그의 말에 따르면 이들 서구인들은 1907년 평양에서 있은 영적대각성운동의 결과와 선교의 결실을 확인하고 싶어 국권이 상실된 나라를 찾는다는 것이다. 그의 말대로 세계 거대 신문의 특파원들이 한국을 찾았고, 세계 명사들의 한국 방문이 넘쳤던 것이 사실이다. 이승만은 이러한 고리를 끊으려고 일본이 '105인 사건'을 일으켰다고 믿고 있다.

세 번째 장 "내치상 관계"에서는 일본의 식민지 정책에 한국교회가 크게 방해가 되는 사실을 밝히면서, 그 이유를 여러 조항으로 나누어 설명하고 있다.

이 장에서 이승만은 일본이 사실상 제정일치의 국가라고 하면서 교회에서 교육받은 학생들이나 교인들은 자동적으로 일본 천황의 종교적 영역을 거부하게 되어 있다고 본다. 기독교 복음 자체가 우상숭배를 거절하기 때문에 교회에서 가르치는 것들은 자동적으로 혁명적 사상과 반일사상로 연결된다고 피력하고 있다. 덧붙여 선교사들이 갖고 있는 개인의식, 평등의식, 노동 존중 의식, 기독교 이데올로기의 진수인 인권관과 만민평등의 가치관, 민주주의 국가관이 한국교회를 통해 한국사회로 확대되고 있음을 확인하고 있다. 더구나 교회는 치외법권적인 공간이었고 자유롭게 회집할 수 있어 일본이 이를 제재하려고 한다고 판단하고 있다.

네 번째 장 "한국기독교청년회"에서는 '105인 사건'과 한국YMCA의 관계에 대해 언급하고 있다. 세계 모든 YMCA 중에서 한국YMCA의 활동이 가장 강한데, 이를 막으려고 YMCA의 중심인물인 윤치호와 YMCA 하령회에 참석한 학생들을 체포했다고 이승만은 판단하고 있다.

다섯째 장 "선천학교와 재판전말"에서는, '105인 사건'의 조작과 재판 전말, 그 과정에서 일어난 피해, 당시 언론 보도 내용, 장로교 선교부의 재판 분석 등에 대해 자세히 소개하고 있다. 내용에서는 "한국교인 6,000여명이 전국 각지의 감옥에 수감" "그 중 3명은 고문을 당해 감옥에서 죽었다"는 뉴욕 신문들의 보도, "전국 감옥에 갇힌 범죄자들은 287명" "6,000명의 죄수가 있다는 말은 거짓말이고 애초부터 고문을 사용하지 않았다"는 일본 총독의 항변, "수감된 자가 150명"이라는 일본 영자신문의 보도, "수감된 자 157명 중에서 9명은 재판도 없이 정배(定配)보내고, 3명은 고문을 받다가 죽었고, 20명 가량은 석방, 수감된 사람은 125명"이라는 미국선교부의 보고 내용 등을 자세히 기술하고 있다.

이승만은 미국 신문에 게재된 내용을 분석해, 수감된 인물들이 속한 교파와 교회에서의 위상에 대해서도 구체적으로 밝히고 있다. 또한 세계가 바라보는 일본은 상등의 문명국이지만 재판 절차를 보면 최하등 국가와 다름이 없다며, 미국 장로교 선교부에서 발표한 글과 기타 비판 여론을 근거로 제시하고 있다.

이어서 이승만은 '105인 사건' 1심에서 105인에게 징역 처분을 언도한 것과 윤치호씨 등 6명에게 10년 형, 18명에게 7년, 39명에게 6년, 42명에게 5년형이 내려진 것에 대해 일본의 유력한 변호사 우자와 후사아키((鵜澤總明)와 오가와 헤이키치(小川平吉)까지도 이 재판의 불법성을 비판했다고 전하고 있다. 이런 비판 내용들이 각국의 언론들을 통해 전해지자 일본은 결국 제2심에서 99명을 무죄 방면해야 했다고 피력했다. 그런데 이 책에서는 윤치호 등을 제외한 나머지 구속 인사들의 석방에 대해서는 기술하지 않았는데 그것은 나머지 인사들이 이 책이 출간된 이후인 1915년에 천황의 특사로 석방되었기 때문이다.

책을 마치면서 이승만은 일본이 한국인들의 종교 자유를 막지 말아야 한다고 강조하는 한편, 영국정부와 영국교회가 특별히 교섭한 결과로 99명이 방면되었다는 미국 언론의 보도를 인용하고 있다. 그리고 미국정부가 한국 문제에 적극적인 관심을 가져야 함도 강력히 희망하고 있다. 그는 다음과 같은 마지막 글을 통해 자신의 신학적 확신을 드러낸다.

> 만일 일본이 한국교회를 아예 없애려고 한다면, 일본당국자들은 옛날 로마황제 네로가 실수한 것과 한국의 대원군이 동학을 일으킨 것, 청나라 서태후가 의화단을 일으킨 것과 같은 (역사가 반복되었다는) 조소를 면치 못할 것이다. 마침내는 한국교회를 더욱 공고하게 할 따름이니, 이것은 기독교회가 하나님의 능력으로 세워진 까닭이다.

이 책을 통해 드러난 이승만의 인식을 보면, 그는 한국교회가 한국인을 대표하고 있고 동일시하고 있음을 알 수 있다. 또한 1907년에 평양을 중심으로 일어난 영적대각성운동과 1912년의 '105인 사건'을 한 범주에 놓고 있음도 드러난다. 그는 기독교 복음이 개인구원에 그치는 것이 아니라 한국구원을 이루는 도구라고 본 것이다. 따라서 교회의 역할은 한국인들의 영혼구원의 문제나 교회 내부에 치중하는 것이 아니라 한국의 독립과 연결되어 있다고 믿고 있다.

이승만은 한국의 독립을 위해 한국교회가 서양제국을 연결하는 매개

체요 독립을 이루게 하는 강한 도구라고 본다. 서구 방문객들이 재한선교사들과 한국교회를 통해 일본의 강압정책을 확인하게 되고 이를 서구로 알린다는 것이다. 덧붙여 이승만은 한국교회가 가르치는 기독교의 복음이 자동적으로 일본을 거부하게 되어 있기 때문에 이런 이유에서라도 교회가 부흥되어야 한다는 점도 역설적으로 주장한다. 그는 자신이 목도했던 '105인 사건'과 자신이 학감으로 있던 YMCA의 관계성에 대해 언급하면서, 한국YMCA의 역할과 그 영향력에 대해 기대를 드러낸다. 모두 한국의 독립을 위한 중요한 발판이라는 것이다.

이 책에서 논란의 소지가 있는 내용은 "일본이 우리의 종교 자유를 방해하지 말아서 조선 민족이 장래에 생존을 유지하고 자유 복락을 누릴 수 있다는 희망이 있도록 하면, 우리는 일본의 정치 자유를 조금도 방해하지 않을 것이다. (그렇게 된다면) 어떻게 피차에 다행한 일이 아니라 할 수 있겠는가?"라는 내용이다. 그러나 이 책이 쓰여질 당시는 일본의 국제적 영향력과 지위가 강력하고, 미국정부의 대일정책이 확고하던 때였다. 이승만은 일본정부를 자극하는 일이 오히려 미국정부로부터 불이익을 받지 않을까하는 우려를 보이고 있는 것이다.

『학생청년회의 종교상 회합』, 『학생청년회장』, 『신입학생 인도』

1911년 당시 미국 프린스턴 대학에서 박사학위를 받고 돌아온 이승만에게 서울YMCA는 「Chief Korean Secretary」, 곧 YMCA학교 학감(學監)을 맡겼다. 그리고 학생부와 종교부 사업을 총괄하도록 했다. 이에 이승만은 구체적 사업으로 교회 설교, 성경연구반(바이블 클래스)인도, 강의와 강연, 전국적 YMCA망 구축, 번역사업 등을 전개했다.

이승만은 YMCA학교에서 성경과국제법을 가르쳤는데, 처음부터 그는 한국 각지의 산재한 미션계 학교에 YMCA를 조직하고 관리하는 일을 구상했다. 따라서 학생YMCA를 조직하고 효과적으로 운영할 수 있는 지침서가 필요했다. 전국에 학생 YMCA의 조직망을 구축하기 위해, 그리고 YMCA의 학생활동에 곧 바로 적용하고 활용하기 위해 이승만은 세계적 YMCA 운동가인 모트(John R. Mott)의 책들을 번역해 사용하기로 했다. 그런 이유로 모트가 저술한 책들을 『학생청년회의 종교상 회합』, 『학생청년회장』, 『신입학생 인도』의 제목으로 번역했고 협동총무였던 브로크만(Frank M. Brockman, 巴樂萬)의 이름으로 발간했다.

모트는 전 세계에 선교의 불을 붙인 학생자원자운동(The Student Volunteer Movement for Foreign Missions)의 창립회원이며 지도자였다. 또한 선교동원가인 동시에 탁월한 기독교 학생운동가였다. 40년 이상 YMCA에서 활동하면서 16년 동안 국제 YMCA 총무를 지냈고 세계로 돌아다니며 선교사들을 도왔다. 각국의 학생들이 연합적 선교활동을 할 수 있도록 세계적 연대 기관인 '세계기독학생 연합회(WSCF)도 조직했다. 세계 3000여개의 학교에 모트가 창설한 기독학생협회가 생겨날 정도로 경이할만한 능력을 발휘했다. 1945년에는 세계적 활동을 인정받아

노벨 평화상을 받았다.

20세기 초반의 10년은 미국 역사상 기독교 복음 선교를 위한 최고의 기간으로 불린다. 특별히 대학생들과 청년들을 기반으로 미국은 세계 선교에 나섰다. 모트는 선교 시대의 중심에서 이를 이끌었고 복음의 실천, 성경 공부, 기도의 삶, 예수를 향한 완전한 헌신을 실천하고자 했다. 감리교인으로 세계 복음화의 주창자이기도 했던 그는 다른 개신교 교파들과의 선교 연합을 꿈꾸었고, 그 본거지를 초교파 기독교 사회단체인 YMCA에 두었다. 그가 YMCA 활동에 적극적으로 임했던 이유는, YMCA가 자신의 선교적 목적을 효과적으로 이룰 수 있을 뿐만 아니라 각 나라의 기독 청년들을 복음적 삶 속으로 이끌고, 공동체적 삶을 꿈꾸며, 세계를 향한 복음 전도자들로 이끌어 낼 수 있다고 보았기 때문이다.

모트가 활동할 당시 미국 전역에는 648개의 학생YMCA가 있었는데, 모트는 기독 학생들을 기독교적인 삶으로 이끌기 위해서는 모든 행사와 프로그램이 이러한 목적을 가져야 한다고 강조했다. 따라서 이러한 역할을 하는 사람들을 선별할 수 있고, 많은 학생들을 YMCA로 영입할 수 있고, 헌신적인 보살핌으로 학생들이 참다운 기독교인으로 성장할 수 있도록 도울 수 있는 지침서가 필요하다고 보았다. 이런 이유로 인생의 목표, 하나님의 능력, 긍정적 사고, 복음의 목적, 기독학생들의 리더십, 헌신, 영적인 삶과 성숙 방법 등을 담은 책들을 저술했다.

존 모트가 쓴 저서는 모두 16권으로 알려져 있다. 그 중 한국에 번역되어 소개된 책은 네 권으로 한 권은 월남 이상재가 『신경(晨更)』의 제목으로 번역해 발간한 *The Morning Watch* 이고, 나머지 세 권은 *Religious Department of the Student Association, The President of th Student Young Men's Christian Association, Work For New Students* 으로 이승

만이 『학생청년회의 종교상 회합』, 『학생청년회장』, 『신입학생 인도』의 제목으로 출간했다.

모트의 책들은 학생 YMCA 조직을 효율적으로 운영하고 활성화시키기 위한 목적으로 만든 일종의 매뉴얼, 곧 학생 편람(student manual)이었다. 기독교 학생 조직의 설립과 확장에 남다른 재질을 갖고 있던 모트의 경험을 바탕으로 저술된 것으로 이승만은 이 책들을 기독교 청년운동과 반일의 의식화에 적극 활용했다.

『학생청년회의 종교상 회합』

『학생청년회의 종교상 회합』은 기독학생청년회 모임의 목적과 중요성, 범위와 성격, 각 위원회 조직의 운영 방법과 효율적 운영을 위한 구체적 행동 요령, 주의점을 설명하고 이를 위한 성경적 근거를 기술하고 있다. 그 순서와 내용은 다음과 같이 되어 있다.

1) 학생청년회 종교 회합의 중요성

모트는 일정한 날을 정해서, 매주 한번 씩 종교적 주제로 회합을 가져야 한다고 말하고 있다. 학생청년들이 스스로 영적인 능력을 성취할 수 있으며 그것이 기독학생청년회의 가장 큰 목적이라고 밝히고 있다.

2) 회합의 범위와 성격

모트는 새 학기와 학기 중간, 혹은 성탄절 등에 모여 성경 공부와 기도회를 가져야 회합의 목적을 이룰 수 있다고 권면한다. 또한 하령회나 매년 한 기간을 정해 놓고 윤리와 교양, 선교회합 등 기독교 복음을 고양시킬 수 있는 프로그램을 강조한다. 덧붙여 학생청년들의 성격을 잘 파악하고 있는 고명한 외부 인사를 강사로 모셔오는 것도 바람직하다고 본다.

3) 종교부 위원

종교부 위원회의 조직과 위원들의 구체적 사역, 주의점과 회원들이 주의해야 할 점도 기술하고 있다. 덧붙여 기도회, 성경공부는 어떻게 해야 하는지에 대한 방법을 설명하고 있다.

4) 학생청년회 종교 관계 방침

여기에서는 9편에 이르는, 성경공부와 기도회 순서를 소개하고 있다.

『학생청년회 회장』

1892년부터 미국 전역에 학생YMCA 회장들이 모여 회의 시작했는데, 모트는 이를 매우 중요시 했다. 점점 회장들의 임무는 늘어났지만, 이들이야 말로 평신도 리더십의 중요한 원천이었기 때문이다. 모트는 『학생청년회장』을 통해 회장의 자격, 구체적 역할, 직책에 따른 행동 요령, 사무 순서에 대한 지침에 대해 기술하고 있다. 성경 공부에 바탕을 둔 리더십의 가치, 기도의 중요성, 경영 방법, 홍보, 기록, 문학 등의 소양도 중요함을 강조했다. 이 책의 순서와 내용을 보면 다음과 같다.

1) 회장의 자격

회장의 능력과 신앙적 수준, 도덕적 자격과 의식, 영적인 태도와 사업적 능력에 대해 구체적으로 설명하고 있다.

2) 회장이 당연히 준비할 것

전임 회장과의 관계, 다른 학생청년회 회장간의 관계, 자기 구역에 대한 조사와 분석, 미시적 해결점과 거시적 계획의 구별, 신앙적 태도 등에 관해 기술하고 있다.

3) 회장의 직책

위원, 임원수의 선정, 임기, 조직, 시무, 위원장 관리 등 회장의 직책에 대해 기술하고 있다.

4) 회장의 사무 순서표

미국의 국제YMCA 총무와 대학YMCA가 합동으로 만든 한 해 동안의 회장 순서표를 제시하고 있다. 설명하고 있다. 매월, 그리고 방학 동안에 해야 할 사역들에 대해 구체적으로 설명하고 있는 데, 회장은 상황에 따라 그 순서를 유연하게 변경할 수 있음을 기술하고 있다.

『신입학생 인도』

『신입학생 인도』에서는 신입생을 인도해야 하는 의무와 목적, 조직의 역할, 준비, 신입생 입학 이전과 이후의 방법, 신입생을 위한 사업계획의 마련과 실천 방법, 그리고 성과를 높이기 위하나 기독교적 근거와 목표에 대해 기술하고 있다. 이 책의 부칙에서 신입생들에게 YMCA에 입회 할 이유와 성취감을 마련해야 함을 아울러 강조하고 있다. 그 순서와 내용은 다음과 같다.

1) 이승만의 서문

서문에서 이승만은 한국의 학생YMCA가 모범으로 삼을 것이 많기 때문에 이 책을 번역했다고 밝히고 있다. 덧붙여 이런 책을 모범으로 삼지 않을 만큼 한국 학생들의 사정이 좋아지기를 염원했다.

1) 신입학생인도

(1) 신입학생을 위해 시행해야 하는 일의 목적과 방침
(2) 신입학생 인도의 필요
(3) 신입학생 인도할 단체를 조직함
(4) 신입학생 인도하는 일의 준비
(5) 신입학생 인도하는 일의 방법
  * 학생들이 학교에 오기 전에 회(會)에서 준비해야 할 것
  * 학생들이 학교에 도착한 후에 접대하는 방법
(6) 신입학생을 위해 시행한 여러 사업이 완전히 결실 맺게 되는 계획

부칙- 입회할 이유

모트는 부칙을 통해, 학생들이 청년회에 입회할 이유에 대해 (1) 학생 청년회는 각 학교 안에서 제일 크게 조직된 종교 단체이니 전력을

다해야 할 것, (2) 학생 청년회는 영적인 유익을 주는 것, (3) 장래 기독교 지도자가 되는 준비 과정 등 모두 14가지의 이유를 들어 설명하고 기독청년들이 학교에 조직된 기독학생청년회에 입회해야 한다고 강조하고 있다.

색인

발간위원

고문

김동길(연세대)
김진현(세계평화포럼)
안병훈(서재필기념회)
이건수(한미동맹재단)
김영수(우남소사이어티)
김현태(인하대 총동창회)
양동자(미국 이승만대통령기념연구교육재단)
이종찬(국립대한민국임시정부기념관건립위원회)

위원장

이규학(인천제일교회)

위원

김규열(신세계교회)
김기원(인천제일교회)
김낙환(기독교대한감리회)
김동현(대전제자들교회)
김성용(전주노송교회)
김인기(일산신광교회)
김재명(천안신광교회)
김준호(천안대성교회)
김찬호(은혜교회)
김홍록(내동교회)
남중용(신광교회)
문 억(삼선교회)
박남웅(고양영광교회)
박삼열(주문진교회)
박상칠(춘천신성교회)
박용호(이리영생교회)
박종호(제주중앙교회)
백용현(대전한빛교회)
김기영(인천제일교회)
김길호(안양교회)
김덕부(목포제일교회)
김동현(은평교회)
김영길(신양교회)
김재동(하늘교회)
김종복(대구소명교회)
김지탁(하늘만나교회)
김창연(부천생명의교회)
나광호(포천교회)
노인우(태장교회)
박경진(꽃재교회)
박삼열(송월교회)
박상열(인천제일교회)
박용진(복지교회)
박종규(인천제일교회)
박헌철(진천제일교회)
변종태(천안신부교회)

변창갑(시온교회) 서석근(강릉반석교회)
서영석(인천제일교회) 서 철(상동교회)
손신철(인천제일교회) 송기성(정동제일교회)
송기영(대원교회) 송현순(화도교회)
신용대(하늘꿈교회) 양광옥(청수교회)
양명환(횡성교회) 엄기호(성령교회)
여상호(송해교회) 여우훈(서강교회)
오종설(홍성제일교회) 원성웅(옥토교회)
유영화(여장로회전국연합회장) 윤보환(영광교회)
이건영(인천제2교회) 이규화(하북교회)
이상규(평해교회) 이원재(남산교회)
이제일(인천제일감리교회) 이종일(광주제일교회)
이준구(화도시온교회) 이 철(강릉중앙교회)
이충호(동인천교회) 이하일(신정교회)
임성환(예람교회) 장석동(인천제일교회)
장호성(장로회전국연합회장) 전태규(서광교회)
정경석(철원엘림교회) 차광일(하늘비전교회)
차장현(부곡장로교회) 최광혁(장안원교회)
최규식(숭의교회) 최범선(용두동교회)
최병돈(선교교회) 최병철(교회학교전국연합회장)
최상열(청장년선교회전국연합회역대회장) 최승균(신천교회)
최신성(계산중앙교회) 최호규(부천제일교회)
태동화(영등포교회) 피기영(예수생명교회)
하관철(문산교회) 황관하(하늘만나교회)
황규호(만수중앙교회)

강진숙(T2025) 강흥구(태평양시대위원회)
곽명근(배재학당) 김길자(대한민국사랑회)
김용삼(펜앤드마이크) 김인복(서울YMCA)
김효선(건국이념보급회) 남정옥(박정희대통령기념재단)
박석홍(대한언론) 박정태(굿모닝북스)
신현욱(하와이이승만연구소) 윤덕순(지방의회발전연구원)

이경식(자유언론수호국민연합)
이석하(서울YMCA)
이애란(자유통일문화원)
이영일(한중정치외교포럼)
이인수(유족)
이준우(한울회계법인)
인보길(뉴데일리)
조광현(동하산업개발)
조병욱(국가원로회의)
조혜자(유족)
최병설(대원실업)
최송옥(우남관 기증자)

강규형(명지대)
김권정(대한민국역사박물관)
김명구(연세대)
김명섭(연세대)
김성호(연세대)
김영명(한림대)
김용직(성신여대)
김용호(경희대)
김학은(연세대)
김학준(단국대)
남창희(인하대)
류석춘(연세대)
박명수(서울신학대)
손세일(언론인)
신복룡(건국대)
신현한(연세대)
양동안(한국학중앙연구원)
양승태(이화여대)
오영섭(연세대)
오일환(한양대)
우철구(영남대)
유영익(연세대)
이기수(고려대)
이덕희(하와이한인이민연구소)
이영훈(서울대)
이인호(서울대)
이정은(3 · 1운동기념사업회)
이주영(건국대)
이택휘(서울교대)
이철순(부산대)
정경희(영산대)
정윤재(한국학중앙연구원)
정인섭(서울대)
조성훈(군사편찬연구소)
주익종(이승만학당)
차광은(차의과학대)
최연식(연세대)
함재학(연세대)
허경진(연세대)
허동현(경희대)
홍선표(독립기념관)
홍승기(인하대)
홍용표(한양대)

『우남 이승만 전집』이 완간될 때까지 더 많은 분들이 발간위원으로 동참해 주시기를 부탁드립니다.

■ 이승만건국대통령기념사업회

회　　장 신철식

상임고문 김동길 김문수 김선도 박관용 신경식 신영균 안병훈 이성재 이인수 이홍구 인보길 정원식 제재형 조병욱 최송옥

상임이사 문무일

이　　사 강효상 곽명근 김명섭 김종석 박승호 백노현 이정준 이　호 장동복 정도원 정준영 채정석 최우영 한기서

역주자 및 해제자

김명구(金明九, Myungkoo Kim)

현재 연세대 이승만연구원 연구교수, 연세대 대학원 신학과 박사, 창천감리교회 소속목사, 해위윤보선민주주의연구원 운영위원, 한국선교전략연구소 부소장, 서울YMCA 병설 월남시민문화연구소 소장, 전 서울장신대 교수

주요 저서로 『월남 이상재의 기독교 사회운동과 사상』, 『서울장신50년사』, 『소죽 강신명 목사』, 『영주제일교회 100년사』, 『해위 윤보선-생애와 사상』, 『서울YMCA운동사 100-110』, *Nationalism, Religion and Democracy* (The University of Edinburgh), 『연세대학교 신과대학 100년사』(공저), 『복음, 성령, 교회- 내한선교사들 연구』, 『한국기독교사 1』 등

주요 논문으로 "Co-relationship Research of Korea Christianity and Modernization as well as Nationalism" "좌옹 윤치호의 역할과 사상, 한국교회 정치제도의 특성과 변천" "한국 기독교사에서의 김정준의 위치" "해방 후 이승만, 윤보선, 장면의 정치 · 사상적 갈등 연구" 외 다수

우남 이승만 전집 3

한국교회핍박 외

김명구 역주 · 해제
우남이승만전집발간위원회 / 연세대학교 이승만연구원 **편**

연세대학교 이승만연구원
전화 02)3216-7742 / smrhee@yonsei.ac.kr

발 행 연세대학교 대학출판문화원
주 소 서울특별시 서대문구 연세로 50
http://www.yonsei.ac.kr/press
ysup@yonsei.ac.kr
전 화 02)2123-3380~2
팩 스 02)2123-8673
등 록 1955년 10월 13일 제9-60호
인 쇄 (주)태화북스

2019년 5월 31일 1판 1쇄

ISBN 978-89-6850-277-4 (94080)
978-89-6850-274-3 (세트)

값 20,000원

우남 이승만 전집 3

한국교회핍박 외

영인본

3 한국교회핍박

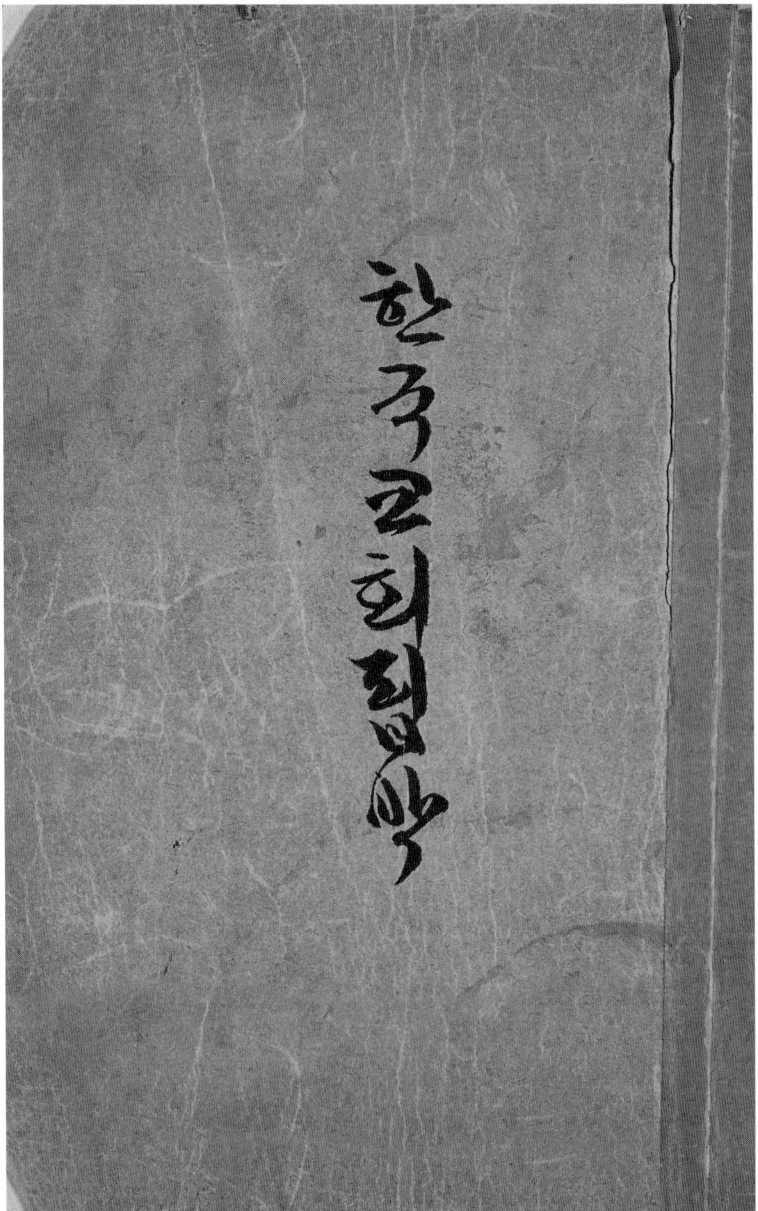

5/8/13.
Young Han Choo.
Korean School
Honolulu

셔문

일본이 한국교회를 핍박ᄒᆞᆷ은 한인의 공동ᄒᆞᆫ관계가 심히큰지라 이칙을 보시면 소상히 알녀니와 이는나의 목도ᄒᆞᆫ바와 당디에셔 미국각신문에 뎐보ᄒᆞᆫ것과 미국각교회에셔 ᄃᆡ표를 파송ᄒᆞ야 즉졉보고ᄒᆞᆫ바와 각 교회월보와 미국션교회에셔 발간ᄒᆞᆫ 글을가지고 대강을추려셔 간단히 만든것이니 깁히 쥬의ᄒᆞ여볼진ᄃᆡ 응당 엇는것이 잇슬지라 대뎌 바라는것이 잇는쟈는 일을ᄒᆞ고져ᄒᆞ며 일을ᄒᆞ고져 ᄒᆞ는쟈는 ᄉᆞ실을 알녀ᄒᆞᄂᆞ니 이는 다름안이오 일을알어야 바로ᄒᆡᆼᄒᆞᆯ수잇스며 바로ᄒᆡᆼᄒᆞ여야 소망을 일울수잇슴이라 만일알고도ᄒᆡᆼᄒᆞ지안이ᄒᆞ면 아모결과가 업스리로다 대뎌 이글쓰는뜻은 일본의 잘못ᄒᆞᆷ을 알니쟈는것이 안이오 우리의 잘ᄒᆞᆯ것을 알니려ᄒᆞᆷ이니 이뜻을 알고 ᄒᆡᆼᄒᆞ기를 힘쓰며 이글이 혹 우리한인젼톄에 유죠ᄒᆞᆷ이될지라 이 ᄌᆡ판뎐말은 종ᄎᆞ 긔회가잇스면 번역ᄒᆞ야 ᄯᅡ로발간ᄒᆞ려ᄒᆞ노라

一千九百十三年三月 日 리승만 ᄌᆞ셔

윤치호씨

한국교회핍박

일본이 한국을 합병ᄒᆞᆫ이후로 아모 층졀업시 잘셩취ᄒᆞ여 오다가 이번에 윤치호 량젼ᄇᆡᆨ등 一百二十三인을 챡수심판ᄒᆞᆫ ᄉᆞ건으로 인연ᄒᆞ야 비로소 셰계각국의시비를 일희키니 일본의한가지대불ᄒᆡᆼᄒᆞᆫ 일이로다

미국뉴욕에 유명ᄒᆞᆫ 월보 아웃룩(一千九百十二년十二月四日)에 말ᄒᆞ엿스되

동양 각국에서 즁대ᄒᆞᆫ 범죄ᄉᆞ건을 인연ᄒᆞ야 ᄌᆡ판쳐벌 ᄒᆞ는 일이 죵〻 ᄉᆡᆼ기는ᄃᆡ 일본동경이나 쳥국북경에셔 각〻 ᄌᆞ긔 ᄇᆡᆨ셩을 혹 감검, 징역에 쳐ᄒᆞ거나 혹 교형, 참형에 쳐ᄒᆞᆯ지라도 외국사람의 ᄉᆡᆼ명ᄌᆡ산에 관계만업스면 셔양각국이 도모지 샹관ᄒᆞᆫ젹이 업셧거놀 이번에 됴션사람 一百二十三인의 심판ᄉᆞ건을 인연ᄒᆞ야 동셔양 각국이 이럿틋 쥬의ᄒᆞ는것은 통샹ᄒᆞᆫ후로 쳐음되는 일이라ᄒᆞ엿더라

이 ᄉᆞ건의ᄌᆡ판을 시쟉ᄒᆞᆫ후로 일본과 쳥국과 아라ᄉᆞ와 구라파

二

각국과 미국과 오대리아쥬등 모든나라 신문、잡지즁에 소문이 젼파되여 혹은 일본을 시비도ᄒᆞ며 보호도ᄒᆞ고 혹은 한국에 잇는 미국 션교ᄉᆞ들과 한국교인들을 론박도ᄒᆞ며 보호도ᄒᆞ야 공론이ᄌᆞ못 분운ᄒᆞ엿는ᄃᆡ

셰계에 뎨일유력ᄒᆞᆫ 신문즁에 이 일에 젼력ᄒᆞ야 한인의 무죄ᄒᆞᆫ ᄉᆞ실을들어 련속히 긔ᄌᆡᄒᆞᆫ 신문은 뉴욕 헤렐드와 ᄃᆡ양보이며 영국론돈 시ᄉᆞ쥬보와 일본신호 ᄌᆡ패ㄴ크로니클등여러종류이니 이는 다 영문으로 발힝ᄒᆞ는 신문이오 긔외에 일본과 청국의 방언으로 ᄂᆡ는신문에도 의론이 ᄯᅩᄒᆞᆫ 분운ᄒᆞ엿스며 교회신문과 잡지즁에는 미국 남감리 교회에셔 발힝ᄒᆞ는 션교잡보라ᄒᆞ는 쥬보에는 셔울셔 보ᄂᆡ는 즉졉보고를 계속발간ᄒᆞ며 뉴욕에셔 발힝ᄒᆞ는 쟝로교 션교회 긔관신문 쥬보컨틔ᄂᆡᆫ트에는 한국에셔 션교ᄉᆞ들이 비밀히 보ᄂᆡᆫ편지와 션교ᄉᆞ들이 일본통감 데라우지와 왕복ᄒᆞᆫ 젼후공함이며 쟝로교 션교회에셔 와싱톤에잇는 일본공ᄉᆞ와 교셥ᄒᆞᆫ 공문을 일〻히 련속ᄒᆞ야 등ᄌᆡᄒᆞ엿스며 ᄌᆡ패ㄴ크로니클은 교

회신문이 안이로되 일본관리들의 불공불평ᄒᆞᆫᄉᆞ실을 일〻히 론박
ᄒᆞᆫ후에 ᄯᅡ로 칙한권을박혀 쟉년六月二十七일에 시쟉ᄒᆞ야 八월二
十七일ᄭᆞ지 지판ᄒᆞᆫ뎐말을 소〻히 탐지ᄒᆞ여다가 긔ᄌᆡᄒᆞ고 션교ᄉᆞ
들의 의론과 법률ᄉᆞ들의 변박ᄒᆞᆫ말을 낫〻치ᄂᆡ여 발믹ᄒᆞ며 쟝로
교 션교회 총부에셔는 공평ᄒᆞᆫ 의론과 정직ᄒᆞᆫ 필법으로 젼후형
편을 론란ᄒᆞ야 칙한권을 발간ᄒᆞ야 각쳐에 젼파ᄒᆞ엿ᄂᆞ니 이는다
문ᄌᆞ샹으로 들어난 공론의 대ᄀᆡ어니와

쟉년겨울 이후로 각 션교회 총무와 감독이 각〻 그 교회젼
ᄃᆡ를ᄃᆡ표ᄒᆞ야 와슁톤에가셔 미국외부와 일본공ᄉᆞ에게 즉졉으로교
셥ᄒᆞᆫ것이 우리알기에도 슈삼ᄎᆞ이며 혹 특별히 ᄀᆡ회ᄒᆞ고 비밀히
의론ᄒᆞᆫ것과 위원을 파송ᄒᆞ야 실졍을 탐지ᄒᆞ거나 혹 반ᄃᆡ운동ᄒᆞᆫ
것이 여러ᄎᆞ인ᄃᆡ 가쟝들어난것은 쟉년十월十一일에 뉴욕에셔 특
별히 공회를녈고 이 ᄉᆞ건을 의론ᄒᆞᆷ이라 쟝로교와 남,북 감리교
션교회 총부와 미국 성셔공회와 만국청년회 총부에셔 각〻ᄃᆡ
표를 보ᄂᆡ엿ᄉᆞ며 젼 미국 국무대신 로우씨와 포스터량씨며 젼하

四

바드대학교교쟝 엘리오씨와 예일대학교교쟝 히들리씨와 뉴욕아웃
룩 월보샤쟝 아봇씨와 기외에 모〻신ᄉᆞ 졔씨가 참셕ᄒᆞ야 란샹
공의ᄒᆞ고 쟉뎡ᄒᆞᆫ 결과를 반포ᄒᆞ엿ᄂᆞᆫᄃᆡ 그 대지인즉 미국각교회
쥬권쟈들이 일본정부와 교회쥬권쟈들로 더브러 즉졉으로 교셥ᄒᆞ
야 이일이 공평히 결뎡되도록 힘쓸것이며 이 ᄉᆞ실을 아모됴록
비밀히 조쳐ᄒᆞ야 미국안에잇ᄂᆞᆫ 모든 ᄇᆡᆨ일신문에 젼파되지 안토
록 ᄒᆞᄂᆞᆫ것이 가ᄒᆞ다ᄒᆞ엿ᄂᆞ니 이ᄂᆞᆫ 이일로 인연ᄒᆞ야 이 나라에
ᄇᆡᆨ일ᄉᆞ샹을 격동ᄒᆞ면 이일에 도로혀방ᄒᆡ가될가 념려홈이러라 이
럼으로 각 교회에셔 다소간 쥬션ᄒᆞᄂᆞᆫ것을 소샹히알지못ᄒᆞ나 여
러 방면으로 은근히 쥬션ᄒᆞᄂᆞᆫ즁 엇던 미국사람들은 일본황뎨에
게 즉졉으로 글을보ᄂᆡ여 한국에 지슈ᄒᆞᆫ 교인들을 일변탕쳑ᄒᆞ야
온ᄉᆞ를 나려달나ᄒᆞᆫ지라 쟝로교 션교회에셔ᄂᆞᆫ 이것을 대단 불가
히녁여 반포ᄒᆞᄂᆞᆫ말이 이런글을 일본황뎨에게 보ᄂᆡᄂᆞᆫ것은 우리의
원ᄒᆞᄂᆞᆫ바ㅣ안이라 진실로 한인들이 죄가잇스면 공ᄀᆡ지판으로 공
평히쳐결ᄒᆞ야 법ᄃᆡ로 다살일것이오 죄가업스면 무죄ᄒᆞᆫ줄로 셰샹

에 공포ᄒᆞ여줄것이니 우리는 일본황뎨의 은ᄉᆞ를 요구홈이 안이
오 공졍ᄒᆞᆫ 법률ᄃᆡ로 시힝ᄒᆞ기만 요구홀ᄲᅮᆫ이라ᄒᆞ더라

대뎌 한국의 오늘날 당ᄒᆞᆫ형편을볼진ᄃᆡ 이런소문이 셰샹에 젼
파되는것이 과연신긔ᄒᆞᆫ 일이로다 일본이 통샹ᄒᆞᆫ 이후로 각국의
졍의를 엇는것이 가쟝 긴중ᄒᆞᆫ줄을 셔달은고로 통샹외교에 젼력
ᄒᆞ야 관인이나 ᄇᆡᆨ셩을 물론ᄒᆞ고 ᄌᆞ긔나라에 영광될일은 긔여히
셰샹에 들어ᄂᆡ며 ᄌᆞ긔나라에 수치될일은 긔여히 가리워 두기를
힘써셔 샹하관민이 이일에 일심이 된지라 외교샹 슈단이 졈〻
련슉ᄒᆞ여지ᄆᆡ 셰샹을ᄃᆡᄒᆞ야 무슨말을ᄒᆞ던지 남이 취신홀만치 되
엿ᄂᆞ니 이는 일、로젼징후 三四년간 졍형이라 외교샹으로 신앙을
이만치 밧으며 일변으로 신문샹 셰력을 확쟝ᄒᆞ야 ᄌᆞ긔나라에셔
도 각국방언으로 ᄂᆡ는신문、잡지가 여러가지어니와 외국에 가셔도
듬듬이 신문、잡지등에 글을지어젼파홈을 힘쓰ᄆᆡ 이런ᄉᆞ업에 유력
ᄒᆞᆫ쟈는 졍부에셔나 ᄇᆡᆨ셩이 은근히 도아셔 외국에 파송ᄒᆞ야 ᄌᆞ
긔나라를 셰샹에ᄌᆞ랑ᄒᆞ며 뉴욕과 모모도회쳐에 소문젼파ᄒᆞ는 쳐

소를 셜시ᄒᆞ야 동양각국에 관계ᄒᆞᆫ모든 ᄉᆞ졍을 알고져ᄒᆞᄂᆞᆫᄌᆡ잇스면 그곳으로 교셥ᄒᆞ게ᄒᆞ여 만국신문 련합회와 비밀히 약속ᄒᆞ고 동양대셰에관ᄒᆞᆫ 모든소문을 일본졍부에셔 원ᄒᆞᄂᆞᆫᄃᆡ로 셰상에 젼파되게ᄒᆞᄂᆞ니 이것이 다 셰계에 공론을 인도ᄒᆞᄂᆞᆫ 큰 긔관의고동을잡고 안즘이라 대뎌 만국신문 련합회라ᄒᆞᄂᆞᆫ것은 여러신문샤에셔 련합ᄒᆞ야 각국에ᄃᆡ표쟈를 파송ᄒᆞ엿다가 어ᄂᆞ곳에셔던지 무ᄉᆞᄉᆞ건이 싱기면 그곳에 ᄃᆡ표쟈가 한 신문샤로만 뎐보ᄒᆞ면 그 신문샤에셔 각신문샤로 젼파ᄒᆞ여쥬ᄂᆞ니 이ᄂᆞᆫ ᄆᆡ 신문샤에셔 ᄃᆡ표를 각각 파송ᄒᆞᄂᆞᆫ이보다 경제샹 리익이 다대ᄒᆞᆫ연고ㅣ라 일인이 일본에가잇ᄂᆞᆫ 만국신문 련합회 ᄃᆡ표쟈를 엇더케 교셥ᄒᆞ엿던지 각국에 젼파ᄒᆞᄂᆞᆫ 동양소문은 대기 일인의 원ᄒᆞᄂᆞᆫᄃᆡ로 젼ᄒᆞᄂᆞᆫ고로 셔양 사람이 동양일을 소샹히 알기가 ᄌᆞ연히어려온바ㅣ 되엿더라

그런즉 일인의 외교와 신문샹 셰력이 이럿틋 쟝ᄒᆞ야 지나간 六、七년 동안에 한국안에셔 혹 관병이 돌츌ᄒᆞ야 일병과 무슈히

혈젼도ᄒᆞ엿고 혹 의병이 봉긔ᄒᆞ야 디방을 소요식힌것도 여러번이로되 세샹에 아ᄂᆞᆫ쟈도업고 알고져ᄒᆞᄂᆞᆫ쟈도 업셧거ᄂᆞᆯ 아모능력도업고 항샹 평화만 쥬쟝ᄒᆞᄂᆞᆫ 한국교인 一百二十여인의 ᄉᆞ건은 무ᄉᆞᆫ 관계가 잇건ᄃᆡ 미국 남감리교 션교회에셔ᄂᆞᆫ 총무 핀손박ᄉᆞ를 특별히 한국경셩에 파송ᄒᆞ야 이 지판이 끗나기ᄭᆞ지 두류ᄒᆞ며 ᄉᆞ실을 목도ᄒᆞ고 즉졉으로 보고ᄒᆞ게 ᄒᆞ엿ᄉᆞ며 뉴욕헤렐드신문샤에셔ᄂᆞᆫ 청국북경에잇ᄂᆞᆫ ᄃᆡ표오을씨를 한국경셩에보내여 이일을 즉졉으로 보고ᄒᆞ게ᄒᆞᄆᆡ 만국신문 련합회ᄃᆡ표쟈의 방히를밧지 안이ᄒᆞ고 한국셔울에셔 지판ᄒᆞᄂᆞᆫ ᄉᆞ실을 보고듯ᄂᆞᆫᄃᆡ로 뎐보로즉젼ᄒᆞᄆᆡ미국뉴욕에셔 ᄆᆡ일 그 신문에 련속히 들어내게 되엿ᄂᆞ니 ᄃᆡ양ᄀᆞᆺ흔 대의졍도ᄂᆞᆫ 맛참ᄂᆡ 인력으로 갈일수업ᄂᆞᆫ것을 가히 ᄭᆡ닷겟도다

이 ᄉᆞ실이 외국에 퍼져셔 일본관리들의 야심을 들어내ᄆᆡ 그 영향이 ᄌᆞ연히 일본 각 신문에 밋츤지라 쟉년 七월회간에 발힝된 신일본이라ᄒᆞᄂᆞᆫ 일어신문에 등지ᄒᆞᆫ 론셜의대ᄀᆡ를 번등ᄒᆞ건

八

딕 ᄒᆞ엿스되

됴션통감 데라우지는 신문ᄌᆞ유권을검ᄒᆞ며 졍탐군을 젼국에편만 식이는 모든심혼 졍ᄉᆞ로 됴션빅셩을 탄압ᄒᆞ고져ᄒᆞ야 됴션반도로 큰포딕를삼으며 그안에 모든빅셩을 다 군ᄉᆞ로 딕졉홀여는 모양이니 이는 일본에도로혀 히로온졍칙이라 지금은 됴션을 위력으로누를셕가안이오 은혜로화홀셕라ᄒᆞ엿더라

이런의론이 각 신문에 들어나미 일본빅셩이 ᄎᆞᄎᆞ 뎌의졍부안에 군인당파를 반딕ᄒᆞ기로 시쟉ᄒᆞ야 금년二월에 닐으러는 일본군부대신이 됴션에 륙군 二ᄉᆞ단을 더 파송ᄒᆞᄌᆞ고 뎨의ᄒᆞ엿더니 반딕가 닐어나셔 닉각이 ᄉᆞ면ᄒᆞ기에 일으럿스며 갓스라의 닉각이 또한 군인의 셰력을 놉힐여다가 빅셩이 반딕ᄒᆞ야 동경은큰란리를겨고 젼국에 닉란이 날쌘ᄒᆞ엿는딕 호놀룰루 항구에셔 발간ᄒᆞ는 스타불네틔v신문 二월十一일호 론셜폭에 긔지훈바를 죠등ᄒᆞ건딕 대기ᄒᆞ엿스되

이번에 동경을 한 젼징마당을 만들고 일본전국을 소동훈것

은 다만 군인졍례를 슝샹ᄒᆞᄂᆞᆫ 연고ㅣ라 ᄉᆞ이온지의 ᄂᆡ각은
한국에 륙군을 더 늘이ᄌᆞᄒᆞᄂᆞᆫ 문뎨로 인연ᄒᆞ야 퇴츅을 당
ᄒᆞ엿스며 갓스라의 ᄂᆡ각도 ᄯᅩ한 군인의 셰력으로 졍부에쥬
권을 삼을여ᄒᆞ다가 맛참ᄂᆡ 젼국인민의 격로혼비 된지라 일
본ᄇᆡᆨ셩들의 ᄋᆡ국ᄒᆞᄂᆞᆫ셩질과 무긔를 슝샹ᄒᆞ며 졍부명령을 슌
죵ᄒᆞᄂᆞᆫ 셩질이 이번 갓스라 졍칙에 ᄃᆡᄒᆞ야ᄂᆞᆫ 일됴에 변ᄒᆞ
야 일심으로 항거ᄒᆞ엿스니 군인당파의 셰력이 아죠 썩거진
지라……군인을 놉히ᄂᆞᆫ 일인의 습관이 ᄎᆞᄎᆞ 변역ᄒᆞᄂᆞᆫ 증험
이라ᄒᆞ엿더라

대뎌 무긔를 슝샹홈은 일인의 젼리ᄒᆞᄂᆞᆫ 특셩이어ᄂᆞᆯ 지금에일
으러 이럿틋 반ᄃᆡ가 싱김은 일인즁에도 ᄎᆞᄎᆞ 그 위험홈을 셔
닷ᄂᆞᆫ재잇셔셔 젼슈히 이것만 밋어가지고ᄂᆞᆫ 될슈업ᄂᆞᆫ줄을 아ᄂᆞᆫ연
고어니와 한국에 교회ᄉᆞ건으로 인연ᄒᆞ야 셰샹에 시비를 일회킴
을 일인이 ᄌᆞ연히 통분케녁이ᄂᆞ니 그 졍부ᄂᆡ각의 뎐복됨은 각
국신문의 론박혼 영향이 밋츤연고ㅣ러라

셔양사람들이 예수교회의 핍박밧는것을보면 항샹특별히 쥬의ᄒᆞᄂᆞ니 이는 몃가지 연고가잇도다

첫지는 동졍을 표ᄒᆞ고져ᄒᆞᆷ이라 예수교회는 ᄌᆞ고로 대의와 졍도를 위ᄒᆞ야 셰샹에 핍박을 밧는교ㅣ며 이런핍박을 밧는즁에셔 더욱 왕셩ᄒᆞᆫ 교회인고로 예수가 탄싱ᄒᆞ신ᄯᅢ붓허 도라가실ᄯᅢᄭᆞ지 젼후三十三년 동안에 핍박즁에셔 모든 ᄉᆞ업을 다 닐우엇고 그후 모든ᄉᆞ도들도 다 핍박으로 거의일용량식을 삼앗스며 로마국에셔 교회를 핍박ᄒᆞᆯᄯᅢ에 교인들이 ᄯᅡ속에 굴을파고 숨겨살며 하ᄂᆞ님을 셤겨셔 ᄎᆞᄎᆞ 교회를 셜립ᄒᆞ엿스ᄆᆡ 오ᄂᆞᆯ날 구미각국의 모든 ᄌᆞ유힝복을쥬ᄂᆞᆫ 예수교문명이 다 핍박즁에셔 긔초가잡힌ᄇᆡ라 이럼으로 인죵과 나라를구별치 안이ᄒᆞ고 예수를위ᄒᆞ야 핍박을 밧는쟈는 왼셰샹 예수교인이 아는ᄃᆡ로 다 동졍을 표ᄒᆞᄂᆞ니 이는 예수를 사랑ᄒᆞᄂᆞᆫ 마음으로써 예수를위ᄒᆞ야 핍박 밧는쟈를 사랑ᄒᆞᆷ이라 영어에 심픠듸라는 글ᄌᆞ는 셔양인의 극히 긴즁히녀이는바이니 이는 동양말에 동병샹련이라는말과 대강갓흔고로 동

졍이라고 번역ᄒᆞᆷ이니 대ᄀᆡ 갓ᄒᆞᆫ처디에 쳐ᄒᆞᆫ쟈는 셔로 졍을표ᄒᆞᆫ다ᄂᆞᆫ 뜻이라 셰샹사람들이 이 지판ᄉᆞ건에 동졍을 표ᄒᆞᆷ은 달음안이라 예수를 밋ᄂᆞᆫ한인들이 예수를 반ᄃᆡᄒᆞᄂᆞᆫ 일본관리에게 무죄히 핍박당ᄒᆞᆷ을 분히녁임이오

둘ㅅ지는 교회를 보호ᄒᆞᆷ이라、당초에 미국이 동양각국과 동셥을시쟉ᄒᆞᆯᄯᅢ에 두가지 큰 목뎍이 잇스니 一은 통샹이오 一은 션교라 샹업의 목뎍은 금젼인고로 청국과 일본등 모든 대도회쳐에 만히무역장을 셰웟스나 한국에는 별로확장ᄒᆞᆫ것이 업스며 션교의 목뎍은 종교인고로 나라의 빈부와 도셩의 대소를 물론ᄒᆞ고 다만 종교샹 ᄉᆞ업만잘되면 ᄌᆞ긔들의 직졍을 가지고 ᄌᆞ긔들의 인력을 허비ᄒᆞ며 교회를 셜립ᄒᆞᄂᆞᆫ비라 다힝히 한국에 션교ᄒᆞᄂᆞᆫ 부분이 만히와셔 교회를 각쳐에 셜립ᄒᆞ엿ᄂᆞᆫ듸 지나간 二十七、八년동안에 한국교회의 확쟝된것은 실로 력ᄉᆞ샹에 쳐음되ᄂᆞᆫ일이니 셰샹에셔 가쟝칭찬ᄒᆞ며 쥬의ᄒᆞᄂᆞᆫ비라 三十여년젼ᄭᆞ지도 동양에 산즁쳐ᄉᆞ국으로 쳐ᄒᆞ야 심지어 일인 청인 ᄭᆞ지라도 한국

산쳔에 동셥을 허낙디 안이ᄒᆞ엿스며 三十二년젼에 셔양사람들이 쳐음으로와셔 통샹ᄒᆞ기를 쳥ᄒᆞᆯᄯᆡ에 대원군이 거국지병을 일희켜 강화에셔싸화 물니친후로 ᄂᆡ디각쳐에 비셕을세워 글을삭여 갈아ᄃᆡ 외양을 화친ᄒᆞᆯ여ᄂᆞᆫ쟈는 국젹으로 다살인다 ᄒᆞ엿스며 그젼후로 텬쥬학쟝이라고 잡아죽인것이 여러쳔명이라 이런나라에 예수교가 엇지들어갈수 잇스며 셜령 들어가기로 누가 교를 밋고져 ᄒᆞᆯ이오 당시에 사람들이닐컷기를 우리례의지방에는 쳔만년을 지나도 셔교가 결단코 힝치못ᄒᆞᆯ이라ᄒᆞ엿거ᄂᆞᆯ

통샹ᄒᆞᆫ지 삼십년이 다못되여 우리교회가 엇더케 흥왕ᄒᆞ엿던지 젼국에 교인총익이 二十五만명에 달ᄒᆞ엿스며 (쟉년 十二월十四일 아웃룩 잡지에 보고ᄒᆞᆫ바를 보건ᄃᆡ 한국예수교인이 三十七만명에 달ᄒᆞᆫ다ᄒᆞ엿더라) 외국션교ᄉᆞ가 대략 三百여명이오 례ᄇᆡ당이 오ᄇᆡᆨ쳐요 교회학교가 九百六十二쳐요 의학교가 一이오 간호부 학교가 一이오 병원이 十三쳐요 병보ᄂᆞᆫ곳이 十八이며 고ᄋᆞ원이 一이오 소경학교가 一이오 문동병원이 一이오 인쇄부가一이며 한

국교회에 속훈 지산이 百만(미국금젼)원에 달호며 미년 교회 경비가 二十五만원가량이라 이럿틋 괴ㅇ장히 진취된 교회는 실로 고금에 희한훈바이로다 각국교회에셔 말호기를 하느님이 한국빅셩을 이스라엘 빅셩갓치 특별히 퇴호야 동양에 쳐음 예수교 나라를 만들어 가지고 아셰아쥬에 예수교 문명을 발젼식힐 칙임을 맛기심이라 그럼으로 이ᄯᅢ에 한국교회를 돕는것이 일후 일본과 쳥국을 문명식히는 긔초가 된다호야 각 교회에속훈신문、월보、잡지에는 한국교회 소문이 뭇칠ᄯᅢ가업스며 교회유람긱들의 연셜이나 혹 보고에 한국교회일을 칭찬안이훈쟤 드문지라 이뒤로 얼마동안만 계속호면 한국빅셩의 쟝릭 문명、ᄌᆞ유、복락을 손곱아 고기디리겟거놀 지금일본이 이것을 져희호는자리에 무심히 보지못호는것이 ᄯᅩ한 ᄌᆞ연훈형셰이며

셋지는 일인이 한국에잇는 외국션교ᄉᆞ의 명예와 ᄌᆞ유를 위티케홈이라、이 ᄉᆞ실은 이알헤 다시 셜명 홀여니와 년젼에 일인이 아라ᄉᆞ를 디뎍홀ᄯᅢ에 셰계형편을 비교훈즉 아인을 의의기는 열

十四

엽지 안이ᄒᆞ나 아라ᄉᆞ이 반은 구라파에잇셔셔 셔양각국즁에 참
여ᄒᆞᆫ 나라이오 ᄯᅩ한 아라ᄉᆞ 다살이ᄂᆞᆫ쟈들은 다 ᄇᆡᆨ인죵인즉 동
양황인죵으로 셔양ᄇᆡᆨ인죵을 쳐 익의면 구라파각국에 감졍을 일
희킬 념려가 잇ᄂᆞᆫ즉 불가불 영、미량국의 동졍을 엇어야 후려가
업슬줄을 소샹히본지라 함을며 아라ᄉᆞᄂᆞᆫ ᄌᆞ리로 남의 토디를탐
ᄒᆞ야 동양륙국시졀에 탐도불법ᄒᆞ던 진나라와갓치 셰력을밋고 의
리를 져바린쟈이라 그럼으로 일본이 긔회를리용ᄒᆞ야 외교와 신
문샹으로 셰샹에 션언ᄒᆞ되 아인이 동양을 병탄ᄒᆞᆯ여ᄒᆞᄂᆞᆫ고로 우
리가 동양을 유지키 위ᄒᆞ야 싸홈을ᄒᆞ노라ᄒᆞᆫ즉 더럿흔탐도불법ᄒᆞᆫ
아라ᄉᆞ를 타좌ᄒᆞᄂᆞᆫ 자리에 누가안이 찬셩ᄒᆞᆯ이오 당시에 영、미량
국이 일본을 칭찬ᄒᆞ며 열심으로 찬셩ᄒᆞᆫ것은 과연일인의 발아던
바에 지닌지라 사람마다 말ᄒᆞ기를 일본이 아인을 치ᄂᆞᆫ것은 쳥
국과 한국에 뎨일 복되ᄂᆞᆫ일이라 ᄒᆞ엿거놀 한국님군은 아공ᄉᆞ의
보호를 밧으며 한국졍부ᄂᆞᆫ 김홍륙 리용익등의 수즁에셔 아인을
의셰ᄒᆞ고 룡암포와 의쥬등디 삼림、금광、셕탄긔디등 모든 리익을

허낙ᄒᆞ야 멸망을 ᄌᆞ취ᄒᆞ며 셰샹공론을 반ᄃᆡᄒᆞᄂᆞᆫ지라 일인이 셰
샹에 반포ᄒᆞ기를 됴션사람들이 미ᄀᆡᄒᆞᆫ 아인의 젼졔졍치밋헤 관
할을 밧고져ᄒᆞ여 우리를비쳑흠이니 우리가 억지로 관할ᄒᆞ야 우
리갓치 ᄀᆡ명졍도에 닐으도록 인도흠이 한인에게 복이됨이라ᄒᆞᄆᆡ
셰샹사람이 거의 다 이말을고지듯고ᄒᆞᄂᆞᆫ말이 일본은 한국의 보
호쟈요 이등박문은 한인의 은인이라 한인은 이것을 몰으고 아
직 비쳑ᄒᆞ여 그러ᄒᆞ되 죵ᄎᆞ 일본의 은혜를밧아 잘 진취ᄒᆞ고보
면 다 ᄭᆡ닷고 아모시비업슬이라ᄒᆞ고 잇ᄂᆞᆫ차에 한인들이 아라ᄉᆞ
희삼위를 근거디로 삼고잇스며 맛참 그ᄯᆡ에 ᄉᆞ티분과 이등박문
을 살히ᄒᆞᄂᆞᆫ일이 싱기ᄂᆞᆫ지라 일인은 이런긔회를타서 셰샹에 ᄃᆡ
ᄒᆞ야 말ᄒᆞ기를 한인이 죵시도 아라ᄉᆞ를 의지ᄒᆞ며 일인을 비쳑
ᄒᆞᄂᆞᆫ ᄉᆞ샹으로 아국과 미쥬로 근거디를삼아 암살ᄃᆡ를 ᄭᅮᆷ여가지
고 뎌의를위ᄒᆞ야 일ᄒᆞᄂᆞᆫ 모든 일본관인이나 미국 친구들이라도
다 암살ᄒᆞ기를 쥬장ᄒᆞᆫ다ᄒᆞᄂᆞᆫ지라 한국사람들은 망국ᄒᆞᆫ한이 업지
안은즁 ᄌᆞ긔동포들이 남에게 포학ᄒᆞᆫᄃᆡ졉밧ᄂᆞᆫ것을 보던지 혹일인

이나 셔양사람이나 셰샹에 돌아다니며 글을짓거나 연셜을 ᄒᆞ거나 한국과 한인에게ᄃᆡᄒᆞ야 무리불공ᄒᆞᆫ 말을발ᄒᆞᆯᄯᆡ에 엇지츙분ᄒᆞᆫ 마음이 업스리오 이 츙분ᄒᆞᆫ 마음을 품은재 형편과 ᄉᆞ졍을 ᄉᆞᆲ혀 마음을 굽히고 도라안져 셔양인의 문ᄌᆞ를비화 남의뜻을알며 ᄌᆞ긔의뜻을 알니기도ᄒᆞ고 죠ᄒᆞᆫ친구를 만히엇어 셰력을널니며 의로온일을 힘써힝ᄒᆞ야 셰샹에 동졍을 엇어가지고 긔회를 기달여 말이나 일이나 ᄒᆞᆯ진ᄃᆡ 슌풍을엇어 돗다는것갓치 우리의 목뎍ᄃᆡ에 달ᄒᆞᆯ수잇슬줄은 밋쳐ᄉᆡᆼ각지못ᄒᆞ고 다만 혈긔지용을가지고 불평ᄒᆞᆫ 마옴을 품는재 업지안이ᄒᆞ니 대져 분ᄒᆞᆫ일을 당ᄒᆞ야 남과 싸호고져ᄒᆞ는마옴이 ᄉᆡᆼ기는것은 즘ᄉᆡᆼ이나 사람이나 일반이라 한인의 쳐디에 안즌재 누가 불평ᄒᆞᆫ 마옴이 업슬이오만은 결단코 남을 암살ᄒᆞ자던지 무졍부회 라던지 허무당 명석의 모든단톄는 업거놀 년젼에 젼국인심이 격동되엿슬ᄯᆡ에 한、두가지 불힝ᄒᆞᆫ일이 잇슴을 인연ᄒᆞ야 일인이 이런말로 셰샹에 들어ᄂᆡ미 남들은 혹 고지듯고 한인을 얼마 의심ᄒᆞ는쟈도 업지안은지라 이런 형편을

송도ᄯᅩᄂᆞᆫ한영서원

인연ᄒᆞ야 한국션쳔 쟝로교학교학싱들을 잡아가두며 윤치호 량젼ᄇᆡᆨ등 모든유명ᄒᆞᆫ 교회인도쟈들을 잡아가두고 말ᄒᆞ기를 이사람들이 ᄃᆡ라우지 통감을 암살ᄒᆞ려 ᄒᆞᆫ다ᄒᆞ미 윤치호 량젼ᄇᆡᆨ모모졔씨를 아ᄂᆞᆫ사람은 이런일에 의심ᄒᆞᆯ 리치가업지만은 혹 그 학교안에 지각업ᄂᆞᆫ 학싱들이 무슨 혐졀이 잇셧ᄂᆞᆫ가 의심ᄒᆞ며 공평히 심사ᄒᆞᄂᆞᆫ 날에ᄂᆞᆫ 무죄ᄒᆞᆫ 졔씨ᄂᆞᆫ 다 무ᄉᆞ방면 될이라ᄒᆞ고 기달이더니 ᄯᅩ 얼마후에 반포되ᄂᆞᆫ말이 미국 션교ᄉᆞ 수십명이 한인들과 동모ᄒᆞᆫ 증거가 들어낫다ᄒᆞᄂᆞᆫ지라 그졔ᄂᆞᆫ 교회에셔 닐어나 지판에 참여ᄒᆞ미 ᄉᆞ실이 비로소 발각되엿ᄂᆞᆫᄃᆡ 이죄수들을 악형으로 특초ᄒᆞ야 모모션교ᄉᆞ를 공초에 꿈여 넛ᄂᆞᆫ바 션교ᄉᆞ즁 일본의 ᄃᆡ일 죠흔친구로 지목밧ᄂᆞᆫ쟈몃치 ᄯᅩ한 그즁에든지라 미국 각교회에셔 이말을듯고 일변으로우스며 일변으로분ᄒᆞ여 닐ᄋᆞ기를 일본이 과연이런줄은 몰낫다ᄒᆞᄂᆞᆫ재 만히싱겨 각쳐에셔 비밀히공회를녈고 방칙을 의론ᄒᆞ기에 닐으럿더니 각교회에셔ᄂᆞᆫ 헤레르드 신문으로좃차 급ᄒᆞᆫ소식은 몬져듯고 각쳐에목ᄉᆞ들은 분분히 회집

ᄒᆞ야 이일을 의론ᄒᆞ며 혹 아직ᄭᆞ지도 일인의말을 고지듯고 교회핍박이업다고 ᄒᆞ던쟈들도 비로소셰닷고 ᄒᆞᄂᆞᆫ말이 일본이 이러케ᄒᆞᆯ줄은 ᄯᅳᆺᄒᆞ지못ᄒᆞ엿다ᄒᆞ니 이ᄂᆞᆫ 헤레ᄅᆞ드 신문이 교회긔관이 안인ᄃᆡ 이러틋 명ᄇᆡᆨ히 들어ᄂᆡᄂᆞᆫ 연고ㅣ라 만국신문 련합회 ᄃᆡ표로 일본에가 잇ᄂᆞᆫ쟈이 이런일을 실졍ᄃᆡ로 보고ᄒᆞ지 안이ᄒᆞ엿다ᄒᆞ야 시비가 분〻히 닐어나더라

그러ᄒᆞ나 이일을 아직ᄭᆞ지도 셰상에 아ᄂᆞᆫ사람이 젹은것은 무삼 연고이뇨 그연고가 여러가지이니 쳣지 한인으로 말ᄒᆞᆯ지라도 얼마즘은 알고져ᄒᆞ야도 알슈가업셔 모로ᄂᆞ니 외국션교ᄉᆞ들이 이일에ᄃᆡᄒᆞ야 아ᄂᆞᆫ바를 한국교인들의게 다 알녀쥬면 혹 한인ᄉᆞ이에 무슨소동이싱길념려가 업지안이ᄒᆞᆫ즉 일인은 션교ᄉᆞ들이 한인을 션동ᄒᆞ야 비밀운동을 힝ᄒᆞᆫ다고 공격이 더욱 심ᄒᆞᆯ터이니 도로혀 일에 방히가 잇슬가 념려ᄒᆞᆷ인고로 모든일을 비밀히 힝ᄒᆞ미 쳥국북경과 샹히와 광동등디와 오스트레ᄅᆞ니아쥬에잇ᄂᆞᆫ 외국션교ᄉᆞ들ᄭᆞ지 셩명도 모로ᄂᆞᆫ쟈들이 한국각교회와 쳥년회 인도쟈

들의게 편지ᄒᆞ며 한국교우들이 쥬를위ᄒᆞ야 모든 핍박을 당ᄒᆞ며
의를인ᄒᆞ야 고난밧는것을 감샤ᄒᆞ는말로 동졍을표ᄒᆞ는쟈이 여러히
로되 지어 우리나라에잇는 션교ᄉᆞ들은 아모말도 업슨즉 한인들
이 ᄌᆞ셰ᄒᆞᆫ 리허를 들을수 업스며 한인들은 속박을 엇더케 당
ᄒᆞ엿던지 슌검에게 잡혀가셔 악형을당ᄒᆞ고 나온쟈이 감히형벌당
ᄒᆞᆫ말을못ᄒᆞ며 사람이 당쟝에 피옷슬입고 옥에셔 ᄲᅢ녀나와 그잇
ᄒᆞᆫ날에 ᄯᅡ에 뭇친것을 번연히 보앗지만은 일인은 악형을 쓰는
일이 도모지업다고 발명ᄒᆞ는ᄃᆡ 아모말ᄒᆞ는 사람이업스며 그 친
구가 지금잡혀갓스되 소문을 젼ᄒᆞ기 두려워ᄒᆞ며 무슴 ᄭᅡᄃᆞᆰ으로
몃십명 몃빅명이 잡혀가 어ᄃᆡ잇스며 엇더케된지 한 도셩안에셔
도 디옥속갓치 모로고 안졋거늘 무슴ᄉᆞ졍을 들을수잇슬이요 함
을며 한인의 다슈ᄒᆞᆫ 대부분은 아직ᄭᅢ지도 예수교회가 후셰령혼
샹 관계만 잇는줄알고 쟝ᄅᆡ 이셰샹 복락의 긔초되는것은 아직
도 ᄭᅢ닷지못ᄒᆞ며 ᄯᅩ한 이 옥ᄉᆞ가 교회에 관계되는 줄로만알고
우리젼국인민의 공동ᄒᆞᆫ 희망에 관계ᄒᆞᆫ줄은 모로는고로 알고져ᄒᆞ

지도안이ᄒᆞ며 혹 엇던사람은 혜아리되 외국 션교ᄉᆞ들이 한국의
친구인쳬ᄒᆞ나 실상은 일인을 도으며 한인이 교회로인연ᄒᆞ야 어
리셕게 ᄒᆡ를밧으되 도을수도업고 도을ᄉᆡᆼ각도 안이ᄒᆞ니 다쓸ᄃᆡ업
다ᄒᆞ야 남의일보듯ᄒᆞ미 그 리허를 알수업스며 둘지 미국인으로
말ᄒᆞᆯ진ᄃᆡ 셰계모든 나라의 정치상이나 샹업샹이나 젼징이나 평
화샹 졔반ᄒᆡᆼ동에 각〻 ᄌᆞ미붓치ᄂᆞᆫ일이 만흔즉 동양에 죠고마ᄒᆞᆫ
한국일에ᄃᆡᄒᆞ야 별로 즁대히 녁일것이업ᄂᆞ니 이ᄂᆞᆫ 교회일에 ᄌᆞ
미붓치지못ᄒᆞᆫ 미국인 대부분의 졍형이며 기외에 얼마즘은 비일
ᄒᆞᄂᆞᆫ ᄉᆞ샹을 포함ᄒᆞ야 무슴긔회던지 엇으면 일인 비쳑ᄒᆞᄂᆞᆫ뜻을
고동ᄒᆞ미 이ᄉᆞ샹이 미쥬안에 졈졈자라니 이ᄂᆞᆫ ᄐᆡ평양량편에잇ᄂᆞᆫ
두 나라ᄉᆞ이에 평화를위ᄐᆡ롭게ᄒᆞᆯ일이라고 미국모든 정치가이나 각
샤회 인도쟈들이 깁히념려ᄒᆞᄂᆞᆫ바인ᄃᆡ 한국교회 핍박ᄉᆞ건이 닐허
나 졈졈 션동되ᄂᆞᆫ것을보고 죵용히 죠쳐되기를 희망ᄒᆞ엿ᄂᆞ니 이
ᄂᆞᆫ 다만 미일량국간에 평화를 일흘가 념려ᄒᆞᆯ뿐안이라 일로인연
ᄒᆞ야 한국교회가 더욱ᄒᆡ를 밧을가 두려워 ᄒᆞᆷ인고로 쟉년十월十

一에、뉴욕셩에셔 특별히 만찬회를녈고 젼 국무대신졔씨와 대학교 교쟝졔ᄉ이며 모모 신ᄉ들이 모혀의론ᄒ고 이우에 긔록ᄒᆫ바와갓치쟉뎡ᄒᆫ것이라 그럼으로 각쳐에 목ᄉ회집ᄒ던것을 다 뎡지ᄒ고 각 졍치신문에 민심고동ᄒᄂᆫ 소문을ᄂᆡ지안이ᄒ고 다만 각션교회 총부에셔 혹은 ᄃᆡ표를 와쉥톤으로보ᄂᆡ기도ᄒ고 혹은 한국셔울에 파송ᄒ기도ᄒ야 각별 졍즁히 쥬션ᄒ며 일변으로ᄂᆫ 교회핍박ᄒᄂᆫ 허물을 다 일본경찰셔로 돌녀보ᄂᆡ여 일본 졍부에셔ᄂᆫ 다 모로ᄂᆫ것을 슌검들이 모ᄒᆡᄒ야 ᄋᆡᄆᆡᄒᆫ 교인들을 핍박홈이라ᄒᄂᆞ니 이ᄂᆫ 일본졍부에셔 외교샹 톄면을 파히손샹치 안이ᄒ고 이 ᄉ건을 번복ᄒ야 무ᄉ히 타쳡ᄒ기를 희망ᄒᄂᆫ 연고이더라

당초 일본사람의 ᄉᆡᆼ각에ᄂᆫ 션쳔학교 학ᄉᆡᆼ들을 잡아가두어 안밧게 ᄆᆡᆨ락이 샹통치못ᄒ게만든후에 위력으로 륵공을밧아 데라우지를 모살ᄒ엿다ᄂᆫ ᄌᆞ복을 밧으며 ᄯᅩᄒᆫ 모모션교ᄉ와 동모ᄒ엿다ᄂᆫ 공초를 증거삼아 한인은 혹 十년、五년감검에쳐ᄒᆫ후 그공초

를들어 셰상에 셜명ᄒᆞ기를 미국 션교ᄉᆞ들이 한인과동모ᄒᆞ여 일본관인을 살히ᄒᆞ엿다고ᄒᆞ면 셰상에셔 ᄃᆡ답ᄒᆞᆯ말이 업슬터인즉 이것을 인연ᄒᆞ야 교회와 션교ᄉᆞ를 곳 공박ᄒᆞ면 만ᄉᆞ여의에 소원셩취ᄒᆞᆯ줄로 녁엿던바인ᄃᆡ 의외에 셰샹에셔 이 소식을몬져들어ᄂᆡ여 시비가 분분히 닐어나ᄂᆞᆫ지라 일본이 모든시비를 ᄃᆡ답ᄒᆞ기위ᄒᆞ야 각쳐월보、잡지에 ᄂᆡ인글에 대강 그 ᄉᆞ의인즉 일본이 예수교회를 핍박ᄒᆞᆷ이안이오 예수 교회속에 불법ᄒᆞᆫ 빅셩을 다ᄉᆞ림이라 一千九百八년에 한국외부고문관 미인 스틔분을 미국션푸린시스코에셔 암살ᄒᆞᆫ쟈이 한국예수교인이오 一千九百九년十월에 한국에 뎨일큰은인 이등박문을 하빈에셔 암살ᄒᆞᆫ쟈이 한국텬쥬교인이오 동년十一월에 일본총리대신이 한국을 유람ᄒᆞᆯ때에 암살ᄒᆞ기를 모의ᄒᆞ던쟈 二十一명즁 十八인은 예수교인이라 그 젼후로 일진회원즁 각쳐에셔 살히를 당ᄒᆞᆫ쟈이 합九百二十六인이며 一千九百十년十二월二十八일에 통감데라우지가 의쥬압록강에 다리노은 락셩식을 힝ᄒᆞ고 셔울로 회졍ᄒᆞᄂᆞᆫ길에 한인학싱들이 일졔히 션쳔뎡

거쟝에 나와셔 영졉홀식(연로각쳐에 학교마다 지휘ᄒᆞ야 일본긔를 밧치고 일졔히 뎡거쟝에 나오니 이는 슌검이나 동쟝이 일일히 지휘ᄒᆞ야 식히ᄂᆞᆫ바이더라)통감의 탄긔차가 오졍즘되여 뎡거쟝에달ᄒᆞ민 흉계를 ᄭᅬᄒᆞᄂᆞᆫ쟈들이 륙혈포와 단도를 두루미기속에 감초어 쥰비ᄒᆞ여가지고 긔회를 기달일식 통감은 무심히 차에셔나려셔 답례ᄒᆞ니 모히ᄒᆞ랴ᄂᆞᆫ쟈들이비록 三、四보안에셧스나 슌검이극력보호홈으로 능히하수치못혼지라(이는 쟈년봄에 일본통감부에셔 발포혼 셜명셔즁에 잇ᄂᆞᆫ말)이ᄉᆞ건이 맛참발각되미 일본셔는 이 죄인을 다ᄉᆞ림이오 교회를 핍박홈이 안이로라ᄒᆞ며 ᄯᅩ한 아옷륙월보(쟈년十二월十四일)에말혼바인즉 금년졍월분에 일본슌검이 한국ᄂᆡ디에셔 강도 무리를잡아셔 심ᄉᆞ혼즉 그 강도의목뎍이 빅셩의 직물을 륵탈ᄒᆞ여다가 져의가 쓰자ᄂᆞᆫ것이 안이오 익국당 신민회의 경비를보충ᄒᆞ야 일본관인을 암살ᄒᆞ자ᄂᆞᆫ운동을 확장코져홈이라이 젹당의 공초를인연ᄒᆞ야 심ᄉᆞ혼즉 츙쳥남도 각 디방과 평양、션쳔등디 각 예수교 즁심디에 신민회근거디를 비밀히셜시ᄒᆞ고 일

본관인 암살ᄒᆞ기를 경영ᄒᆞᆫ지 오랜고로 스틔분과 이등박문을 살히ᄒᆞᆫ것과 리완용을 침범ᄒᆞᆷ과 일진회원 九百二十六인을 ᄂᆡ디각쳐에 살히ᄒᆞᆫ것이 다 이 ᄋᆡ국당들의 힝ᄒᆞᆫ일이라 이 강도죄로잡힌죄인이 긔왕에도 만핫스나 금년 졍、이월간에(一千九百十二년)공초에 난쟈 여러ᄇᆡᆨ명을 착수ᄒᆞ고 四월분에 일일히 심ᄉᆞᄒᆞ야 공초밧은것이 三十五권칙이된지라 통감데라우지를 모살ᄒᆞᆫ 음모가 이공초로 발각되엿ᄂᆞᆫᄃᆡ 동모쟈 一百二十三인을 ᄉᆞ힉ᄒᆞᆫ즉 ᄃᆡ반이나 교회학교에교ᄉᆞ와 학싱이며 목ᄉᆞ、젼도ᄉᆞ등과 윤치호 량긔탁 류동열등이 다 예수교인이라 六월二十八일에 한국경셩에셔 지판을 시쟉ᄒᆞᆯ시 공긔지판으로 방청을허락ᄒᆞ니 죄수의친쳑과 션교ᄉᆞ가 얼마 모혓스며 률ᄉᆞ十六인이 출셕ᄒᆞ엿ᄂᆞᆫᄃᆡ 급기 심문ᄒᆞᄂᆞᆫ 자리에ᄂᆞᆫ 모든죄인이 다ᄋᆡ민ᄒᆞ다고 변명ᄒᆞ엿더라운운 일인들이 이러ᄒᆞᆫ여러 말로무수히 변명ᄒᆞ니 이ᄂᆞᆫ 다 남이고지들을만치 ᄭᅮᆷ인말이라 만일 四、五년젼에만이런일이 잇셧더면 남이 혹 의심업시밋어셔 말ᄒᆞ기를 일인이 뎌러ᄐᆞᆺ셜명ᄒᆞ니 뎡녕 거짓되지 안으리라고 ᄒᆞᄂᆞᆫ쟈ㅣ 만헛슬것이며 만

일 예수교회에만 관계가 업셧더면 곡직허실간에 셰샹에셔 도모지 물을비 업셧슬것이어늘 지금은 미국안에셔도 ᄎᆞᄎᆞ 일인의셩질을 ᄭᆡ닷는쟈ㅣ만ᄒᆞ며 ᄯᅩ한 예수교회를 모살흉도의 굴혈로모는 자리에 엇지셰샹사람들이 다 눈감고안져 고지듯고져ᄒᆞ리오 각교회에셔 ᄯᅡ로ᄉᆞ실ᄒᆞ여다가 각각 그 교회신문에 젼파ᄒᆞ야 지금미국에셔 밋는바는 일인의 셜명ᄒᆞ는바와 대단히갓지안이ᄒᆞ더라

지금은 우리가 일본당국쟈들과 한국교회ᄉᆞ이에 관계되는 대강형편을샹고ᄒᆞ야 이갓치 츙돌이싱기기에 이른ᄉᆞ실을셜명ᄒᆞᆯ지니 일본이 한국을졈령ᄒᆞᆫ후로 외교샹 형편을 ᄯᅳᆺᄃᆡ로만들어노은즉 ᄂᆡ디에 민심을 졍돈ᄒᆞ는것이 긴즁ᄒᆞᆫ 일인ᄃᆡ 각 디방에셔 의병ᄃᆡ로 닐어나는것은 아모리만ᄒᆞᆯ지라도 단련ᄒᆞᆫ 져의군ᄃᆡ로 규률업시 젼시공법도 모로고 완젼치못ᄒᆞᆫ긔계로 닐어나는것을 뭇지르기 심히 용이ᄒᆞ며 여러만명을 각 디방에셔 함몰 식힐지라도 셰샹에셔는 도모지 알지도못ᄒᆞᆯ터이니 별로 걱졍될것이업셔그러ᄒᆞ되 다만 예수교회는 국즁에 뎨일큰단톄라 ᄂᆡ외국인이 합동ᄒᆞ야 한덩어리가

되여가지고 각 ᄂᆡ디와 ᄆᆡᆨ락이 샹통ᄒᆞ며 서양각국과 호흡을교통ᄒᆞᄂᆞᆫ바이며 겸ᄒᆞ야 이안에잇ᄂᆞᆫ쟈들인즉 ᄉᆡ졍신을밧아 ᄋᆡ국ᄉᆞ샹이 가장굿게 ᄇᆡᆨ인지라 이사람들은 잘속이기도 어렵고 단환으로 졔어ᄒᆞ기도 불능ᄒᆞᆫ즉 은혜를베풀어 졍의를엇ᄂᆞᆫ것이 샹칙인줄을 ᄭᆡ달은지라 일변으로 교회인도쟈들과 교셥도ᄒᆞ며 ᄌᆡ졍을쥬어 교회일을 찬죠도ᄒᆞ며 션교ᄉᆞ들을 ᄃᆡᄒᆞ야 말ᄒᆞ기를 우리ᄂᆞᆫ 한인의현셰 ᄒᆡᆼ복을 도읍고져ᄒᆞᄂᆞᆫ쟈이오 그ᄃᆡ들은 한인의 후셰ᄒᆡᆼ복을 도읍고져ᄒᆞᄂᆞᆫ쟈이니 피ᄎᆞ에 목뎍이 갓흔지라 함ᄭᅴ도아 일ᄒᆞ자ᄒᆞ며 일변으로 세샹에 반포ᄒᆞ기를 만일 아라ᄉᆞ가 됴션을 졈령ᄒᆞ게되엿더면 예수교라고ᄂᆞᆫ 씨도남기지안엇슬터이어ᄂᆞᆯ 우리가 쥬장ᄒᆞ게된고로 종교ᄌᆞ유를 일톄로 보호ᄒᆞ리니 예수교회에 ᄎᆞᄎᆞᄒᆡᆼ복이라ᄒᆞ며 일변으로ᄂᆞᆫ ᄌᆞ긔나라에가잇ᄂᆞᆫ 션교ᄉᆞ들로ᄒᆞ여곰 각국에다니며 연셜도ᄒᆞ고 글도지어 일본이 한국교회를 도아쥬노라고 셜명ᄒᆞ니 영、미각국에셔ᄂᆞᆫ 방쟝 일인이 아인을 쳐물니치고 아셰아쥬를 완젼히보젼ᄒᆞᆷ을 젼고에 희한ᄒᆞᆫ일로알아 일인을 칭찬ᄒᆞᄂᆞᆫ말이

날로싱길ᄯᅢ인즉 이런말을듯고 엇지일호인들 의심ᄒᆞ리오 과연 일인이 한국을 차지ᄒᆞᆫ것은 교회와 한인의게 일대로 힝복이라ᄒᆞᄂᆞᆫ지라 한국에와잇ᄂᆞᆫ 션교ᄉᆞ들이 감안히 살펴본즉 한국에 령셩ᄒᆞᆫ교인이 젹수공권으로 닐어나셔 독립을 회복ᄒᆞᆯ쳐디ᄂᆞᆫ못되엿고 셜령일인이 속으로ᄂᆞᆫ 한국교회 흥왕ᄒᆞᄂᆞᆫ것을 슬혀ᄒᆞᄂᆞᆫ줄을 알지라도 영,미국 각 교회에셔들은 일인의 말을고지듯고 일본관인들을 슌종ᄒᆞᄂᆞᆫ것이 올흔줄로알거ᄂᆞᆯ ᄌᆞ긔네가 홀로반ᄃᆡᄒᆞ면 한인을션동ᄒᆞ야 비일ᄒᆞᆫ다고 시비를 들을터인즉 ᄌᆞ긔네쳐디도 위ᄐᆡᄒᆞ며 교회도 ᄯᅩᄒᆞᆫ 위ᄐᆡᄒᆞᆯ 념려가잇고 겸ᄒᆞ여 션교ᄉᆞ들의 직칙인직 무론 어ᄂᆡ나라 사람이던지 그 디방관리를복종ᄒᆞ며 질셔를직혀 졍치샹 문뎨에 간셥이업시 다만 령혼뎍 ᄉᆞ업에종ᄉᆞᄒᆞᄂᆞᆫ것이 아죠예수교 밧드ᄂᆞᆫ 나라들의 일뎡ᄒᆞᆫ통례인ᄃᆡ 만일 한인의 익국ᄉᆞ샹을위ᄒᆞ야 일본관리를 비쳑ᄒᆞᄂᆞᆫ ᄐᆡ도를보히면 결단코 용납을 엇을수업ᄂᆞᆫ지라 그런즉 ᄌᆞ긔들의ᄉᆞᄉᆞ리희를 비교ᄒᆞ던지 한국교회의쟝리를보던지 불가불 일본관리들을 진심으로도아 한인의 비일ᄉᆞ

샹을 졍돈식히면 종ᄎᆞ 한일량국 인민이 합일ᄒᆞ야 평등으로 리익을 누릴날이 잇슬가 바람이라

그럼으로 션교ᄉᆞ들이 젼력ᄒᆞ야 교회안에서 무삼졍치 연셜을ᄒᆞ거나 외국ᄉᆞ샹을 발표ᄒᆞ는것은 일금ᄒᆞ며 일인의 원ᄒᆞ는바는 ᄒᆞᆯ수잇는ᄃᆡ로 시힝ᄒᆞ여쥬엇ᄂᆞ니 이는오히려 공졍ᄒᆞᆫ 션교ᄉᆞ들의 ᄃᆡ도라ᄒᆞᆯ여니와 기외에 몃몃사람은 일인의수단에 팔닌비되여 혹은외국에다니며 말ᄒᆞ기를 일인이 한국을위ᄒᆞ야 한량업시 죠흔일을만히ᄒᆞᆫ다고ᄒᆞ며 일인과 한인이 영영히 한ᄇᆡᆨ셩 되는것이 됴션사람의 복이라고도ᄒᆞ며 혹은 젼국에 셜립된 엡웟쳥년회를 업시ᄒᆞ야 다시모히지 못ᄒᆞ게ᄒᆞᄌᆞ는쟈도잇스며 혹은 한인들이 당쟝옥즁에셔 악형을 당ᄒᆞ거ᄂᆞᆯ 글을지어 신문에 ᄂᆡ는말이 일인은당초에 악형쓰는일이 업다고ᄒᆞ는지라 이 사람들도 다 ᄌᆞ긔들의 밋는것이잇셔셔 이런말을 ᄒᆞ엿슬터이지만은 실샹과는 위반이 되는지라 엇지한인을 위ᄒᆞ는쟈의 공졍ᄒᆞᆫ 말이라ᄒᆞ리오 한인의 감졍이 날로 심ᄒᆞ기에닐으니 또한 ᄌᆞ연ᄒᆞᆫ형셰라 이런사람이 션교ᄉᆞ즁에 다만

한,둘뿐이지만은 일인을도아말ᄒᆞᄂᆞᆫ 한,두사람의뜻은 셰샹에 셜명ᄒᆞ기가쉬울뿐더러 일인인즉 이런말을 엇어들으면 한인에게와 셔인에게 공포ᄒᆞ기를 젼력ᄒᆞᄂᆞᆫ바인즉 이ᄂᆞᆫ 이런말로 한인들의 션교ᄉᆞ 믜워ᄒᆞᄂᆞᆫ 마ᄋᆞᆷ을 고동식히고져ᄒᆞᆷ이라 기타 공졍ᄒᆞᆫ 마ᄋᆞᆷ이잇ᄂᆞᆫ 션교ᄉᆞ들은 비록 이런말을 변명ᄒᆞ고져ᄒᆞ나 말로도 ᄒᆞᆯ수업고 글로도ᄒᆞᆯ수업셔 아모말못ᄒᆞ고 묵묵히 볼ᄯᅡ름이니 한인들의보기에ᄂᆞᆫ 미국션교ᄉᆞ들이 다 일인을도아 일ᄒᆞᄂᆞᆫ쟈들이라 졍치를의론ᄒᆞ지못ᄒᆞ게ᄒᆞ며 외국ᄉᆞ샹을 발표ᄒᆞ지못ᄒᆞ게ᄒᆞ며 일인의 모든잔혹ᄒᆞᆫ힝위를 조곰도 의론ᄒᆞ지못ᄒᆞ게ᄒᆞ며 우리가 원굴ᄒᆞᆷ을 밧으되도아쥬지 안이ᄒᆞ고 도로혀 불공불평ᄒᆞᆫ 일본관인에게 밀어돌닐뿐이니 션교ᄉᆞ도 우리의친구가 안이며 교회ᄂᆞᆫ 우리나라를 멸시ᄒᆞᄂᆞᆫ긔관이며 목ᄉᆞ와 교회인도쟈들은 다 구복에팔녀셔 셔인의 로예가되여가지고 아직 육신이나 의탁ᄒᆞ다가 죽어셔령혼들이나 잘ᄉᆞ자ᄂᆞᆫ 썩어진 물건들인즉 우리의 쟝릐희망될것은 아죠업다고ᄒᆞᄂᆞᆫ지라 이ᄂᆞᆫ 한국사람들이 그 형편을 알지못ᄒᆞᄂᆞᆫ고로 일본사람

들의 교활ᄒᆞᆫ 수단즁에셔 이런관렴을 일희킴이니 이즁에셔 외국
션교ᄉᆞ의 물망은(二)졈졈 떠러지며 예수교회의 ᄉᆞ업은 날로손ᄒᆡ를
당ᄒᆞ니 또한 ᄌᆞ연ᄒᆞᆫ형셰라

션교ᄉᆞ들의 ᄉᆡᆼ각에ᄂᆞᆫ 오ᄂᆞᆯ 한국사람들의게 시비와 반ᄃᆡ를들으
면셔라도 교회의 긔초만 잘잡어노엇스면 한인의 희망이 쟝ᄎᆞ이
즁에셔 ᄉᆡᆼ길터이오 교회에셔ᄂᆞᆫ 졍치상 간셥만아니ᄒᆞ면 일인이방
ᄒᆡᄒᆞᆯ리가 업스리라ᄒᆞ야 일인의말을 얼마즘 밋은것이오 일인인즉
졍부관할ᄒᆞᆯ일을 다맛친후에 즉시교회관할ᄒᆞᆯ일을 시쟉ᄒᆞ야 지나간
三년동안을 百반으로쥬션ᄒᆞᆯ시 일변으로ᄂᆞᆫ 간졉반ᄃᆡ를ᄒᆡᆼᄒᆞ며 일변
으로ᄂᆞᆫ 외교수단을 부렷ᄂᆞ니

쳣지 반ᄃᆡ운동으로 말ᄒᆞᆯ진ᄃᆡ 한국에 예수교셜립된후로 졈졈쇠
잔ᄒᆞ야가ᄂᆞᆫ 불교를 일본이확쟝ᄒᆞ여 경셩ᄂᆡ외각쳐에 졀을크게짓고
남녀를 취집ᄒᆞ며 승도들의 권리를늘여 교ᄌᆞ나 인력거를타고 죵
로대로샹에 완만히 횡ᄒᆡᆼᄒᆞ며 ᄌᆡ와불공을들여 셩셰를확쟝ᄒᆞ니 무
식ᄒᆞᆫ(三)ᄇᆡᆨ셩들은 구름모히듯 ᄒᆞᄂᆞᆫ지라 평시로말ᄒᆞ면 이것이다 일

본에셔 힝ᄒᆞᄂᆞᆫ일이라 ᄇᆡᆨ졔시졀에 우리나라에셔 도승을보ᄂᆡ여 불도를 일본에 젼파ᄒᆞᆷ으로 일본이 우리의문명을 빌어갓더니 지금에와셔 일본이 우리에게 다시갑ᄂᆞᆫ것이 ᄯᅩᄒᆞᆫ 당연ᄒᆞᆫ 일이지만은 은연즁 한국예수교회에ᄃᆡᄒᆞᆫ 영향이 업지안이ᄒᆞ며

은근히 동학여당을도아셔 일본에가잇던 손병희와리용구로ᄒᆞ여곰 텬도교라 시텬교라ᄂᆞᆫ것을 셜시ᄒᆞ야 경셩즁앙에 져의 소위 교당을 크게짓고 예수교회 례ᄇᆡ졀ᄎᆞ를 비화다가 경문을 외오며 텬쥬를 셤긴다ᄒᆞ미 경향에 어리셕은 ᄇᆡᆨ셩들은 손씨리씨를 텬신갓치 ᄇᆞ라고 됴셕ᄯᆡ에 ᄇᆡᆨ미 二、三숙갈식을모아 보ᄂᆡ며 시텬쥬조화뎡 영셰불망 만ᄉᆞ지라ᄂᆞᆫ 동학의 경문을 대셩랑독ᄒᆞ며 당이 ᄇᆡᆨ만명에 달ᄒᆞᆫ다ᄒᆞ니 이것도 외양으로보면 일본이 조곰도 간셥이 업ᄂᆞᆫ듯ᄒᆞ나 二、三十명 한인도 단톄를 짓지못ᄒᆞ거던 엇지ᄇᆡᆨ만명 한인의 동학여당이 단톄짓ᄂᆞᆫ것을 ᄭᆞᄃᆞᆰ업시 허낙ᄒᆞ여쥬리오 일로만보아도 그 리허를 가히 추측ᄒᆞ겟ᄉᆞ며

이외에 공ᄌᆞ교라 단군교라 즁앙교라ᄒᆞᄂᆞᆫ 여러가지 명목이실로

다 헤이기 어려오며 일본죠합교회에셔(경그리게이쉰엘) 션교ᄉᆞ를경셩에보ᄂᆡ여 일인은ᄂᆡ여놋코 한인의게 젼도ᄒᆞ며 기외에 다른교회를 셜립ᄒᆞ야 한인즁 명망잇다ᄂᆞᆫ 쟈들로 젼도를식히며 일본쳥년회를 셔울에 셜시ᄒᆞ야 한인쳥년회와 련합ᄒᆞ기를쳥ᄒᆞ니 이ᄂᆞᆫ 은근히 한국예수교회를 반ᄃᆡᄒᆞᄂᆞᆫ 졍칙이오

둘지는 외교수단이니 죵죵 일본려관이나 일본목ᄉᆞ의집에셔 연회와 만찬을 ᄇᆡ셜ᄒᆞ고 한국에 일홈잇ᄂᆞᆫ교회와 쳥년회 인도쟈들을쳥ᄒᆞ야ᄃᆡ졉ᄒᆞ며 혹 한인려관이나 한국 은힝소집에 특별간친회를열고 ᄌᆞ죠쳥ᄒᆞ되 한인들은 ᄇᆡᆨ반으로핑계ᄒᆞ고 잘가지안이ᄒᆞ며 한국목ᄉᆞ와 쳥년회 쥬무원들을 쳥ᄒᆞ야 관광단을 죠직ᄒᆞ고 일본을유람식히되 얼마ᄂᆞᆫ 핑계ᄒᆞ고 안이가고 그즁에참여ᄒᆞᆫ 사람은 ᄯᅩ한 마지못ᄒᆞ야 ᄉᆞᆯ녀가셔 관광ᄒᆞ고 올ᄲᅮᆫ이라 죵죵 한인들을 ᄃᆡᄒᆞ야 은근히 격동ᄒᆞᄂᆞᆫ말이 한국 예수교회가 이맛치확쟝되엿스니 지금은 능히 독립교회를 셜시ᄒᆞᆯ만ᄒᆞᆫ지라 일본은 몃ᄒᆡ젼에 발셔 몃교회가 련합ᄒᆞ야 쟝로교니 감리교니ᄒᆞᄂᆞᆫ명목에 구별이업시 일

미국第四년총회에 참셕할대표 리승만을 선거할때에 모혓든 각디방 교회대표원들

본 예수교회라고 일홈을 통칭ᄒᆞ고 교회에 쥬쟝을 모도일본인으
로ᄂᆡ며 감독을 일본인으로 션뎡ᄒᆞ고 교회 졍부를 독립ᄌᆞ격으로
셰워 미국션교총회에셔 쥬관ᄒᆞ지 못ᄒᆞ게ᄒᆞ되 다만 지졍으로 도
아쥬기와 션교ᄉᆞ를 보ᄂᆡ여 여젼히 찬셩ᄒᆞ고 모든ᄉᆞ무는 일본인
이 쥬관ᄒᆞ야 션교ᄉᆞ들로ᄒᆞ여곰 엽헤셔찬죠ᄒᆞ는 디위만가지고 임
의로 좌지우지ᄒᆞ는 폐단이업게ᄒᆞ엿스ᄆᆡ 셔양목ᄉᆞ 교ᄉᆞ들을 텬신
갓치 셤긴다던지 일본교우들을 노예갓치 ᄃᆡ졉ᄒᆞ는 폐습이 죠곰
도 업는지라 한국교회가 이만치 확쟝되엿슨즉 우리교회의 모본
을ᄡᅥ셔 독립교회를 셜시ᄒᆞ면 참 한인의 ᄒᆡᆼ복이 되리라ᄒᆞ며 ᄯᅩ
한편으로 말ᄒᆞ기를 한국과일본이 한 나라이된후로는 우리가 맛당히
졍의를 친목ᄒᆞ야 셔로ᄉᆞ졍을 ᄌᆞ셰히 알어야 될터인ᄃᆡ 우리예수
교로 말ᄒᆞ면 다 모든사람을 일톄로 형뎨갓치 사랑ᄒᆞ는 교이니
우리 동양사람들이 교회중으로 련락ᄒᆞ야 함ᄭᅴ일을 잘ᄒᆞ여야 셔
양인의 수욕과 멸시를 밧지안이ᄒᆞ리라ᄒᆞ는지라
한인의 쳐디에안져 이런말을 들으면 ᄯᅢ마다 다 졀〻히 뎍당

三十四

ᄒᆞᆫ줄로 알터이지만은 멀니ᄉᆡᆼ각ᄒᆞᄂᆞᆫ이들이잇셔 감안이 마련ᄒᆞ여본즉 그즁에 의심이업지 안이ᄒᆞᆫ지라 위션 졍치샹 경력으로만 보아도 일인들이 나셔〻 우리를 독립ᄒᆞ라고ᄒᆞ더니 얼마후에는 보호국이라ᄒᆞ더니 ᄯᅩ 얼마후에는 합병이라ᄒᆞ엿슨즉 지금와셔 우리예수교회를 독립ᄒᆞ라ᄂᆞᆫ것이 ᄯᅩᄒᆞᆫ 이ᄯᅳᆺ에셔 지나지안이ᄒᆞᆫ듯ᄒᆞᆫ 의심이 ᄌᆞ연히ᄉᆡᆼ기며 셔양션교ᄉᆞ들이 우리를 노예로 ᄃᆡ졉ᄒᆞᆫ다ᄂᆞᆫ문ᄃᆡ로 말ᄒᆞᆯ지라도 과연 몃몃시로나온 셔인즁에 혹 거만무례ᄒᆞᆫ사람이 업지안치만은 일본샹뎐의 ᄃᆡ졉과는 갓지안이ᄒᆞ며 ᄌᆡ졍일관으로 말ᄒᆞᆯ지라도 교회에 대범ᄒᆞᆫ 경비는 우리가 ᄌᆞ담ᄒᆞᄂᆞᆫ터이지만은 미국에셔 ᄆᆡ년에 엇어오ᄂᆞᆫ것도 불소ᄒᆞᆫ즉 ᄯᅩᄒᆞᆫ 깁히ᄉᆡᆼ각ᄒᆞ지 안을수 업ᄂᆞᆫ일이오 겸ᄒᆞ여 독립ᄒᆞᄂᆞᆫ것이 죳키는 ᄒᆞ지만은우리의 준비가 아즉 다 되지못ᄒᆞᆫ지라 일본은 교회독립ᄂᆞᆯ 경영ᄒᆞᆯᄯᅢ에 미리 총쥰소년을ᄐᆡᆨᄒᆞ야 미국각교회 신학교에보ᄂᆡ여 몃ᄒᆡ식예비ᄒᆞ여가지고 도라온후에 착수ᄒᆞ엿슴으로 그일을 능히담당ᄒᆞ여가ᄂᆞᆫ것이지만은 우리는 아모것도업시 별안간에 ᄯᅡ로나면 그일을

다 누가담당ᄒᆞ겟스며 셜령 다 잘ᄒᆞᆯ수가 잇슬지라도 지금은 이것을 의론ᄒᆞᆯᄯᅵ가 안이라 미국교회와 련락ᄒᆞᄂᆞᆫ즁에셔 우리일을남이알수도잇고 남의일을우리가 비ᄒᆞᆯ수도잇셔 피ᄎᆞ에 련락교통ᄒᆞᆷ으로셔로리익을 엇을지니 구타여 변경ᄒᆞᆯ 필요가 업슬뿐더러 우리의한가지 길 녈닌것을 우리의 손으로 막어노으면 남의 흉계에 ᄲᅡ질념려가잇슨즉 긔왕에 교회독립를 경영ᄒᆞ엿슬지라도 이ᄯᅢ에는발론ᄒᆞᄂᆞᆫ것이 불가ᄒᆞ다ᄒᆞ야 일인의 모든권면ᄒᆞᄂᆞᆫ말이 죠곰도 효험이업고 한인과 미인이 더욱친근ᄒᆞ야 교회의ᄉᆞ업이 날로확쟝되니일본당국쟈의 깁히근심ᄒᆞᆷ이 ᄯᅩ한 고이치안토다

대뎌 한국교회 인도쟈들은 예수교회안에셔 독립젼징을 쥰비ᄒᆞ자던지 비일ᄉᆞ샹을 고동ᄒᆞ야 독립을 회복ᄒᆞ자ᄂᆞᆫ 모든 어리석은졍치샹ᄯᅳᆺ은 일호도 업지만은 부지즁 일본졍부의 졍략과져촉되ᄂᆞᆫ두가지 큰관계가잇스니 첫지는외교샹관계요 둘지는ᄂᆡ치샹관계라

외교샹관계

첫지외교로 말ᄒᆞᆯ진ᄃᆡ 일본졍부의 목뎍이 한국은 영히 셔양각

三十六

국과 교섭을 아죠쓴허셔 일본이 그안에셔 무엇을ᄒᆞ던지 셰샹에
셔 도모지 모르게ᄒᆞ는것이 긴요ᄒᆞᆫ지라 한국에샹업샹 리익이 별
로크지못ᄒᆞ미 셔양에 부샹대고가 가장쥬목ᄒᆞ지 안이ᄒᆞ며 여간쟝
ᄉᆞ몃몃 잇든것은 합병ᄒᆞᆫ이후로 다 거더가지고 도라갓스며 긔왕
한국 정부에셔 인허ᄒᆞᆫ 영인、미인의 금광은 긔한이ᄎᆞ면 다 물너
갈터이며 미인이 착수ᄒᆞ엿던 경인텰로와 경셩닉에 뎐차 회샤며
뎐등회샤는 다 일인이 쥬장ᄒᆞ도록 만들엇고 경셩닉에 셔양사람
이 셜시ᄒᆞ엿던 의스토리아와 손틱 두 려관은 일인이 다 사셔 하
나는 업시ᄒᆞ고 하나는 통감부에셔 쥬장ᄒᆞ미 셔양에 유력ᄒᆞᆫ 샹
고들은 당초에 그곳에 들어갈 ᄉᆡᆼ각도 업거니와 간혹 유람ᄎᆞ로
잠시 지날지라도 ᄌᆞ연히 향ᄒᆞᆯ곳이그곳이오 말ᄒᆞᆫ마듸를 물어도 일
인을 ᄎᆞ져갈밧게 달은수업스며 혹 고명ᄒᆞᆫ신ᄉᆞ가 유람으로 지날
진딕 부산항구에셔나 의쥬암록강에셔붓허 병뎡、슌검、외교관으로 젼
후좌우를 옹위ᄒᆞ고들어와셔 만찬과 연회로 셩대히 졉제ᄒᆞ며 대
일본뎨국의 영광을˙ 낫하닐것과 못된됴션인종의 더럽고 츄ᄒᆞᆫ것을

자랑식ᄆᆡ여보ᄂᆡ 한인이나 션교ᄉᆞ는 당초에 담화ᄒᆞᆫ마ᄃᆡᄒᆞᆯ수업는지
라 이럼으로 한국에 다녀온사람들은 한국에셔 본것이 일인의것
이오 들은것이 일인의말이오 밧은것이 일인의ᄃᆡ졉이라 ᄌᆞ연진졍
으로던지 외양으로던지 일본의 영귀ᄒᆞᆫ광ᄎᆡ를 일월갓치 빗ᄂᆡ여쥬
니 이는 다 일본당국쟈의 십분여의ᄒᆞᆫ 바이지만은
다만 예수교회에 닐으러는 이와갓지안이ᄒᆞ야 셔인의지졍과 셔
인의인력으로 셜시ᄒᆞᆫ것이 일됴일셕에 업셔지〻도 안을것이오 一、二
十년ᄂᆡ로 것어갈리치도업ᄉᆞ며 그 교회가 잇슬ᄯᆡᄭᆞ지는 셔양각예
수밋는 나라들과 통셥ᄒᆞ는 문을 막을수업슬터이며 ᄯᅩ한 션교ᄉᆞ
들은 한인의게 리익을 구ᄒᆞ려온것이 안이오 다만 한인의령혼샹
힝복을 쥬고져ᄒᆞ야 온것이니 관계가 ᄌᆞ연밀졉ᄒᆞᆫ지라 외국에가셔
한국교회에 셩황을 셜명ᄒᆞ며 한국에와셔 셔양교회의 졍황을말ᄒᆞ
야 졍의를통ᄒᆞ며 동졍을표ᄒᆞ야 피ᄎᆞ간에 예수를 밋음으로 인연
ᄒᆞ야 한형데와 한집안되는 리치를 갈아치는지라 한인은 아모친
구도업고 도라볼곳이업셔 혹은 락심ᄒᆞ고물너가 아모것도 ᄉᆡᆼ각ᄒᆞ

져안뎐쟈들이 비로소 교회에 들어가 션교ᄉᆞ들을 의탁ᄒᆞ야 셔로
놋치못ᄒᆞᆯ 친구로녁이나 션교ᄉᆞ들이 한인의외교ᄒᆞᄂᆞᆫ 뎨일 큰 소
ᄀᆡ요

셰계유람ᄀᆡᆨ들이 구미각국에셔 항샹 ᄅᆡ왕ᄒᆞᄂᆞ니 다만 셰샹구경
이나위ᄒᆞ야 다니ᄂᆞᆫ이들은 아셰아에 갈젹에 위션ᄉᆞ억만인구를 차
지ᄒᆞᆫ 뎨일오린나라 청국에가셔 북경、샹히、광동등디에 유명ᄒᆞᆫ동샹
대도회며 만리쟝셩과 밋 셩시루듸에 二、三、千년된 고젹을 구경코
져ᄒᆞ며 그후는 일본에들어가 모든셤에 졀승ᄒᆞᆫ경ᄀᆡ며 횡빈과동경
에 셔로ᄀᆡ명된 셩활졍도며 유명ᄒᆞᆫ 잉도쏫과 비단기모노등 모든
아름다온물죵을 구경ᄒᆞ고져ᄒᆞ지만은 급기 한국에 닐으러는 별로
신션ᄒᆞᆫ것이 젹은즉 혹 쥬마간산으로 총〻히 지나거나 그러치안
으면 아죠들너지도안코 지나가그러ᄒᆞ되 급기 교회에 젼력ᄒᆞᄂᆞᆫ쟈
들은 혹 한국션교ᄉᆞ의 연셜을 듯던지 혹 교회유람ᄀᆡᆨ의 말이나
글을인연ᄒᆞ야 한국예수교회・ᄉᆞ젹을알고본즉 한국이란 나라는 과
연 신긔ᄒᆞᆫ곳이라 미국션교ᄉᆞ들이 들어간지 三十년이 다못되여그

안에 교회일이 엇더케 잘되엿던지 엇던교회는 삼일례빅로 모히
는남녀교인이 평균히 千여명식 된다ᄒᆞ며 하ᄂᆞ님을 셤기는열셩과
긔도ᄒᆞ는 열심이 엇더케 간졀ᄒᆞ던지 그례빅에 한번참여ᄒᆞ면 셩
경에 말삼ᄒᆞᆫ바 녯젹 오슌졀에 셩신감화를 밧은것갓치 더운마음
을 엇어가지고 온다ᄒᆞ는지라 이런말을듯고 흠모ᄒᆞ는뜻이 심즁에
가득ᄒᆞ야 혹 엇던사람은 죠흔집과 사랑ᄒᆞ는 가속을 다ᄂᆡ여놋코
한국에가셔 하ᄂᆞ님의 일을ᄒᆞ겟다고 ᄌᆞ원도ᄒᆞ며 혹은 한국에아모
리 가고져ᄒᆞ여도 나히 좀 만흠을인연ᄒᆞ야 션교총회에셔 밧지안
이ᄒᆞᆫ즉 성젼에 한국ᄯᅡ만 발바보고 쥭어도 한이업겟다ᄒᆞ며 혹은
엇던신문이나 월보즁에셔 한국교인의 셩명을엇어 조희쪽에 몃십
명을 젹어가지고 됴셕으로 긔도ᄒᆞᆯᄯᅢ에 이 열명록을닐거가며 이
사람들을 다 복쥬소셔ᄒᆞ는지라 이런것은 다 ᄂᆡ눈으로 본것이니
그 셩명은 다쓰지안이ᄒᆞ나 그사람들이 지금도 다 어ᄃᆡ〻〻잇셔
셔 은근히 한국을위ᄒᆞ야 돈보ᄂᆡ는것이 ᄯᅩ한 불소ᄒᆞ더라 영、미국
교회 친구들이 한국을되ᄒᆞ야 이러틋 흠모ᄒᆞ는고로 교회에 유력

흔이들이 동양에 갈때에는 졔빅ᄉᆞᄒᆞ고 한국을심방ᄒᆞᄂᆞ니 이ᄂᆞᆫ젼수히 한국교회를 구경도ᄒᆞ고 그 졍형을 연구도ᄒᆞ려홈이라 이런친구들은 한국에 갈때마다 의례히 그소친ᄃᆡ로 션교ᄉᆞ의 집을ᄎᆞ져 들어가ᄂᆞ니 일인이 다른곳으로쳥ᄒᆞ야 졉ᄃᆡ홀수도업고 쳥홀지라도 가지안이ᄒᆞᆫ즉 ᄆᆡ양한국션교ᄉᆞ의 집에가셔류ᄒᆞ며 한인례비당에셔 례비를 보던지 혹 연셜을ᄒᆞ던지ᄒᆞ고 한국교우에집을 심방ᄒᆞ야 한국교회는 엇지ᄒᆞ여셔 뎌러틋 흥왕되ᄂᆞᆫ 리유를물으며 방법을 연구ᄒᆞ고 혹 졍치상ᄉᆞ졍을 은근히 탐지ᄒᆞ며 한인이 그나라를일코 남의속박중에셔 오ᄂᆞᆯ날 모든곤난을당ᄒᆞ나 하ᄂᆞ님이 특별히 한인들을 ᄐᆡᆨᄒᆞ셔셔 세샹에 빗ᄂᆞᆫ일을 힝ᄒᆞ게ᄒᆞ셧ᄉᆞᆫ즉 아즉환난을 인ᄂᆡᄒᆞ며 부ᄌᆞ런히일ᄒᆞ면 ᄌᆞ연히 무궁ᄒᆞᆫ 복락을 눌일날이 잇스리라ᄒᆞ야 이런말로 일변권면도ᄒᆞ며 일변위로도ᄒᆞ니 이는결단코 일인들의 원치안이ᄒᆞᄂᆞᆫ비라 일인이 빅반으로 뎌희코져ᄒᆞ여도 홀수업스며 긔회를엇어 ᄌᆞ긔들의 ᄌᆞ랑시러온 공뢰를 보히교져ᄒᆞ나 교회에 유람ᄒᆞᄂᆞᆫ쟈들인즉 외교샹례면으로 한두번 통감

부에 심방ᄒᆞᄂᆞᆫ외에는 별로히 일인을 갓가히ᄒᆞ고져 안이ᄒᆞ니 일인이 또한 셰력이나 외교수단으로도 엇지ᄒᆞᆯ수업ᄂᆞᆫ지라

대뎌 영、미국에 큰도덕가들인즉 셰계에보통뎍 ᄉᆞ샹이만코 한나라이나 한 인종을위ᄒᆞᄂᆞᆫ 편협ᄒᆞᆫ샹틱가 젹은고로 셰력을밋고 의를져바리ᄂᆞᆫ쟈를 물니치며 잔약곤고ᄒᆞ야 남의학ᄃᆡ 밧ᄂᆞᆫ쟈를 도읍고져ᄒᆞ기를 맛치예수가 셰샹에 계실ᄯᅢ에 힝ᄒᆞ신바와 갓치ᄒᆞᄂᆞ니 이는사람마다 마음속에 얼마쯤 텬연뎍으로싱기ᄂᆞᆫ 셩질이지만은 특별히 예수교회 진리로 만히 발달식힌ᄇᆡ라 영、미국사람들이 년젼 아라ᄉᆞ의 담도무리ᄒᆞᆷ을 증계ᄒᆞ야 일본을 뒤로밧쳐쥬어 아라ᄉᆞ를 ᄯᅢ거뉘게 ᄒᆞ엿스ᄆᆡ 그ᄯᅢ에 은근히 밋고발안바는 일본이 셰계모든나라의 공번된 리익을위ᄒᆞ야 싸호ᄂᆞᆫ터이니 아인을모라ᄂᆡ면 아셰아동방에 샹업샹이나 종교샹ᄌᆞ유와 공익을 모든나라이 일톄로 엇게ᄒᆞ기를 긔약ᄒᆞᆫ연고ㅣ러니 급기아인이 물너가고 일인이 들어오ᄆᆡ 일인의 힝ᄒᆞᄂᆞᆫ일이 아인의 힝ᄒᆞ려ᄒᆞ던바와 조곰도 달을것이업ᄂᆞᆫ지라 그 일ᄒᆞᄂᆞᆫ수단은 갓지안으되 결과는 다한가지니 가

四十二

령 비유로말ᄒᆞᆯ진ᄃᆡ 산협에 한 부촌이잇거ᄂᆞᆯ 아인은 ᄇᆡᆨ쥬대로샹에 군긔를 가지고 북을치고 라팔을불며 십리오리에 방포를노아 들네며 동구에 들어가ᄂᆞᆫᄃᆡ로 살인츙화ᄒᆞ야 로약을 잔히ᄒᆞ며 부녀를 겁박ᄒᆞ고 가산즙물과 양뎐광ᄐᆡᆨ을 낫낫치점령ᄒᆞᄆᆡ 그 잔혹무도ᄒᆞᆷ을 셰샹이 다아ᄂᆞᆫᄇᆡ요 일인은 쳐음에 혹 유리ᄀᆡ걸ᄒᆞᄂᆞᆫ모양이나 친구심방ᄒᆞᄂᆞᆫ 거동으로 집신감발ᄒᆞ고 하나둘식 듬듬히들어가셔 허리를굽히고 고ᄀᆡ를숙여 겸손ᄒᆞᆫ빗과 다졍ᄒᆞᆫ말로 하인청힝낭방을 구셕구셕ᄎᆞ져가며 ᄎᆞᄎᆞ쥬인과 ᄉᆞ괴여 건넌방 안방에엇어들어가 남의창ᄌᆞ속을 낫낫치 글거ᄂᆡ여가지고 긔회를엇어 일시에 닐어나 쥬인과하인을 일톄로 결박ᄒᆞ야 혹 쳔인ᄀᆡㅇ참에 모라넛키도ᄒᆞ며 혹 아모소ᄅᆡ업시 감안히 업ᄃᆡ여 자진ᄒᆞ게 만들고 가산즙물을 다뎌의것을 만드ᄂᆞ니 셰샹에셔 당쟝은 그리허를 알지못ᄒᆞᄂᆞᆫ지라 얼마동안은 일인의 겸손ᄒᆞᆫ 톄모와 담대ᄒᆞᆫ 의긔를 칭찬ᄒᆞ엿지만은 사람의 죄악을 영영감초지못ᄒᆞᄂᆞ니 그 ᄉᆞ실이다 들어나ᄂᆞᆫ날은 셰샹이 속은줄을 ᄭᆡ닷고보ᄆᆡ 일인과 아인의 ᄒᆞᄂᆞᆫ

일이 다 한가지인줄을 알지라
만쥬ᄉᆞ건으로만 볼지라도 일、아젼징젼에ᄂᆞᆫ 일인이 셰샹에반포ᄒᆞ
기를 ᄌᆞ긔네가 아인을 물니치고 만쥬를 ᄀᆡ방ᄒᆞ야 모든 나라이
다 일톄로 통샹리익을 누리게혼다ᄒᆞ더니 지금은 셔양사ᄅᆞᆷ이 샹
업이나 졍치샹으로 만쥬에가셔 발을붓칠곳이업게 만들어 노엇스
며 젼징젼에ᄂᆞᆫ 일인이 셰샹에 젼파ᄒᆞ기를 한국에들어가셔 농、샹、공
업에 모든 리익을 발달식여 한인의유익ᄒᆞᆷ을 경영ᄒᆞ며 종교ᄌᆞ유
를보호ᄒᆞ야 예수교회가 흥왕ᄒᆞ게혼다ᄒᆞ더니 지금은 ᄇᆡᆨ반리익을다
일인의 욕심만 최우고 한인은 졈졈벌어먹고 살수가업게되며 아
라ᄉᆞ사ᄅᆞᆷ과 달나셔 예수교회를 불지르며 예수교인을 살히ᄒᆞᄂᆞᆫ일
은 감히못ᄒᆞ지만은 속으로 교회를 반ᄃᆡᄒᆞ야 부지ᄒᆞᆯ수업도록 만
들기를 샹하관민이 일심으로 쥬션ᄒᆞᄂᆞᆫ지라 이형편을 셰샹사ᄅᆞᆷ들
이 엇지영영모로리요 이럼으로 셰샹사ᄅᆞᆷ들이 일인의ᄒᆡᆼ위를 의심
ᄒᆞ며 일인의 리허를살피ᄂᆞᆫ재 졈졈더싱기ᄂᆞ니 이 엇지인력으로막
을재리오

함을며 교회유람긱들은 산쳔경긔나 구경ᄒᆞᄂᆞᆫ쟈들과 달나셔 도
쳐에 졍치、종교、샤회샹 모든형편을 ᄉᆞ실ᄒᆞ야 셰계대셰를 비교ᄒᆞ
여가지고 이곳형편은 뎌 나라에가셔 셜명ᄒᆞ며 뎌나라ᄉᆞ졍은 달
은곳에 젼파ᄒᆞ야 모든나라와 모든인종의 문명졍도를비평ᄒᆞ며 졍
의를 샹통ᄒᆞ야 도덕ᄉᆞ상을 발달식임으로 직칙을삼ᄂᆞ니 한국의ᄂᆡ
졍을 연구ᄒᆞ야 셰계에 젼파ᄒᆞᄂᆞᆫ재 다 이사ᄅᆞᆷ들이라 이런유람긱
즁에도 혹은 소경단쳥구경ᄒᆞ듯시 다녀가셔 ᄌᆞ긔들의 ᄉᆡᆼ각나ᄂᆞᆫᄃᆡ
로 이럭뎌럭 말ᄒᆞᄂᆞᆫ사ᄅᆞᆷ도 업지안치만은 대뎌 눈ᄯᅳ고 귀열고다
니ᄂᆞᆫ 사ᄅᆞᆷ은 동양에가셔 얼마잇스면 한국교회의 날로 흥왕ᄒᆞᆷ과
일본관리들의 교회반ᄃᆡᄒᆞᄂᆞᆫ 졍형을 낫낫치알고 도라가셔 ᄒᆞᄂᆞᆫ말
이 일본은 예수교를 반ᄃᆡᄒᆞ며 한국은 몃ᄒᆡ안에 예수교 나라가
될지라 가령일본에 인구八千명되ᄂᆞᆫ 도셩을볼진ᄃᆡ 예수교 잘밋ᄂᆞᆫ
곳이라야 불과 一、二、百명신쟈에 지나지못ᄒᆞ며 례ᄇᆡ당은 조고마
ᄒᆞ고 ᄉᆞ찰과 신당이괴ㅇ쟝ᄒᆞ며 교회에다니ᄂᆞᆫ쟈ᄂᆞᆫ젹고 불교와 신
도에 참여ᄒᆞᄂᆞᆫ쟈ᄂᆞᆫ 만어그러ᄒᆞ되 한국은 그와갓지 안이ᄒᆞ야 조

고마ᄒᆞᆫ 션쳔고을에 八千명사ᄂᆞᆫ즁에 교인이 四千명이상이오 례일
굉쟝ᄒᆞᆫ집은 례ᄇᆡ당과 학당이며 그부근촌락이 다수히 예수교인
의촌이며 례ᄇᆡ일이면 평균히 一千二百명이샹과 一千五百명이하되
ᄂᆞᆫ 슈효가 二三ᄎᆞ식 모혀례ᄇᆡ보며 三일긔도회에 참여ᄒᆞᄂᆞᆫ 남녀
가 七百명이샹 一千명이하가되ᄂᆞᆫ지라 션쳔보다 더큰 평양ᄀᆞᆺ흔대
도회쳐ᄂᆞᆫ 더욱굉쟝ᄒᆞ니 이ᄂᆞᆫ 영、미국교회에셔 부러워ᄒᆞᆯ일이오
본밧을일이라 하ᄂᆞ님이 한인을 특별히ᄐᆡᆨᄒᆞ샤 동양에 예수교문명
을 긔초잡게ᄒᆞ신고로 교인들이발셔졔쥬도와 북간도와 만쥬、히삼위
등디와 북경에ᄭᆞ지 션교ᄉᆞ를 파송ᄒᆞ야 유력ᄒᆞ게 젼도ᄒᆞᄂᆞ니 우
리가 이ᄯᅢ에 한국교회일에만 젼력ᄒᆞ면 한인들이 일본과 쳥국을
다 예수교로 인도ᄒᆞ리라ᄒᆞ며 간혹일인이 교회학ᄃᆡᄒᆞᄂᆞᆫ졍형을 혹
비밀히 셜명도ᄒᆞ며 혹들어나게 공담도ᄒᆞ야 불공평ᄒᆞᆷ을 들어ᄂᆡ기
도ᄒᆞᄂᆞ니 이ᄂᆞᆫ 일본을 비쳑ᄒᆞᄂᆞᆫ ᄉᆞ샹이안이오 다만 한국교인들
의 신심독실ᄒᆞᆷ을 알게ᄒᆞ야 ᄌᆞ긔나라 쳥년들을 권면ᄒᆞ고져ᄒᆞᆷ이라
ᄌᆞ리로 예수교ᄂᆞᆫ 핍박즁에셔 긔초를잡아 예수교문명을 발달식인

ᄒᆞᆷ인고로 핍박을밧으며 예수를 ᄯᅡ르ᄂᆞᆫ쟈를 참 예수교인으로 인증ᄒᆞᄂᆞᆫᄇᆡ라 슈十년젼에 션교ᄉᆞ들이 동양에가셔 션교ᄒᆞ기를시쟉ᄒᆞᆯᄯᆡ에 ᄌᆞ긔나라에셔 반ᄃᆡᄒᆞᄂᆞᆫ 사ᄅᆞᆷ들이 만ᄒᆞ셔 비평ᄒᆞᄂᆞᆫ말이 동양인죵에 예수밋ᄂᆞᆫ쟈들은 다 밥이나엇어먹으려 오ᄂᆞᆫ쟈들이지 실샹교인은 안이라고 ᄒᆞ던터인고로 지금이런증거를 들어다가 비평ᄒᆞᄂᆞᆫ쟈들의 언단을 막고져ᄒᆞᆷ이라 셔양교회 신문、잡지에 이런의론이 종종 긔ᄌᆡ되엿더라

그런즉 한국교회 인도쟈들이나 셔양션교ᄉᆞ들이나 외국교회 유람ᄀᆡᆨ들이 실샹은 졍치샹 간셥이 잇다던지 일인을 빗쳑ᄒᆞᄂᆞᆫᄉᆞ샹을 포함ᄒᆞᆷ은 안이로되 한국에 교회하나잇ᄂᆞᆫ ᄭᆞ닭을인연ᄒᆞ야 한국졍치샹 졍형을 외국에셔 알게되며 외국의 졍의를 한국에 련락ᄒᆞᄂᆞᆫ지라 일본당국쟈들이 엇지이것을 모로며 엇지이것을 즐겨ᄒᆞ리오 이형편이 졈졈잘알진ᄃᆡ 일후일본에 한 후환이 될념려도 업지안이ᄒᆞᆫ지라 그럼으로 일본이 외교샹 관계로인연ᄒᆞ야 한국교회를 실혀ᄒᆞᄂᆞᆫ 것이며

ᄂᆡ치샹관계

둘ᄌᆡ는 한국교회가 일본ᄂᆡ치졍칙에 방히됨이라 당초에 일본이 됴션을 먹을젹에 욕심만ᄒᆞᆫ쟈이 쥬인업ᄂᆞᆫ 고기덩이를 맛ᄂᆞᆫ것갓치ᄒᆞ야 잘드ᄂᆞᆫ갈과 리로온 포크로(삼지챵갓ᄒᆞᆫ젹가락)잘버혀서 한입에 삼켯지만은 큰고기덩이를 잘셕일넌지 이것이 한 큰 문뎨라 ᄃᆡ뎌 고기가 샹에노엿슬ᄯᆡ에는 갈과포크가 대단히 요긴ᄒᆞ지만은 급기고기가 목에넘어간후에는 갈과포크가 소용이업ᄂᆞ니 이는 그 고기가 뎨ᄒᆞ야 잘 소화되지 못ᄒᆞᆯ지라도 갈날이 능히 ᄇᆡ속에든 식물을 잘삭게ᄒᆞᆯ수 업ᄂᆞᆫ연고ㅣ라 일본이 병력을 힘닙어 됴션을 잘삼켯지만은 병력으로써 한국을화ᄒᆞ야 일본이 되게ᄒᆞᆯ수는 업슬터인즉 쟝ᄎᆞ무엇으로써 신일본을만들며 엇더케ᄒᆞ여서 한국인민을 영구히 복종케ᄒᆞᆯ넌지 확실히 알지못ᄒᆞ야 각국 졍치가에셔 은근히 쥬목ᄒᆞ며 일본당국쟈들이 깁히 연구ᄒᆞᄂᆞᆫ바인즉 일본이 한국을 ᄃᆡᄒᆞᆫ빅반졍칙이 다 이것으로 종지를삼은지라 무엇이던지 이 졍칙을 도을만ᄒᆞᆫ쟈는 용납을엇을것이오 이졍칙을 방히ᄒᆞᆯ쟈는 결

단코 부지ᄒᆞᆯ수 업는형셰어ᄂᆞᆯ 한국에 예수교회가 일본사ᄅᆞᆷ의 싱각에는 ᄌᆞ긔나라에 정칙과 대단히 저촉되는 ᄭᆞ닭이여러가지니

(一) 교회가 한인의 ᄌᆞ유로 회집ᄒᆞ는 쳐소이라 대뎌 사ᄅᆞᆷ은 함ᄭᅴ회집ᄒᆞ면 ᄌᆞ연히 공론이 싱기며 단톄되는 셰력이 싱기는바이라 그럼으로 일본이 한국을 합병ᄒᆞᆫ후로 일본관리의 허락을엇기젼에는 한인이 四、五인이상으로도 단톄로 죠직을닐우지 못ᄒᆞ는빗어ᄂᆞᆯ 예수교회에셔는 특별히 종교ᄌᆞ유를 의뢰ᄒᆞ고 남녀로소가 무란히회집ᄒᆞᄆᆡ 젼국인심이 다 그리로 ᄶᅩ이는지라 각 향곡에교당을 셜시ᄒᆞ고 ᄆᆡ락을 샹통ᄒᆞᆫ즉 이젼독립회와 모든 정치단톄에 인도쟈로 명망잇던이들이 만히그리로 들어가 셰력을합동ᄒᆞᄆᆡ 젼국에 큰 단톄를 닐운지라 청년ᄋᆡ국쟈들이 三三五五이 경향에츌몰ᄒᆞ며 소릐를놉혀 젼도ᄒᆞ는말이 우리는 나라도업고 아모것도업지만은 텬국을 몬져구ᄒᆞ면 모든것이 다ᄯᅡ라싱기리라ᄒᆞ며 텬국긔를 금ᄒᆞᆫ후로 ᄆᆡ 경졀을당ᄒᆞ야 젹십ᄌᆞ긔를 회당에놉히날니며 ᄋᆡ국가를 금ᄒᆞᆫ후로 찬미가를ᄃᆡ용ᄒᆞ야 밋는사ᄅᆞᆷ들아 군병갓흐니 압

경셩닋외에잇는 二十여쳐 각ᄉᆞ립학교학싱셩경공부

東京留朝鮮學生運動會

헤가신쥬를 ᄯᅡ라가ᄌᆞᄂᆞᆫ 곡조를 놉흔소ᄅᆡ로 긔운차게 부르ᄂᆞᆫ지라
슌검、병뎡과 비밀졍탐이 틈틈이 셰워들어 일동일졍을 낫낫치 탐
지ᄒᆞᆯ시 구복이 어려워셔 비밀히 졍탐ᄒᆞ여다 쥬ᄂᆞᆫ쟈들은 몃푼월
급에 팔닌비되여 듯고보ᄂᆞᆫ것을 ᄉᆞ실에 지나게 젹어다 쥬ᄂᆞᆫ지라
엇던목ᄉᆞ하나ᄂᆞᆫ 너의원수를 사랑ᄒᆞ라ᄒᆞ신 셩경에 말삼으로 젼도
ᄒᆞᆫ후에 슌검쳥에셔 불너다가 으르며뭇ᄂᆞᆫ말이 네원수라ᄒᆞᆷ은 누구
를 지목ᄒᆞᆷ이냐 ᄒᆞ엿스며 일본동경 대학교에셔 졸업ᄒᆞ고 경셩으
로도라온 모씨ᄂᆞᆫ 죵로쳥년회관에셔 연셜ᄒᆞᆯ시 ᄌᆞ긔의 젼일경력을
말ᄒᆞ다가 심ᄒᆞᆫ계모 알에셔 셜셰지낸 ᄉᆞ졍을 셜명ᄒᆞ엿더니 슌검
쳥에셔 말ᄒᆞ기를 이ᄂᆞᆫ 은근히 일본을 비유ᄒᆞᆷ이라ᄒᆞ야 삼쥬야를
옥즁에 가두엇다가 ᄂᆡ여노엇스며 셩탄일 방학시에 쳥년회 학생
들이 유희를 ᄭᅮᆷ여가지고 셩경말삼을 셜명ᄒᆞᆯ시 한가지유희ᄂᆞᆫ 구
약에 마셔가 이쉭렬 족속을 인도ᄒᆞ야 ᄋᆡ급왕의 속박을 면ᄒᆞ고
홍히를건너나오ᄂᆞᆫ거동을ᄭᅮᆷ엿더니 이속에 은근ᄒᆞᆫ 비유가 들엇다ᄒᆞ
야 무수히 곤욕을 당ᄒᆞ엿스며 기외에 이러ᄒᆞᆫ일이 비비유지ᄒᆞ야

四十九

이로 다말홀수업ᄂᆞ니 이는일인이 한국교회에 ᄌᆞ유회집홈과 ᄌᆞ유언론ᄒᆞ는 권리를 실혀ᄒᆞ는연고ㅣ요

(一一) 예수교회안에 활동력이 만흠이라 셰상에 모든ᄉᆡᆼ명가진물건은 다 활동ᄒᆞ는 힘으로써 이 경정ᄒᆞ는 셰샹에셔 ᄉᆡᆼ활을 엇으며 ᄉᆡᆼ존을 유지ᄒᆞ는바ㅣ니 만일사ᄅᆞᆷ이되여 이활동력이 업고보면 비록 ᄉᆡᆼ명은 아즉붓혓스나 변시죽은시톄와 달음이업는지라 엇지 활동ᄒᆞ는ᄉᆡᆼ명이라ᄒᆞ리요 한국이일본의합병을당ᄒᆞᆫ후로 한인이 락심ᄒᆞ며락망ᄒᆞ여 아모흥치도업고 아모경황도업스니 무삼활동력이 ᄉᆡᆼ기리요 ᄌᆞ리로 한인이 남을의뢰ᄒᆞ는즁에셔 한 습관이 된고로 임진년에 일본이 침범홀ᄯᅢ에도 명나라에 구원병을 쳥ᄒᆞ야 나라를 보젼ᄒᆞ엿고 갑신년 변란에도 기화당들은 일병을쳥ᄒᆞ야 대궐을 호위식엿고 완고픽들은 쳥병을불너 보호를 쳥ᄒᆞ엿스며 갑오년동학란에도 한편으로는 일병을쳥ᄒᆞ며 ᄯᅩ한편으로는 쳥병을 불너드려 ᄂᆡ ᄇᆡᆨ셩을 도륙ᄒᆞ고 량국의 츙돌을ᄂᆡ엿스며 무술년ᄉᆞ변에도 몃사ᄅᆞᆷ은 일병을 쳥구ᄒᆞ야 모야무지간에 대궐에 돌입ᄒᆞ야 국모를살히

ᄒᆞ엿고 님군은 아공ᄉᆞ를 의지ᄒᆞ고 보호를밧으ᄆᆡ 위ᄑᆡᆨᄉᆞᄑᆡᆨ를 태
산갓치 의뢰ᄒᆞ고 토디、삼림、금광을 ᄂᆡ여쥬며 ᄇᆡᆨ셩들은 일병의입
셩흠을 쥬야로ᄇᆞ라셔 일본에 망명ᄀᆡᆨ들이 오ᄂᆞᆯ온다 ᄂᆡ일온다 ᄒᆞ
다가 일아、젼징이ᄉᆡᆼ기며 그 결과로 이 디경에 닐으럿스ᄆᆡ 지금
은 삼쳑동ᄌᆞ라도 남을의뢰ᄒᆞ며 남을발아ᄂᆞᆫ것이 다어리셕은줄ᄭᆡ달
은지라 이졔는 더발알것이 아죠업다ᄒᆞ고 영영락심ᄒᆞ야 ᄆᆡᆨ이풀니
며 ᄉᆞ지가 게을너진지라 아모희망이업ᄉᆞᆫ즉 아모것도 ᄒᆞ고져ᄒᆞᄂᆞᆫ
ᄉᆡᆼ각이 나지안이ᄒᆞ며 아모것도 ᄒᆞ지안이ᄒᆞᆫ즉 활동력이업셔셔 날
로 쇠잔ᄒᆞ여가며 날로 부ᄑᆡᆨᄒᆞ여가ᄂᆞ니 비컨ᄃᆡ 사ᄅᆞᆷ의 륙신에원
긔가 쇠잔ᄒᆞ면 ᄇᆡᆨ병이 구츌흠과갓하셔 국민의 활동력이 쇠흠으
로인연ᄒᆞ야 모든부ᄑᆡᆨ흔힝위와 골육샹잔ᄒᆞᄂᆞᆫ 폐단이 층층히 ᄉᆡᆼ기
ᄂᆞ니 이는 지금우리나라에 보통졍형이어ᄂᆞᆯ

특별히 예수교회에 닐으러ᄂᆞᆫ 한량업ᄂᆞᆫ ᄌᆞ동력이 스ᄉᆞ로ᄉᆡᆼ겨셔
총쥰흔 쳥년들이 셔로인도ᄒᆞ며 권쟝ᄒᆞᄂᆞᆫ말이 온셰샹이 다 우리
의 뎍국이라도 우리가 예수와 친구만되면 뎨일친구가 만흔사ᄅᆞᆷ

五十一

이라ᄒᆞ며 우리는 군함대포가 하나도 업슬지라도 만능지력을 가지신 하ᄂᆞ님만 의탁ᄒᆞ면 셰샹에 두려올것이 업다ᄒᆞ며 우리의륙신은 죽어도 령혼을 죽일수업ᄂᆞᆫ쟈는 무셔울것이 업다ᄒᆞ며 우리는 아모것도 다 ᄒᆞᆯ수업지만은 하ᄂᆞ님의도를 젼ᄒᆞᄂᆞᆫ것은 셰샹에 감히 막을사ᄅᆞᆷ이 업다ᄒᆞ야 여러가지 이런말이 사ᄅᆞᆷ의간담에 들어가ᄆᆡ ᄉᆞᄉᆞ로 한량업ᄂᆞᆫ 능력이 ᄉᆡᆼ기ᄂᆞᆫ지라 만일이런말을 한、두사ᄅᆞᆷ의 의견으로 지어낸것갓ᄒᆞ면 혹 우리나라에 졍치샹 형편을인연ᄒᆞ야 인심을 고동식히ᄂᆞᆫ 잠시 부허ᄒᆞᆫ 말이라ᄒᆞᆯ터이지만은 一千九百여년젼에 예수가 모든고초와고란을격그며 ᄒᆞ신말ᄉᆞᆷ이오 그후 ᄉᆞ도들이 무수ᄒᆞᆫ 핍박과 형벌을당ᄒᆞ며 유젼ᄒᆞᆫ진리인고로 그ᄎᆡᆨ을보고 밋ᄂᆞᆫ쟈들의 마ᄋᆞᆷ가온ᄃᆡ ᄉᆞᄉᆞ로 이런굿센의긔와 담략이 ᄉᆡᆼ겨셔 태산갓흔능력이 금ᄒᆞᆯ수업시 소ᄉᆞ나ᄂᆞ니 이럼으로 당시로마국 셰력으로 능히 억졔ᄒᆞ지못ᄒᆞ엿고 구라파 각국뎨왕이 다복죵ᄒᆞᆫᄇᆡ된지라 이엇지 인력으로ᄒᆞᆯᄇᆡ리오 사ᄅᆞᆷ의 ᄒᆡᆼ치못ᄒᆞᆯ것을 ᄒᆡᆼᄒᆞ게ᄒᆞ며 업ᄂᆞᆫᄃᆡ셔ᄉᆡᆼ기게ᄒᆞ며 죽ᄂᆞᆫᄃᆡ셔 살기를 발아ᄂᆞᆫ것이 다예

수교의 오묘ᄒᆞᆫ리치라 이런리치가 마음속에 든후에는 모든사ᄅᆞᆷ이
다 락심ᄒᆞ여도 나ᄒᆞᆫ져 굿센마음이 ᄉᆡᆼ기며 슯허ᄒᆞᄂᆞᆫ즁에셔 락이ᄉᆡᆼ
기며 핍박즁에셔 힘이나ᄂᆞᆫ지라 함경、강원량도에 젼도ᄉᆞ로 뎨일유
명ᄒᆞᆫ모씨ᄂᆞᆫ 가ᄂᆞᆫ곳마다 활동력이 ᄉᆡᆼ겨셔 사ᄅᆞᆷ들이모혀 회당을지으
며 학교를 셜시ᄒᆞ야 각 도셩과 촌락에 ᄉᆡ 풍죠가 닐어나ᄂᆞᆫ지라
알본관리들이 무삼ᄉᆞ건을 빙ᄌᆞᄒᆞ엿던지 잡아가두엇다가 무수ᄒᆞᆫ고
초를 치른후에 인쳔압 조고마ᄒᆞᆫ 셤속으로 귀양보ᄂᆡ두엇ᄂᆞᆫᄃᆡ 얼
마후에 엇던친구가 듬을엇어가셔본즉 얼골에 화ᄉᆡᆨ이여젼ᄒᆞ며 긔
운이ᄉᆡᆼ〻ᄒᆞ야 셩경을가지고 일본관리에게 젼ᄒᆞ며ᄒᆞᄂᆞᆫ말이 일본이
예수를밋어야 참 강ᄒᆞᆫ나라이되리라ᄒᆞ니 일인들도 다 모씨를 죠흔
사ᄅᆞᆷ이라고 닐컷더라ᄒᆞ며 이번에 윤치호씨등 一百二十三인의 ᄉᆞ
건을 죠ᄉᆞᄒᆞ기위ᄒᆞ야 미국테네시에잇ᄂᆞᆫ 남감리교 션교회에셔 셔
울에파송ᄒᆞᆫ 션교회총무 핀슨씨가 ᄌᆡ판셕에 참여ᄒᆞ야 그 가친사
ᄅᆞᆷ들을 일〻히 ᄃᆡ면ᄒᆞ야보고 쟉년 九월二十九일에 보고ᄒᆞᆫ글에ᄒᆞ
엿스되

여러달포를 고초와 형벌밧은 사름들이 죠곰도 락심ᄒᆞ거나 공겁ᄒᆞᆫ 틔도가업고 졍직ᄒᆞᆫ형용과 엄졀ᄒᆞᆫ긔ᄀᆡ로 법관을ᄃᆡᄒᆞ니 미국안에셔도 이쳐디에잇셔〻 이와갓치 굿세게보젼ᄒᆞ는사름을 보기어려울지라 헌병들이 과연 뎨일 죠흔곡식을ᄐᆡᆨᄒᆞ야 버혀ᄂᆡᆫ줄 ᄭᆡ달을지라 이사름들은 다 무뢰ㆍ란류ᄇᆡ가 안이오 ᄐᆡ반이나 쟝로교의도리와 문답으로 무수히 단련ᄒᆞᆫ교인이니 이사름들의 외양을 볼지라도 대의관두ᄒᆞᆫᄉᆞ업에 위ᄐᆡᄒᆞᆷ을 무릅쓰고 용ᄆᆡᆼ스러히 나갈지언졍 어리셕은 ᄉᆡᆼ각으로 범죄에 ᄲᅡ질쟈는 결단코안이라ᄒᆞ엿더라

(三) 예수교회의 합심되는능력이라 대뎌 졍치상단톄는 항샹여러사름의 의견을합ᄒᆞ야 시비토론ᄒᆞ는즁에셔 가쟝조흔졍칙을ᄐᆡᆨᄒᆞ야 쥰ᄒᆡᆼᄒᆞ는바인고로 나라마다 졍치에 편당이잇스며 각 편당안에셔 또한 시비도닐어나며 반ᄃᆡ도ᄉᆡᆼ겨셔 즁대ᄒᆞᆫ일이 만흘ᄉᆞ록 풍파가 자조닐어나ᄂᆞ니 이는 각사름의 의견이갓지안이ᄒᆞ야 사름마다 ᄌᆞ긔의보는바와 ᄌᆞ긔의아는바를 뎨일 조흔줄로밋는즁에셔 ᄉᆡᆼ기는바

이니 졍치샹편당과 졍치샹시비는 아모나라에던지 다잇는것이지만
은 영、미국인의 졍치샹편당은 피ᄎᆞ닷톨ᄉᆞ록 국가에 유익ᄒᆞᆯ지인졍
큰화가되기에는 닐으지안이ᄒᆞᄂᆞ니 이는각인이 그닷토는대지를 이
져바리지안이ᄒᆞ야 그나라에 공동히 리로을것으로 목뎍을 삼은즉
ᄌᆞ긔의 힝코져ᄒᆞ는일이 나라에 유익ᄒᆞᆯ줄 아는ᄯᅢ에는 어ᄃᆡᄭᆞ지던
지 나갈수잇는ᄃᆡ로 나가보다가 급기 그일이 리롭지못ᄒᆞᆯ줄을 ᄭᅢ
달은후에는 곳바리고 남의ᄯᅳᆺ을 찬셩ᄒᆞ야 합동ᄒᆞ는고로 여러당파
가 다 한나라사ᄅᆞᆷ되는 단톄덕쥬의를 잇지안이ᄒᆞ지만은
우리나라사ᄅᆞᆷ들은 녯젹붓허 외국인들과 셕겨지ᄂᆡ지못ᄒᆞ고다만문
닷치고 ᄯᅡ로ᄌᆞ긔네셰리지ᄂᆡ며 그속에셔 셔로죠고마ᄒᆞᆫ 리히와 권
리를닷토어 三〻五〻이 갈너안져 닷토고잔힉ᄒᆞ던습관이 아조 골
수에 ᄇᆡᆨ인고로 급기 외국인과 교통ᄒᆞ야 아인、일인、셔인이 흔단
을찻노라고 기웃〻〻ᄒᆞ는즁에안져셔도 셔로닷토기를 마지안이ᄒᆞ며
뎌의들의 서푼、너푼되는 ᄉᆞ소ᄒᆞᆫ리히를 다 바리고 모도 일심합력
ᄒᆞ야 한 단톄를닐우어 외국인과 닷홀ᄉᆡᆼ각은 종시두지못ᄒᆞ고 도

로혀 셰력을ᄯᅡ라 다니노라고 각국공ᄉᆞ관을 ᄎᆞ져단니며 비밀히보
고ᄒᆞ기와 셔로잔히ᄒᆞ기를 일삼으며 외국인은 감안이안져셔 좌수
어인지공 ᄒᆞᆯᄯᅡ름이라 대뎌 동、셔양이 샹통ᄒᆞᆫ이후로 청국은 영국
과 한번싸호고 법국과 한번싸호며 필경에 화단이의닐어나 셔양
각국을 다 몰아ᄂᆡ자ᄂᆞᆫ 챵론ᄭᆞ지 ᄒᆞ여보앗고 일본은 청국과 싸
호며 아국과 싸호기에 젼국이합심ᄒᆞ엿거ᄂᆞᆯ 다만 한국은 三十년
ᄅᆡ로 젼정이 뎨일 여러번되엿스나 그러나 젼국이합동ᄒᆞ야 외국
과 닷토어본것은 한번도업셧고 ᄆᆡ양ᄌᆞ긔네ᄭᆡ리 닷토ᄂᆞᆫ중에셔 외
국인을 불너다가 ᄂᆡ나라에셔 젼정ᄒᆞ야 우리ᄇᆡᆨ셩을 어륙만들게ᄒᆞ
고 심지어 독립회가ᄉᆡᆼ기면 황국회 부샹ᄑᆡ가 닐어나고 보안회가
ᄉᆡᆼ기면 일진회가나셔며 외양에 나간자들은 망명ᄀᆡᆨ으로 몰녀다니
면셔 셔로 총질、칼질이나ᄒᆞ고 ᄋᆡ국당이라ᄒᆞ면셔 셔울이나 시골이
니ᄒᆞ다가 그만둘ᄯᅡ름이니 이셩질을그져가지고ᄂᆞᆫ 지금셰샹에안져셔
남이 감안이두어도 부치ᄒᆞᆯ수가 업슬터이어ᄂᆞᆯ 함을며 남의쥬머니
속에 들어가셔 엇지버셔나오기를 발아리오 맛당히 ᄋᆡ인여긔ᄒᆞᄂᆞᆫ

하ᄂᆞ님의 도리로써 셩질을변ᄒᆞ야 다 ᄉᆡ사ᄅᆞᆷ이 되여가져야 비로소
희망이ᄉᆡᆼ길지라
예수압헤나와셔 참 감화력을 엇은쟈들은 젼일에 졔몸만 위ᄒᆞ여
살녀ᄒᆞ던바와 남의살을버혀다가 졔ᄇᆡ를불니려ᄒᆞ며 남의목숨을 ᄭᅳᆫ
허다가 졔목숨을 니으려ᄒᆞ던 모든 죄악을 회ᄀᆡᄒᆞ고 남의리ᄒᆡ와
남의화복을 몬져ᄉᆡᆼ각ᄒᆞ려ᄒᆞ며 셩경에말삼을 의지ᄒᆞ야 형뎨ᄌᆞᄆᆡ가
셔로 사랑ᄒᆞ기를힘쓰며 젼도ᄒᆞᄂᆞᆫ말이 예수ᄂᆞᆫ 포도나무요 우리ᄂᆞᆫ
다 가지이니 가지가나무에 붓지안이ᄒᆞ면 결실ᄒᆞ지못ᄒᆞᆯ지라 우리
가 다 한 쥬의게속ᄒᆞ엿슨즉 한몸에 지톄와갓고 한집에 식구와갓다
ᄒᆞ야 동、서、남、북을 물론ᄒᆞ고 다 일심으로단톄가되여 일ᄒᆞᄂᆞᆫ지라
일본사ᄅᆞᆷ들이 보기에ᄂᆞᆫ 이런큰단톄가 일심으로 진퇴ᄒᆞᄂᆞᆫ 자리에
혹무삼ᄉᆞ단이 업지안을가 의심ᄒᆞᆷ이 괴이치안이ᄒᆞ며
(四) 교회에서 국민의원긔를 유지ᄒᆞᆷ이라 대뎌 국가의 원긔가
쇠ᄒᆞ면 인심이 ᄉᆞ특ᄒᆞ며 품ᄒᆡᆼ이부ᄑᆡᄒᆞ야 음란방탕ᄒᆞᆫᄃᆡ로 날로ᄡᅡ
져셔 필경은 위미쇠잔ᄒᆞᆫᄃᆡ경에 닐으ᄂᆞ니 이럼으로 동양에 녯젹

五十八

셩현들도 항샹도덕으로써 국민의원긔를 비양ᄒᆞ는 약셔을삼은것이 과연 연고가잇슴이로다 소위합병이후로 한국ᄇᆡᆨ셩의 젼례를구별ᄒᆞ야볼진ᄃᆡ 다수ᄒᆞᆫᄇᆡᆨ셩은 다무식ᄒᆞ야 량슌ᄒᆞᆫ마음으로 관인을 범갓치 두려워ᄒᆞᆫ즉 비록 속에는 됴션싱각이 가득ᄒᆞᆯ지라도 감히들어나게 발포ᄒᆞ지못ᄒᆞᆯ지라 이사ᄅᆞᆷ들은 일본당국쟈들이 념려ᄒᆞ지안이ᄒᆞ며 또 한부분은 리완용、송병쥰ᄃᆞᆼ과 밋 일진회원으로 들어난쟈ㅣ일본충노로 픽차고나션지라 지금은 그무리들이 비록 독립을 회복ᄒᆞᆫ다고나셔셔 삽싱구ᄉᆞ ᄒᆞᆯ지라도 남이 밋어쥬지안을터인즉 그사ᄅᆞᆷ들도 또한 일본당국쟈가 별로 념려ᄒᆞᆯ것이업스며 또 한부분은 쥬식잡기에빠져셔 도〻건곤에 몸하나 난것만 쟝히녁이는쟈들이라 소위모〻 대관들은 져녁마다픽를지어 연회ᄒᆞᆫ다 화투ᄒᆞᆫ다ᄒᆞ야 하로밤에 몃쳔원 몃만원식 득실을본다고 신문에ᄌᆞ〻ᄒᆞᆫ지라 이런사ᄅᆞᆷ들은 당초에 뇌수속에 나라이란것이 들어갈수도 업지만은 셜령 무삼마음이 우연히싱겨셔 종로샹으로 지나가며 나라를 당쟝에회복ᄒᆞᆫ다고 소리를지를지라도 남이 눈도거듭뜨지 안을터이니 이런

사ᄅᆞᆷ도 일본당국쟈가 죠곰도 념려ᄒᆞ지안이ᄒᆞ며 ᄯᅩ한픽는 아조들
어ᄂᆡ여놋코 비일ᄒᆞᄂᆞᆫ쟈로힝셰ᄒᆞᄂᆞ니 이런쟈들은 한인들이 혹 은
근히 앙망도ᄒᆞ며 추종ᄒᆞ고져ᄒᆞ나 수효도만치못ᄒᆞ거니와 그종젹이
도쳐에 비암간자리와갓흐니 엇지용납을 엇을수잇스리오 그럼으로
이런사ᄅᆞᆷ이 혹 외양에나가 잇지안이ᄒᆞ면 본국옥즁에서 징역에몸
이 믹엿거나 혹 셤즁에 구양샤리로 셰월을 보ᄂᆡᄂᆞᆫ즁인즉 ᄎᆞ소
위용무훌ᄶᅡ히 업ᄂᆞᆫ영웅이라 일본이 별로두려울것이업스되 기즁에
한부분은 수효도만코 ᄯᅩ한 다ᄌᆞ긔디방에셔는 다소간 명망이잇ᄂᆞᆫ
쟈들이니 가쟝긴요ᄒᆞᆫ 부분이라 엇지보면 일본쥬권을 복종ᄒᆞᄂᆞᆫ듯
도ᄒᆞ고 엇지보면 픠위픠 아위아로 녁이ᄂᆞᆫ듯도ᄒᆞ야 남과잘셕기지도
안이ᄒᆞ며 츌입도폐지ᄒᆞ고 연회경츅등졀에 구경이나 참여도안이ᄒᆞ
며 혹 일본쥬권쟈들이 청ᄒᆞ야 벼살을ᄒᆞ라ᄒᆞ면 공손히 ᄉᆞ양ᄒᆞ고
물너가 교회속에몸이뭇쳐 혹 교육이나 젼도에 종ᄉᆞᄒᆞᄂᆞᆫᄃᆡ 혹일
인들이 월급을얼마식쥬며 비밀히 졍담을 ᄒᆞ여달나ᄒᆞ여도 듯지안
이ᄒᆞ고 혹 쥬식잡기로 유혹식여도 ᄲᅡ지지안이ᄒᆞ며 청년과 유년

六十

들을듸ᄒᆞ야 모핀과 권연초를 갓가히ᄒᆞᄂᆞᆫ 폐단을 말ᄒᆞᄂᆞᆫ지라 대뎌 모핀이라ᄒᆞᄂᆞᆫ것은 아편연인과갓하셔 한번습관을엇으면 영히거졀ᄒᆞ기 어려온것이니 ᄀᆡ명ᄒᆞᆫ나라에셔는 약지료로 간략히 쓰ᄂᆞᆫ외에 한만히쓰기를 금ᄒᆞᄂᆞᆫ바인ᄃᆡ 일인은 한국에가셔 이것을만히젼파ᄒᆞᄂᆞᆫ고로 년젼붓허 미국인 헐벗씨가 루ᄎᆞ 평론ᄒᆞᆫ것이오 ᄯᅩ한지권연이라ᄒᆞᄂᆞᆫ것은 여송연 담ᄇᆡ보다 ᄒᆡ가 더욱 심ᄒᆞ다ᄒᆞᄂᆞᆫ바라 이나라에셔는 부인네가 당초에 먹지안이ᄒᆞ며 혹 먹ᄂᆞᆫ사ᄅᆞᆷ이잇셔도 남이수치로알며 더욱히 아ᄒᆡ들은 어린뇌에 손ᄒᆡ가 만타ᄒᆞ야 국법으로 금ᄒᆞᄂᆞᆫ바며 예수교회에셔는 담ᄇᆡ먹ᄂᆞᆫ것으로써 덕의샹품ᄒᆡᆼ의 결뎜으로 아ᄂᆞᆫ바어ᄂᆞᆯ 일본은 권연초를 졍부에 젼ᄆᆡ물로만들어 남녀로소가 거의다먹으며 각쳐에 권연회샤를 만히셜시ᄒᆞ야 어린아희를 여러ᄇᆡᆨ명식 고용ᄒᆞ야 권연을만드니 이것이 유년의뇌속에도 손샹이 적지안이ᄒᆞ고 ᄯᅩ한 덕의샹관계가 심히큰지라 뉴욕 쟝로교션교회에셔 발간ᄒᆞᆫᄎᆡᆨ에 말ᄒᆞ엿스되 평양쟝ᄃᆡ지 회당 목ᄉᆞ 길션쥬씨가 ᄌᆞ긔의교인들에게 권면ᄒᆞ기를 권연초가 대단히ᄒᆡ

로온것이니 ᄌᆞ질들이 먹지도못ᄒᆞ게ᄒᆞ며 연초회샤에셔 일도ᄒᆞ지못ᄒᆞ게ᄒᆞ라ᄒᆞ엿더니 일본슌검들이 훈시ᄒᆞ기를 권연은 졍부에셔 젼ᄆᆡᄒᆞᄂᆞᆫ것이니 권연을반ᄃᆡᄒᆞᆷ은 곳 졍부를 반ᄃᆡᄒᆞᆷ이라 다시이와갓치 반ᄃᆡᄒᆞ면 죄로다살이리라 ᄒᆞ엿다ᄒᆞ니 이와갓ᄒᆞᆫᄉᆞ건이 실로비비유지ᄒᆞᆫ지라 예수교회가 덕의샹풍긔를 ᄆᆞᆰ히ᄂᆞᆫ일이 일본관리들의ᄯᅳᆺ과 이러틋반ᄃᆡ되며

(五) 교회에셔 쳥년의 교육을 힘슴이라 대뎌 학문이 능력이라ᄒᆞᆷ은 셔양사ᄅᆞᆷ들의 항샹ᄒᆞᄂᆞᆫ말이니 과연 실샹이 잇ᄂᆞᆫ말이로다 동、셔양을 물론ᄒᆞ고 젼졔졍치ᄒᆞᄂᆞᆫ 나라에셔 ᄇᆡᆨ셩을 교육식이지안이ᄒᆞᆷ과 샹젼이 노예를 교육식이지 안이ᄒᆞᄂᆞᆫ것이 다 학식에능력잇슴을 ᄭᆡ달은연고ㅣ라 일본이 셔양과 통샹ᄒᆞᆫ후로 三、四十년동안을 물 쥐여먹어가며 공부ᄒᆞᆫ결과로 셰계에 한 ᄀᆡ명부강ᄒᆞᆫ 나라로지목을 밧게되엿슨즉 일본이 ᄯᅩ한 학식에능력잇슴을 ᄭᆡ달은지라 한국에 모든긴급ᄒᆞᆫ일을 졍돈ᄒᆞᆫ후로 교육졀ᄎᆞ를 ᄀᆡ뎡ᄒᆞᆯ식 젼국에교육긔관을 졍부에셔 총찰ᄒᆞ기로 작뎡이오 한인에게 고등교육은

안이식힐 방침이라 각 대쳐에 일인의학교는 굉장히지어 운동장
과 긔숙ᄉᆞ범절이 다 지닐만치 차려노엇스되 한인은 들어가기를
원ᄒᆞᄂᆞᆫ쟈도 젹거니와 셜령원ᄒᆞᆯ지라도 밧지안이ᄒᆞ며 기외에 한인
을위ᄒᆞ야 학교를 ᄯᆞ로마련ᄒᆞᄂᆞᆫᄃᆡ 범졀이 심히쵸〻ᄒᆞ며 과정칙ᄌᆞ
는 대ᄀᆡ일어로 만들어갈ᄋᆞ치며 한국력ᄉᆞ와 한어를 폐지ᄒᆞ고 혹
교과ᄒᆞᄂᆞᆫ것이 다 뎌의뜻에 합당ᄒᆞᆯᄃᆡ로 지어갈ᄋᆞ치며 혹 공장소
를 셜시ᄒᆞ야 공업에 여간기예를 련습식이며 경셩에잇던 외국어
학교는 다 업시ᄒᆞ고 고빙ᄒᆞ엿던 교ᄉᆞ들은 다 ᄌᆞ긔들의 학교에
인용ᄒᆞ며 남녀ᄋᆞ희들을 다 뎌의학교로 인도ᄒᆞᄂᆞᆫ지라 이런학교라
도 만히만 셜시ᄒᆞ고 잘만갈아쳣스면 ᄎᆞ〻리익을셰닷고 ᄌᆞ녀들을
보ᄂᆡ여 교육을 밧을터이지만은 그것도 실상은 별졔위명이라 일
어와 일어칙이나 비홀외에 별로신긔ᄒᆞᆫ것이업ᄉᆞᆫ즉 엇지ᄌᆞ녀들을보
ᄂᆡ고져ᄒᆞ리오 겸ᄒᆞ여 한인들이 긔왕에 셜시ᄒᆞᆫ학교가잇ᄉᆞ니 이는
일,아젼징이 싱긴이후로 젼국빅셩이 신학문 교육의 긴급ᄒᆞᆷ을셰닷
고 경향각쳐에 학교를셜시ᄒᆞ야 유년들을 교육식이ᄂᆞᆫ비라 이런학

교에가면 교회학교에셔 졸업ᄒᆞᆫ학ᄉᆡᆼ을 고용ᄒᆞ여다가 산술、디지、력ᄉᆞ、화학등 과정을 대강교슈ᄒᆞᄂᆞᆫ지라 뎌의동포셰리 셜시ᄒᆞ야 뎌의말로 갈ᄋᆞ치ᄂᆞᆫ학교에 가교져ᄒᆞᆷ이 엇지ᄌᆞ연ᄒᆞᆫ 인졍이안이리오 그럼으로 경향각쳐에 이런소학교가 가득히찻ᄂᆞᆫ지라 일인이 이것을 죠쳐ᄒᆞᆯ식 학무국에셔 일인을 각학교에 파송ᄒᆞ야 ᄉᆞ무를 총찰식히며 그학교학ᄉᆡᆼ 부형들의게 명령ᄒᆞ야 미삭교ᄉᆞ의월급을 二、四十원식(일화)쥬라고ᄒᆞᄂᆞᆫ지라 엇던사ᄅᆞᆷ들은 ᄌᆞ질을 불너가고 물너안ᄌᆞ며 엇던사ᄅᆞᆷ은 그러케라도ᄒᆞ여셔 교육을식히려ᄒᆞ미 그교ᄉᆞ가 모든과졍칙을 다폐지ᄒᆞ고 학부에셔 셔로나려다가 학ᄉᆡᆼ들로ᄒᆞ여곰 사셔쓰게ᄒᆞᄂᆞᆫ지라 내가 지작년 四月분에 학교시찰ᄎᆞ로 다니다가 부산항 초량에닐은즉 쥬무원의말이 오ᄂᆞᆯ은 학교를 마ᄌᆞ막 녀ᄂᆞᆫᄂᆞᆯ이라ᄒᆞᄂᆞᆫ지라 그연고를물은즉 대답ᄒᆞᄂᆞᆫ말이 거의八、九년젼에 동리에유지신ᄉᆞ들이지졍을합ᄒᆞ야 ᄯᅡ홀만히사셔 학교집을 크게짓고 그녑헤 샹업회의소를 셜시ᄒᆞ야 모든샹업을 발달케ᄒᆞ며 그샹업회의소에셔 미년二千원식 학교로붓쳐셔 경비를 보용ᄒᆞ게ᄒᆞ엿ᄂᆞᆫᄃᆡ 그학교가확

장되여 학ᄉᆡᆼ이 거의三百명에 달ᄒᆞᆫ지라 일젼에 학부에셔 일인교ᄉᆞ를보ᄂᆡ여 ᄉᆞ무를총찰케ᄒᆞ라ᄒᆞᄆᆡ 교ᄉᆞ의말이 샹업회의소에셔 ᄆᆡ년지츌ᄒᆞᄂᆞᆫ지졍 二千원은 ᄌᆞ긔가맛하쓰게ᄒᆞ라ᄒᆞᆫ즉 긔왕에학비로쓰게 마련ᄒᆞ엿던돈을 학교에쓰ᄂᆞᆫ것이 관계치안치만은 이 큰학교집과 넓은ᄯᅡᆼ이 다 속공될터이니 부득이ᄒᆞ야 폐지ᄒᆞ기로 쟉뎡인즉 오ᄂᆞᆯ이 마ᄌᆞ막이라ᄒᆞᄂᆞᆫ지라 내가간신히 두어마듸말로 위로ᄒᆞ려ᄒᆞ다가 그만두고 회졍ᄒᆞ엿스니 경향각쳐 ᄉᆞ립학교들을 일인이 다 이런방법으로 총찰ᄒᆞᄆᆡ 일인의 관할에 들지안이ᄒᆞᆫ 학교가 실로업거ᄂᆞᆯ

다만교회학교ᄂᆞᆫ 아직ᄭᅡ지도 독립ᄌᆞ격을유지ᄒᆞ엿스니 이것이한큰문뎨라 원ᄅᆡ션교ᄉᆞ들이 한국에들어가며 도쳐에회당과 학교를아올나 셜시ᄒᆞ엿스ᄆᆡ 아모리젹은회당이라도 그안에 소학교를 의례히마련ᄒᆞ며 션교디방마다 긔숙학교를 셰웟ᄂᆞ니 교인들은 의례히그ᄌᆞ질들을 교회학교로보닐지라 문졉옥답을 발여두고 엇지교회반ᄃᆡᄒᆞᄂᆞᆫ일인의 학교에보ᄂᆡ리오 간〻히 슌검이 향곡에도라다니며 교

평양 녀ᄌᆞ소학교학ᄉᆡᆼ

인을 불너ᄂᆡ여 을으며뭇는말이 엇지ᄒᆞ여 ᄌᆞ식들을 관립학교로보ᄂᆡ지안이ᄒᆞ고 교회학교로 보ᄂᆡᄂᆞ냐ᄒᆞ니 겁만흔쟈들은 ᄌᆞ연히교회학교에도 샹관안이ᄒᆞ고 회당에도 안이다니며 혹은 여젼히 계속ᄒᆞ야다니니 일인들이 엇지ᄒᆞᆯ수업스ᄆᆡ 소학교로만 보아도 일인이좃치안케녁이ᄂᆞᆫ 관계가 이러ᄒᆞ거니와 더욱히 고등학문을 수업ᄒᆞᄂᆞᆫ 대학교에 닐으러ᄂᆞᆫ 관계가가쟝큰지라 일본사람이 한인의게고등학문을 쥬지안키로 쟉뎡인고로 한인학ᄉᆡᆼ이 외국에 나가ᄂᆞᆫ것을ᄇᆡᆨ반으로 막거ᄂᆞᆯ 예수교회에셔는 평양에대학교를 셜시ᄒᆞ엿고 송도와 셔울에 대학교를 만들려고 몃ᄒᆡ동안을두고 쥰비ᄒᆞᄂᆞᆫ 학교가 여러이며 쳥년회관학교와 기타 즁학교ᄌᆞ격되ᄂᆞᆫ 학교가 각대도회쳐에잇스ᄆᆡ 그졍도가 다 유치ᄒᆞ지안은지라 각교회에 十수년ᄅᆡ로 젹공을들이며 예산ᄒᆞ야 ᄒᆡ마다 발달식이고져ᄒᆞᄂᆞᆫᄇᆡ어ᄂᆞᆯ 엇지일됴일셕에 폐지ᄒᆞ리요 쟉년봄에 일본통감부에셔 한인교육졔도를만들어 반포ᄒᆞ엿ᄂᆞᆫᄃᆡ 이졔도ᄃᆡ로ᄒᆞ면 아모학교도업고 다만 일본관립소학교와 소위공업학교라ᄂᆞᆫ 몃가지만 남을ᄲᅮᆫ이라 교회학교

는 아죽 이 졔도밧게버셔나셔 독립ᄌᆞ격으로셧ᄂᆞᆫ즉 일본이 이것
을 달게녁이지안이ᄒᆞᆷ이요
(六) 교인들은 우샹을 셤기지안이ᄒᆞᆷ이라 일본셔 슝샹ᄒᆞᄂᆞᆫ종교
는 대ᄀᆡ두가지 대부분이잇스니 一은불교라 한국에불교와 좀달음
이잇스나 우샹셤기는것은 일반이요 一은신교라ᄒᆞᄂᆞᆫ것이니 이교의
본의는 일본황뎨를 슝ᄇᆡᄒᆞᄂᆞᆫ것이라 이교로 인연ᄒᆞ야 젼국남녀가
뎌의황뎨를 텬신갓치셤기며 만일이것을 반ᄃᆡᄒᆞᄂᆞᆫ쟈이잇스면 곳불
츙ᄒᆞᆫᄇᆡᆨ셩으로지목ᄒᆞᄂᆞᆫᄇᆡ라 황뎨의 탄일을 경츅ᄒᆞᄂᆞᆫᄂᆞᆯ에는 모든례
식을 쥰비ᄒᆞ여놋코 대소관민이 회동ᄒᆞ야 졀ᄎᆞ를힝ᄒᆞᆯᄉᆡ 탁ᄌᆞ우에
황뎨의어진을 걸어노엇다가 압헤덥ᄒᆞᆫ것을열면 대소관민이 일졔히
닐어나셔 경ᄇᆡᄒᆞᄂᆞᆫ 풍속이잇ᄂᆞᆫ지라 셔울에잇ᄂᆞᆫ 엇던ᄉᆞ립녀학교학
ᄉᆡᆼ들은 이례식을 힝ᄒᆞᄂᆞᆫ자리에셔 하나도 고ᄀᆡ를 슉이지안이ᄒᆞᄂᆞᆫ
지라 일본관리들이 대단히로ᄒᆞ야 곳 일본황뎨를 반ᄃᆡᄒᆞᄂᆞᆫ죄와갓
치녁여셔 교ᄉᆞ를공갈ᄒᆞ미 교ᄉᆞ들이 무수ᄒᆞᆫ곤난을당ᄒᆞ고 혹 엇던
사ᄅᆞᆷ이 학ᄉᆡᆼ들을 은근히 식여셔 이러케ᄒᆞᆫ가ᄒᆞ야 리허를 사실ᄒᆞᆫ

죡 그학싱들이 다수히 교인의녀ᄌᆞ들이라 우샹에 졀ᄒᆞ지말나는것이 당초붓허 교회에들어가면셔 가쟝 몬져ᄇᆡ호는말이어늘 사ᄅᆞᆷ의화샹을 경ᄇᆡᄒᆞ는자리에 엇지고ᄀᆡ를 숙이리요 그녀ᄌᆞ들의마ᄋᆞᆷ이이러틋 ᄀᆡ명ᄒᆞᆫ고로 ᄉᆞ신우샹에게 졀ᄒᆞ는것을 다만 어리셕은줄로만알뿐안이라 곳 하ᄂᆞ님의계명을 범ᄒᆞ는줄로알아 아모도식인사ᄅᆞᆷ이업지만은 일졔히고ᄀᆡ를 들고잇슨지라 교ᄉᆞ들이 셜명ᄒᆞ기를 이것은그 그림을셤기는 것이안이오 경례ᄒᆞ는것이니 다 남ᄒᆞ는ᄃᆡ로ᄒᆞ는것이 맛당ᄒᆞ다ᄒᆞ는지라 엇던학싱들은 응종ᄒᆞ려ᄒᆞ나 여러학싱들은다말ᄒᆞ기를 나는마ᄋᆞᆷ으로 하ᄂᆞ님계명을 거역ᄒᆞᆯ수업슨즉 찰하리 공부를 그만두겟노라ᄒᆞ고 퇴학ᄒᆞ엿ᄂᆞ니 이런ᄉᆞ단이 경향에 허다ᄒᆞᆫ지라 이것도 ᄌᆞ연히 츙돌되는 형셰이며

일본은 일년에 국가경졀이 ᄆᆡ우자죠되는ᄃᆡ ᄃᆡ반은 신졔일이라혹 력ᄃᆡ렬왕즁 유명ᄒᆞᆫ이들과 츙신렬ᄉᆞ즁 가쟝들어난쟈들을 귀신갓치셤겨셔 졔를지ᄂᆡ며 그날을 국즁명일로치는ᄇᆡ라 이런명일을 경츅ᄒᆞ기를 한국에와셔 더욱쥬의ᄒᆞᄂᆞ니 이는 한인들로ᄒᆞ여곰 일본

명일을 직힐줄알도록 만들고져홈이라 각학교에 뎡학ᄒᆞ고 젼방을 닷치며 집〻이 긔를달고 혹 향촌에셔는 큰 공쳥에모혀셔 례식 졀ᄎᆞ를 힝ᄒᆞ는지라 각교회학교에셔는 긔왕붓허 죠샹에졔지ᄂᆡ는것과 四월八일을 셔가여ᄅᆡ 탄일로 명졀삼는것이 다 불가ᄒᆞᆫ뜻을갈아치던바인ᄃᆡ 일본신졔일에 방학ᄒᆞ는것이 불가ᄒᆞ야 죵〻반ᄃᆡᄒᆞ는 쟈도잇스ᄆᆡ 엇던학교에셔는 부득이ᄒᆞ야 방학은홀터이나 학싱을ᄃᆡᄒᆞ야 일본신졔일이니 휴학ᄒᆞᆫ다고 광포ᄒᆞ기 어려운고로 혹 원족회를차리던지 혹 픗쏠노리를 빙비ᄒᆞ고 그날은 학싱일동이 갓치 놀터이니 방학ᄒᆞᆫ다고 광포ᄒᆞ는지라 학싱들도 말은 안이ᄒᆞ지만은 다 속으로는 알아들으며 그즁에 졍탐ᄭᆞ지도 다 알아들은즉 일인들도 다알고안졋스며 예수교인이 쥬쟝ᄒᆞ는 젼방에셔도 가ᄀᆡ닷치는연고가 교인의 ᄃᆡ답ᄒᆞ기 어려운말인고로 죵죵무삼핑계를만들어 ᄃᆡ답ᄒᆞᆫ즉 실샹은 일본관리를 거역ᄒᆞ고져홈도안이요 일본졔일인고로 응종치안는것도안이고 다만 종교샹관계로인연ᄒᆞ야 ᄌᆞ연히 싱기는 형셰이지만은 엇던일본관리들은 헤아리되 예수교인들은 모도일

본을 빈쳑ᄒᆞᄂᆞᆫ ᄉᆞ샹이잇셔 이러ᄒᆞ도다ᄒᆞᄂᆞ니 그외양을보면 아러
케싱각ᄒᆞᆷ도 괴이치안은지라 내가 ᄂᆡ디에 교회유람으로 다닐ᄯᆡ에
아모쟝거리에닐은즉(디명과 인명은 쓰지안으되 내가다친히 야ᄂᆞᆫ사
ᄅᆞᆷ들이라) 큰 신제일을 지닌지라 그 제일을젼긔ᄒᆞ야 일본병참소
에셔 경츅절ᄎᆞ를 준비ᄒᆞᆯ식 맛치 하와이군도에셔 와싱톤단일경츅
을 준비ᄒᆞᆷ파갓치ᄒᆞ엿더라 그러나 그즁에 특별히 달은것이잇스니
와싱톤단일에는 미인이나 토인이나 모든외국인이나 다 각〻 와
싱톤에 덕화를감복ᄒᆞ야 ᄌᆞ긔의마ᄋᆞᆷ으로 그 경츅ᄒᆞᄂᆞᆫ뜻을 표ᄒᆞ고
져ᄒᆞᆷ이오 누가억지로 식이ᄂᆞᆫ것이안인고로 모든사ᄅᆞᆷ이 다수ᄒᆞᆫ지졍
을 허비ᄒᆞ면셔도 다 진졍으로 질겨ᄒᆞ지만은 일본신제일은 이와
좀달나셔 헌병이 도라다니며 집〻이 일본긔를 달게ᄒᆞ고 긔를안
이달면 징벌이잇스며 원근간에 대소인민을 다 아모날아모시로이
러더러ᄒᆞᆫ 관청으로모히라ᄒᆞ미 하나도ᄡᅡ지지안코 다제빅ᄉᆞᄒᆞ고 참
여ᄒᆞ여야 일이업스며 급기경축ᄒᆞᄂᆞᆫ날에는 빈신ᄒᆞᄂᆞᆫ 례식올힝ᄒᆞ고
일변으로 여간풍류와 기싱을 다려다가 쥬안을가지고 질탕히놀며

七十

대일본뎨국만셰를 불은후에 아모맛도모로고 불너가셔 훈편에셔셔 두려운마음으로 구경이나ᄒᆞ던 ᄇᆡᆨ셩들다려 ᄆᆡ명하에 경축경비로얼마식물나ᄒᆞᄂᆞᆫ지라 촌민들은 아모소리업시 물어놋코 아모ᄉᆞ단업시 나가ᄂᆞᆫ것만 다ᄒᆡᆼ히녁여셔 각각도라간후에 아모말도못ᄒᆞᄂᆞᆫ지라 그즁교인들은 한、두번참여ᄒᆞ여본즉 ᄉᆞ신에졀ᄒᆞᄂᆞᆫ것과 술과기셩으로질탕히노ᄂᆞᆫ것이 다 교회에도리가안인즉 부득이ᄒᆞ야 그돈은물어닐지언졍 그노리에 참여ᄒᆞ기ᄂᆞᆫ 과연원치안이ᄒᆞᄂᆞᆫ지라 이럼으로 한、두번 츌셕지안이ᄒᆞ고 벌금을ᄂᆡ엿더니 이번에 ᄂᆡ가이디방에 갓슬ᄯᆡ에ᄂᆞᆫ 병참소에셔 특별히훈칙ᄒᆞ야 교회에셔ᄂᆞᆫ 단톄로 오라ᄒᆞᆫ지라 교회에셔 의론ᄒᆞ고 몃사ᄅᆞᆷ을 ᄃᆡ표로보ᄂᆡ며 연죠금은 각인이ᄂᆡᆯ줄로ᄒᆞ엿더니 ᄆᆡ인이참여치안이ᄒᆞᆫ것으로 관령을 거역ᄒᆞᆷ이라ᄒᆞ야 그교회에 두목되ᄂᆞᆫ 모모졔씨를 불너다가 징벌ᄒᆞᆯ식 몃칠동안식 징역군과ᄒᆞᆷᄭᅴ 영문뒤에 ᄯᅡᆼ을파셔 지ᄀᆡ로져셔 옴기ᄂᆞᆫ력ᄉᆞ를 식이ᄂᆞᆫ지라 그즁에 쟝로ᄉᆞ모씨ᄂᆞᆫ 나히만ᄒᆞ며 디위가 놉흔사ᄅᆞᆷ인ᄃᆡ 머리에 수건을쓰고 등에지ᄀᆡ를지고 죵일ᄒᆞᆰ을 날ᄂᆞ다가 져녁에집에

도라오ᄆᆡ 교즁형뎨ᄌᆞ미들이모혀 말로위로코져ᄒᆞ거늘 씨는아모말업시듯더니 찬미칙을 차져들고 혼자찬미몃마듸를 불으다가 곤ᄒᆞ야 ᄉᆞᄉᆞ로잠이들더라

(七) 션교ᄉᆞ들의 덕의샹세력이 한국에확장됨이라 대ᄀᆡ한국을셔양사ᄅᆞᆷ들이 산즁쳐ᄉᆞ 나라으로인증ᄒᆞᄂᆞ니 이는 셔양각국과 교통ᄒᆞ기를 실혀ᄒᆞᆫ연고가안이라 곳 동양각국과 샹통ᄒᆞ기를 실혀ᄒᆞᆫ연고ㅣ라 당초에 셔양각국과 통샹ᄒᆞ기를 실혀ᄒᆞᆫ것은 쳥국과 일본이다 일반이로되 한국은 셔양각국이 잇는줄도몰을ᄯᅢ붓허 문을닷치고 리웃나라사ᄅᆞᆷ이 내디방에 발을들여놋치못ᄒᆞ게ᄒᆞ엿ᄂᆞ니 이는 한인의셩질이 특이ᄒᆞ야 그러ᄒᆞᆷ이안이오 지나간 력ᄉᆞ를연구ᄒᆞ면 그연고를 소샹히알지라 ᄌᆞᄅᆡ로 한인은 동양공ᄌᆞ교 문명의졍도가놉하셔 례의를슝샹ᄒᆞ며 도덕을 귀히녁임으로 남의토디를 침범ᄒᆞ며 변방을 로략ᄒᆞᄂᆞᆫ것을 곳 야만의 미ᄀᆡᄒᆞᆫ 습관으로녁이ᄆᆡ 항샹ᄉᆞ방에 무일ᄉᆞᄒᆞ며 텬하ᄐᆡ평츈되기를 츅ᄉᆞᄒᆞᄂᆞᆫ바인즉 병쟝긔를가도고 문방ᄉᆞ우를슝샹ᄒᆞ며 문신을놉히고 무관을쳔ᄃᆡᄒᆞᄆᆡ 빅셩

이 스ᄉᆞ로나약ᄒᆞᆫᄃᆡᄲᅡ져 외국의침범을 쥰비ᄒᆞᆫ것이 업ᄂᆞᆫ지라 일본과 청국이 셔로긔회를타셔 군ᄉᆞ를몰아 토디를침범ᄒᆞ며 ᄇᆡᆨ셩을잔ᄒᆡᄒᆞ고 군쥬를욕뵌것이 한、두번이안이라 이럼으로 한인의 ᄉᆞ샹에 외국인은 다 우리의뎍국이오 우리를 ᄒᆡᄒᆞ려오ᄂᆞᆫ쟈ㅣ라ᄒᆞ야 三十년젼에ᄂᆞᆫ 일인、쳥인도 우리ᄂᆡ디에 들어오지못ᄒᆞ게ᄒᆞ엿ᄂᆞ니 과연셔ᄉᆞ국의명칭을 엇음이뎍당ᄒᆞ도다

셔양사ᄅᆞᆷ이 비로소 우리나라에 오기시쟉ᄒᆞ미 한인이 ᄌᆞ연히ᄉᆡᆼ각ᄒᆞ되 이사ᄅᆞᆷ들이 다 우리를ᄒᆡᄒᆞ려 오ᄂᆞᆫ줄로알아 더ᄉᆞ위한ᄒᆞ고 막으려ᄒᆞ다가 一千八百八十二년에 미국과 쳐음통샹ᄒᆞᆫ후로 모든경력을 다지ᄂᆡ본즉 한인들의 ᄉᆡᆼ각에 뎌사ᄅᆞᆷ들이 과연우리를 다리롭게ᄒᆞ려고 온쟈들은안이라 샹업ᄌᆞ본가들은 혹 우리에게와셔 샹뎜도ᄂᆡ며 광산、털도 경영ᄒᆞᄂᆞᆫ것이 다 우리의 금은을엇으려홈이오 쳥、일、아 모모국 공、령ᄉᆞ들은 혹 우리의 토디를엇거나 ᄂᆡ졍을간셥ᄒᆞ려 온쟈들이라 하나도 우리를 리롭게ᄒᆞ려고 온쟈들이 안이로되

다만 예수교션교ᄉᆞ들은 ᄌᆞ긔의 죠흔나라와 집을바리고 (三) ᄌᆞ긔나라돈을 가져다가 언어와 풍속이싱소ᄒᆞᆫ 동양각국에와셔 모든어려온것과 위티홈을무릅쓰고 예수의도를 우리의게 젼ᄒᆞ려ᄒᆞᄂᆞ니 그즁에도 혹 엇던션교ᄉᆞ들은 ᄉᆞᄉᆞ리익을 비교ᄒᆞᄂᆞᆫ쟈도 잇슬터이지만은 대뎌 그젼톄를말ᄒᆞ자면 ᄌᆞ긔네지력과 ᄌᆞ긔네힘을들여셔 ᄌᆞ긔들의 뎨일죠하ᄒᆞᄂᆞᆫ바를 우리의게 쥬고져홈이니 엇지우리의 친구가안이리요 함을며 션교ᄉᆞ들은 아모리품힝이 죠치못ᄒᆞᆫ쟈ㅣ라도 한산유람긱들의게 보통으로 비교ᄒᆞᆯ빅안이니 다 우리의표준이 될만ᄒᆞ며 학문이젹어도 대학교졸업싱이라야 미국션교회에셔 파송ᄒᆞᄂᆞ니 지금셔양문명을 동양으로 수입ᄒᆞᄂᆞᆫ 이시딕에 다 우리의ᄉᆞ범이 될만ᄒᆞᆫ쟤라 도쳐에 경련익인ᄒᆞᄂᆞᆫ도와 문명발달ᄒᆞᆫ 학식으로 우리를 갈아치며 우리와함씌살며 모든환난질고를 우리와함씌ᄒᆞᄂᆞ니 엇지우리의 친구가안이리요 일、로젼징이 되기젼에 미국국무대신으로잇셔셔 만쥬긔방문뎨를뎨츌ᄒᆞᆫ 짠、헤이씨ᄂᆞᆫ 동양에션교ᄒᆞᄂᆞᆫᄉᆞ업에 가쟝힘쓰든터인고로 한국에 ᄯᅩ한 죠흔친구라 불힝히 일、아

평화담판되기젼에 우연히졸셔ᄒᆞ엿ᄂᆞ니 이는우리의대불힝이라 씨가
작고ᄒᆞ기젼에 나를맛나 종용히 담화ᄒᆞᆯ시 씨가얼골에 희식을ᄯᅴ
고 몬져자랑ᄒᆞᄂᆞᆫ말이 셔울에잇ᄂᆞᆫ 우리공ᄉᆞ의게셔 보고가 왓ᄂᆞᆫᄃᆡ
일、아젼징이 시작되기젼에 아라ᄉᆞ 고셕군ᄉᆞ가 의쥬로넘어셔 평양。
으로 들어오면 예수교회에 불을놋코 교인을 모도 잔ᄒᆡᄒᆞᆯ념려가
잇다고 풍셜이 랑자ᄒᆞᆫ고로 우리공ᄉᆞ가 군함을 평양에 파송ᄒᆞ고
모든 션교ᄉᆞ들이 그 디방에셔물너나 타쳐로가기를 권고ᄒᆞ엿더니
션교ᄉᆞ들이 그 쳐ᄌᆞ들만 돌녀보ᄂᆡ며ᄒᆞᄂᆞᆫ말이 우리는 한국교우들
과 ᄉᆞ싱을 함씌ᄒᆞᆯ터이니 념려말나고ᄒᆞ엿다ᄒᆞ니 과연 우리션교ᄉᆞ
들이 한국교우들을 사랑ᄒᆞᄂᆞᆫ것도 알녀니와 한국교인들이 션교ᄉᆞ
들을 ᄉᆞ랑ᄒᆞᄂᆞᆫ것도 ᄯᅩᄒᆞᆫ 가히알겟다고ᄒᆞ며 무수히 셜명ᄒᆞᆷ을들엇
ᄂᆞ니 여러ᄒᆡ동안을 한인과 션교ᄉᆞᄉᆞ이에 졍의가 과연 밀졉ᄒᆞ게
지ᄂᆡᆫ지라 한인중에 혹은 션교ᄉᆞ들을 엇더케 츄앙ᄒᆞ엿던지 심지
어 션교ᄉᆞ를 하ᄂᆞ님갓치 셤긴다ᄂᆞᆫ 평론ᄭᆞ지잇ᄂᆞᆫ지라
일본사ᄅᆞᆷ들이 이것을ᄉᆞᆲ혀본즉 엇지감졍이 업스리요 셜령ᄂᆡ가동

ᄂᆡ아ᄒᆡ를 잘달ᄂᆡ며 ᄯᆡ리며 울녀셔 뎌의 가진물건을 다 내게쥬고
내게와셔 잘복죵ᄒᆞ라ᄒᆞᄆᆡ 그아ᄒᆡ가 나의쥬먹힘을 두려워셔 고ᄭᅵ
를 반ᄶᅳᆷ슉이고 들어올ᄯᆡ말ᄊᆡᄒᆞᆯ즈음에 리웃집에셔 킈도크고 힘도만
ᄒᆞᆫ사ᄅᆞᆷ이와셔 어루만지며 불샹히 녁이ᄂᆞᆫ모양으로 위로도ᄒᆞ며 권
면도ᄒᆞᆯ진ᄃᆡ 그아ᄒᆡ는 ᄌᆞ연히 그어룬을 친구로도녁이고 보호쟈로
도녁여 한편으로 나를쳐다보며 한편으로 그 어룬압ᄒᆞᆯ 향ᄒᆞ야가
ᄂᆞᆫ지라 이것을보면 ᄂᆡᄆᆞ음에 그아ᄒᆡ도 밉거니와 그사ᄅᆞᆷ이 더욱
나의원수갓치 뵈힐지라 ᄌᆞ연히 내심즁에 혜아리되 뎌사ᄅᆞᆷ을 몬
져 ᄶᅢᆨ거뉘여야 뎌아ᄒᆡ가 ᄒᆞᆯ수업ᄂᆞᆫ줄로알고 영영히 내게복죵ᄒᆞ리
라ᄒᆞ야 그사ᄅᆞᆷ을 뎌아ᄒᆡ압헤셔 욕보일수 잇ᄂᆞᆫᄃᆡ로 욕뵈히려ᄒᆞᆯ지
니 일인이 엇지미인들을 욕뵈고져ᄒᆞᄂᆞᆫ ᄆᆞ음이업슬이오
 함을며 한、미량국이 쳐음으로 통샹약됴를 뎡ᄒᆞᆯᄯᆡ에 그 약됴셔
에 씻스되 엇던나라에셔던지 한국이나 미국졍부를ᄃᆡᄒᆞ야 공평치못
ᄒᆞᆫ일을 힝ᄒᆞᆯ경우에는 이ᄉᆞ졍을 알게ᄒᆞᄂᆞᆫᄃᆡ로 피ᄎᆞ에 힘ᄃᆡ로도아
셔 교의를 표ᄒᆞᆫ다ᄒᆞ엿ᄂᆞ니 일、아평화담판시에 하와이에잇ᄂᆞᆫ 우리

동포들이딕표를딕ᄒᆞ야 대통령 루스벨트씨에게보닉여 도아쥬기를청
구ᄒᆞᆫ것이 이됴목을 빙자홈이라 그럼으로 대통령의딕답이 만일이
글을 귀국공ᄉᆞ관으로 달ᄒᆞ야가져오면 공문이 될터이니 이약됴를
의지ᄒᆞ야 평화담판에 소긔ᄒᆞ여쥬마ᄒᆞ는지라 그ᄯᅢ에 그근쳐에잇던
미국인들은 다 이것을 미우잘된 일이라고 치하ᄒᆞ엿스나 소위한
국공관에셔 이글을 소긔홀수업다고ᄒᆞᆫ즉 미국대통령이 엇지한국빅
셩들의 ᄉᆞᄉᆞ편지를가지고 공문을 만들수잇스리요 그럼으로 그일
이 쥬지되엿거니와 그후에일본이 각국에 션언ᄒᆞ기를 중왕에 한
국이 각국과 약됴ᄒᆞᆫ 모든됴건은 다 물시ᄒᆞ기를 청구ᄒᆞᆫ다ᄒᆞ엿스
나 미국은 이약됴됴건을 물시ᄒᆞ는ᄯᅳᆺ으로 인증ᄒᆞ지안이ᄒᆞ엿스며
통샹이후로 일본과 청국과 한국에일톄로 셔양각국이 소위치외
법권이라는것이잇셔 셔양인이 동양어늬나라에셔던지 범죄ᄒᆞ는ᄉᆞ건
이잇스면 본토슌검이능히잡아다가 본디방법률딕로 다ᄉᆞ리지못ᄒᆞ고
그범죄인의 본국령ᄉᆞ로ᄒᆞ여곰 ᄌᆞ긔나라 법률을의지ᄒᆞ야 다ᄉᆞ리게
ᄒᆞ엿더니 일본은 정치와법률을 날로변ᄒᆞ야 셔양제도와 흡ᄉᆞᄒᆞ게

만들어 노은후로 미국과 영국이몬져 발론ᄒᆞ야 치외법권을 일본
에셔 것어갓스ᄆᆡ 셔양인이 일본에셔 범죄ᄒᆞ면 일본법으로 능히
다ᄉᆞ릴수가 잇지만은 청국과 한국은 종시변혁ᄒᆞ기를 힘쓰지못ᄒᆞᆫ
셔ᄃᆞᆰ으로 치외법권을 각국령ᄉᆞ들이여젼히 눌이ᄂᆞᆫᄇᆡ라 일본이한국
을 합병ᄒᆞᆫ후로 각국에교셥ᄒᆞ야 치외법권을 한국에셔도 것어가라
ᄒᆞᆫ즉 구라파각국은 다 ᄎᆞ례로것어가ᄂᆞᆫ뜻을 공포ᄒᆞ엿스되 미국은
ᄒᆞᆯ로근지ᄒᆞ고 공법샹으로 들어나게 것어가지안이ᄒᆞᄂᆞᆫ지라 일인은
이것을인ᄒᆞ야 미국에ᄃᆡᄒᆞᆫ 감졍이업슬수업고 한인들은 은근히ᄒᆞᄂᆞᆫ
말이 미국은 아직도 치외법권을 것지안이ᄒᆞ엿스니 일본관리들이
미국션교ᄉᆞ에게 ᄃᆡᄒᆞ야ᄂᆞᆫ 무례ᄒᆞ게ᄒᆞᆯ수업다ᄒᆞ야 미인의권력을 얼
마즘 놉게생각ᄒᆞᄂᆞᆫ지라 이것은 비록 한인즁 어리셕은쟈의 의뢰ᄉᆞ
샹이지만은 외양으로보면 얼마즘 관계가업지안이ᄒᆞᆫ지라

일인들이 여러가지로 션교ᄉᆞ들을 론박ᄒᆞᆯᄉᆡ 외교샹이나 신문샹
으로 ᄌᆞ죠설명ᄒᆞ기를 션교ᄉᆞ들이 긔왕붓허 한국에셔 졍치샹 간
셥을 만히ᄒᆞ던습관이되여 지금도 한국졍치에 간셥ᄒᆞᆫ다ᄒᆞ며 혹은

한인의 외국ᄉᆞ샹을길너 ᄇᆡ일운동을 격동ᄒᆞᆫ다ᄒᆞ며 혹은 이등박문을 암살ᄒᆞᆫ일은 션교ᄉᆞ아모가 식엿다ᄒᆞ며 셔울셔 일인이발간ᄒᆞ는 국문신문에는 션교ᄉᆞ를 죵죵비평ᄒᆞ며 혹은 말ᄒᆞ기를 션교ᄉᆞ들이 미국에가셔 허쟝셩셰로 한국예수교회를팔고 돈을엇어다가 비긔지욕을취운다 혹은 션교ᄉᆞ로 한국녀인을 쳡으로둔쟈이잇다ᄒᆞ야 모든이런말로 공박ᄒᆞ야 미인이 아모셰력업는것을 한인에게 보히려ᄒᆞ니 그 리허를 모로는쟈들은 교회를비방ᄒᆞ며 갓가히안이ᄒᆞ지만은 긔왕붓허 다 ᄌᆞ셰히아는사름들은 션교ᄉᆞ들과 더욱친밀히지ᄂᆡ니 무삼특별ᄒᆞᆫ ᄉᆞ건을 닐희키기젼에는 엇지ᄒᆞᆯ수업는줄을 일본관리들이 더욱깁히셔달을너라

(八) 혁명ᄉᆞ샹의 풍죠가 동양에젼파됨이라 대뎌 혁명이라ᄒᆞ는것은 ᄇᆡᆨ셩들이 닐어나셔 졍부를번복ᄒᆞ고 뎌의뜻ᄃᆡ로 다시죠직ᄒᆞ는것을 닐음이니 동양ᄉᆞ긔에는 업는일이라 간혹 님군이실덕ᄒᆞ야 민심이 이산ᄒᆞ면 인걸이ᄉᆡᆼ겨셔 포의한ᄉᆞ로 ᄇᆡᆨ셩을회동ᄒᆞ야 국됴를번복ᄒᆞ고 ᄉᆡ나라를 셰우기도ᄒᆞ며 혹은 졍부에 집권쟈들이 민

심을의지ᄒᆞ야 님군을늬치고 그 왕족즁에 덕힝과 명망이잇ᄂᆞᆫ쟈로 ᄃᆡ신셰우기도ᄒᆞᄂᆞ니 이는 ᄆᆡᆼᄌᆞ의 닐은바 ᄇᆡᆨ셩이즁ᄒᆞ고 종묘ᄉᆞ직이 그다음이오 님군이 또그다음이라 ᄒᆞ신뜻과 합부ᄒᆞᄂᆞᆫᄇᆡ라 그러ᄒᆞ나 이런것은 실로혁명이안이니 대ᄀᆡ 아ᄅᆡ사ᄅᆞᆷ으로 닐어나셔 쥬권을 번복ᄒᆞᆷ은 일반이로ᄃᆡ ᄆᆡᆼᄌᆞ의말삼ᄒᆞᆫ바와 갓ᄒᆞᆯ진ᄃᆡ 쳣ᄌᆡᄇᆡᆨ셩을위ᄒᆞ고 둘ᄌᆡ 종ᄉᆞ를위ᄒᆞ야 님군을 갈아ᄂᆡᆫ후에는 ᄇᆡᆨ셩들은졍부를 죠직ᄒᆞᄂᆞᆫ일에나 ᄉᆡ나라를 셜시ᄒᆞᄂᆞᆫ일에 도모지 간셥이업시다 각각 물너안져 쥬무쟈들로ᄒᆞ여곰 ᄌᆞ긔들의지혜와 ᄌᆡ죠ᄃᆡ로잘다ᄉᆞ려셔 나라이 편안ᄒᆞ게ᄒᆞ라 ᄒᆞᆯᄯᆞ름이니 이는 그님군이나 님군의시ᄃᆡ만곳쳣지 그졍부의졔도와 국권의쥬쟝은 변치못ᄒᆞᆷ이라 넷젹에는 님군이 국권의쥬인이오 ᄇᆡᆨ셩은 손이된고로 ᄇᆡᆨ셩을 노예갓치도 ᄃᆡ졉ᄒᆞ고 륙츅갓치 길넛지만은 지금은 ᄇᆡᆨ셩이 국권의쥬인이오 님군이나 대통령은 국권에속ᄒᆞᆫ종이되ᄂᆞ니 이럼으로 ᄇᆡᆨ셩이 나라일을 ᄌᆞ긔일로알며 ᄌᆞ긔일갓치 참셥ᄒᆞᄂᆞᆫ 방법을마련ᄒᆞ야 님군이 아모리악ᄒᆞᆯ지라도 국법에ᄆᆡ여셔 감히엇지ᄒᆞᆯ수가 업도록만

들어노엇거늘 녯젹에는 빅셩들이 우에안즌사ᄅᆞᆷ들이 잘다ᄉᆞ리는것
올본후에는 아죠밋고 의뢰ᄒᆞ야 그사ᄅᆞᆷ들의게 맛겨두고 물너가셔
요슌일월에 강구년월이나불으고 들어누엇슨즉 쥬권된자이 ᄌᆞ연히
ᄉᆡᆼ각ᄒᆞ기를 내가엇지ᄒᆞ면 빅셩을 잘다ᄉᆞ려셔 덕화가 만셰에빗나
게ᄒᆞᆯ고ᄒᆞ며 일변으로 또 ᄉᆡᆼ각ᄒᆞᆯ것은 내가엇더케ᄒᆞ면 나의챵립ᄒᆞᆫ
긔업을 영히변치말고 ᄃᆡᄃᆡ로유젼ᄒᆞ야 ᄌᆞᄌᆞ손손이 쳔만ᄃᆡ를 누리
게ᄒᆞᆯ고ᄒᆞᆯ지니 이럼으로 빅셩을갈아치되 왕이라ᄒᆞ는것은 하ᄂᆞᆯ이명
ᄒᆞ야 만민의우에거ᄒᆞ게ᄒᆞ는자이니 아ᄅᆡ빅셩은 슌죵ᄒᆞᆯᄯᆞᄅᆞᆷ이라 만
일 픽악ᄒᆞᆫ무리가 왕명을거역ᄒᆞ면 텬명을 억임이라 텬하에죄인이
오 국법에 역젹이니 쳔참만륙ᄒᆞ는벌을 면치못ᄒᆞ리라ᄒᆞ야 이ᄃᆡ로
법을만들며 이ᄃᆡ로 민심을인도ᄒᆞᄆᆡ 빅셩은이것을밋이며 졍부는이
것을 ᄌᆞ셰ᄒᆞ야 百년、千쳔을 이 졍치로다ᄉᆞ리ᄆᆡ 오ᄂᆞᆯ날에 닐으러
동양사ᄅᆞᆷ들은 젼졔졍치에 습관이되며 노예셩질에 고질이되여 혁
명이 무엇인지 몰을ᄲᅮᆫ만안이라 셔양혁명ᄉᆞ를보면 곳 헤아리되
이는 다 三강、五륜에버셔난 오랑ᄏᆡ의 악습이라ᄒᆞ야 시비ᄒᆞ며 비

셔울잇는쳥년회관

셰ᄂᆞᆫ치셜

쳑ᄒᆞ기에 닐은지라

이럼으로 셰샹사ᄅᆞᆷ들의 항샹비평ᄒᆞᄂᆞᆫ말이 동양사ᄅᆞᆷ은 텬싱셩질이 젼졔정치에 합당ᄒᆞᆫ고로 졍치혁명이라ᄂᆞᆫ것은 당초에 일홈도모로거ᄂᆞᆯ 잉글로석쉰(영、미인종을 통칭ᄒᆞᆷ)은 ᄌᆞ유동등의 ᄉᆞ샹을가지고 난고로 셔양력ᄉᆞ에만 혁명이잇다고ᄒᆞᄂᆞᆫ지라 그러나 나는 이것을 연구ᄒᆞ여본지오랫스니 이는 인종의셩질을 인연ᄒᆞᆷ이안이오 종교에셩질을 인연ᄒᆞᆷ이라 동、셔양종교의구별을 연구ᄒᆞᆫ쟈는 다 나의보ᄂᆞᆫ바를 올케녁이리로다

대뎌 우리의유교로만말ᄒᆞᆯ지라도 공ᄌᆞᄭᅴ셔 텬종지셩으로나셔 철환텬하ᄒᆞ며 수신、졔가、평텬하ᄒᆞᄂᆞᆫ도를 셰샹에 젼ᄒᆞ려ᄒᆞᆯ식 모든나라에 님군을 차져보고 그도를힝ᄒᆞ라ᄒᆞ나 능히본밧ᄂᆞᆫ재 업습으로도부득 힝우셰ᄒᆞᆫ지라 부득이물너안져 글을지어 유젼ᄒᆞ엿ᄂᆞ니 그글의종지는 다 셰샹에 님군된쟈이 ᄌᆞ긔의어진도를 본밧어 힝ᄒᆞ면문왕의 빅리되는 죠고마ᄒᆞᆫᄯᅡ에셔도 덕화를 널니펴셔 ᄉᆞ히지ᄂᆡ가다 귀화ᄒᆞ야 복종ᄒᆞᆯ지니 텬하를통일ᄒᆞ야 요슌의 ᄐᆡ평셩ᄃᆡ를 회

복ᄒᆞ게되리라 ᄒᆞ엿ᄂᆞ니 이도로말ᄒᆞ면 우에안즌 한、두사ᄅᆞᆷ을 갈아쳐 아ᄅᆡ만민을 잘다ᄉᆞ리게ᄒᆞᄂᆞᆫ것이 뎨일쥬쟝이라 만일웃사ᄅᆞᆷ이힝치못ᄒᆞ면 아모달은수업시 감안이안져셔 죠흔텬운이나 기다릴ᄯᆞᄅᆞᆷ이니 그럼으로 이종교를 슝샹ᄒᆞᄂᆞᆫ셰샹에셔ᄂᆞᆫ 영영히 혁명ᄉᆞ샹이 싱길수업스며

예수교로말ᄒᆞ면 예수ᄭᅴ셔 당초에 미쳔ᄒᆞᆫ쟈로ᄐᆡ여나셔 당시형편을 ᄉᆞᆲ혀본즉 유대국은 로마에속국인ᄃᆡ 소위집권쟈들은로마셰력을 의뢰ᄒᆞ고 불공불평ᄒᆞᆷ으로 ᄇᆡᆨ셩을 다ᄉᆞ려셔 셔ᄉᆞ관과 셰리들이승셰쟉간ᄒᆞ며 유대교회에셔ᄂᆞᆫ 하ᄂᆞ님을 셤긴다ᄒᆞ나 마셔의 법률을 슝샹ᄒᆞ야 외양과형식으로 하ᄂᆞ님을 슝비ᄒᆞ며 긴옷을닙고 쟝거리에셔 인ᄉᆞ밧기를 죠하ᄒᆞ며 즁언부언ᄒᆞ야 긔도를 오ᄅᆡᄒᆞᆷ으로 거짓착ᄒᆞᆫ톄ᄒᆞ며 부요ᄒᆞᆫ쟈들은 외식으로 ᄌᆞ션ᄉᆞ업을힝ᄒᆞ며 남의게보히기위ᄒᆞ야 라팔을불녀ᄒᆞ되 속으로ᄂᆞᆫ 과부의집을 ᄲᅢ앗ᄂᆞᆫ쟈들이라 그럼으로 예수가 모든이것을 일졔히 혁신ᄒᆞ기위ᄒᆞ야 권셰와지산가진쟈들이며 명망과 학식잇다ᄂᆞᆫ쟈들을 도쳐에단ᄒᆡᆨᄒᆞ야 모든악ᄒᆞᆫ

쟈들이 그죄악을 ᄌᆞ복ᄒᆞ고 참마음으로 하ᄂᆞ님압헤 나오기를권ᄒᆞ
며 일변으로 가쟝불샹ᄒᆞᆫ쟈와 병든쟈와 죄에빠진쟈들을불샹히녁여
도아쥬며 곳쳐쥬며 쟉반ᄒᆞ여 갓치다니며 뎨ᄌᆞ들을삼아셔 ᄌᆞ긔의
뒤를 ᄯᅡ르라ᄒᆞ며 나는 의로온쟈를 구ᄒᆞ려온것이안이오 이스라엘
의 일흔양을 차ᄌᆞ려옴이라ᄒᆞ며 의원은 셩ᄒᆞᆫ쟈의게 긴ᄒᆞᆫ재안이오
병든쟈의게 긴ᄒᆞ다ᄒᆞ시며 三十三년동안을 젼도ᄒᆞᆫ것이 아ᄅᆡ빅셩들
로ᄒᆞ여곰죄악을바리고 하ᄂᆞ님의 의를구ᄒᆞ게ᄒᆞ심이라 이럼으로 우
에잇ᄂᆞᆫ쟈들과 권귀호부ᄒᆞᆫ쟈들의 싀긔와 의심을밧아 무한ᄒᆞᆫ곤난과
핍박을 당ᄒᆞ다가 맛참ᄂᆡ 그뎨ᄌᆞ의고발로 모함에들어 로마황뎨를
반ᄃᆡᄒᆞᆫ다ᄂᆞᆫ 죄명으로 못박혀죽기에 닐으럿ᄂᆞ니 우리의령혼샹 관
계ᄂᆞᆫ 물론ᄒᆞ고 졍치샹 관계로만볼지라도 젼고에쳐음되ᄂᆞᆫ 혁명쥬
창쟈ㅣ라 모든사ᄅᆞᆷ이 다 하ᄂᆞ님의 동등ᄌᆞ녀되ᄂᆞᆫ리치와 사ᄅᆞᆷ의마
음이 악ᄒᆞᆫ풍속과 어리셕은습관과 모든 죄악에셔 버셔나셔 ᄌᆞ유
활동ᄒᆞᄂᆞᆫ리치를 다 ᄇᆞᆰ히가라치셧ᄂᆞ니 신약을 공부ᄒᆞᄂᆞᆫ사ᄅᆞᆷ은 부
지즁에 ᄉᆞᄉᆞ로 혁명ᄉᆞ샹을엇ᄂᆞᆫ것은 과연 그ᄎᆡᆨ이 진리를 가라치

며 진리ᄂᆞᆫ 사ᄅᆞᆷ의마ᄋᆞᆷ을 ᄌᆞ유식히ᄂᆞᆫ 연고ㅣ로다
구라파각국에도 신약의리치가 젼파되기젼에ᄂᆞᆫ 모든 젼졔ᄉᆞ샹으로위쥬ᄒᆞ야 로마국문명시ᄃᆡ에 뎨국쥬의를 발달ᄒᆞᆷ이 극뎜에닐으럿고 법국왕 루이뎨十四셰에닐으러ᄂᆞᆫ 젼졔쥬의가 엇더케심ᄒᆞ엿던지 ᄌᆞ긔가 곳나라이라고 칭ᄒᆞ엿ᄂᆞ니 이ᄂᆞᆫ 우리나라사ᄅᆞᆷ들이 나라와 님군을 구별ᄒᆞᆯ줄몰나셔 님군을 곳 나라님이라ᄒᆞ던 의ᄉᆞ와 갓흔 ᄯᅳᆺ이라

다만 구라파의 졍치ᄉᆞ샹만 이러ᄒᆞᆯ뿐안이라 교회졔도가 ᄯᅩ한이러ᄒᆞ여 교황이안져 왼셰상을 다 로마교로 복죵식히고 ᄌᆞ긔가텬명을 ᄃᆡ표ᄒᆞ야 젼졔로 다ᄉᆞ린다ᄒᆞ미 심지어 각국뎨왕이 다그슬하에 굴복ᄒᆞᆫ지라 신약을감초어 보지못ᄒᆞ게ᄒᆞ며 모든사ᄅᆞᆷ은 교황과 신부등의 여러직명가진쟈를 인연ᄒᆞ야 하ᄂᆞ님을셤기고 즉졉으로 긔도를올니거나 죄샤ᄒᆞ심을 구ᄒᆞ지못ᄒᆞ게 마련ᄒᆞ미 사ᄅᆞᆷ의마ᄋᆞᆷ을 어리셕은말과 요ᄉᆞᄒᆞᆫᄯᅳᆺ으로 겹〻이속박ᄒᆞ야 심지어 돈을밧고 죄를용셔ᄒᆞ며 글을쥬어 힝악ᄒᆞᄂᆞᆫ 권리를 허락ᄒᆞ기에 닐은지

라 셔양사름의 젼졔ᄉᆞ샹이 동양사름의게비ᄒᆞ면 오히려 심ᄒᆞ다ᄒᆞ
겟도다

四百여년젼에 마틔ㄴ루터가 로마교회에 속ᄒᆞᆫ쟈로 일즉이 교육을밧아가지고 교황의졀졔를 복종ᄒᆞ다가 은근히 신약셩경을 공부ᄒᆞ여본즉 교황의힝ᄒᆞᄂᆞᆫ일이 하ᄂᆞ님의뜻과 예수의진리에 아죠반ᄃᆡ되ᄂᆞᆫ줄을 ᄭᆡ달은지라 비로소 교황을반ᄃᆡᄒᆞ며 교회졔도를 혁신ᄒᆞ기로 결심ᄒᆞ야 신약에됴건을셰샹에반포ᄒᆞᄆᆡ 그능력이 엇더케굿셰던지 당시로마교황의셰력으로도 능히억졔치못ᄒᆞ고 三十년젼쟁이닐어나 구라파를 소요ᄒᆞᆫ후 필경 반ᄃᆡ교회를 완젼히셰워 사름마다ᄌᆞ유로 신약을공부ᄒᆞ며 즉졉으로 하ᄂᆞ님ᄭᅴ 긔도ᄒᆞ게 만들엇ᄉᆞᄆᆡ이후로 二百년동안을두고 루터씨의 ᄀᆡ교ᄒᆞᆫ풍조가 졍치졔도를 ᄀᆡ혁ᄒᆞ기에닐으러 영,법,미등 각국의졍치상 대혁명이 여긔셔싱겨셔오ᄂᆞᆯ날 구미각국의 동등ᄌᆞ유를 누리ᄂᆞᆫ 모든 인간힝복이 거반 여긔셔 시쟉ᄒᆞᆫ것이라 이럼으로 루터씨를 근ᄃᆡ문명의 시죠라칭ᄒᆞᆷ이과연뎍당ᄒᆞ거니와 루터션ᄉᆡᆼ의능력인즉 예수의진리에셔 엇은빈더라

이럼으로 로마교회에셔는 지금ᄭᆞ지도 신약셩경공부ᄒᆞᄂᆞᆫ것을 허락지 안이ᄒᆞ며 텬쥬교밋ᄂᆞᆫ 나라들은 신약보기를금ᄒᆞ며 토이기와 아라ᄉᆞ와 밋젼졔졍치를숭샹ᄒᆞᄂᆞᆫ나라에셔들은 이ᄎᆡᆨ젼파ᄒᆞᄂᆞᆫ것은 일금ᄒᆞᄂᆞ니 이ᄂᆞᆫ다 셩경에 ᄌᆞ유평등을 포함ᄒᆞᆫ연고ㅣ라

예수교가 동양에 젼파될ᄯᅢ붓허 동양각국이 다 비쳑ᄒᆞ야 신구약을 젼ᄒᆞ지못ᄒᆞ게ᄒᆞ며 혹 이단ᄉᆞ셜이라 혹 텬쥬학이라ᄒᆞᄂᆞᆫ 모든말로 반ᄃᆡᄒᆞ고 비방ᄒᆞ엿ᄂᆞ니 그연고인즉 다름안이오 이ᄎᆡᆨ가ᄂᆞᆫ 곳마다 모든완고ᄒᆞ고 어리셕고 요ᄉᆞᄒᆞᆫ풍속이며 부ᄑᆡᄒᆞ고 완악ᄒᆞᆫ 마ᄋᆞᆷ을 변화ᄒᆞ야 ᄉᆡ긔운과 ᄉᆡ마ᄋᆞᆷ과 ᄉᆡ문명을쥬어 ᄉᆞᄅᆞᆷ의ᄒᆡᆼ동과 품ᄒᆡᆼ이 ᄎᆞ〻변ᄒᆞ여감으로인ᄒᆞ야 그샤회가 변ᄒᆞᄂᆞᆫᄇᆡ라 이번에청국의 대혁명이 실샹은 다 예수교회로 말ᄆᆡᄋᆞᆷ아 셔양문명을 수입ᄒᆞ며 ᄌᆞ유ᄉᆞ샹을 발달식힌결과로 된것이니 그혁명에 인도쟈들이 거의 다 예수교의 진실ᄒᆞᆫ 신자가안이면 교회학교나 교회샤회에셔 교육을 밧은 쟈들이라 졍치샹 혁명과 죵교의 관계가 대강이러ᄒᆞ도다

셔양션교ᄉᆞ들과 한국교회 인도쟈들이 졍치샹 혁명운동에 ᄃᆡᄒᆞ
여ᄂᆞᆫ 죠곰도 ᄉᆡᆼ각ᄒᆞᄂᆞᆫᄇᆡ업스며 예수교로인연ᄒᆞ야 쟝ᄅᆡ한국의 혁
명긔초가 되게ᄒᆞ자ᄂᆞᆫᄉᆞ샹은 ᄭᅮᆷ에도 업ᄂᆞᆫ바이오 겸ᄒᆞ여 한국교인
들은 예수교와 졍치혁명에 관계가 잇ᄂᆞᆫ줄도 모로ᄂᆞᆫ터인즉 다만
원ᄒᆞᄂᆞᆫ바ᄂᆞᆫ 셰샹을구원ᄒᆞᄂᆞᆫ 큰도로 우리나라에 모든침륜ᄒᆞᆫ ᄇᆡᆨ셩
들의 령혼을 죄악즁에셔 구원ᄒᆞ야 일뎨로 영ᄉᆡᆼ을엇게ᄒᆞ며 죄악
을바리고 착ᄒᆞᆫᄃᆡ 나감으로인ᄒᆞ야 이셰샹에 쟝ᄅᆡ문명을 긔초잡고
져ᄒᆞᄂᆞᆫᄃᆡ셔 지나지안이ᄒᆞᆫ것만은 일본당국쟈들의 보기에ᄂᆞᆫ 한국교
회ᄂᆞᆫ 독립ᄉᆞ샹을 비양ᄒᆞᄂᆞᆫ곳이오 한국교인은 쟝ᄅᆡ혁명을 쥬창ᄒᆞᆯ
쟈이라 그럼으로 한국교회를 일인이 통할ᄒᆞ며 한국교인을 일인
이 다ᄉᆞ리기젼에는 쟝ᄅᆡ화근을 막을수업ᄂᆞᆫ줄로녁이ᄂᆞᆫ지라 함을며
이ᄯᆡ는 셔양혁명ᄉᆞ샹의 풍죠가 쳥국으로 인연ᄒᆞ야 동양엔 밀녀
와셔 아셰아대륙에 발젼되ᄂᆞᆫ바인즉 일본ᄇᆡᆨ셩들이 ᄯᅩ한 이풍죠들
밧아가지고 혁명ᄂᆡ란을 닐희킬념려가 업지안을ᄲᅮᆫ더러 한국이 일, 쳥
즁간에쳐ᄒᆞᄆᆡ ᄌᆞ리로 쳥국에셔 발달되ᄂᆞᆫ 모든ᄀᆡ명ᄉᆞ업이 다 한

국으로 말ᄆᆡ암아 일본에젼파된비라 이혁명의풍죠가 됴션반도로달ᄒᆞ야 일본에 밋치기가 비컨ᄃᆡ 리웃집에 붓ᄂᆞᆫ불이 풍셰를인연ᄒᆞ야 내집에밋츨지니 즁간에잇ᄂᆞᆫ집에 불결이 밋치지못ᄒᆞ게ᄒᆞᄂᆞᆫ것이 방화ᄒᆞᄂᆞᆫ 샹칙이라 그즁간집에 모든 불붓기쉬운물건은 급〻히치우ᄂᆞᆫ것이 맛당ᄒᆞ니 일본이 한국교회를 통할ᄒᆞ려ᄒᆞᄂᆞᆫ것이 또한이연고ㅣ더라

이샹에말ᄒᆞᆫ바 몃가지연고를 인연ᄒᆞ야 일인이 한국교회 합병ᄒᆞᆯ운동을시쟉ᄒᆞᆫ지가 여러ᄒᆡ가 되엿ᄂᆞᆫᄃᆡ 여러가지로 쥬션ᄒᆞᄂᆞᆫ것이다여의치못ᄒᆞᆫ지라 한인을은근히 권면ᄒᆞ야 셔인을ᄇᆡ쳑ᄒᆞ고 교회를독립식이려고도 ᄒᆞ여보앗고 한국교회 인도쟈들로더부러 교졔를친밀히ᄒᆞ야 ᄌᆞ연히 감동되기를 힘써보기도ᄒᆞ엿스되 다여의치못ᄒᆞᆫ지라 평화수단으로는 닐우지못ᄒᆞᆯ줄을 ᄭᆡ달은고로 지나간三년동안에 위협ᄒᆞᄂᆞᆫ정칙을 힝ᄒᆞ엿ᄂᆞ니 경향각쳐에셔 ᄇᆡᆨ반으로교회핍박ᄒᆞᆫ졍형은다 말ᄒᆞᆯ수업지만은 이여러가지로 군츅ᄒᆞ며 방히ᄒᆞᆫ것을볼진ᄃᆡ 한국교회가 인력으로 셰운것갓ᄒᆞ면 지금ᄭᆞ지 부지ᄒᆞᆯ수 업섯슬지라

셰샹 권력으로 예수교회를 타파ᄒᆞ려홈은 과연 어리셕은 싱각이로다

한국긔독교쳥년회

한국긔독교 쳔년회는 미국뉴욕에잇는 만국긔독교 쳥년회총부의한부분으로 미국인 질너트씨가 쥬쟝ᄒᆞ야 셜시ᄒᆞᆫ지가 거의十년이라 미국 젼 톄신대신 워나메익커씨의 긔부금 四만원으로 셔울즁앙에 三층벽돌집을 크게지어 대문우에 한문으로 황셩 긔독교 쳥년회라고 크게셕이고 국즁쳥년을모아 신톄와 심리와 령혼샹 모든리익을 발달식히기로 목뎍을삼엇더라 이회가 지나간八九년동안에 대단히 흥왕ᄒᆞ여 지금에회원이 一千六百여명이오 임원이 통히 七十명가량인ᄃᆡ 머인이五인이라 회관긔디갑이 대략 三만원에달ᄒᆞ며 젹립금이 거의五만원인ᄃᆡ 회관녑헤 운동실을 짓기위ᄒᆞ야 한국과 미국에셔 지졍을 수합ᄒᆞ엿스ᄆᆡ 불구에 쟝ᄎᆞ시역ᄒᆞᆯ터이더라 국즁에 총쥰ᄒᆞᆫ쳥년들이 이안에모혀셔 일변으로 운동부를 셜시ᄒᆞ고 여러가지 운동톄죠와 격금유술과 각종쏠을치ᄂᆞᆫ노리로 신톄를

九十

강건케ᄒᆞ며 一변으로 공업부를 셜시ᄒᆞ야 여러가지 긔계를ᄉᆞ용ᄒᆞ며 목공과 털공과 인쇄와 밋 양혜졔조ᄒᆞᄂᆞᆫ 모든일로 각식공업을 권쟝ᄒᆞ며 一변으로 교육부를셰워 즁학교과졍으로 二百명 가량 학ᄉᆡᆼ이 쥬야학에난호어 모든신학문을힘쓰며 그즁에셔 졸업ᄒᆞᆫ 학ᄉᆡᆼ들이 로동쟈들을모아셔 야학교를 셜시ᄒᆞ고 신학문을 교육ᄒᆞᄆᆡ ᄆᆡ일져녁에 츌셕ᄒᆞᄂᆞᆫ학ᄉᆡᆼ이 二百명에달ᄒᆞ며 종교부에셔ᄂᆞᆫ 복음회와 ᄉᆞ경회와 젼도ᄃᆡ를 조직ᄒᆞ야 뎐국ᄉᆞ업을 젼력ᄒᆞᄆᆡ 셰계 모든 쳥년회즁에 한국쳥년회가 령혼샹일에 가쟝 유력ᄒᆞ다ᄂᆞᆫ 칭찬을 밧ᄂᆞᆫᄇᆡ더라

이런모든ᄉᆞ업으로 쳥년들의 긔ᄀᆡ를발젼ᄒᆞᄆᆡ 그셩망이 국즁에파젼되여 각 대도회쳐에셔 지회를 셜시ᄒᆞ고져ᄒᆞ야 종〻 허락엇기를 쳥구ᄒᆞ나 쳥년회쥬무쟈들이 아직 지회셜시ᄒᆞ기를 허락지안이ᄒᆞᄂᆞ니 이ᄂᆞᆫ 졍치샹 형편을인연ᄒᆞ야 혹 남의의심을 밧을가념려ᄒᆞᆷ이라 다만 일본동경에 한국유학ᄉᆡᆼ을위ᄒᆞ야 쳥년지회를 셜시ᄒᆞ고 종교ᄉᆞ업을 힘쓰다가 쟉년에 五百명학ᄉᆡᆼ즁에셔 불소ᄒᆞᆫ 지졍

을 수합ᄒᆞ여 회관을짓기로 결심ᄒᆞᆫ고로 미국청년회 총부에셔 ᄯᅩ
한 지졍으로도아셔 금년에 회관지을 역ᄉᆞ를 시쟉ᄒᆞ려ᄒᆞ더라
당초에 미국청년총회에셔 동양에 지회를 셜시ᄒᆞᆯᄯᅢ에 즁앙부를
두곳에 난호아두어 동경에 한부분은 일본청년회 ᄉᆞ무를젼임ᄒᆞ고
샹히에 한부분은 청국과 광동과 한국에 모든청년회 ᄉᆞ무를 총
찰ᄒᆞ게ᄒᆞ엿ᄂᆞ니 이는 젼혀경제샹 관계를 인연ᄒᆞᆷ이오 혹나라이나
디방의 구별을 인연ᄒᆞᆷ은 안이더라 이럼으로 한국청년회가 일본
청년회와는 피ᄎᆞ샹관이업고 청국청년회와 교셥이 친밀ᄒᆞ야 년ᄅᆡ
로 샹히청년회의 지졍샹 찬죠를 만히밧엇스되 ᄉᆞ무쳐리ᄒᆞ기에는
피ᄎᆞ 간예치안이ᄒᆞ미 독립의ᄌᆞ격을 완젼히 직혀왓스며 동경한인
청년회도 ᄯᅩ한 이 졔도와 갓치ᄒᆞ야 샹히청년회에 속ᄒᆞ고 일본
청년회와는 피ᄎᆞ간에 샹관이업더라

합방ᄒᆞᆫ후로 이등박문이 청년회에ᄃᆡᄒᆞ야 여러가지로 후의를표ᄒᆞ
고 다수ᄒᆞᆫ 지졍을 연죠ᄒᆞ엿스며 그젼에 한국황실에셔 ᄆᆡ년에지
화 一만원식을쥬어 청년회경비로 쓰게ᄒᆞ던것을 합방후로 붓허는

통감부에셔 여젼히 계속ᄒᆞ야쥬기로 언약ᄒᆞᄆᆡ 닉외국 모든신문에
분〃히 젼파ᄒᆞ야 일본통감이 한국쳥년회를 열심으로 도아쥬ᄂᆞᆫ은
혜를 무수히칭샤ᄒᆞ더라

급기일본이한국에졍치샹 모든 긴급ᄒᆞᆫᄉᆞ무를 졍돈ᄒᆞᆫ후에는 교회
관할ᄒᆞᆯ일에 챡수ᄒᆞᆯ시 쳥년회를 몬져쥬의ᄒᆞ엿ᄂᆞ니 이는 쳥년회가
각교회 즁간에쳐ᄒᆞ야 형셰가〃쟝 외로을ᄲᅮᆫ더러 쳥년의 활동력이
이회안에셔 더욱 만흔연고ㅣ라 경셩에셰운 일본쳥년회 임원들이
간〃히 한국쳥년회 임원들을ᄃᆡᄒᆞ야 ᄒᆞᄂᆞᆫ말이 지금은 한국이일본
과 합동ᄒᆞ엿슨즉 황셩쳥년회가 샹히쳥년회와 련합ᄒᆞᆷ이 불가ᄒᆞ고
겸ᄒᆞ여 ᄆᆡ년경비로 一만환식을 일본통감부에셔 쥬ᄂᆞᆫ것인즉 일본
쳥년회와 련합ᄒᆞᆷ이가ᄒᆞᆫ지라 만일 여젼히 우리와 샹관치안으려ᄒᆞ
면 통감부에셔 지졍을 쥬지안이ᄒᆞᆯ터이라ᄒᆞ며 一번으로는 일본통
감이 은밀히 공갈ᄒᆞᄂᆞᆫ말이 쳥년회속에는 아모〃〃 졍치긱들이잇
셔셔 ᄇᆡ일ᄉᆞ샹을 고동ᄒᆞᄂᆞᆫ고로 일본관리들이 특별히 쥬목ᄒᆞᄂᆞᆫ비
라 속히변동ᄒᆞ지안이ᄒᆞ면 쟝ᄎᆞ충돌이잇스리라ᄒᆞ며 속으로는 샹히

와 미국 청년회 쥬무원들과 교셥ᄒᆞ야 한,일 청년회의 합동ᄒᆞᆯ방칙을 발론ᄒᆞᆫ즉 그 라허를 알지못ᄒᆞᄂᆞᆫ 외국인들은 이것을뎍당ᄒᆞᆫ줄로 알기도ᄒᆞ고 혹 반ᄃᆡᄒᆞᄂᆞᆫ자도잇셔셔 이일은 한국청년회를 쥬관ᄒᆞᄂᆞᆫ셔인과 한인들이 결뎡ᄒᆞ라ᄒᆞ미 일본에잇ᄂᆞᆫ 청년회총무 셔양인모모와 셔울에잇ᄂᆞᆫ 일본청년회 임원들이 한국청년회로 더브러 즉졉교셥ᄒᆞᆯ식 다힝히 셔울일본청년회총무가 졍대ᄒᆞ고 관후ᄒᆞᆫ신교쟈인고로 일본관리들을만집ᄒᆞ야 심ᄒᆞᆫ핍박이 잇기에ᄂᆞᆫ 닐으지안이ᄒᆞ엿스나 모든탐보원이며 졍탐ᄀᆡᆨ들이 회관을 ᄯᅥ나지안이ᄒᆞ며회관에 모든ᄉᆞ무를 빅반으로져희ᄒᆞ다가 필경은발론ᄒᆞ되 셔울 한인청년회관 문우에식인바 황셩 긔독교 청년회라ᄒᆞᆫ일홈에 황셩 두글ᄌᆞ를곳칠것이오 샹히청년회와 련락ᄒᆞᆫ관계를 거졀ᄒᆞᆯ것이며 의ᄉᆞ부임원을 일인즁으로 몃사ᄅᆞᆷ을 뎡ᄒᆞ라ᄒᆞᄂᆞᆫ지라 청년회쥬무ᄒᆞᄂᆞᆫ 늬외국인과 부회쟝 윤치호씨도 이것을 다 응죵ᄒᆞ고져ᄒᆞᄂᆞᆫ싱각이 업지안이ᄒᆞ엿ᄂᆞ니 이ᄂᆞᆫ 그 시셰를 ᄉᆞᆲ힌연고ㅣ라 그러나 깁히헤아리되 이몃가지즁에 한가지라도 응죵ᄒᆞ면 한인들은 경향에셔 다말

ᄒᆞ기를 모모임원들이 셔인과합동ᄒᆞ야 쳥년회를 일본에게팔아먹엇다고ᄒᆞ야 다소간 ᄉᆞ단이 싱길뿐안이라 당쟝에 한인들이 지졍으로 도읍지도 안을것이오 회관에 오ᄂᆞᆫ사름이 몃치되지못ᄒᆞᆯ터인즉 한가지라도 곳칠수업스며 셜령곳칠지라도 일본인의셩질이 이몃가지 곳친것을 풍족히녁여셔 다시ᄂᆞᆫ 아모말업시 잇슬리치가 만무ᄒᆞᆫ즉 한번고ᄀᆡ를 슉이기시쟈ᄒᆞ면 ᄎᆞ소위 진지구무이ᄒᆞᆯ터이라 그럼으로 수ᄎᆞ비밀히 회의ᄒᆞ고 모든ᄉᆞ무를 여젼히 계속ᄒᆞ기로 쟈뎡ᄒᆞ엿스며 동경에잇ᄂᆞᆫ 한인쳥년회ᄂᆞᆫ 일본외부에셔 한인유학싱의 회관지을 터를쥬마고 긔왕에 허락ᄒᆞᆫ것이 잇셧ᄂᆞᆫᄃᆡ 이ᄯᆡ에와셔일인이 말ᄒᆞ기를 만일 한인쳥년회가 쳥국쳥년회와 각립이 되지안이ᄒᆞ면 그ᄯᅡ홀 쥬지안이ᄒᆞᆫ다ᄒᆞᄂᆞᆫ지라 한인들의ᄃᆡ답이 그ᄯᅡᄒᆞᆫ그만둘지언졍 쳥국쳥년회와 각립ᄒᆞᆯ수ᄂᆞᆫ 업노라ᄒᆞ엿스니 이ᄂᆞᆫ 지졍샹관계로 인연ᄒᆞ야 부득이ᄒᆞᆫᄉᆞ셰더라

쳥년회일이 이러케쟈뎡된후 얼마못되여 윤치호씨가포박을당ᄒᆞ더니 몃칠후에 슌검이 쳥년회관에와셔 학싱하령회의 문부를 죠ᄉᆞ

ᄒᆞ여가며 하령회에 참셕ᄒᆞᆫ학생즁모모인이 ᄯᅩᄒᆞᆫ포박을 당ᄒᆞᆫ지라 일
로밀우어헤아리건ᄃᆡ 일본사름들이 졔반온유ᄒᆞᆫ수단으로 한국쳥년회
를 합병ᄒᆞ려ᄒᆞ되 맛참ᄂᆡ 여의치못ᄒᆞᆫ지라 부득이ᄒᆞ야 위력으로써
복종식이ᄂᆞᆫ것이 필요ᄒᆞᆷ을ᄭᆡ닷고 윤씨를 모살죄인으로몰아셔 한편
으로 공박ᄒᆞ며 ᄯᅩᄒᆞᆫ편으로는 외교샹권력을펴셔 안밧으로 쥬션ᄒᆞ
ᄆᆡ 한국쳥년회의 형셰가 심히외로워지ᄂᆞᆫ지라 금년정월에쳥년회일
ᄒᆞᆷ을곳쳐셔 황셩두글ᄌᆞ를바리고 즁앙긔독교 쳥년회라ᄒᆞ며 샹히쳥
년회와 각립이되여 쟝ᄎᆞ독립ᄌᆞ격으로 죠례를 반포ᄒᆞ려ᄒᆞᄂᆞ니 이
는 일인의 시비ᄒᆞᄂᆞᆫ 흔단을막고 독립으로 유지ᄒᆞ기를 도모ᄒᆞᆷ이
어늘 근쟈에 모모한인들이 무리를 일우어가지고 임원들을 공박
ᄒᆞ며 쥬챵ᄒᆞᄂᆞᆫ말이 한국쳥년회는 미국쳥년회와 교셥ᄒᆞᆷ을 ᄭᅳᆫ흘것
이오 일본쳥년회와 합동ᄒᆞᆷ이 맛당ᄒᆞ다고 ᄒᆞ엿다ᄂᆞᆫᄃᆡ 그 ᄌᆞ셰ᄒᆞᆫ
리허를 아직듯지못ᄒᆞ엿슨즉 확실히 말ᄒᆞᆯ수는업스나 대뎌 일본사
름들이 ᄌᆞ긔네일ᄒᆞ여가기에 한국갓치 죠흔나라는 셰샹에 다시업
슬지라 년젼에 한국졍부를 관할ᄒᆞ려ᄒᆞᄆᆡ 한국ᄇᆡᆨ셩들이 몬져들고

님어나셔 일본에 속국되기를원ᄒᆞᄂᆞᆫ뜻을 셰샹에반포ᄒᆞ엿스며 지금 쳥년회를 관할ᄒᆞ고져ᄒᆞᄂᆞᆫ자리에 한국ᄇᆡᆨ셩이들고닐어나셔 일본쳥년회에 붓치기를 ᄌᆞ원ᄒᆞᄂᆞ니 한국ᄇᆡᆨ셩은 참희한ᄒᆞᆫ 인죵이라 쟝ᄎᆞ한국교회를 유지ᄒᆞᆯ문뎨에ᄃᆡᄒᆞ야 우리는 일본통감이나 헌병이나 경찰관이나 옥즁뇌형이 다 두렵지안이ᄒᆞ고 다만 한인이 뎨일무셔우니 이는 쟝ᄎᆞ교회안에셔 한인들이 닐어나셔 닷호어 일진회의 공명을 엇고져ᄒᆞᆯ재 ᄉᆡᆼ길연고ㅣ라 년리로 한국사ᄅᆞᆷ들의 힝ᄒᆞᆫ일을 보면 남의게 몃칠품삭밧아먹기를위ᄒᆞ야 뎨집에 불놋ᄂᆞᆫ일에 쥬야분쥬히 지ᄂᆡ엿ᄂᆞ니 이사ᄅᆞᆷ들을 어셔밧비 회ᄀᆡ식히며 감화식히기젼에는 북미쥬 인ᄃᆡ안이나 하와이토인의 ᄌᆞ샹잔멸ᄒᆞᄂᆞᆫ셩질로 셔로살며 셔로 밀어셔 필경에 인죵이 멸절ᄒᆞᄂᆞᆫ 경우를 면치못ᄒᆞ리로다

션쳔학교와지관젼말

쟝로교 션교회총부에셔 밧은보고를보건ᄃᆡ 一千九百十一년가을붓허 교회핍박이 더욱심ᄒᆞ야 한국교인을 각쳐에셔 포박ᄒᆞ며 학ᄃᆡ

교하즁쳔션

션쳔즁학교교ᄉᆞ들

ᄒᆞᄂᆞᆫ즁 평안도션쳔이 가쟝히를 만히밧엇더라 그곳에잇ᄂᆞᆫ 교회학교ᄂᆞᆫ 미국인 휴、오넬씨가 돈을쥬어 셜시ᄒᆞ고 미큐ㄴ씨가쥬쟝ᄒᆞᄂᆞᆫ디 즁학교 졍도로 총준흔학싱 一百五十八인이모혀 一번으로 공부를힘쓰며 一번으로 교회일을힘써셔 더의세리 지졍을닉여 졸업싱 차지명씨를 션교ᄉᆞ로 남도에파송ᄒᆞ야 젼도ᄒᆞ게ᄒᆞ며 쟝ᄎᆞ힘이 자라ᄂᆞᆫ디로 ᄒᆡ삼위와 간도등디에 션교ᄉᆞ를보닉기로경영ᄒᆞ니 국닉 청년의 활동력이 이곳에가쟝만터라

동년十월十二일에 학싱三인이 포박을당ᄒᆞ더니 얼마후에 교ᄉᆞ와 학싱이 일제히피착되여 사슬로결박ᄒᆞ야 긔차에실어셔 셔울로올녀 보닉미 학교ᄂᆞᆫ 곳 뎡학ᄒᆞ기에 닐으럿스며 목ᄉᆞ들과 쟝로와 모든인도쟈들이 ᄎᆞ례로잡혀가미 온디방이 란리를 맛ᄂᆞᆫ듯ᄒᆞ더라 경향각쳐에셔 이러케 잡혀가ᄂᆞᆫ재 부지기슈라 한번잡혀간후에ᄂᆞᆫ 어디로갓ᄂᆞᆫ지 엇더케되엿ᄂᆞᆫ지 무삼ᄉᆞ단인지 도모지 알지못ᄒᆞ고 부모처ᄌᆞ들이 부르지즈며 도로에방황ᄒᆞ되 호소ᄒᆞᆯ곳이업ᄂᆞᆫ지라 경셩닉외에 일병이쟉디ᄒᆞ야 군긔를베풀고 북치며 라팔불어 방방곡곡

이 횡힝시위ᄒᆞᄆᆡ 평시에안즌민심이 ᄇᆡᆨ만진즁에 싸힌것갓ᄒᆞ여 졍신을 차리기어렵더라

일인의신문에 련일들어닉는말이 예수교인들이 젼무후무ᄒᆞᆫ 큰죄를 범홈으로 련루쟈를 낫낫치잡아 증치ᄒᆞᆯ터인ᄃᆡ 범죄ᄒᆞᆫ쟈를 방쟝심ᄉᆞᄒᆞ는즁이니 쟝ᄎᆞ잡힐사름이 여러ᄇᆡᆨ명이라고도ᄒᆞ며 여러千명이라고도ᄒᆞ야 텬동갓치 으르며 윤치호씨의집을 병뎡、슌검이 둘너싸고 잡아간후에 안과밧글 낫낫치수식ᄒᆞ야 모든 휴지죠각은 다 뒤져가니 경셩닉외에 모든예수교인은 무죄히 바날방셕에 안즌것갓더라

풍셩학려에 이소문이 닉디에만편만ᄒᆞᆯ뿐안이라 외국에널니퍼져셔 뉴욕신문에 말ᄒᆞ기를 한국교인 六千여명이 경향각쳐옥즁에갓쳣는ᄃᆡ 그즁三인은 악형을당ᄒᆞ다가 옥즁에셔 죽엇다ᄒᆞ는지라 일본통감이 이것을 변명ᄒᆞ기위ᄒᆞ야 뉴욕ᄃᆡ양보에(쟉년十월二일)긔셔ᄒᆞ엿ᄉᆞ되 젼국감옥에 갓친죄인이 二百八十七인이니 六千명죄수라는말이 다 허언이오 당초에악형은 쓰지안엇다ᄒᆞ며 동년四월十九일에

셔울셔 일인이ᄂᆡᄂᆞᆫ 영어신문에 말ᄒᆞ엿스되 이ᄉᆞ건에인연ᄒᆞ야 갓친쟈 一百五十명이라ᄒᆞ엿ᄂᆞᆫᄃᆡ 엇던셔양사ᄅᆞᆷ이 특별히조ᄉᆞᄒᆞ야 쟈년七월에 션교회에 보고ᄒᆞᆫ바ᄅᆞᆯ보건ᄃᆡ 이ᄉᆞ건에 피혐쟈이 一百五十七인인ᄃᆡ 그즁에셔 九인은지판업시 뎡빅보ᄂᆡ고 三인은 악형을 당ᄒᆞ다가죽엇고 二十명가량은 방송되엿스니 지수ᄒᆞᆫ쟈 一百二十五인이라ᄒᆞ엿더라

미국교회에셔탐보ᄒᆞ여 신문에긔지ᄒᆞᆫ바ᄅᆞᆯ보건ᄃᆡ 지수ᄒᆞᆫ一百二十五인이 거의다교인인ᄃᆡ 그즁에 죠합교회에 속ᄒᆞᆫ쟈이 二인이오 감리교에 속ᄒᆞᆫ쟈이 六인이오 쟝로교에 속ᄒᆞᆫ쟈이 八十九인이며 쟝로교인즁에 五인은 교회목ᄉᆞ요 八인은쟝로요 八인은집ᄉᆞ요 十인은 시골각쳐례비당에 쥬관ᄒᆞᄂᆞᆫ쟈들이오 四十二인은 셰례밧은교인이고 十三인은 셰례문답밧ᄂᆞᆫ쟈들이라 교회보에 말ᄒᆞ엿스되 이사ᄅᆞᆷ들은 신심이 독실ᄒᆞ며 품힝이 뎡대ᄒᆞ야 모든사ᄅᆞᆷ의 추앙ᄒᆞᄂᆞᆫ비라 함을며 윤치호갓ᄒᆞᆫ이ᄂᆞᆫ 동셔양에 유명ᄒᆞᆯᄲᅮᆫ더러 예수교회에 큰 졍치가이라 이런사ᄅᆞᆷ들을 모살죄인으로 모ᄂᆞᆫ것은 비컨ᄃᆡ 지

一百

금 미국대통령윌슨씨가 교장으로잇던 프린스톤 대학교에 교ᄉᆞ들
과 학ᄉᆡᆼ들과 목ᄉᆞ들이합ᄒᆞ야 사ᄅᆞᆷ을죽이려고 음모ᄒᆞ엿다ᄂᆞᆫ 말과
갓흐니 누가 고지들으리요ᄒᆞ엿더라

이풍파가 다만 한인에게만 닐을뿐안이라 셔양인에게도 ᄯᅩ한밋
쳣ᄂᆞ니 션쳔학교를 닷친후로 슌검들이 그곳션교ᄉᆞ의집에 돌입ᄒᆞ야
방마다 들어가셔 모든그릇과 털합과 궤짝과 상ᄌᆞ등속을 낫낫치
뒤지며 군긔와 륙혈포와 탄환이며 비밀ᄒᆞᆫ 문젹을 ᄂᆡ여노라고 공
갈ᄒᆞ고 각신문에 들어ᄂᆡᄂᆞᆫ말이 지수ᄒᆞᆫ한인들이 다ᄌᆞ복ᄒᆞ야 션교
ᄉᆞ들이 음모를 쥬챵ᄒᆞᆫ죄샹이 다 발각되엿다ᄒᆞ며 혹은 엇던션교
ᄉᆞ의집에셔 륙혈포 여러十병을 사츌ᄒᆞ엿다고 신문에 말ᄒᆞ엿더라
이런말을 고지듯ᄂᆞᆫ쟈ᄂᆞᆫ업스나 션교ᄉᆞ들은 이ᄉᆞ실을 ᄇᆞᆰ히기위ᄒᆞ야
공ᄀᆡ지판을 청ᄒᆞ엿더라

쟉년六월二十八일에 경셩디방지판소에셔 심판을녈새 무죄ᄒᆞᆫ교인
의 변명ᄒᆞᆷ을위ᄒᆞ야 션교ᄉᆞ들이 률ᄉᆞ를 고용ᄒᆞ엿스나 이률ᄉᆞ들은
지판림시ᄒᆞ야 잠시동안만 갓친사ᄅᆞᆷ들을보게ᄒᆞᆯ뿐이오 다시ᄂᆞᆫ 허락

지안이ᄒᆞ며 일인들이 고용ᄒᆞᆫ률ᄉᆞ는 여러달동안을두고 임의로옥즁
에 들어가셔 슌검의 위협ᄒᆞ는압헤셔 갓친사ᄅᆞᆷ들을 으로며달닉여
ᄌᆡ판소로 넘어가거던 슌검텽에셔 식힌ᄃᆡ로ᄃᆡ답ᄒᆞ여야지 그러치안
이ᄒᆞ면 다시형벌을 당ᄒᆞ리라ᄒᆞ야 젼후를 차착이업도록 만들어놋
코 지어ᄌᆡ판관ᄭᆞ지라도 다 속으로약속이잇셧더라

쟝로교션교회에셔 반포ᄒᆞᆫ글에ᄒᆞ엿스되
일본이 셰계에 상등기명ᄒᆞᆫ나라로 ᄃᆡ졉을 밧고져ᄒᆞ나 이ᄌᆡ판
ᄒᆞ는 졀ᄎᆞ를보건ᄃᆡ 뎨일하등 샤회에사ᄅᆞᆷ도 공평ᄒᆞᆫᄉᆞ샹이 잇
는쟈는 이와갓치안이ᄒᆞᆯ지라 이번ᄌᆡ판에ᄃᆡᄒᆞ야 가쟝공평치못ᄒᆞᆫ
됴건 셰가지를 들어말ᄒᆞᆯ지니
(一) 피고의ᄃᆡ답ᄒᆞ는말을 통변이셔셔일어로번역ᄒᆞ야 ᄌᆡ관쟝에게
젼ᄒᆞ는ᄃᆡ 모든변명ᄒᆞ는말은다ᄲᅢ고 횡셜수셜ᄒᆞ야넘기며 악형을
썻다는말은 혹심ᄒᆞ게 물엇다던지 혹 무엇으로 눌으더라는말
로 ᄃᆡ용ᄒᆞ야 번역ᄒᆞ는고로 률ᄉᆞ가 그ᄉᆞ실을 변명ᄒᆞᆫ즉 ᄌᆡ판
쟝의ᄃᆡ답이 그런것은 다 관계가 업다고ᄒᆞ엿스니 이것이 공평

치못ᄒᆞᆷ이오

(一) 증인이 말을못ᄒᆞ게ᄒᆞᆷ이니 엇던목ᄉᆞ하나는 음모ᄒᆞᄂᆞᆫ회셕에 참여ᄒᆞ엿다고 ᄌᆞ복ᄒᆞ라ᄒᆞ거ᄂᆞᆯ 방텽인수십명이 닐어나셔 그목ᄉᆞ가 그ᄂᆞᆯ에 다른 디방에셔 젼도ᄒᆞ엿다고 증거ᄒᆞ려ᄒᆞᄂᆞᆫ것을 다듯지안코 말을못ᄒᆞ게ᄒᆞ엿스며 길목ᄉᆞ의아들은 아모날에 의쥬에가셔 모살ᄒᆞ엿다고 ᄌᆞ복ᄒᆞ라ᄒᆞ거ᄂᆞᆯ 평양대학교에셔 가라치ᄂᆞᆫ 셔양교ᄉᆞ들이 닐어나셔 그ᄂᆞᆯ에 길씨가 학교에잇섯다고 밍셰라도 ᄒᆞ려ᄒᆞ되 다물니쳣스며 기외에 이런것이 ᄯᅩ여러이니 이것이 ᄯᅩ한 공평치못ᄒᆞᆷ이오

(二) 이심판의쳐결은 슌검들이얼거셔 공초를 만들어온ᄃᆡ로 판결ᄒᆞᆷ이오 ᄉᆞ실을 신문ᄒᆞᆷ은안이니 공평ᄒᆞ다 닐으지못ᄒᆞ겟스며 둘지는 소위슌검이 밧은 ᄌᆞ복이라ᄂᆞᆫ공초에 션교ᄉᆞ十九인의일홈을넛코 모살에동모ᄒᆞ엿다ᄒᆞᄂᆞᆫᄃᆡ 혹은 음모를셰ᄒᆞᄂᆞᆫ자리에 참여ᄒᆞ엿다ᄒᆞ며 혹은 륙혈포를 구ᄒᆞ여쥬엇다ᄒᆞ며 혹은학ᄉᆡᆼ들을 ᄭᅮ짓ᄂᆞᆫ말이 통감을 ᄃᆡᄒᆞ엿슬ᄯᆡ에 총을놋치못ᄒᆞ엿스니 겁쟝이

라ᄒᆞ엿다ᄒᆞ며 션천학교 교쟝 ᄆᆡᆨ큐ㄴ씨는 학ᄉᆡᆼ들과 약속ᄒᆞ기를 ᄌᆞ긔가 뎡거쟝에셔 통감과 손을흔들터이니 손잡는것만 보거던 통감인줄로알고 의심업시 총을노라고ᄒᆞ엿다ᄒᆞ며 평양에션교ᄉᆞ 마페ㅅ씨는 통감을 죽이지못ᄒᆞ엿다고 한인을 ᄃᆡ단히삭지젓다ᄒᆞ는ᄃᆡ 이런것을 다ᄌᆞ복이라ᄒᆞ야 그공초안에 들엇슨즉 이런말은 셔인이 당초에 고지듯지안을지라 그럼으로 ᄌᆡ판관들이 이런말은 다시뭇지안이ᄒᆞ고 그져넘기는지라 이것을 공평ᄒᆞᆫ법이라ᄒᆞᆯ수업는것은 대ᄀᆡ 한인이 죄가잇스면 셔인도죄가 잇슬것이오 셔인이죄가업스면 한인도죄가 업슬것이어늘 엇지 한공초에셔 한인만벌을쓰고 셔인은 그져넘기ᄂᆞ뇨 이것이공평치못ᄒᆞᆷ이오 셋ᄌᆡ는 피고들이 ᄌᆡ판마당에셔 그소위ᄌᆞ복이라는 것을 낫낫치변ᄇᆡᆨᄒᆞ엿ᄉᆞᄂᆞ니 혹은 말ᄒᆞ기를 슌검뎡에셔 쎄이는 바람에 아모러케나 ᄃᆡ답ᄒᆞ엿다ᄒᆞ며 한 사름은 본ᄅᆡ실진증이 잇는쟈인ᄃᆡ 션션히 ᄃᆡ답ᄒᆞ는말이 나는통감을 죽인후에 구라파에가셔 ᄒᆡ아에 만국평화회회쟝을 죽이려ᄒᆞ엿다ᄒᆞ며 여러사

룸은 말ᄒᆞ기를 악형에졍신을 다닐엇슬쎅에 무삼소리를 ᄒᆞ엿는지모로고 셔여나셔는 이것이 다 쑴에도싱각지안은일이라고 변명ᄒᆞ나 련약ᄒᆞᆫ륙신이 익의지못ᄒᆞ야 ᄒᆞᆯ수업시ᄃᆡ답ᄒᆞ엿노라ᄒᆞ야 이런변명이무수ᄒᆞ나 하나도 증거가되지못ᄒᆞᄂᆞᆫ지라 이것을엇지 공평ᄒᆞᆫ법이라ᄒᆞ리요ᄒᆞ엿더라

이지판을 미일녈고 신문ᄒᆞᄂᆞᆫ 졀ᄎᆞ를 힝ᄒᆞᆯ시 법관들이 엇더케공평치 못ᄒᆞ엿던지 七월十七일에 닐으러ᄂᆞᆫ 률ᄉᆞ들이 말ᄒᆞ되 우리ᄂᆞᆫ 이런지판을 더 듯기실흐니 의견이나 셜명ᄒᆞ겟노라ᄒᆞ고 연셜을 ᄒᆞ엿ᄂᆞᆫᄃᆡ 그 대ᄀᆞ뜻인즉 이 지판은 국법과 억임이라 뎨국법관의영광을 드럽게ᄒᆞᄂᆞᆫ것이니 이지판쟝 수카하라와 그 동료를 일제히갈고 다른 지판쟝을닉여 다시심판ᄒᆞᄂᆞᆫ것이 가ᄒᆞ다ᄒᆞᄆᆡ 법관들이 심판을 뎡지ᄒᆞ고 고등법원에 쳥원ᄒᆞ야 서 지판관을 쳥구ᄒᆞ라ᄒᆞ엿더니 고등 지판소에셔 응죵치 안이ᄒᆞᄂᆞᆫ고로 얼마동안을 뎡안ᄒᆞ엿다가 八월二十三일에 다시 시쟉ᄒᆞ더니 의외에 나흘 동안만 심ᄉᆞᄒᆞ고 졸디에 지판소를닷친후 九월二十八일에 판결선고

를 반포ᄒᆞ니 一百五인을 감금에쳐ᄒᆞᆷ이라 윤치호씨등 六인은 十년 감금에쳐ᄒᆞ고 十八인은 七년이며 三十九인은 六년이며 四十二인은 五년이라 一인은 거의죽게된것을 병원으로보ᄂᆡ여 션고를 광포ᄒᆞ지안이ᄒᆞ엿고 十七인이 방송되엿ᄂᆞᆫᄃᆡ 기즁에 十四인은 션쳔학교학ᄉᆡᆼ이더라

이션고셔를 반포ᄒᆞᄆᆡ 동경에유명ᄒᆞᆫ 일본법률ᄉᆞ 오사와와 오가와 량씨가 들어나게반포ᄒᆞᄂᆞᆫ말이 이런ᄌᆡ판은 ᄃᆡ고젹에ᄒᆞ던 풍속이오 미ᄀᆡᄒᆞᆫ법이오 야만의일이라운운ᄒᆞ며 ᄯᅩ말ᄒᆞ되 이공초ᄃᆡ로ᄒᆞ면 슌검을 벌줄것이어늘 도로혀 무죄ᄒᆞᆫ사ᄅᆞᆷ들이 벌을당ᄒᆞ니 이ᄂᆞᆫ법관이 증거를 준ᄒᆡᆼ치안이ᄒᆞᆷ이라 운운ᄒᆞ며 혹은 윤치호씨가 셔울셔 음모를 ᄭᅬᄒᆞᄂᆞᆫ회셕에 참여ᄒᆞ엿다ᄂᆞᆫ날에 송도집에 잇슨것이 분명ᄒᆞ거늘 증인을 밧지안이ᄒᆞᆷ은 법률을어김이라ᄒᆞ며 ᄯᅩᄒᆞᆫ 일본헌법에 종교ᄌᆞ유를 보호ᄒᆞᆫ다고ᄒᆞ엿거늘 이ᄌᆡ판ᄒᆞᆫ것을보면 종교를핍박ᄒᆞᄂᆞᆫ것이 현져ᄒᆞ다운운ᄒᆞᄂᆞᆫ지라 이런말이 각국신문에젼파되ᄆᆡ 일본의불법ᄒᆞᆷ을 셰샹에셔 비평ᄒᆞ더라

쟉년十월一일에 ᄌᆡ수ᄒᆞᆫ 一百五인이 이판결을불복ᄒᆞ야 고등법원에 졍소ᄒᆞ야 다시심ᄉᆞᄒᆞᄂᆞᆫ즁이더니 금년三월二十일에닐으러 판결셔를 션고ᄒᆞ엿ᄂᆞᆫᄃᆡ 윤치호 량긔ᄐᆡᆨ등五인은 각〻六년감금에쳐ᄒᆞ고 기외九十九인은 무죄방면ᄒᆞ엿스며 기즁한사ᄅᆞᆷ은 오ᄅᆡ병원에잇다더니 ᄌᆞ세ᄒᆞᆫ소식이 업습으로 엇지된지알지못ᄒᆞᆯ너라

대뎌 윤치호씨를 일인들이 긔어히 증치ᄒᆞ고져ᄒᆞᄂᆞᆫ것은 일변으로 종교샹관계도 잇거니와㊁일본의톄면을 보호ᄒᆞ고져ᄒᆞᄂᆞᆫᄯᅳᆺ이 ᄯᅩ한 긴ᄒᆞᆫ연고ㅣ라 윤씨ᄂᆞᆫ쟝ᄎᆞ옥즁에셔 죽을지라도 텬국의 의와 동포의 쟝ᄅᆡᄒᆡᆼ복을위ᄒᆞ야 뎌화를당ᄒᆞᆷ이니 윤씨의영광이오 우리의감샤ᄒᆞᆯ바이며 ᄯᅩ한 이번에방송된 여러동포로 말ᄒᆞᆯ지라도 무한ᄒᆞᆫ고초를 격근후에 응당그의를 더욱즁히녁여 텬국일을 힘쓸지라 속담에닐은바 졍금은 풀무에불려ᄂᆡ인후에야 더욱빗ᄂᆞᆫ다ᄒᆞ엿스며 셩경에 말삼ᄒᆞ엿스되 나를인ᄒᆞ야 너희를욕ᄒᆞ고 핍박ᄒᆞ고 모든악ᄒᆞ다ᄂᆞᆫ거즛말로 비방ᄒᆞ면 너희게 복이잇ᄂᆞ니 깃버ᄒᆞ고 즐거워ᄒᆞ라 너희가하ᄂᆞᆯ에셔 샹밧을것이크리라 너희젼에 잇던션지쟈를 이갓치

핍박ᄒᆞ엿ᄂᆞ니라(마태복음五쟝十一、十二절)ᄒᆞ엿스니 이엇지 일시에위로ᄒᆞᄂᆞᆫ바 말ᄲᅮᆫ이리요 진실로 밋ᄂᆞᆫ쟈의피ᄂᆞᆫ 예수교의씨요 의로온쟈의핍박은 예수교문명의긔초라 오ᄂᆞᆯ날 우리의당ᄒᆞᄂᆞᆫ곤난은 쟝릐의 힝복을위ᄒᆞᆷ이니 어린양이 이리의무리에게 나가ᄂᆞᆫ것갓치 슌종ᄒᆞᄂᆞᆫ즁에셔 하ᄂᆞ님의 대의를셰워셔 종ᄎᆞ셰샹에 모든권셰를 익의리로다

엇던영국신문들은 말ᄒᆞ기를 일본이 한국ᄃᆡ졉ᄒᆞ기를 영국이 인도속국을 ᄃᆡ졉ᄒᆞᆫ듯ᄒᆞ려ᄒᆞ나 이번교회ᄉᆞ건을보건ᄃᆡ 십분여의치못ᄒᆞᆫ듯ᄒᆞ다ᄒᆞ며 엇던미국신문에말ᄒᆞ되 이일에ᄃᆡᄒᆞ야 영국졍부와 영국교회에셔 특별히교셥ᄒᆞᆫ결과로 일본이부득이ᄒᆞ야 九十여인을 방송ᄒᆞ엿거ᄂᆞᆯ 미국졍부에셔ᄂᆞᆫ 특별히힘쓴것이업스니 우리의수치로은일이라ᄒᆞ며 엇던신문에ᄂᆞᆫ 말ᄒᆞ기를 이일이 이마치된것은 한국교회의 능력을들어ᄂᆡᆷ이라 일본이 종ᄎᆞᄂᆞᆫ 맛당히 죠심ᄒᆞ리라ᄒᆞᄂᆞᆫ지라 이ᄂᆞᆫ 다 각국인의 ᄀᆡ인샹의견이어니와 우리ᄂᆞᆫ 진실로 일본과권셰를 닷호자던지 일인을비쳑ᄒᆞ자ᄂᆞᆫ것이 죠곰도안이오 다만바라기ᄂᆞᆫ

일본이 우리의 종교ᄌᆞ유를 방ᄒᆡᄒᆞ지말아셔 됴션인종이 쟝ᄅᆡ에ᄉᆡᆼ존을유지ᄒᆞ며 ᄌᆞ유복락을 눌일희망이 잇게ᄒᆞ면 우리는 일인의졍치ᄌᆞ유를 죠곰도 방ᄒᆡ롭게안이ᄒᆞᆯ지니 엇지피ᄎᆞ에 다ᄒᆡᆼ이안이리오 만일 일본이 한국교회를 아죠 업시ᄒᆞ고져ᄒᆞᆯ진ᄃᆡ 일본당국쟈들이 녯젹로마황뎨 늬로의실수ᄒᆞᆷ과 한국대원군이 동학을닐희킴과 청국셔ᄐᆡ후가 의화단을닐희킨죠소를 면치못ᄒᆞᆯ지라 맛참ᄂᆡ 한국교회를 더욱 공고케ᄒᆞᆯᄯᆞ름이니 이는 예수교회를 하ᄂᆞ님의 능력으로써셰운연고ㅣ로다

한국교회핍박 종

主降生一千九百十三年四月　日

版權所有

著作者 哲學博士 李承晚

發行者 韓在明

印刷所 美領夏哇伊 新韓國報社

〔定價金五十錢〕

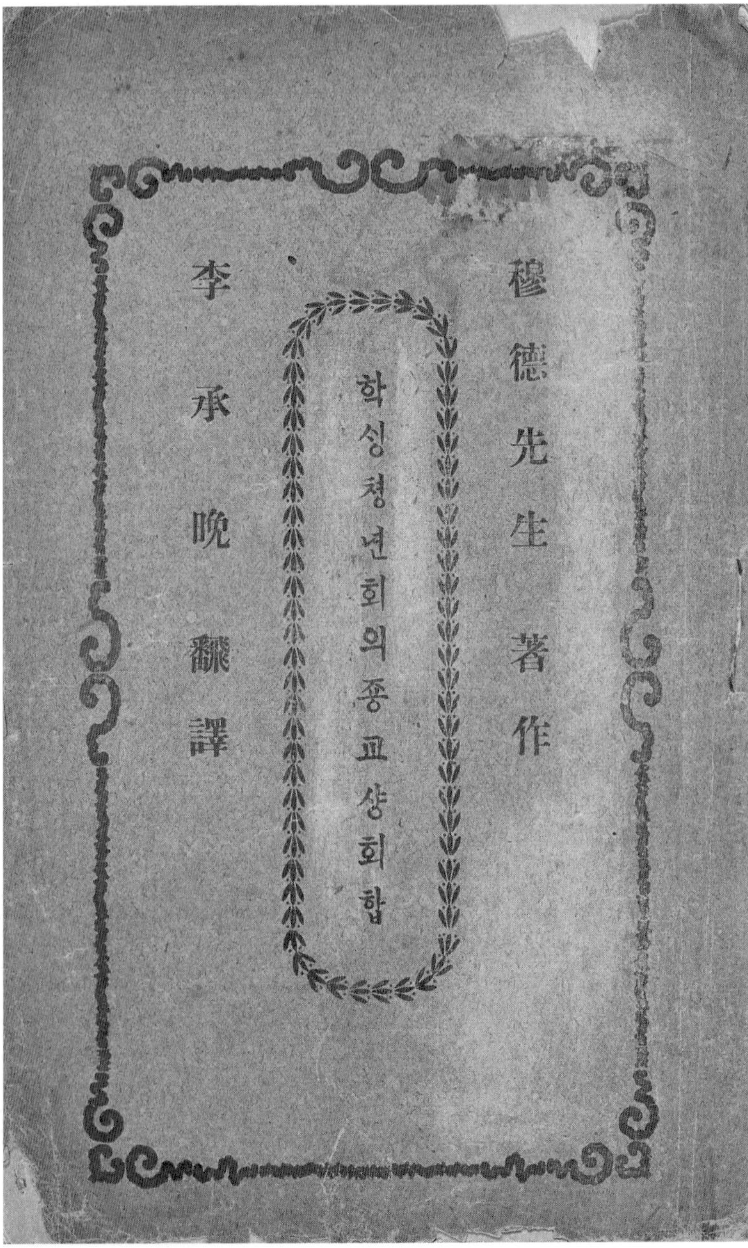
穆德先生著作
학싱청년회의종교샹회합
李承晚飜譯

Religious Department of the
Student Association.
by
Dr. John R. Mott
Translated by
Dr. Syngman Rhee

139 학생청년회의 종교상 회합

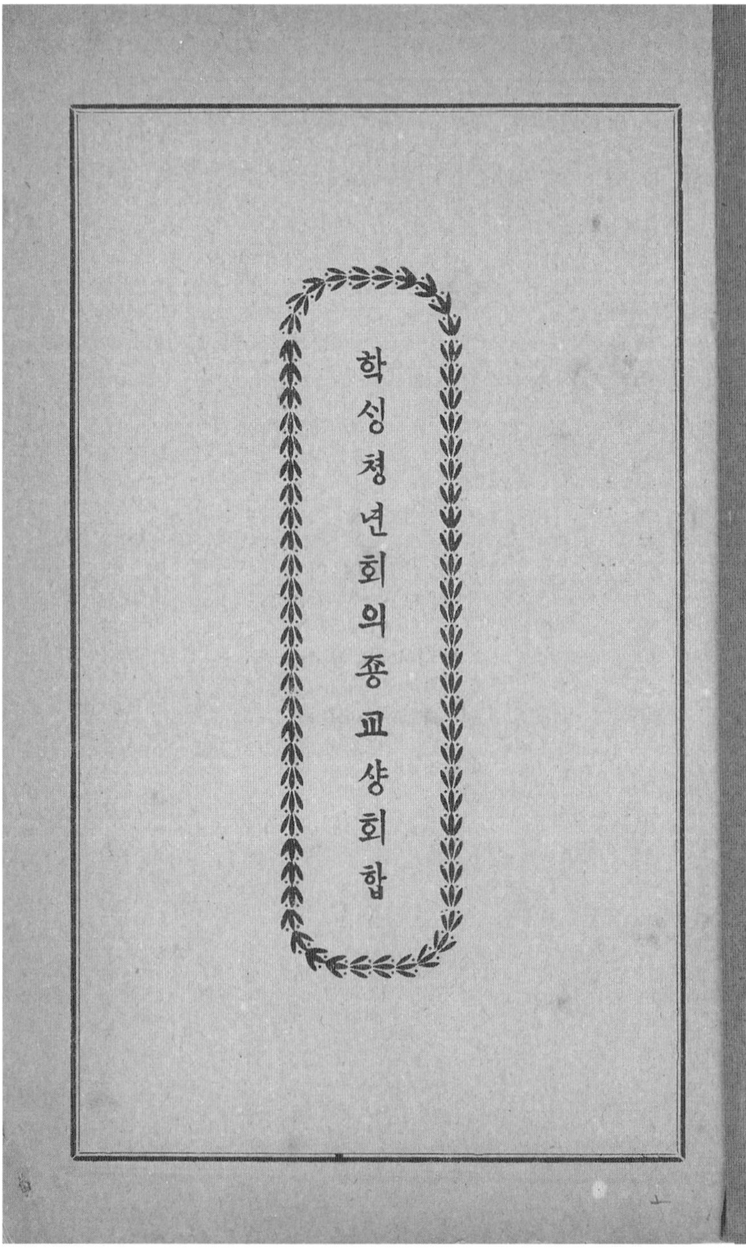

학싱쳥년회의죵교샹회합

학ᄉᆡᆼ청년회 종교샹 회합의 긴요ᄒᆞᆷ

각학ᄉᆡᆼ 청년회에셔 각각 일뎡ᄒᆞᆫ 날이잇서 ᄆᆡ쥬일 동안에 ᄒᆞᆫ번식 종교샹일노 회합ᄒᆞᄂᆞ니 이런 회합을 학ᄉᆡᆼ청년회의 즁심되ᄂᆞᆫ 긔관이라 ᄒᆞᄂᆞᆫ바라 대뎌 이회합으로 인연ᄒᆞ야 각 위원부 ᄉᆞ무가 실시될수 잇고 각 학ᄉᆡᆼ의 령혼샹 무한ᄒᆞᆫ 능력을 발달ᄒᆞᆯ수 잇슴이니 그 긴요ᄒᆞᆷ을 이에 가히 알겟도다 이ᄎᆡᆨ에 대강 셜명ᄒᆞᄂᆞᆫ거슨 셰계 모든학ᄉᆡᆼ 청년회의 경력ᄒᆞᆫ바를 샹고ᄒᆞ야 ᄀᆞ장 유조ᄒᆞᆯ만ᄒᆞᆫ 거ᄉᆞ로 피ᄎᆞ에 참고ᄒᆞ기를 위ᄒᆞᆷ이니 종교샹 ᄉᆞ업을 힘쓰ᄂᆞᆫ 학ᄉᆡᆼ들의게 대강 도음이될가 ᄇᆞ람이라 대뎌 학ᄉᆡᆼ을 위ᄒᆞ야 학ᄉᆡᆼ세리 힘쓰자ᄂᆞᆫ 거슨 그 본의도 됴커니와 혹 교ᄉᆞ나 다른 사ᄅᆞᆷ이 일우지 못ᄒᆞᆯ일을 셩취ᄒᆞᆯ수도 잇고 겸ᄒᆞ야 학교에 잇슬ᄯᆡ에 ᄂᆞᆷᄋᆞᆯ 위ᄒᆞ야 힘쓰ᄂᆞᆫ즁에셔 ᄌᆞ긔가 ᄯᅩᄒᆞᆫ 령혼샹 큰 능력을 엇어 셰샹의 모든 시험을 이긜수가 잇슬터이니 이거시 종교샹 회합에셔 엇ᄂᆞᆫ 대강 결과라 ᄒᆞ노라

이ᄎᆡᆨ에 회합이라ᄒᆞᆫ거슨 새로 글ᄌᆞ를 만들녀ᄒᆞᆷ이나 회와ᄀᆞᆺ지 아니ᄒᆞ야 조직

흔 단뎨가 업고 다만 모히기만 ᄒᆞᄂᆞᆫ거슬 지목ᄒᆞᆷ이라 이 두가지의 구별이 미우필요ᄒᆞᆫ줄로 ᄉᆡᆼ각ᄒᆞ노라

회합의 범위와 셩질

학교에서 일년동안에 여러가지 회합이 잇슬터인즉 이여러회합의 범위와 셩질을 몬져 구별ᄒᆞᆷ이 맛당ᄒᆞ도다

一、일년ᄂᆡ 새학긔에 처음으로 여ᄂᆞᆫ 회합이 뎨일 긴요ᄒᆞ니 이ᄂᆞᆫ 새로들어오ᄂᆞᆫ 학ᄉᆡᆼ들노 ᄒᆞ여곰 예수압흐로 나오기를 확실히 작뎡ᄒᆞ게 ᄒᆞᆯ수 잇ᄂᆞᆫ 연고라 ᄆᆡ양 ᄀᆡ학ᄒᆞᆫ후 수삼일ᄂᆡ로 모히ᄂᆞᆫ거시 됴ᄒᆞ며

二、그다음 긴요ᄒᆞᆫ 회합인즉 학ᄉᆡᆼ을 권ᄒᆞ야 셩경공부를 젼력ᄒᆞ게 ᄒᆞᆷ이니 이ᄂᆞᆫ 혹 셩탄일 림시ᄒᆞ여셔던지 혹 학년중간즘 모힘이 더욱 유익ᄒᆞ도다

三、긔도회합이니 여러회합중에 ᄒᆞᆫ 긴요ᄒᆞᆫ 부분이라 신교ᄒᆞᄂᆞᆫ 학ᄉᆡᆼ의 령혼샹 셩심을 발달케ᄒᆞᆷ이 이회합의 목뎍인즉 ᄒᆞᆼ샹 다른 회합이 잇슬중간에 ᄯᆡ를

ᄃᆞ셔 여러히 모힐수 잇ᄂᆞᆫᄃᆡ로 모혀 몃분동안식 긔도ᄒᆞᆯ지니 이ᄂᆞᆫ 여러학ᄉᆡᆼ이 모히기에 편리ᄒᆞ기를 위ᄒᆞᆷ이라 그러나 긔도회합을 너머자조 열면 셩심이 적고 례식으로만힝ᄒᆞᆯ 념려가 잇스니 ᄒᆞᆫ리 ᄒᆞᆫ두번 셩심으로 힝ᄒᆞ고 기외에ᄂᆞᆫ 셩경공부ᄒᆞᄂᆞᆫ 쥬의로 모힘이 더욱 유조ᄒᆞ도다

四、복음회합이니 밋지아니ᄒᆞᄂᆞᆫ 학ᄉᆡᆼ들을 위ᄒᆞ야 모힘이라 ᄆᆡ삭에 적어도 ᄒᆞᆫ번식 모힘이 필요ᄒᆞ나 일뎡ᄒᆞᆫ 날이 업시 무샹시에 모히며 목뎍은 긴요ᄒᆞᆫ 임원외에ᄂᆞᆫ 알니지 아니ᄒᆞᄂᆞᆫ거시 됴ᄒᆞ니 이ᄂᆞᆫ 목뎍을알면 ᄎᆞᆷ셕ᄒᆞᄂᆞᆫ 쟈가 만치못ᄒᆞᆫ 연고라 셩경말ᄉᆞᆷ을 ᄒᆞᆯᄯᅢ에 밋지아니ᄒᆞᄂᆞᆫ 학ᄉᆡᆼ으로 ᄒᆞ여곰 밋게 ᄒᆞ기를 위쥬ᄒᆞᆯ거시며 인도쟈ᄂᆞᆫ 특별히 경력잇ᄂᆞᆫ이를 ᄐᆡᆨᄒᆞᆯ거시오 말ᄒᆞᆯ이가 여러히면 ᄒᆞᆷᄭᅴ 모혀셔 몬져 긔도ᄒᆞ고 그후에 ᄆᆡ회ᄒᆞᄂᆞᆫ거시 맛당ᄒᆞ며 이회합에ᄂᆞᆫ ᄒᆞᆼ샹 엄숙ᄒᆞ고 죵용ᄒᆞ야 말을 란만히 ᄒᆞ지말고 셩심을 보히ᄂᆞᆫ거시 가ᄒᆞ니라

여러학ᄉᆡᆼ 청년회에셔 ᄆᆡ년가을에 특별히 일쥬일동안을 청년들을 위ᄒᆞ야

긔도ᄒᆞ며 겨울에 ᄒᆞᆫ날을 뎡ᄒᆞ야 모든학교를 위ᄒᆞ야 긔도ᄒᆞᄂᆞ니 이거시 다 복음회ᄒᆞᄂᆞᆫ 셩질노 되ᄂᆞᆫ거시라 아모됴록 밋지아니ᄒᆞᄂᆞᆫ 학ᄉᆡᆼ들을 인도코져 ᄒᆞᆷ이 공동ᄒᆞᆫ 쥬의나 그러나 어ᄂᆞ때로 긔회ᄒᆞᆯ거슨 각 쳥년회가 각기편의ᄒᆞᆫ대로 뎡ᄒᆞᆯ거시오 급기 밋지아니ᄒᆞᄂᆞᆫ 학ᄉᆡᆼ들의게 셩신이 림ᄒᆞ시기를 도모ᄒᆞᆯ진ᄃᆡ 밋ᄂᆞᆫ학ᄉᆡᆼ ᄉᆞ이에셔 몬져능력이 ᄉᆡᆼ겨야 ᄒᆞᆯ터이니 복음회 시작ᄒᆞ기젼 일쥬일 동안은 밋ᄂᆞᆫ학ᄉᆡᆼ들이 특별히 긔도회합으로 모히ᄂᆞᆫ거시 필요ᄒᆞ도다

이런복음회에ᄂᆞᆫ 학ᄉᆡᆼ의 졍경을 알만ᄒᆞᆫ 유명ᄒᆞᆫ 젼도인으로 뎡ᄒᆞ야 인도ᄒᆞᄂᆞᆫ거시 크게 유조ᄒᆞ나 다수ᄒᆞᆫ 셩젹은 대개 학ᄉᆡᆼ셰리 힘쓰ᄂᆞᆫ즁에셔 되ᄂᆞ니라

五、공동회합이니 이ᄂᆞᆫ 무ᄉᆞᆷ일을 인연ᄒᆞ던지 모든학ᄉᆡᆼ이 다수히 회합ᄒᆞᆯ 긔회를 ᄐᆞ서 공동히 회합ᄒᆞ고 혹 교ᄉᆞ즁 합당ᄒᆞᆫ 쟈이나 학ᄉᆡᆼ즁 특별히 명망잇ᄂᆞᆫ 쟈이나 혹 타쳐에셔 고명ᄒᆞᆫ 신ᄉᆞ를 ᄐᆡᆨᄒᆞ야 강연ᄒᆞ게ᄒᆞᆯ지니 이런 회셕에셔ᄂᆞᆫ 학ᄉᆡᆼ샤회에 아름답지 못ᄒᆞᆫ힝위를 드러 말ᄒᆞ기를 거리끼지 아니ᄒᆞᆯ

지라 허랑방탕ᄒᆞᆷ과 혹 쥬셕잡기등에 ᄲᅡ지ᄂᆞᆫ거시 개인샹 육신과 그 학교와 샤회젼톄에 일톄로 손해되ᄂᆞᆫ 리유를 통투히 셜명ᄒᆞ야 사ᄅᆞᆷ마다 황연히 ᄭᆡᄃᆞᆺᄂᆞᆫ ᄆᆞᄋᆞᆷ이 ᄉᆡᆼ기게ᄒᆞ되 말ᄒᆞᄂᆞᆫ쟈가 깁히조심ᄒᆞ야 ᄂᆞᆷ을 흉보거나 비평ᄒᆞᄂᆞᆫ양으로 보히지말고 진실히 권고ᄒᆞ야 ᄉᆞᄉᆞ로 량심이 발ᄒᆞ게ᄒᆞ며 더욱힘써 셜명ᄒᆞᆯ거슨 형젹에 드러난 죄악보다 심령샹에 짓ᄂᆞᆫ죄악에 더욱 위험ᄒᆞᆫ거슬 말ᄒᆞᆯ지니 사ᄅᆞᆷ이 부패ᄒᆞᆫ ᄉᆞ샹을 ᄇᆞ리고 ᄆᆞᄋᆞᆷ을 청결케 ᄒᆞᄂᆞᆫ거시 다 심령의 근원을 ᄆᆞᆰ히ᄂᆞᆫᄃᆡ셔 되ᄂᆞᆫ바라 엇지특별히 힘쓸바가 아니리오

六、 셜교ᄒᆞᄂᆞᆫ 회합이니 지금셰샹은 동셔양에 셜교ᄒᆞᄂᆞᆫ 시ᄃᆡ라 만국이 문호를열고 종교젼파ᄒᆞ기를 젼력ᄒᆞ며 예수교회에 실노 젼에업ᄂᆞᆫ 됴흔긔회라 ᄒᆞᆯ지니 그런고로 예수교를 밋드ᄂᆞᆫ 나라에셔는 각 학교안에 셜교회가 잇셔 학ᄉᆡᆼ이 몃몃식 반을지어 혹 ᄂᆡ디엇던 디방에 셜교ᄒᆞᄂᆞᆫ일노 뎨목을 삼거나 혹 엇던외국에 셜교ᄒᆞᄂᆞᆫ ᄉᆞ업으로 문뎨를 뎡ᄒᆞ야 ᄆᆡ쥬일 동안에 일뎡ᄒᆞᆫ날이 잇서 서로모혀 ᄌᆞ미잇게 공부ᄒᆞ며 간혹 유명ᄒᆞᆫ 셜교ᄉᆞ를 청ᄒᆞ야 여러반

이 ᄒᆞᆷᄭᅴ모혀 강셜을듯고 학ᄉᆡᆼ으로 ᄒᆞ여곰 텬국을 이셰샹에 확쟝ᄒᆞᄂᆞᆫ ᄉᆞ업에 죵ᄉᆞ케 ᄒᆞ기를 힘쓰ᄂᆞ니 우리 나라에 나온 션교ᄉᆞ들도 이런즁에 다수히 잇거니와 우리학ᄉᆡᆼ들도 ᄯᅩᄒᆞᆫ 이시ᄃᆡ에 ᄀᆞ장 힘쓸지니라

七、하령회보고이니 ᄆᆡ년여름 동안에 각학ᄉᆡᆼ쳥년회에서 ᄃᆡ표쟈를 보내여 경개졀승ᄒᆞᆫ 산슈간에 모혀 큰공회를 열고 피ᄎᆞ에 됴흔셩젹을 비교ᄒᆞ며 더욱진보ᄒᆞᆯ 됴흔방침도 의론ᄒᆞ며 됴흔강셜을 드러 혹 일쥬일이나 혹십일간에 심령샹 풍부ᄒᆞᆫ 복을 엇을지니 이거시 하령회의 긴요ᄒᆞᆫ 관계라 이런 하령회는 혹국ᄂᆡ에 학ᄉᆡᆼ쳥년회에서만 ᄃᆡ표ᄒᆞᄂᆞᆫ 회도잇고 혹 ᄂᆡ외국이 공동히 ᄃᆡ표ᄒᆞᄂᆞᆫ 회도잇ᄉᆞ니 국ᄂᆡ각회가 확쟝되고 못되ᄂᆞᆫ거슬 보아 질뎡ᄒᆞᆯ거시오 이하령회를 파ᄒᆞᆫ후에는 각 학교에서 가을ᄀᆡ학ᄒᆞᆫ 후에 학ᄉᆡᆼ쳥년회로 다수히회합ᄒᆞ야 그회에서 파송ᄒᆞ엿던 하령회 ᄃᆡ표원의 보고를 드를지니 이 보고에ᄂᆞᆫ 다만 보고드른바에 ᄉᆞ실만 알게ᄒᆞᆷ이 아니오 ᄃᆡ표쟈의 ᄀᆞ장 감동되던바를 힘잇게 셜명ᄒᆞ야 듯ᄂᆞᆫ이들노 ᄒᆞ여곰 ᄯᅩᄒᆞᆫ 감화력을 엇게ᄒᆞᆯ지니 이거

시 하령회의 널니밋치ᄂᆞᆫ 효력이라 하령회가 이러케 긴요ᄒᆞ도다

종교부 위원

(一) 위원 조직

회쟝은 범빅ᄉᆞ무를 쥬쟝ᄒᆞᆯ만ᄒᆞᆫ ᄌᆞ격이 잇ᄂᆞᆫ이로 틱뎡ᄒᆞᆷ이 필요ᄒᆞ고 위원은 그학교안 각반에셔 몃식틱ᄒᆞ야 뎡ᄒᆞᄂᆞᆫ거시 유익ᄒᆞ며 위원의 수효ᄂᆞᆫ 학싱의 다쇼를 비교ᄒᆞ야 뎡ᄒᆞᄂᆞᆫ거시 가ᄒᆞ니라 위원회의 셩젹을 다수히 거두고져ᄒᆞᆯ진딕 회쟝과 위원이 다 심령샹 ᄉᆞ업에 긴요ᄒᆞᆷ과 학교안에셔 ᄂᆞᆷ을위ᄒᆞ야 일ᄒᆞᆯ수 잇ᄂᆞᆫ 긔회를 리용ᄒᆞᆯ줄 알며 긔도ᄒᆞ기에 부즈런ᄒᆞᆫ 사ᄅᆞᆷ으로 션뎡ᄒᆞ여야 맛당ᄒᆞ리로다

혹 엇던일은 부위원을 틱ᄒᆞ야 맛기ᄂᆞᆫ거시 됴ᄒᆞ니 합당ᄒᆞᆫ 사ᄅᆞᆷ으로 특별ᄒᆞᆫ 일을 쥬쟝ᄒᆞ게ᄒᆞ며 원 위원회의 지휘를 밧어 합동ᄒᆞ야 일ᄒᆞ면 피ᄎᆞ에 크게 도음이 될지라 그 부위원쟝은 의례히 원 위원회의 혹 통샹원이나 특별원

을 예결ᄒᆞᄂᆞᆫ거시 맛당ᄒᆞ도다

(二) 위원의 직칙

一、 종교형편을 됴사홈

샤회형편이 변ᄒᆞᄂᆞᆫ대로 종교샹문뎨도 ᄯᅩᄒᆞᆫ 변할터인즉 위원회에서 합당ᄒᆞᆫ 사ᄅᆞᆷ을 ᄐᆡᆨᄒᆞ야 각각 문뎨를 내여주어 오ᄅᆡ두고 됴사ᄒᆞ야 보고ᄒᆞ게ᄒᆞᆯ지나 혹 다른회의 셩경공부ᄒᆞᄂᆞᆫ 반이나 혹 즁앙 청년회의 복음회나 각 회당의 여러가지 종교샹 회합ᄒᆞᄂᆞᆫ ᄌᆞ리에 참예ᄒᆞ야 요긴ᄒᆞᆫ 방법과 흠졀되ᄂᆞᆫ ᄉᆞᄃᆞᆰ을 됴사보고ᄒᆞ야 서로도음이 되게ᄒᆞᆯ지니 이런보고ᄂᆞᆫ 각위원쟝이 모혀듯고 의론ᄒᆞ야 범ᄉᆞ를 결뎡ᄒᆞᆯ거시며

二、 일년늬 힝ᄒᆞᆯ일을 예뎡홈

우회말ᄒᆞᆫ바 여러가지 회합을 뎍당ᄒᆞ게 힝코져ᄒᆞᆫ즉 ᄒᆞᆫᄒᆡ동안의 힝ᄒᆞᆯ일을 미리 예산ᄒᆞ여야 될지라 그러나 ᄆᆡ 반년식 새로 예비ᄒᆞᄂᆞᆫ거시 됴흐니 반년동안에 무ᄉᆞᆷ회 ᄒᆞᆯ것과 무ᄉᆞᆷ 뎨목으로 강연ᄒᆞᆯ거ᄉᆞᆯ 조회에 인쇄ᄒᆞ야 슌셔를

ᄆᆞᆫ들고 그 다음 반년에는 다시새로 ᄆᆞᆫ들게ᄒᆞ며 그 예뎡ᄒᆞᆫ 슌셔를 혹 림시ᄒᆞ야 ᄀᆡ뎡ᄒᆞᄂᆞᆫ것도 필요ᄒᆞ니 이는 즁간에 혹 특별히 긴요ᄒᆞᆫ일이 잇스면 폐ᄒᆞ지안코져 ᄒᆞᆷ이라 모든회합이 각각특별ᄒᆞᆫ 목뎍과 문뎨가잇서 시간과 형편에 서로 츙돌됨이 업시 분비ᄒᆞᆷ이 가ᄒᆞ며

三、합당ᄒᆞᆫ 인도쟈를 엇음

각 회합ᄒᆞᄂᆞᆫᄃᆡ 인도ᄒᆞ거나 강연ᄒᆞᄂᆞᆫ쟈를 그 회합의 쥬의와 뎍합ᄒᆞ게 뎡ᄒᆞ여야 될터인즉 가령 긔도회에 인도잘ᄒᆞᆯ 사ᄅᆞᆷ이 복음회에 합당치 못ᄒᆞᆫ쟈도 잇고 복음회에 인도잘ᄒᆞᆯ 사ᄅᆞᆷ이 셩경반을 잘못 인도ᄒᆞᄂᆞᆫ쟈도 잇ᄉᆞ니 위원이 각각 그회의 셩질을 비교ᄒᆞ야 사ᄅᆞᆷ을 ᄐᆡᆨ뎡ᄒᆞ되 적어도 일쥬일간을 젼긔ᄒᆞ야 사ᄅᆞᆷ을 ᄐᆡᆨ뎡ᄒᆞᆫ후 회합의 셩질과 뎨목을 알게ᄒᆞ야 림시오착됨이 업게ᄒᆞ며 ᄯᅩᄒᆞᆫ 무ᄉᆞᆷ 긴요ᄒᆞᆫ 일이던지 인도ᄒᆞᆯ 사ᄅᆞᆷ의게 미리 알게ᄒᆞ야 쥰비ᄒᆞ기에 편리토록ᄒᆞ며 만일 여러사ᄅᆞᆷ이 ᄒᆞᆫ 회합에셔 강연ᄒᆞᆯ진ᄃᆡ 위원이 션후질셔를 합당ᄒᆞ도록 비치ᄒᆞ고 ᄯᅩᄒᆞᆫ 미리알게ᄒᆞ며 ᄀᆡ회ᄒᆞ기젼에 인도쟈와

그회에 쥬셕ᄒᆞᆯ이들노 더브러 ᄯᅡ로 모혀셔 몬져 긔도ᄒᆞᆷ이 가ᄒᆞ도다 큰도셩에 잇ᄂᆞᆫ 학교ᄂᆞᆫ 유명ᄒᆞᆫ 연셜가와 학문가의 리왕ᄒᆞᄂᆞᆫ 긔회를 엇기쉬으니 이런긔회를 ᄉᆞᆲ혀 기ᄃᆞ리다가 학ᄉᆡᆼ쳥년회나 교육ᄉᆞ업에 죵ᄉᆞᄒᆞᄂᆞᆫ이를 쳥ᄒᆞ야 인도ᄒᆞ게 ᄒᆞᆯ거시며

四、 풍류를 쥰비ᄒᆞᆷ

위원이 열심잇고 합당ᄒᆞᆫ ᄌᆞ격 가진쟈를 ᄐᆡᆨᄒᆞ야 일을 맛기되 풍금이나 코ᄂᆡᆺᄀᆞᆺ흔 악긔로 ᄒᆞᆯ 사ᄅᆞᆷ과 음셩으로 찬미인도ᄒᆞᆯ 사ᄅᆞᆷ을 ᄐᆡᆨᄒᆞ야 ᄆᆡ회ᄒᆞᆯᄯᆡ마다 시간에와셔 압헤나서셔 모힌사ᄅᆞᆷ들노 ᄒᆞ여곰 하ᄂᆞ님의 영광을 열심으로 찬숑ᄒᆞ게 ᄒᆞᆯ지니 ᄒᆞᆼ샹 밋ᄂᆞᆫ쟈로 인도ᄒᆞ게ᄒᆞ며 학ᄉᆡᆼ셰리 찬미인도ᄒᆞ게 ᄒᆞᄂᆞᆫ거시 됴흐며 간혹 ᄒᆞᆷᄭᅴ 모혀 련습도ᄒᆞ고 새곡됴를 ᄐᆡᆨᄒᆞ야 쥰비ᄒᆞ엿다가 신션ᄒᆞᆫ 음률노 여러사ᄅᆞᆷ을 흥감케 ᄒᆞᆯ거시며

五、 회합ᄒᆞᆯ 쳐소를 쥰비ᄒᆞᆷ

회합ᄒᆞᆯ 쳐소를 뎍당케 쥰비ᄒᆞᄂᆞᆫ거시 즁대ᄒᆞᆫ관계는 아니나 좌쳐가 졍결치

못ᄒᆞ거나 쳐소가 과히 치웁거나 과히 더웁거나 부뎡ᄒᆞᆫ 공긔가 들어오거나 여러가지 비편ᄒᆞᆫ일이 잇스면 회합에 방해가 적지아니ᄒᆞ니 특별히 주의ᄒᆞ야 미리쥰비도ᄒᆞ며 간간히 ᄉᆞᆲ혀볼거시오 만일 온젼히 맛겨볼 사ᄅᆞᆷ이 업스면 학ᄉᆡᆼ셰리라도 번ᄎᆞ례로 돌녀보아 오ᄂᆞᆫ사ᄅᆞᆷᄃᆞᆯ의게 졉ᄃᆡ도 공손히 ᄒᆞ고 긔거와 츌입이 편리도록 쥬션ᄒᆞᆯ거시며

六、사ᄅᆞᆷ을 모집ᄒᆞᆷ

참셕ᄒᆞᆯ 사ᄅᆞᆷ을 만히엇ᄂᆞᆫ 방법이 그 회합에셔 유익ᄒᆞᆷ을 엇게ᄒᆞᄂᆞᆫᄃᆡ 달녓스니 말을 듯ᄂᆞᆫ쟈로 ᄒᆞ여곰 도라가셔 깁히 ᄉᆡᆼ각ᄒᆞᆯ거슬 엇게ᄒᆞ며 ᄯᅩᄒᆞᆫ 평ᄉᆡᆼ에 힝ᄒᆞ야 유조ᄒᆞᆯ거시 잇도록 힘쓸지니 령혼상 능력이 이런 회합에 사ᄅᆞᆷ을 만히모히ᄂᆞᆫ 광고라 이능력이 만ᄒᆞᆯᄉᆞ록 광고가 널니되리로다 기외에ᄂᆞᆫ 위원들이 각각용력ᄒᆞ야 친불친간에 쳥ᄒᆞ야 오게ᄒᆞᆯ지니 젼회의 ᄌᆡ미잇ᄂᆞᆫ일과 ᄅᆡ회의 특별ᄒᆞᆫ 거슬 셜명ᄒᆞ야 여러사ᄅᆞᆷ이 이ᄀᆞᆺ치 힘쓰면 다수ᄒᆞᆫ사ᄅᆞᆷ을 엇기가 용이ᄒᆞᆯ지라 그러나 이런회합을 너머자조 힝ᄒᆞ면 필경에 무력ᄒᆞᆯ 념

려가 잇스리로다

七、ᄀᆡ인샹 쥰비ᄒᆞᆷ

위원들은 다른사ᄅᆞᆷ이 ᄌᆞ연히 이런회합에 표쥰으로 볼터이니 범ᄉᆞ를 특별히 쥰비ᄒᆞᆷ이 맛당ᄒᆞᆫ지라 그 회합에서 연구ᄒᆞᆯ 문뎨에 ᄃᆡᄒᆞ야 몃분동안 말ᄒᆞᆯ거슬 예비ᄒᆞᄂᆞᆫ거시 그회합에 ᄃᆡᄒᆞ야 셩력을 표ᄒᆞᆷ도되고 만일 인도ᄒᆞᆯ 사ᄅᆞᆷ이 림시ᄒᆞ야 유고불참 ᄒᆞᆯ지라도 ᄯᅩᄒᆞᆫ 랑패가 업ᄉᆞ리로다

八、ᄅᆡ빈을 영졉ᄒᆞᆷ

이런회합에 인도ᄒᆞᄂᆞᆫ자가 혹은 경력이업시 처음으로 인도ᄒᆞᄂᆞᆫ이도 잇슬거시오 혹은 광좌즁에 말ᄒᆞ기를 어렵게 녁일이도 잇슬지니 그런이의게 ᄃᆡᄒᆞ야 ᄒᆞᆫ두마ᄃᆡ 졍다온 말과 권면ᄒᆞᄂᆞᆫ말이 대단히 유조ᄒᆞᆯ거시오 혹 ᄅᆡ빈즁에 처음오ᄂᆞᆫ이도 잇겟고 밋지아니 ᄒᆞᄂᆞᆫ이도 잇슬거시오 혹 무ᄉᆞᆷ감동을 엇은이도 잇슬터이니 이러ᄒᆞᆫ 사ᄅᆞᆷ의게 졍다히 인ᄉᆞᄒᆞ고 ᄒᆞᆷᄭᅴ 담화도ᄒᆞ며 혹 ᄒᆞᆷᄭᅴ 산보도ᄒᆞ야 심령샹문뎨로 ᄌᆞ연히 텬국길노 들어오게ᄒᆞᄂᆞᆫ거시 대단히 필

一二

요ᄒᆞ니 합당ᄒᆞᆫ 사ᄅᆞᆷ을 ᄐᆡᆨᄒᆞ야 이런ᄉᆞ무를 맛기여 요긴ᄒᆞᆫ곳에셔 긔회를 기ᄃᆞ려 됴ᄒᆞᆫ결실을 엇게 도모ᄒᆞᆯ거시며

九、처음시작 ᄒᆞᄂᆞᆫ이를 권면ᄒᆞ야 인도쟈의 ᄌᆞ격을 련습케ᄒᆞᆷ

처음시작 ᄒᆞᄂᆞᆫ이들이 큰 회합에셔 말ᄒᆞ기를 ᄌᆞ연히 어려워 ᄒᆞᆯ터이니 긔도회나 복음회합ᄀᆞᆺᄒᆞᆫ 조고마ᄒᆞᆫ 회합에셔 간혹 말도ᄒᆞ고 긔도도 인도ᄒᆞᄂᆞᆫ거시 경력에도 ᄆᆡ우 됴코 ᄯᅩᄒᆞᆫ 심령샹 능력을 만히 엇ᄂᆞᆫ바니 적은회합에셔 새로 밋ᄂᆞᆫ이들이 참셕ᄒᆞᆯ때에ᄂᆞᆫ ᄒᆞᆼ샹 몃분동안 시간을 허락ᄒᆞ야 각각 몃마ᄃᆡ식 말ᄒᆞ게 권면ᄒᆞᄂᆞᆫ거시 필요ᄒᆞ니라

인도쟈의 주의ᄒᆞᆯ것

ᄀᆡ회ᄒᆞᆯ 시간에 지쳬치말고 ᄭᅩᆨ 뎡ᄒᆞᆫ시에 즉시 ᄀᆡ회ᄒᆞᄂᆞᆫ거시 ᄆᆡ우 긴요ᄒᆞ니 만일 몃분동안을 지쳬ᄒᆞ야 여러사ᄅᆞᆷ이 오기를 기ᄃᆞ리면 이ᄂᆞᆫ 번번히 지쳬되ᄂᆞᆫ 시작이라 시간을 잘 직히ᄂᆞᆫ거시 대단 긴요ᄒᆞ며 폐회ᄒᆞ기를 ᄯᅩᄒᆞᆫ 뎡ᄒᆞᆫ시에 ᄒᆞᆷ이 맛당ᄒᆞ

니 만일 뎡ᄒᆞᆫ시간을 넘기면 다른곳에 긔회잇는 사ᄅᆞᆷ은 얼마즘 비편히 녁일거시 一四
오 아모리 ᄌᆞ미잇는 회합이라도 너머 지리ᄒᆞ면 됴흔 결과를 손해ᄒᆞ기도 쉽고 그
후브터는 오고십흔이라도 시간에 인연ᄒᆞ야 참예치 못ᄒᆞᆯ이도 업지아니ᄒᆞᆯ 터인즉
가령 ᄇᆡᆨ명즁에 구십구인이 말을 더 듯고져 ᄒᆞᆯ지라도 출ᄒᆞ리 폐회ᄒᆞᆯ지언졍 ᄒᆞᆫ사ᄅᆞᆷ
이 지리ᄒᆞ게녁여 불평ᄒᆞᆫ ᄆᆞ음으로 니러나게 ᄒᆞ는거슨 불가ᄒᆞ니 일뎡ᄒᆞᆫ시간에 폐
회ᄒᆞ는거시 필요ᄒᆞ도다 그러나 부득이ᄒᆞᆫ ᄉᆞ건이 잇는경우에는 뎡ᄒᆞᆫ시간에 폐
회ᄒᆞ고 다시 적은방으로 ᄯᅩ로모히거나 혹 몃십분동안을 뎡지ᄒᆞ야 불가불 나갈 사
ᄅᆞᆷ은 나가게ᄒᆞ고 ᄂᆞᆷ는사ᄅᆞᆷ으로 다시 ᄀᆡ회ᄒᆞ는거시 ᄯᅩᄒᆞᆫ 무방ᄒᆞ도다 복음회합
에 인도ᄒᆞ는이가 혹 폐회ᄒᆞᆯᄯᅢ에 밋지아니ᄒᆞ는 사ᄅᆞᆷ들노 ᄒᆞ여곰 손을들게 ᄒᆞ거나
니러서셔 새로밋기를 작뎡케 ᄒᆞ거나 혹 더 신실히 밋는쟈 되기를 작뎡ᄒᆞ는뜻을
표ᄒᆞ게 ᄒᆞ는거시 유조ᄒᆞ나 이법을 자조힝ᄒᆞ면 ᄎᆞᄎᆞ 습관이되여 효력이 적어지기
쉬으니 간간히 다른법으로 엄숙히 긔도ᄒᆞ고 폐회ᄒᆞ는거시 ᄯᅩᄒᆞᆫ됴ᄒᆞ며 설명ᄒᆞᆯᄯᅢ
에 문뎨에 ᄃᆡᄒᆞ야 ᄒᆞᆯ말을 다ᄒᆞ지말고 긴ᄒᆞᆫ것 몃가지는 ᄂᆞᆷ겨두어 다른사ᄅᆞᆷ이 말

ᄒᆞᆯ계뎨가 잇게ᄒᆞ며 시간을 넉넉히 ᄂᆞᆷ기고 ᄯᅩᄒᆞᆫ 긔회를 아모됴록 ᄆᆞᆫᄃᆞ러 다만 몃마ᄃᆡ식이라도 말ᄒᆞ도록 권면ᄒᆞ며 혹긔도로 인도ᄒᆞᄂᆞᆫ이도 잇고 혹 말업시 속으로 긔도ᄒᆞ기도ᄒᆞ야 이 여러가지로 다른 사ᄅᆞᆷ을 권면ᄒᆞᆯ지니 이ᄂᆞᆫ 다 인도ᄒᆞᄂᆞᆫ이가 형편의 합당ᄒᆞᆫ대로 림시변통ᄒᆞᆯ거시며 인도ᄒᆞᄂᆞᆫ이가 말ᄒᆞᆯ거ᄉᆞᆯ 예비치 못ᄒᆞ엿노라고 샤과ᄒᆞᄂᆞᆫ거슨 그회합에 대단히 방해가 되ᄂᆞ니 미리쥰비ᄒᆞ야 군식ᄒᆞᆷ이 업게ᄒᆞᄂᆞᆫ거시 됴코 만일 부득이ᄒᆞᆫ 경우가 잇ᄉᆞᆯᄯᅢ에ᄂᆞᆫ 여러사ᄅᆞᆷ에게 말ᄒᆞᆯ문뎨를 미리 ᄂᆞᆫ호아주어 그문뎨에 ᄃᆡᄒᆞ야 ᄉᆡᆼ각ᄒᆞ엿다가 몃마ᄃᆡ식 말ᄒᆞ게ᄒᆞ면 ᄀᆡ회ᄒᆞᆫ 후에 군식ᄒᆞᆷ을 면ᄒᆞᆯ거시나 말ᄒᆞᄂᆞᆫ이ᄂᆞᆫ ᄒᆞᆼ샹 하ᄂᆞ님의 말ᄉᆞᆷ을 공부ᄒᆞᆷ으로 쥬장을삼고 하ᄂᆞ님의 ᄯᅳᆺᄃᆡ로 ᄒᆡᆼᄒᆞ기를 힘써 예비ᄒᆞ면 말ᄒᆞᆯᄯᅢ에 비록 언론은 잘ᄒᆞ지 못ᄒᆞᆯ지라도 ᄉᆡᆼ신의 권능이 잇슴으로 ᄌᆞ연히 인심의 감화ᄒᆞᄂᆞᆫ 효력을 엇으리로다

회원의 주의ᄒᆞᆯ것

우회말ᄒᆞᆫ바ᄂᆞᆫ 특별히 임원의 주의ᄒᆞᆯ바를 긔록ᄒᆞ엿스나 실샹은 다 회원의게 일테

로 긴요ᄒᆞᆫ바라 회원이 합동치 아니ᄒᆞ면 임원들이 실노 엇지ᄒᆞᆯ수 업슬지니 임원과 회원을 물론ᄒᆞ고 일뎨로 주의ᄒᆞᄂᆞᆫ거시 합당ᄒᆞ며 이쟝에ᄯᅡ로 회원들의 주의ᄒᆞᆯ바를 말ᄒᆞᆷ도 ᄯᅩᄒᆞᆫ 모든사ᄅᆞᆷ의 주의ᄒᆞᆯ바니 회원들의 일뎨로 주의ᄒᆞᆯ바ᄂᆞᆫ 하ᄂᆞ님의 영광을 학ᄉᆡᆼ의게 드러냄과 학ᄉᆡᆼ들노 ᄒᆞ여곰 완젼ᄒᆞᆫ 예수교인의 ᄌᆞ격을 일우고져ᄒᆞᆷ이오 밋지아니ᄒᆞᄂᆞᆫ쟈로 ᄒᆞ여곰 죄악의결과를 알게ᄒᆞ고져ᄒᆞᆷ이라 모든회합을 이목뎍으로 힝ᄒᆞ면 능히 그 본의를 일우리로다

(긔도) 긔도로 인도ᄒᆞᆯᄯᅢ에 ᄒᆞᆼ용ᄒᆞᄂᆞᆫ말노 젼례를 의지ᄒᆞ야 즁언부언 ᄒᆞ지말고 특별히 공손ᄒᆞᆫ ᄆᆞᄋᆞᆷ으로 무ᄉᆞᆷ일이나 엇던사ᄅᆞᆷ의 정경을 위ᄒᆞ야 ᄀᆞᆫ졀히 ᄀᆞᆫ구ᄒᆞᆯ거시오 구ᄒᆞᆯᄯᅢ에 하ᄂᆞ님이 주실줄을 확실히 밋음으로 긔도ᄒᆞᆯ지니 이런긔도로 인연ᄒᆞ야 셰샹의 큰 일에 셩취되ᄂᆞᆫ바 만흠이라 대뎌 긔도의 능력은 다만 구ᄒᆞᄂᆞᆫᄃᆡ만 잇지아니ᄒᆞ고 그 구ᄒᆞᄂᆞᆫᄆᆞᄋᆞᆷ을 가지고 ᄌᆞ긔가 실샹으로 힝ᄒᆞᄂᆞᆫᄃᆡ 잇ᄂᆞ니 구ᄒᆞᆯᄯᅢ에 진심으로 구ᄒᆞ며 그 구ᄒᆞᆯᄯᅢ의 먹은ᄆᆞᄋᆞᆷ을 평ᄉᆡᆼ힝위에드러내면 셩신의 무한ᄒᆞ신 능력이 그즁에셔 ᄉᆡᆼ기리니 과연 일우지 못ᄒᆞᆯ일이 업슬지라 요한복음十四、十三—十

四와 七을보라

(셩경공부) 긔도의 효험이 잇기를 ᄇᆞ라ᄂᆞᆫ쟈ᄂᆞᆫ 불가불 셩경공부로 법ᄉᆞ의 근긔를 삼어야 ᄒᆞᆯ지니 이ᄂᆞᆫ 하ᄂᆞ님의 말솜이 우리ᄆᆞᄋᆞᆷ속에 잇지아니ᄒᆞ면 우리의 구ᄒᆞᄂᆞᆫ바로 하ᄂᆞ님이 드르시기를 ᄇᆞ랄수 업ᄉᆞᆷ이라 그럼으로 학싱들의 맛당히 ᄒᆞᆯ직칙은 각각 ᄌᆞ긔의 방에셔 ᄆᆡ일일뎡ᄒᆞᆫ 시간을 어긔지말고 그시에ᄂᆞᆫ 죵용히 셩경몃쟝이나 혹 몃구졀을 공부ᄒᆞ야 평싱을 이뒤로 힝ᄒᆞᄂᆞᆫ즁에셔 육신과 셰샹을 니긔여 무한ᄒᆞᆫ 능력이 싱기ᄂᆞᆫ바라 골노새三쟝十六졀을 보라

(셩신) 이런모든 회합에 능력이 싱기고 됴흔셩젹이 잇기를 도모ᄒᆞᄂᆞᆫ쟈ᄂᆞᆫ ᄉᆞ도힝젼을 볼지니 一쟝一졀로五졀ᄭᆞ지와 一쟝四졀로五졀ᄭᆞ지 공부ᄒᆞ야 셩신ᄭᅴ 관계되ᄂᆞᆫ 구졀을 특별히 주의ᄒᆞᆯ지라 누구던지 셩신의 츙만ᄒᆞᆷ을 엇기젼에ᄂᆞᆫ ᄌᆞ긔의 말ᄒᆞᄂᆞᆫ바와 긔도ᄒᆞᄂᆞᆫ바와 힘써 셩취ᄒᆞ랴ᄂᆞᆫ거시 다 ᄂᆞᆷ의게 진실무위ᄒᆞᆫ줄노 보히가 어려오니 다른사ᄅᆞᆷ의게 신용이업고야 엇지ᄯᅳᆺᄒᆞᄂᆞᆫ바를 셩취ᄒᆞᆯ수가 잇ᄉᆞ리오 그럼으로 셩신의 츙만ᄒᆞ심을 엇ᄂᆞᆫ거시 진실노 가장 긴요ᄒᆞᆫ 일이라 이거슨 각각 ᄌᆞ긔

의 심령상 공부로 말미암아 엇을거시니 하ᄂᆞ님의뜻이 엇더ᄒᆞ신줄을 알거든 맛당히 ᄒᆞᆯ일은 모든ᄉᆞ졍을 불계ᄒᆞ고 힝ᄒᆞᆯ거시오 맛당히 힝치아니ᄒᆞᆯ일은 아모리 어렵고 손해를 당ᄒᆞᆯ지라도 ᄒᆞ지안키를 힘쓸지니 이거시 과연 예수를 밋ᄂᆞᆫ쟈의 맛당ᄒᆞᆫ 의무요 ᄯᅩᄒᆞᆫ 셩신의 도으심을 밧울수 잇ᄂᆞᆫ일이라 이런교인이라야 능히 ᄂᆞᆷ의 심셩에 감화력을 엇게ᄒᆞᆯ수 잇ᄉᆞ니 모든회원들은 예수의 일홈으로 긔도ᄒᆞ고 하ᄂᆞ님의 말ᄉᆞᆷ이 ᄆᆞᄋᆞᆷ속에 ᄒᆞᆼ샹계시게 ᄒᆞ며 셩신의 츙만ᄒᆞ심을 엇을진져

학ᄉᆡᆼ쳥년회종교에관계ᄒᆞᆫ방침

례 일 편

一、복음 (결졍ᄒᆞᄂᆞᆫ회) 텬국을몬져구ᄒᆞᆷ 마태六。三三

二、셩경공부회 셩경을공부ᄒᆞᄂᆞᆫ리유 마태七。一六ㅣ二一

三、경봉 사도되ᄂᆞᆫ쟈의맛당히준비ᄒᆞᆯ것 요한一五。一四ㅣ一七

四、선교ᄉᆞ 력ᄉᆞ상에교회사업가로유명ᄒᆞᆫ쟈들

뎨이편

一、경봉 셰계에예수밋ᄂᆞᆫ학ᄉᆡᆼ들의년합ᄒᆞᆷ

二、경봉 그리스도ᄂᆞᆫ긔도ᄒᆞᄂᆞᆫ사ᄅᆞᆷ

三、복음 학ᄉᆡᆼ의시험밧음

四、선교ᄉᆞ 외국선교에ᄃᆡᄒᆞᆫᄂᆡ국문뎨

뎨삼편

一、경봉 그리스도의ᄀᆡ인교졔
신교ᄒᆞᄂᆞᆫ학ᄉᆡᆼ들노이ᄀᆞᆺᄒᆞᆫ사업의지위와권능을뵈임

二、경봉 육신을뎨일유조ᄒᆞ게씀

三、선교ᄉᆞ 선교ᄒᆞᄂᆞᆫ방침

四、경봉 방학ᄒᆞᆫ동안에학ᄉᆡᆼ들이맛당히조심ᄒᆞᆯ것
예수탄일휴가시에됴치못ᄒᆞᆫ사상을바리고교인ᄉᆡᆼ활의뎨일놉ᄒᆞᆫ

디위에나아가미일경건ᄒᆞᆫ셩경공부와ᄀᆡ인긔도의유익을취ᄒᆞᆷ

뎨 사 편

一、 셩경공부회　　셩경공부ᄒᆞ기를권쟝ᄒᆞᆷ
미반년에ᄉᆞ경회원을일뎨회집ᄒᆞ야긔왕에참반ᄒᆞᆫ사람들을더욱
권쟝ᄒᆞ며또긔왕에참반치안은쟈들을권ᄒᆞ야립독ᄒᆞ게ᄒᆞᆷ

二、 경봉　　셩신을충만히밧음　　에베소五。一八

三、 션교ᄉᆞ　　쳥국에젼도ᄒᆞ기위ᄒᆞ야연구ᄒᆞᆷ

四、 경봉　　긔도ᄒᆞᄂᆞᆫ디관계ᄒᆞᆫ필요　　요한一四。一三―一四、一五。七
요한一 三。二二―二三

뎨 오 편

一、 복음　　그리스도를셤기기에방히되ᄂᆞᆫ것
학싱들이예수를밋고져ᄒᆞ되방히되ᄂᆞᆫ거시잇셔못ᄒᆞᄂᆞᆫ연고를소
상히들어셜명ᄒᆞ고예수ᄭᅴ셔힝ᄒᆞᆫ신일을인증ᄒᆞ야그방히되ᄂᆞᆫ거

二、 경봉 슬이긔기쉬운거슬셜명홈
예수를위ᄒᆞ야사회에몸을밧침 고린도후八。一ㅣ一二
九。六ㅣ一五
三、 션교ᄉᆞ 닉국션교
四、 복음 예수ᄭᅴ셔의혹을타파ᄒᆞ심

뎨륙편

一、 경봉 평싱에종사ᄒᆞᆯ사업을턱뎡홈
올케작뎡ᄒᆞᄂᆞᆫ듸도음되ᄂᆞᆫ것
二、 션교ᄉᆞ 바울은션교ᄉᆞ
三、 경봉 바울이감화력을밧기젼과밧은후에직힌의리
빌닙보 三。三ㅣ一六
갈듸나아二。一六ㅣ二一
四、 경봉 셩공ᄒᆞᆫ쟈의사젹 고린도젼一。一三

히브리 二。一八

고린도후 一二。八ㅣ一〇

골로서 三。一ㅣ一三

뎨 칠 편

一、경봉 여러가지로일홈과셩신의일ᄒᆞᆫ심 고린도젼一二。

신임ᄒᆞᆫ직원과위원이각각자긔의직무를ᄯᅡ라복역ᄒᆞᆯᄯᅢ에다른사
ᄅᆞᆷ이가히찬셩ᄒᆞᆯ만ᄒᆞᆫ거ᄉᆞ로회무의문뎨와방칙을삼을거시오ᄯᅩ
학싱으로엇의가던지더욱부즈런히예수를셤길수잇슴을보힐것

二、경봉 셩경을공부ᄒᆞᆫ논리유

三、션교ᄉᆞ 긔도와션교

四、경봉 학싱하령회의장구ᄒᆞᆫ표젹

뎨 팔 편

一、복음 변ᄒᆞᆯ수업ᄂᆞᆫ법률 갈나듸아六。七ㅣ九

二、경봉 · 겸손홈은덕힝의근본됨 마태一八。一ㅣ四
요한一三。三ㅣ一七
빌닙보二。三ㅣ八
三、션교ᄉᆞ 인심을감동식일만훈사업
四、경봉 찬양ᄒᆞᄂᆞᆫ례비 골노시三、一六、一七
시편一〇〇。一〇三。

뎨구편

一、경봉 싱명의더욱풍족홈 요한一〇。一〇
一五。一ㅣ一一
二、경봉 아참에셩경보고긔도홈
三、경봉 사랑은뎨일됴흔례물 고린도一三。
四、복음 마자막작별ᄒᆞᄂᆞᆫ회

이글은각학싱청년회회원들의게젼파ᄒᆞ려홈이아니오다만각위원의게만

젼ᄒᆞ야회중에긴요ᄒᆞᆫ방침을듸강알게ᄒᆞ고져ᄒᆞᆷ인ᄃᆡ이거슨의례히준ᄒᆡᆼᄒᆞ라ᄂᆞᆫ거시아니오보아참고ᄒᆞ기에도음이되고져ᄒᆞᄂᆞᆫ바이니만일미샹ᄒᆞᆫ조건이잇거나더알고져ᄒᆞᄂᆞᆫ거시잇ᄉᆞ면파락만리승만량씨와교셥ᄒᆞ시오

明治四十四年五月三日印刷
明治四十四年五月七日發行

著作　美國紐育二八街東一二四番　穆德
飜譯　鍾路玉虎書林內　李承晩
發行人　西大門外圓峴　巴樂萬
印刷人　西小門內　드레물레
發行所　鍾路　皇城基督敎青年會
印刷所　西小門內　法韓會社

167 학생청년회 회장

The President of thc Student
Young Men's Christian Association
by
John R. Mott. L. L. D.
Translated by
Syngman Rhee Ph. D.

Published by the Young Men's Christian Association.

(뎨一、학싱청년회회장

학싱이학교에잇슬동안에데일긴중ᄒᆞᆫ칙임은학싱청년회회장의칙임이라학교에셔졸업ᄒᆞ야나간후에도뎡ᄒᆞᆫ상ᄉᆞ업을ᄒᆞᆯ긔회가잇지만은이런긔회는다시엇어볼년지알슈업는고로학교에잇셔이디위엇는거슬가장다힝히녁일지라그럼으로이직칙을맛흔쟈ㅣ맛당히이ᄉᆞ업에계관ᄒᆞᆫ모든일을다알어야능히이런죠흔긔회를리용ᄒᆞ리로다

회장의자격

(一)회장이맛당히범ᄉᆞ를춍찰ᄒᆞᆯ만ᄒᆞᆫ자격이잇셔々사름을바로택ᄒᆞ야각ᄉᆞ무를맛기며또ᄒᆞᆫ그맛긴일을다힝ᄒᆞ게ᄒᆞᆯ자니이자격이업스면이아릭설명ᄒᆞᆫ여러가지자격을다겸비ᄒᆞ엿슬지라도완젼히셩공ᄒᆞ기는어려우리로다엇던학교에던지학싱의셩질을구별ᄒᆞ야보면혹은놈의인도자될자도잇고혹은놈의인도를밧을자도잇스니인도밧을자를머리숨는거슨엇던ᄉᆞ회에던지큰실슈라그럼으로특별히인도자의ᄌᆞ격가진자를택ᄒᆞ야맛당히힝ᄒᆞᆯ일을알며아는거슬힝ᄒᆞ여나아가며뎐하모든사름의큰인도

자되시는대쥬지를알아셔여러사ᄅᆞᆷ으로ᄒᆞ여금ᄒᆞᆷᄭᅴᄯᅡᆯ아가게ᄒᆞᆯ지니라

(二)학ᄉᆡᆼ쳣년회의일이엇더케긴요ᄒᆞᆫ줄을확실히알고그회에셔일ᄒᆞᆯ긔회엇은거슬다ᄒᆡᆼ히녁여야ᄒᆞᆯ지니만일회장노릇ᄒᆞ는거시엇더ᄒᆞᆯ넌지쥬져ᄒᆞ는ᄆᆞ음이잇슬진ᄃᆡ찰하리그디위를맛기지안는거시올흔지라그럼으로그회를완젼히셩취식히자면반다시그일에열심을ᄂᆡ며이런긔회를엇기즐겨ᄒᆞ야졍셩을다ᄒᆞ고져ᄒᆞ는쟈로ᄐᆡᆨᄒᆞᆯ지니라

(三)회장은그회의긴요ᄒᆞᆫ죠건과즁ᄃᆡᄒᆞᆫ관계를다쇼샹히알어야ᄒᆞᆯ지라처음회장으로피션될ᄯᅢ에는회즁범ᄉᆞ를다안다ᄒᆞᆯ슈업스나피임된후에는즉시공부ᄒᆞ며연구ᄒᆞ야쇼샹히알도록ᄒᆞᆯ지라그러치안이ᄒᆞ야모든일을알지도못ᄒᆞ고알기를원치도안이ᄒᆞᆯ진ᄃᆡ즁대ᄒᆞᆫᄉᆞ업을일울슈업고학ᄉᆡᆼ들로ᄒᆞ여금동졍을발ᄒᆞ게ᄒᆞ지못ᄒᆞᆯ지니이는오ᄅᆡᆫ경력샹으로보아아는ᄇᆡ니라

(四)영업샹에합당ᄒᆞᆫ자격을가지는거시필요ᄒᆞ도다즁대ᄒᆞᆫᄉᆞ무를맛ᄒᆞᆺ스니놈의신앙을엇어야ᄒᆞᆯ거시오모든ᄉᆞ무를총찰ᄒᆞ는자이되엿스니ᄉᆞ소ᄒᆞᆫ일이라도부즈런히쥬의

ᄒᆞ여야 큰일을감당ᄒᆞᆯ지라대져ᄉᆞ회에인도자이나큰영업가이나셩취ᄒᆞᄂᆞᆫ쟈들을보면ᄒᆞᆼ샹젹은일에쥬의를만히ᄒᆞ도다또ᄒᆞᆫ범ᄉᆞ를다살필ᄯᅢ에규모가잇셔야ᄒᆞᆯ지니그러치안으면허다ᄒᆞᆫ직칙을다ᄒᆡᆼᄒᆞᆯ수업슬거시오모든일을속히조쳐ᄒᆞ기를힘쓸지니ᄌᆞ긔의인도밧ᄂᆞᆫ이들의시간이귀ᄒᆞᆫ거슬ᄒᆞᆼ상ᄉᆡᆼ각ᄒᆞᆯ거시오압일을미리보아일년ᄂᆡ에ᄌᆈᄒᆞᆫ긔회잇ᄂᆞᆫ거슬슯혀야회무를확장ᄒᆞᆯ거시며사ᄅᆞᆷ과졉졔ᄒᆞ기에연슉ᄒᆞ여여러가지사ᄅᆞᆷ을인도ᄒᆞ기에합당ᄒᆞ며또ᄒᆞᆫ용ᄆᆡᆼ시러히압흐로나아가ᄂᆞᆫ힘이잇셔야모든ᄉᆞ무를확장ᄒᆞ리로다

(五)언제던지ᄒᆞᆯ슈잇ᄂᆞᆫ경우에ᄂᆞᆫ공부에우등가ᄂᆞᆫ학ᄉᆡᆼ으로회장이되게ᄒᆞᄂᆞᆫ거시됴흐니이ᄂᆞᆫ그연고가여러가지라쳣재그회의지위를도々ᄂᆞᆫ거시오학ᄉᆡᆼ과교ᄉᆞ의일톄로츄앙ᄒᆞᄂᆞᆫ비될거시오또ᄒᆞᆫ공부에착실ᄒᆞᆫ학ᄉᆡᆼ이흔히다른일에도졍긴ᄒᆞᆫ법이니회무를역시잘볼슈잇슬지니라

(六)학ᄉᆡᆼ계에면목이널은자로회장을뎡ᄒᆞᆷ이긴요ᄒᆞ도다여러학ᄉᆡᆼ의게유익ᄒᆞᆷ을세치고져ᄒᆞᄂᆞᆫ단톄에인도쟈가되엿슨즉맛당히여러사ᄅᆞᆷ의동졍을엇으며다일심으로도웁

기를질거워ᄒᆞ도록쥬션ᄒᆞᆷ이맛당ᄒᆞ며

(七)희망을일치마ᄂᆞᆫ거시회장의셩취ᄒᆞᄂᆞᆫ근본이라여간어려운일에락심ᄒᆞ거나장ᄅᆡ에잘될희망이굿건치못ᄒᆞᆫ쟈ᄂᆞᆫ이ᄎᆡᆨ임을맛ᄂᆞᆫ거시불가ᄒᆞ도다다른회에지ᄂᆡᆫ경력을보건ᄃᆡ인도쟈가하ᄂᆞ님을의탁ᄒᆞ고그바라ᄂᆞᆫ바를조금도져바리지안이ᄒᆞᆷ으로인연ᄒᆞ야굉장ᄒᆞᆫ셩젹이만히잇셧ᄂᆞ니가장어렵고락심되ᄂᆞᆫ일이잇슬ᄯᅢ에더욱이회장의희망ᄒᆞᄂᆞᆫᄆᆞᄋᆞᆷ으로무한ᄒᆞᆫ능력을나타ᄂᆡᆯ지라이런희망을가지ᄂᆞᆫ거슨ᄌᆞ긔의지조를밋음도안이오다만못ᄒᆞᆯ것업스신하ᄂᆞ님을밋고의뢰ᄒᆞ야ᄂᆞᆷ의의견이엇더ᄒᆞ며시비가엇더ᄒᆞᆫ거슬불계ᄒᆞᆯ거시오여러사ᄅᆞᆷ이혹반ᄃᆡᄒᆞ거나혹모든사ᄅᆞᆷ이열심을ᄂᆡ지안커나여러가지어려운경우에쳐ᄒᆞᆯ지라도다참고락망ᄒᆞ지말아셔하ᄂᆞ님이일우어쥬시기ᄭᆞ지ᄇᆞ라고기다릴지니라

(八)덕의샹품힝이완젼ᄒᆞᆷ을ᄉᆞᆲ힐지니이지위에안즌자ㅣ들어난죄에범ᄒᆞᆷ은업슬지라도ᄂᆞᆷ이시비ᄒᆞᆯ만ᄒᆞᆫ일을힝ᄒᆞᆯ진ᄃᆡ이ᄂᆞᆫ다만ᄌᆞ긔의명예와장ᄅᆡ신분에만방ᄒᆡ될ᄲᅮᆫ안이라그회의모든긔회와심령샹능력을다손ᄒᆡᄒᆞᆯ지라학교에모든사ᄅᆞᆷ이다ᄌᆞ긔의힝위

와법절ᄋᆞᆯ쥬목ᄒᆞᄂᆞᆫ줄을ᄭᆡ달아ᄉᆞᄉᆞ로히힝ᄒᆞᄂᆞᆫ일이나ᄂᆞᆷ파교섭ᄒᆞᄂᆞᆫ일에십분됴심ᄒᆞᆯ거시오셜령ᄌᆞ긔ᄉᆡᆼ각에ᄂᆞᆫ별로그를거시업ᄂᆞᆫ줄로아ᄂᆞᆫ일이라도ᄂᆞᆷ을인도ᄒᆞ기에방ᄒᆡ될거슨폐지ᄒᆞᄂᆞᆫ거시ᄌᆞ긔에게와회에일톄로유익ᄒᆞ리로다

(九)셩령의감화ᄒᆞᆫ심을완젼히밧은쟈라야이직칙을능히감당ᄒᆞᆯ지니이능력이안이면그회의뎨일큰목젹을달ᄒᆞᆯ슈업슬지라그회에인도자가되엿슨즉회의졍도가다슈히그인도자의졍도를ᄯᅡ라구별되ᄂᆞᆫ비라회장의령혼샹관렴이좁고얏ᄒᆞᆯ것ᄀᆞᆺᄒᆞ면그회에셔되ᄂᆞᆫ령혼샹셩젹이풍족ᄒᆞᆯ슈업ᄉᆞ며만일회장의령혼샹근원이츙만ᄒᆞᆯ진ᄃᆡ글로인연ᄒᆞ야넘쳐흐르ᄂᆞᆫ힝복과능력이한량업ᄉᆞ리로다

이상에말ᄒᆞᆫ바여러가지ᄌᆞ격을겸비ᄒᆞᆫ자를엇기가대단히어려울터이나미국각학ᄉᆡᆼ청년회의경력을불진ᄃᆡ이런사ᄅᆞᆷ을차즌곳도여러시요혹엇던회에셔ᄂᆞᆫ이러ᄒᆞᆫ사ᄅᆞᆷ을두고도회장션뎡ᄒᆞᆯᄯᅢ에깁히ᄉᆡᆼ각지도안코긔도도간절히ᄒᆞ지안코소ᄒᆞᆯ히ᄐᆡᆨ뎡ᄒᆞᆷ으로그사ᄅᆞᆷ을엇지못ᄒᆞᆫ곳도만ᄒᆞ며만일이런사ᄅᆞᆷ이과연업슬진ᄃᆡ가장만점에갓가온쟈로션뎡ᄒᆞᆷ이가ᄒᆞ도다대져몃가지죠목을긔록ᄒᆞᆷ은다만회장공쳔ᄒᆞᄂᆞᆫ위원의쥬

의ᄒᆞ기만위ᄒᆞᆯᄲᅮᆫ아니라ᄯᅩᄒᆞᆫᄉᆡ로이션뎡된회장의쥬의ᄒᆞ기ᄅᆞᆯ위ᄒᆞᆷ이니만일피션된
회장이々몃가지즁에ᄌᆞ긔가겸비치못ᄒᆞᆫ거시잇스면간졀히긔도ᄒᆞᆷ과힘써일ᄒᆞᆷ으로
그단쳐ᄅᆞᆯ보츙ᄒᆞᆯ슈잇스리로다

(뎨二)、회장의맛당히준비ᄒᆞᆯ것

(一)회장이ᄉᆡ로피션ᄒᆞᆫ후에갈년회장과 죵용히면ᄃᆡᄒᆞ야 그회의졍형이엇더ᄒᆞᆫ것과위원
회다시죠직ᄒᆞᆯ일과회의ᄉᆡ방침을엇더케뎡ᄒᆞᆯ거슬다문의ᄒᆞ며ᄯᅩᄒᆞᆫ기즁어려운일에
ᄃᆡᄒᆞ야엇더케조쳐ᄒᆞᆯ거슬뭇ᄂᆞᆫ거시됴ᄒᆞ며

(二)학ᄉᆡᆼ쳥년회가여러곳에셜시된나라에ᄂᆞᆫᄆᆡ양봄에각학ᄉᆡᆼ쳥년회회장셰리모혀회장
ᄆᆡ년회ᄅᆞᆯ열고여러가지긴요ᄒᆞᆫ일을의론ᄒᆞᄂᆞᆫ터인ᄃᆡ이회목젹인즉ᄉᆡ로션거된회장
들의직칙과의무와기외여러가지즁대ᄒᆞᆫ됴건을들어쇼상히셜명ᄒᆞ야알게ᄒᆞ고져ᄒᆞᆷ
인즉이회에참예ᄒᆞᄂᆞᆫ거시대단히긴요ᄒᆞᆫ지라거긔셔죠흔경력을비ᄒᆞᆯ거시만토다

(三)각회장이맛당히ᄌᆞ긔의맛ᄒᆞᆫ구역을ᄌᆞ셰히조사ᄒᆞᆯ지니그죠사ᄒᆞᆯ바인즉

(첫지)학교그라안에잇는학싱의슈효와등급이며그학교의디위가ᄉᆞ회상과도덕상과종교상으로엇더ᄒᆫ거시며학싱의심령과륙신에관계ᄒᆫ시험과위티ᄒᆷ은그연고가어디잇ᄉᆞ며교ᄉᆞ와학싱이일뎨로그회에디ᄒᆫ의향이엇더ᄒᆷ과혹동졍을표ᄒᆞ지안는경우에는그셔ᄃᆞᆰ이어디잇슴과그회의특별히판단ᄒᆞ기어려온문졔와기타여러가지풍쇽이며각식절차와졍형을낫낫치ᄉᆞᆲ힐거시오

(둘지는)학교잇는디방이라그디방에셔엇던일은그회를잘되게ᄒᆞ며엇던거슨방히롭게ᄒᆞᆯ일과회를그디방에확장ᄒᆞᆯ만ᄒᆫ긔회와형편을ᄉᆞᆲ힐거시며

(셋지는)학교안에종교상ᄉᆞ업이라혹다른회가잇던지엇던교에서주회장ᄒᆞ던지그학교안에셔따로이인도ᄒᆞ는종교상ᄉᆞ업이잇슬경우에는회장이맛당히두단톄ᄉᆞ이에피ᄎᆞ화동ᄒᆞ야충돌이나지안케ᄒᆞ며일심으로서로찬조ᄒᆞ게ᄒᆞ는거시됴ᄒᆞ며

(넷지는)본회의형편이라회장이ᄌᆞ긔학교안에셔그회에관계되는일은다알어야ᄒᆞᆯ지니맛당히그회의회록을ᄌᆞ셰히공부ᄒᆞ야젼회장의실슈ᄒᆫ거슨ᄌᆞ긔의거울을삼아다시실슈가업게ᄒᆞ며젼회장에잘ᄒᆫ일은ᄌᆞ긔의모범을삼아힝ᄒᆞᆯ지니지나간역ᄉᆞ를소

샹히아는거시대단긴요ᄒᆞ며다만지나간역ᄉᆞ만샹고ᄒᆞᆯᄲᅮᆫ안이라맛당히현시졍형을
더욱ᄌᆞ세히알어야ᄒᆞᆯ지니회원과위원의셩젹을죠ᄉᆞᄒᆞ며여러회원과친졀히교셥ᄒᆞ
는거시또ᄒᆞᆫ필요ᄒᆞ도다

(四)이우헤말ᄒᆞᆫ바몃가지를쥰비ᄒᆞᆫ후에는그회와각위원부의즁대ᄒᆞᆫ문제와긴급ᄒᆞᆫᄉᆞ무
를칙에긔록ᄒᆞᆯ거시며겸ᄒᆞ야ᄌᆞ긔와각위원장의맛당히쥰힝ᄒᆞᆯ방침을또ᄒᆞᆫ긔록ᄒᆞᆯ지
니이는ᄌᆞ긔의ᄯᅳᆺᄒᆞᆫ바를더욱밝히들어냄이오또ᄒᆞᆫ일후에고쥰ᄒᆞᆷ을편첩케ᄒᆞᆷ이로다

(五)ᄆᆡ양어려운일을당ᄒᆞᆯᄯᅢ에다른쳥년회의경력과각디방으로슌회ᄒᆞ는춍무의죠ᄉᆞ보
고ᄒᆞᆫ거슬가지고모범을삼아비쥰ᄒᆞᆯ지니이는문ᄌᆞ상교셥과하령회나다른공회에참
예ᄒᆞᆷ으로될거시오간혹디방에슌회ᄒᆞ는쳥년회춍무의비평ᄒᆞᆷ도들을지니회쟝은맛
당히공칙을ᄯᅡ로작만ᄒᆞ여두엇다가이런긔회가잇거던긴요ᄒᆞᆫ거슬엇는ᄃᆡ로젹어두
어회무에리용이되게ᄒᆞᆯ거시오또ᄒᆞᆫ일년동안에ᄆᆡ주일얼마시간을일뎡ᄒᆞ게ᄂᆡ여노
어회즁일을연구ᄒᆞᆷ이맛당ᄒᆞ도다

(六)여러가지방면으로엇은긴요ᄒᆞᆫ방법을그회에합당히의방ᄒᆞ야쓰는거슨젼혀회쟝에

게달녓도다

(七)회장이ᄌᆞ긔의ᄉᆞᄉᆞ로히 쓰ᄂᆞᆫ일긔척을ᄒᆞᆫ권식가지ᄂᆞᆫ거시대단히유죠ᄒᆞ니ᄒᆞᆼ상몸에가지고다니기에편리케ᄒᆞ야일년ᄂᆡ에ᄒᆡᆼᄒᆞᆯ일을슌서ᄃᆡ로적으며각위원회쟝과회원의명록과회즁긴요ᄒᆞᆫ문제와ᄆᆡ년에회즁에셔뎡ᄒᆞᆫ방침과 기타긴요ᄒᆞᆫ거슬긔록ᄒᆞ야아모ᄯᅢ나차져보기에편리케ᄒᆞ며이외에슈쳡ᄒᆞ나를ᄯᅡ로간슈ᄒᆞ야그안에 는날마다맛당히ᄒᆡᆼᄒᆞᆯ일을적어셔혹이져바리거나무심히넘기ᄂᆞᆫ폐단이업게ᄒᆞᄂᆞᆫ거시ᄯᅩᄒᆞᆫ크게도음이되리로다

(八)ᄒᆞᆼ상잇지안이ᄒᆞ고특별히긔억ᄒᆞᆯ거ᄉᆞᆫ령ᄒᆞᆫ상쥰비라만일령ᄒᆞᆫ상능력이부죡ᄒᆞ면결단코그맛ᄒᆞᆫ직칙을ᄌᆞ긔의ᄆᆞ음에도흡족ᄒᆞ게ᄒᆞ기가어려우려던ᄒᆞᆷ을며 하ᄂᆞ님의ᄯᅳᆺ슬깃부시게ᄒᆞᆯ슈잇ᄉᆞ리요그럼으로만일긔왕붓허시작지안이ᄒᆞ엿스면맛당히곳시작ᄒᆞ야아모리어려운일이잇슬지라도불계ᄒᆞ고ᄆᆡ일ᄒᆞᆫ져셩경공부ᄒᆞᄂᆞᆫ버릇슬만들어간단이업시여일히공부ᄒᆞᆯ거시오겸ᄒᆞ여ᄒᆞᆫ져긔도ᄒᆞᄂᆞᆫ법을알어야ᄒᆞᆯ지니ᄆᆡ일에젹어도반시동안식은죵용ᄒᆞᆫ곳에셔ᄒᆞᆫ져졍셩시러히하나님과 교통ᄒᆞ여이즁에셔능

력을엇으면모든일에한업ᄂᆞᆫ힘이싱길지라다른일은셜혹이못ᄒᆞᆯ지라도각회쟝들로ᄒᆞ여금잇지말게ᄒᆞᆯ거슨이것ᄒᆞᆫ가지라대져하ᄂᆞ님의일을ᄒᆞ고져ᄒᆞᆯ진ᄃᆡ하ᄂᆞ님의능력을엇어야될지니하ᄂᆞ님의능력은긔도ᄒᆞᄂᆞᆫᄃᆡ셔가쟝만히싱기ᄂᆞᆫ법이니라

(뎨三) 회장의직칙

(一됴)회장은모든통상위원과림시위원을ᄐᆡᆨ뎡ᄒᆞᆯ거시니위원ᄐᆡᆨ뎡ᄒᆞᄂᆞᆫᄃᆡᄃᆡᄒᆞ야이아릐긔록ᄒᆞᆫ몃가지를주의ᄒᆞ면도음을엇으리로다(一)위원장을몬져ᄐᆡᆨᄒᆞ고다른임원ᄂᆞᆫ위원장과의론ᄒᆞ야널진ᄃᆡ범ᄉᆞ에화동ᄒᆞᆷ을엇을거시오또ᄒᆞᆫ위원의ᄉᆞ무가ᄆᆡ우험잇게될거시며(二)각위원부에임원슈효는그위원부의ᄉᆞ무와형편에비교ᄒᆞ야흡당ᄒᆞ도록뎡ᄒᆞᆯ거시오(三)각위원회ᄉᆞ무의셩질을보아위원의ᄌᆞ격이엇더ᄒᆞ여야쓸거슬질뎡ᄒᆞᆯ거시며(四)위원ᄂᆞᆯ뎡ᄒᆞᆯᄯᅢ에각반과각회와기타여러가지부분을평균히비교ᄒᆞ야후박이업서ᄃᆡ표가되게ᄒᆞ며(五)모든위원슈명사람은긔왕이런일에경역이잇ᄂᆞᆫ자로ᄐᆡᆨᄒᆞᄂᆞᆫ거시죠ᄒᆞ나만일그러치못ᄒᆞᆫ경우에ᄂᆞᆫ위원장은반다시회무에싱소치

안이ᄒᆞᆫ자로ᄐᆡᆨ뎡ᄒᆞᆯ거시오(六)여러위원이다이런경력잇ᄂᆞᆫ거슨필요치안이ᄒᆞ니위원쟝이맛당히힘써셔사ᄅᆞᆷ이련습ᄒᆞ야일군이되게ᄒᆞᄂᆞᆫ거시ᄯᅩᄒᆞᆫ쳥년회의목적이라(七)위원쟝은님긔를ᄒᆞᆼ상회쟝과ᄀᆞᆺ치일년을뎡ᄒᆞ되위원들은님긔를적어도삼ᄀᆡ월이샹으로뎡ᄒᆞᄂᆞᆫ거시됴코(八)위원들뎡ᄒᆞᆯᄯᅢ에각々긔인셰리면ᄃᆡᄒᆞ야허락을들은후에완뎡ᄒᆞᆯ거시오결이나거던ᄒᆞᆸ당ᄒᆞᆫ사ᄅᆞᆷ엇기ᄭᆞ지그져두고기다릴지언졍ᄒᆞᆸ당치못ᄒᆞᆫ사ᄅᆞᆷ을급히선뎡ᄒᆞᆷ은불가ᄒᆞ며

(二됴)각위원부가완젼히죠직되엿ᄂᆞᆫ가살펴볼지니ᄆᆡ위원부에셔긔가잇셔긔록ᄒᆞ게ᄒᆞᆯ거시오회무ᄂᆞᆫ죠리잇게평균히분ᄇᆡᄒᆞ야ᄆᆡ임원이각々ᄒᆡᆼᄒᆞᆯ칙임을소상히ᄯᅦ여맛길거시며

(三됴)ᄆᆡ위원이피임ᄒᆞᆫ후즉시々무ᄒᆞ기를특별히힘쓸지니이거슬회쟝이별반용력ᄒᆞ지안이ᄒᆞ면혹엇던임원ᄂᆞᆫ심상히지ᄂᆡ다가됴흔계제를놋치기쉬우며

(四됴)회쟝은각위원회에위원으로예겸ᄒᆞᆯ지니모든일에대강은다알어야혹권면도ᄒᆞ며혹찬조도ᄒᆞᆯ거시며급기각위원쟝위원의맛흔직분을ᄒᆡᆼᄒᆞᆯᄯᅢ에ᄂᆞᆫ무단히간셥ᄒᆞᆷ이불

가ᄒᆞ니이는각임원의열심시무ᄒᆞ는거슬혹방ᄒᆡᄒᆞᆯ가렴려홈이라

(五됴)각위원장이맛흔일을신실히힝ᄒᆞ도록힘써ᄉᆞᆲ힐지니이아ᄅᆡ몃가지를쥬의홈이ᄆᆡ우유조ᄒᆞ리로다(一)가장필요ᄒᆞᆫᄉᆞ무를알게ᄒᆞᆯ거시오(二)ᄌᆞ긔가몸소힝ᄒᆞ야표쥰을보힐거시오(三)위원장의맛당히ᄒᆞᆯ일을ᄃᆡ신ᄒᆞ여쥬지말지니아모리일에속ᄒᆞᆯ지라도ᄃᆡ신ᄒᆞ여쥬는거슨일후에ᄒᆡ가될거시며(四)모든일의범위를구별ᄒᆞ야ᄆᆡ인에게난호어맛길거시며(五)일을맛긴후에는밋어서셩취ᄒᆞ기를기다릴거시오(六)각위원장의힝ᄒᆞ는일을깁히쥬의ᄒᆞ야졍셩썻ᄒᆞᆫ일은공로를치ᄉᆞ홈이맛당ᄒᆞ고(七)어려운일을당ᄒᆞ거던셩심으로홈씌긔도ᄒᆞ며도아쥴거시오(八)ᄉᆞ무에유익ᄒᆞᆫ셔칙을심ᄃᆡ로공괴ᄒᆞᆯ거시며(九)모든공회에ᄃᆡ표보ᄂᆡ기를힘써쥬션ᄒᆞᆯ거시오(十)위원회합을일뎡ᄒᆞᆫᄯᆡ를차져열게힘써도을거시오(十一)위원장의공뢰로ᄌᆞ긔의셩식을ᄂᆡ게되거던그러치안은거슬셜명ᄒᆞ는거시지혜로오니라이외에여러가지긴요ᄒᆞᆫ일은다임시ᄒᆞ야ᄉᆞᆲ혀힝ᄒᆞ려니와이샹몃됴목에ᄃᆡᄒᆞ야다만회장만쥬의ᄒᆞᆯ거시안이오위원장도또ᄒᆞᆫ각위원과간셥되는자리에채용홈이무방ᄒᆞ도다

二

(六됴)각위원부에서일뎡ᄒᆞᆫᄯᅢ를지뎡ᄒᆞ고셩문ᄒᆞᆫ보고를올니게ᄒᆞᆯ지니이는회장이간섭ᄒᆞ야ᄯᅢ를억이지말고써오게ᄒᆞᆯ거시오

(七됴)위원의ᄉᆞᄉᆞ회합을ᄆᆡ양쥬셕ᄒᆞ야인도ᄒᆞᆯ지니이회합의셩질은범ᄇᆡᆨ회무를통두히알고져ᄒᆞᆷ이니ᄉᆞ소ᄒᆞᆫ일ᄭᆞ지라도회록에소상히등ᄌᆡᄒᆞ며이런회합은젹어도ᄆᆡ월일ᄎᆞ식ᄀᆡ회ᄒᆞ며혹엇던회에서는ᄆᆡ쥬동안ᄒᆞᆫ번식모히기도ᄒᆞᄂᆞ니라

(八됴)임원회합을쥬셕ᄒᆞ야인도ᄒᆞᆯ지니이회합의쥬의인즉모든긴요ᄒᆞᆫ문제를의론ᄒᆞ며실시ᄒᆞᆯ일을의졍ᄒᆞ며각위원부의ᄉᆞ무를일ᄆᆡ지게졀뎡ᄒᆞ려ᄒᆞᆷ이니각위원장과위원이다참례ᄒᆞᆷ이맛당ᄒᆞ며다른학ᄉᆡᆼ은츌셕ᄒᆞᆷ이불가ᄒᆞ고통샹회합은ᄆᆡᄉᆡ학긔시작ᄒᆞᆯᄯᅢ에열거시오간혹특별회합도열필요가잇슬거시며혹다파로모히기로ᄒᆞ며혹져녁을ᄒᆞᆷᄭᅴ모혀먹고파ᄒᆞᆫ후에곳ᄀᆡ회ᄒᆞ기도ᄒᆞ며ᄀᆡ회ᄒᆞ기젼에회장이슌셔를만들엇다가그슌셔를ᄉᆡᆨ쥰ᄒᆡᆼᄒᆞᆷ이가ᄒᆞ며시간은평균히분ᄇᆡᄒᆞ야각위원부에ᄇᆡ졍ᄒᆞ고ᄆᆡ위원부일을그ᄇᆡ졍ᄒᆞᆫ시간안에다의론ᄒᆞ도록힘써긔어히쥰ᄒᆡᆼᄒᆞ며보통관계되는일도ᄯᅩᄒᆞᆫ의론ᄒᆞᆯ지니이런회합의시간이젹어도두시가량은가져야될거시오회장이셔ᄉᆞ건

을미양긔회돌타셔제츌ᄒᆞᆯ거시오혹고명ᄒᆞᆫ손님이잇슬ᄯᅢ에는청ᄒᆞ야간단ᄒᆞᆫ말로연셜들식히며혹일의론ᄒᆞ는ᄃᆡ도々읍게ᄒᆞᆯ거시오여러간단ᄒᆞᆫ긔도로폐회ᄒᆞᆯ지니이런회합이안이면그회의모든일을일졍ᄒᆞ게셩취ᄒᆞ기어렵도다

(九됴)모든의ᄉᆞ회합과특별ᄒᆞᆫ회합에다쥬셕ᄒᆞ야인도ᄒᆞᆯ지니장졍과셰칙을다ᄌᆞ세히익혀알어야ᄒᆞᆯ거시오각위원부회합에쥬셕ᄒᆞ는위원장이혹미회폐회ᄅᆞᆯ시간ᄃᆡ로ᄒᆞ는가혹장졍을미리만들어가지고장졍시힝ᄒᆞ기ᄅᆞᆯ위ᄒᆞ야일에손해됨이잇는가혹춍찰ᄒᆞ는이가명령젹으로힝ᄒᆞ는거시만흔가이여러가지를다ᄉᆞᆲ힐거시며

(十됴)이회에ᄃᆡᄒᆞ야교장과각강ᄉᆞ와그ᄃᆡ방에잇는각교회목ᄉᆞ들의동졍을엇을거시니회즁에됴흔셩젹을들어셔간々알게ᄒᆞ며ᄆᆡ양긴요ᄒᆞᆫᄉᆞ건이잇슬ᄯᅢ에는일뎨로춤섭ᄒᆞ게ᄒᆞᆯ지니라

(十一됴)하령회에파송ᄒᆞᆯ위원ᄃᆡᄅᆞᆯ조직ᄒᆞ며ᄌᆞ긔가친히위원ᄃᆡᄅᆞᆯ인도ᄒᆞᆷ이가ᄒᆞ도다엇던회장은혹말ᄒᆞ기를ᄌᆞ긔는긔왕에하령회ᄅᆞᆯ몃번보앗스니다시갈필요가업고다른사ᄅᆞᆷ을ᄃᆡ신보내는거시올타ᄒᆞ는이도잇스나하령회가ᄒᆡ마다조흔ᄉᆞ건만의론ᄒᆞ는

거시안인즉셔로뎡ᄒᆞᄂᆞᆫ방침과 규모ᄅᆞᆯ알지못ᄒᆞ면회무ᄅᆞᆯ완젼히힝ᄒᆞ기도어렵고겸ᄒᆞ야회장은참셕ᄒᆞ여조흔의론과목뎍을알어가지고와셔엇더케ᄒᆞᄂᆞᆫ거슬아ᄂᆞᆫᄃᆡ회장이알지못ᄒᆞ면의남복종ᄒᆞᆷ을엇기어려운지라맛당히ᄒᆡ마다참례ᄒᆞ야여러인도자들이모혀경력과졍칙을토론ᄒᆞᄂᆞᆫ좌셕에셔신션ᄒᆞᆫᄉᆞ샹과관렴을엇어가지고오면한량업ᄂᆞᆫ도음이되리로다

(十二됴)다른학교와련합ᄒᆞ야ᄒᆞᄂᆞᆫ모든일에극력ᄒᆞ야련락ᄒᆞ라대져ᄒᆞᆫ학교의쳥년회ᄂᆞᆫ셰계학ᄉᆡᆼ계공동ᄒᆞᆫᄉᆞ업의원소되ᄂᆞᆫᄒᆞᆫ부분인즉그젼톄샹공동ᄒᆞᆫ관계ᄅᆞᆯ도라보아야큰목젹도달ᄒᆞᆯ슈잇슬거시오겸ᄒᆞ여다른회나ᄂᆞᆷ의나라에셔엇더케ᄒᆞ여셔잘되여가ᄂᆞᆫ거슬보고비화다가비교ᄎᆡ용ᄒᆞ자ᄂᆞᆫ거시만국의동힝경졍ᄒᆞᄂᆞᆫ본의라이럼으로회장이맛당히만국학ᄉᆡᆼ부총무와문ᄌᆞ샹교셥이라도ᄒᆞ여밧게셔무슴일이되여가ᄂᆞᆫ지도알며하령회나기타다른큰공회에도참례ᄒᆞᆯ지니라

(十三됴)ᄆᆡ셔학년에신입학ᄉᆡᆼ들ᄂᆞᆯ위ᄒᆞ야힝ᄒᆞᄂᆞᆫ모든종교샹일에젼력ᄒᆞ야찬조ᄒᆞᆯ지니라

(十四됴)갈녀갈ᄯᅢ에소상히셩문ᄒᆞᆫ보고ᄅᆞᆯ만들어셔회장에게맛길지니그보고에긔록ᄒᆞᆯ바ᄂᆞᆫ일년각위원부와ᄯᅩᄒᆞᆫ그회젼톄에셔셩취ᄒᆞᆫ일을간단히적어셔확실ᄒᆞᆫ표적을알게ᄒᆞ며그회의현금졍형이엇더ᄒᆞᆷ과이다음에맛당히ᄒᆞᆯ일이무어신거슬ᄯᅩᄒᆞᆫ말ᄒᆞᆯ지니이보고ᄂᆞᆫ간혹발간ᄒᆞ야일후에샹고ᄒᆞ게ᄒᆞᄂᆞ니라

(十五됴)회장의ᄆᆡ우긴졀ᄒᆞᆫ직칙은ᄌᆞ긔ᄅᆞᆯ계속ᄒᆞ야회장될사ᄅᆞᆷ의ᄌᆞ격을비양ᄒᆞᄂᆞᆫᄃᆡ잇ᄉᆞ니셔회장션거ᄒᆞ기젼에그회원즁명망잇ᄂᆞᆫ쟈ᄅᆞᆯᄉᆞᆸ혀간々히일을맛겨그품격을시험도ᄒᆞ여보며회원들도ᄒᆞ여금각인의경력을보아회장션거ᄒᆞᆯᄯᅢ에아모됴록합당ᄒᆞᆫ사ᄅᆞᆷ이피션ᄒᆞ게ᄒᆞᆯ지라그러나이런회에ᄆᆡ우조심ᄒᆞ여공평되게ᄒᆞᆯ거시며급기회장을션거ᄒᆞᆫ후에ᄂᆞᆫ신임회장에게그회즁범ᄇᆡᆨᄉᆞ무와긴요ᄒᆞᆫ문제와난쳐ᄒᆞᆫᄉᆞ정과셩취될만ᄒᆞᆫ모든거슬다소상히알녀줄지니이러케ᄒᆞᆷ으로써ᄌᆞ긔가회장으로잇슬ᄯᅢ에나갈닌후에나전졍으로도아셔ᄌᆞ긔의뒤에오ᄂᆞᆫ회장의셩적이도로혀ᄌᆞ긔의셩적보다낫게되기ᄅᆞᆯᄇᆞ랄지니라

(十六됴)회장이항상잇지안이ᄒᆞᆯ거슨ᄌᆞ긔가여러쳥년남군을양셩ᄒᆞᄂᆞᆫ지위에잇ᄂᆞᆫ거시

라학교안에셔종교상긴요ᄒᆞᆫᄉᆞ업을ᄒᆞᆷᄭᅴ찬죠ᄒᆞ려ᄒᆞᄂᆞᆫ동지쟈들ᄂᆞᆯ인도ᄒᆞᄂᆞᆫᄃᆡ위에잇스니이런일보ᄂᆞᆫ거슬다만학교안에잇슬젹에일년동안을죵ᄉᆞᄒᆞ려ᄂᆞᆫ거스로만볼거시안이라여긔셔달년ᄒᆞ여가지고일후평ᄉᆡᆼ을이런ᄉᆞ업에일군되게만드ᄂᆞᆫ거시또ᄒᆞᆫ이긔회에얼마달녓스니이런긔회를이용ᄒᆞ야만흔일군을만들어ᄂᆡ기로ᄒᆞᆼ상힘쓸지니라

(十七됴)뎨일쥬의ᄒᆞᆯ거ᄉᆞᆫ회쟝이ᄌᆞ긔의ᄒᆞᄂᆞᆫ바ᄉᆞ업이더욱더욱확쟝되며ᄌᆞ긔의셩적이오ᄅᆡ도록밋쳐가기를도모ᄒᆞᆯ지니그셩취ᄒᆞᄂᆞᆫ바ᄉᆞ업의긔효가엇더ᄒᆞᆫ거슬문져ᄉᆞᆲ혀야ᄒᆞ리로다(고린도전셔三十)

(뎨四)회장의ᄉᆞ무슌슌셔표

아ᄅᆡ긔록ᄒᆞᄂᆞᆫ일년ᄂᆡ회장의슌셔표ᄂᆞᆫ미국만국청년회총무와각관립ᄃᆡ학교청년회총무들이합동ᄒᆞ야만들고각학ᄉᆡᆼ청년회장으로유명ᄒᆞᆫ이들이동졍을표ᄒᆞ야뎡ᄒᆞᆫ거시니각회에동ᄒᆡᆼᄒᆞᆷ이무방ᄒᆞᆯ터이나각々당ᄒᆞᆫ쳐지에보아혹곳치기라도ᄒᆞ며혹더ᄂᆞᆯ이기라도ᄒᆞᆷ은

당ᄒᆞᆫ자의취편ᄒᆞ야힝ᄒᆞᆯ바이니라

첫지　회장이시무ᄒᆞ기젼에ᄒᆞᆯ일

二월붓터·　三월ᄭᆞ지

(一)임원선뎡ᄒᆞᆷ

(二)갈닌회쟝과의론ᄒᆞᆷ

(三)지나간회에회쟝공회에셔ᄒᆞᆫ일을조사ᄒᆞᆷ

(四)각위원부임원ᄐᆡᆨ뎡ᄒᆞ기위ᄒᆞ야회즁ᄉᆞ무와형편을조ᄉᆞᄒᆞᆷ

(五)각위원장을ᄐᆡᆨ뎡ᄒᆞ고그위원쟝들과ᄒᆞᆸ동ᄒᆞ야위원을뎡ᄒᆞᆯ일로의론ᄒᆞᆷ

四　월

(一)각위원을뎡ᄒᆞ고그셩명과직임을반포ᄒᆞᆷ

(二)회장에공회에참례ᄒᆞᆷ

(三)임원회합으로ᄆᆡ회ᄒᆞ고셔졍략과각위원부칙임을뎡ᄒᆞᆷ

(四)모든위원ᄃᆡ를조직ᄒᆞᆷ과슌셔를질뎡ᄒᆞ기에각위원장과 합동ᄒᆞᆷ

(五)의ᄉᆞ회합을긔ᄒᆞ고예산을마련홈

五 月

(一)위원을특별히ᄂᆡ며신입학ᄉᆡᆼ계에일을쥬장홈

(二)하긔학교에서일ᄒᆞᆯ위원들을뎡ᄒᆞ고 그 위원들과 합동ᄒᆞ야 ᄉᆞ무를확장ᄒᆞ도록힘쓸지
니이거시일년ᄂᆡ에ᄒᆡᆼᄒᆞᆯ모든일에긴요ᄒᆞᆫ고동이니라

(三)의ᄉᆞ회합을열고신입학ᄉᆡᆼ계에일ᄒᆞᆯ위원부와합동ᄒᆞ야 엇자ᄒᆞ면공효가만ᄒᆞᆯ것과 오
ᄂᆞᆫ하긔학교에서엇지ᄒᆞ면잘될거슬다의론홈

六 月

(一)모든임원들을권ᄒᆞ야ᄉᆡ학긔에ᄀᆡ학ᄒᆞ기젼에미리와서 신입학ᄉᆡᆼ들을위ᄒᆞ야 일ᄒᆞᄂᆞᆫ
ᄃᆡ도읍게홈

(二)학ᄉᆡᆼ청년회의긔렴

하긔방학

(一)하긔학교에ᄃᆡ표위원을인도홈

(二)신입학ᄉᆡᆼ부위원과 각위원부쟝과 하긔학교ᄃᆡ표자들로 교셥ᄒᆞᆷ

(三)회쟝공회와 하긔학교에셔 필긔ᄒᆞᆫ거슬 조ᄉᆞᄒᆞᆷ

(四)심령상특별쥰비ᄒᆞᆷ

(五)여관과 긔숙사졍형을 상고ᄒᆞ야 열명ᄒᆞ야 노코 신입학ᄉᆡᆼ들로ᄒᆞ여금 보게ᄒᆞᆷ

(六)ᄀᆡ학ᄒᆞ기 몃칠젼긔ᄒᆞ야 모든임원을 다 모하가지고 신입학ᄉᆡᆼ위ᄒᆞ야 ᄒᆞᆯ일을 쥰비ᄒᆞᆷ

ᄀᆡ학ᄒᆞᄂᆞᆫ 첫달동안

첫쥬일동안

(一)신입학ᄉᆡᆼ을 위ᄒᆞ야 ᄒᆡᆼᄒᆞᆯ일의 쥰비

(二)학ᄉᆡᆼ즁셰례밧은이가 몃치며 엇던교회에 다니며 기타 여러가지 종교샹형편을 조사ᄒᆞᆷ

(三)간친환영ᄒᆞᆷ

(四)밋가작뎡ᄒᆞᆫ 회합이 쳣례ᄇᆡ날에 ᄒᆡᆼᄒᆞᆯ지니 그쳣닐헤동안은 모든임원이 모혀의론ᄒᆞ며 긔도ᄒᆞ고 이일을 ᄒᆡᆼᄒᆞᆯ지니라

둘ᄌᆡ쥬일동안

(一)각학싱을면々히권ᄒᆞ야입회ᄒᆞ게홈

(二)의ᄉᆞ회합을열고모든신입학싱을권ᄒᆞ야위원이되게ᄒᆞ며오ᄂᆞᆫ학긔에ᄃᆡᄒᆞ야ᄒᆡᆼᄒᆞᆯ일을의론홈

(三)위원부에궐난임원이잇스면곳턱뎡ᄒᆞ야치우고셔위원으로ᄒᆞ여금즉시시무ᄒᆞ게홈

(四)셩경공부ᄒᆞᄂᆞᆫ일에ᄃᆡᄒᆞ야임원이모혀의론홈

셋지쥬일동안

(一)셩경반을조직홈

(二)의ᄉᆞ회합을ᄆᆡ홈

(三)지졍을쳥구홈

(四)디방각학싱쳥년회공회에ᄃᆡ표위원을션뎡홈

十一월

(一)긔도쥬일을위ᄒᆞ야준비홈

(二)쳥년을위ᄒᆞ야일쥬간긔도홈 둘지쥬일에ᄒᆡᆼᄒᆞ라

셩탄시방학

(一)령혼상부흥ᄒᆞᆫᄉᆞ적을연구홈

졍월

(一)임원의회홉으로특별히ᄀᆡ인상ᄉᆞ업놀의론홈

(二)의ᄉᆞ회홉을ᄀᆡ홈

(三)학교를위ᄒᆞ야만국긔도ᄒᆞᄂᆞᆫ날을쥰비홈

(四)학교를위ᄒᆞᄂᆞᆫ만국긔도회홉을ᄀᆡ홈

二월과三월

(一)임원공쳔ᄒᆞᄂᆞᆫ위원늘틱뎡홈

(二)임원을션거홈

(三)일년ᄂᆡ에힝ᄒᆞᆫ일을보고에긔록홈

(四)시회장과회동홈

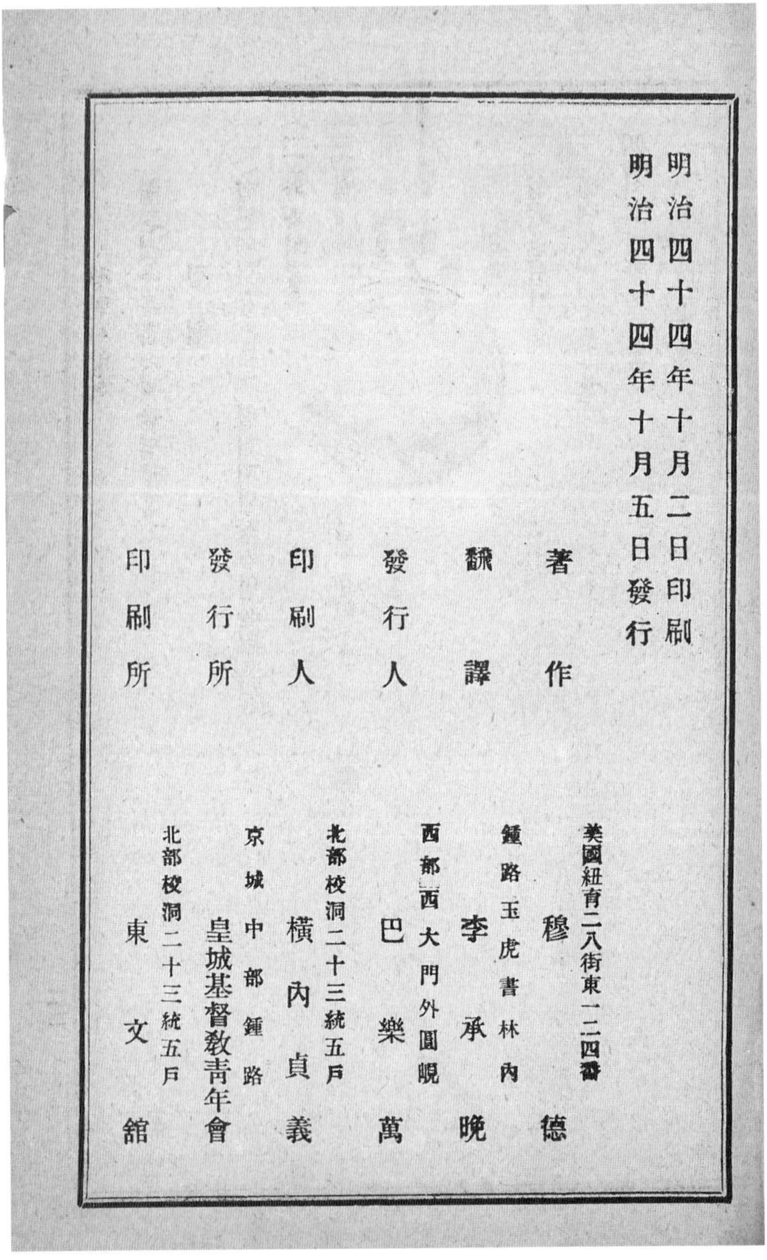

明治四十四年十月二日印刷
明治四十四年十月五日發行

著作 美國紐育二八街東一二四番 穆德
飜譯 鍾路玉虎書林內 李承晚
發行人 西部西大門外圓峴 巴樂萬
印刷人 北部校洞二十三統五戶 橫內貞義
發行所 京城中部鍾路 皇城基督敎靑年會
印刷所 北部校洞二十三統五戶 東文館

193 신입학생 인도

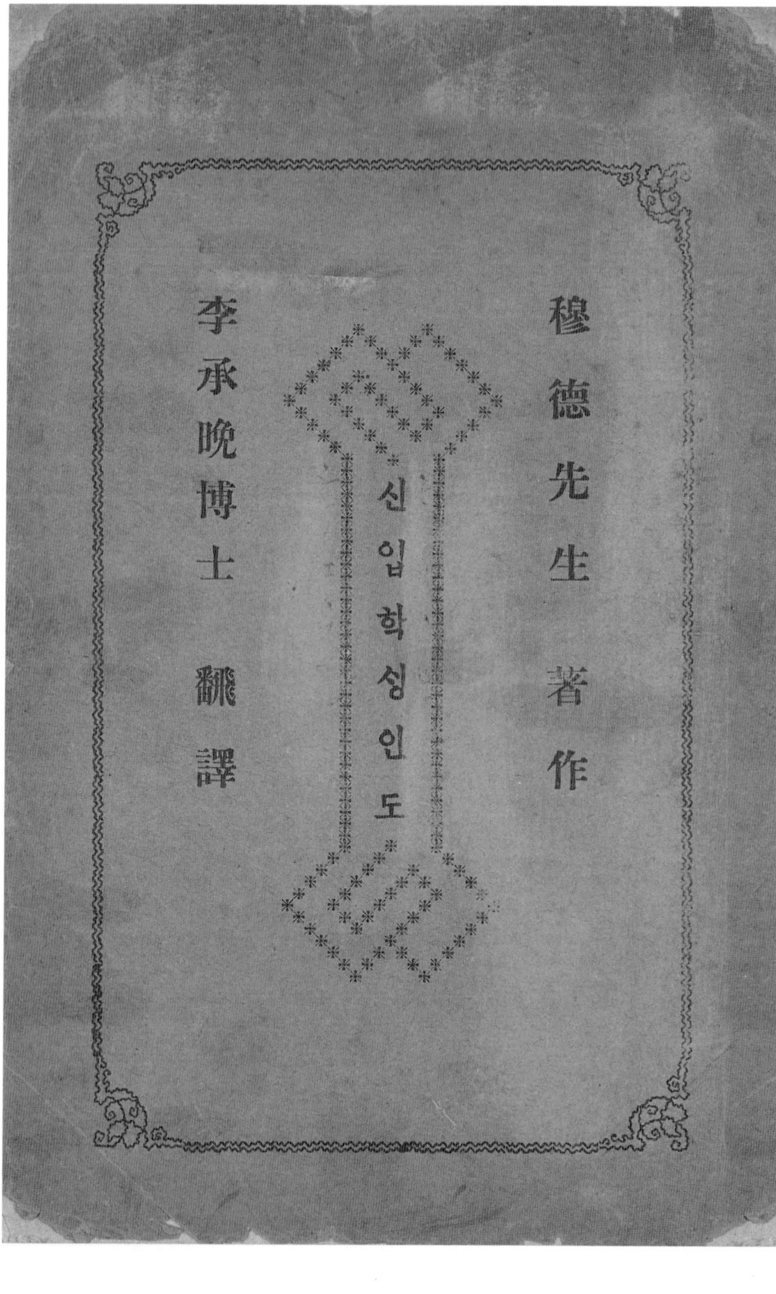

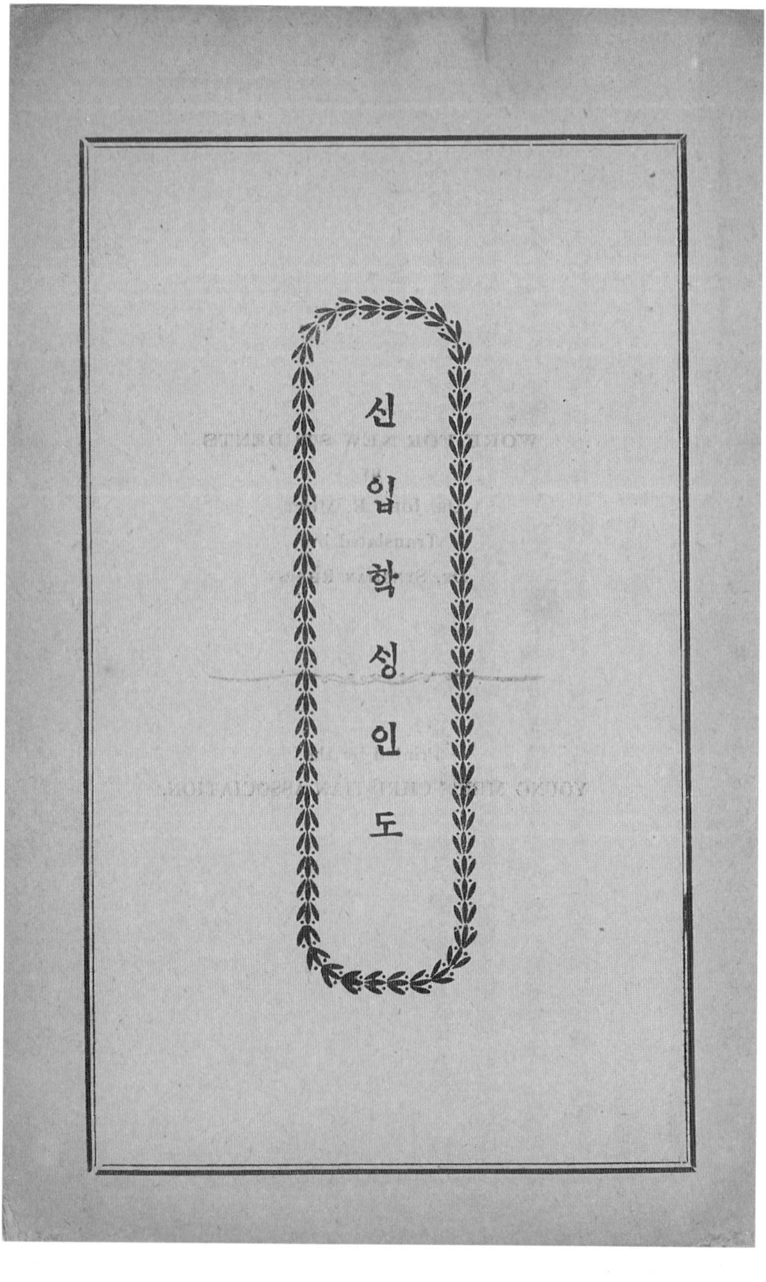
신입학싱인도

WORK FOR NEW STUDENTS

BY

DR. JOHN R. MOTT

Translated by

DR. SYNGMAN RHEE.

Printed by the

YOUNG MEN'S CHRISTIAN ASSOCIATION.

신입학ᄉᆡᆼ인도 셔문

지금 우리나라에 학ᄉᆡᆼ쳥년회가 처음시작되는 때를당ᄒᆞ야 이ᄎᆡᆨ에셔 ᄇᆡ화모본ᄒᆞᆯ거시 ᄆᆡ우만키로 번역ᄒᆞ거니와 혹 우리나라학ᄉᆡᆼ들의 졍형에 합지안을것도 잇스나 다 쎄지안코 번역ᄒᆞᆷ은 일로인연ᄒᆞ야 놈의나라학교 졍형이 엇더ᄒᆞᆫ거슬 대강알게ᄒᆞ며 겸ᄒᆞ여 우리학ᄉᆡᆼ의 졍형도 ᄎᆞᄎᆞ변ᄒᆞ야 일후에 이런거슬 다 모본ᄒᆞᆯ만치 되기를 ᄇᆞ람이로라

번역인 ᄇᆡᆨ

신입학싱인도

신입학싱 인도ᄒᆞᄂᆞᆫ 의무

(一)신입학싱을 위ᄒᆞ야 힝ᄒᆞᆯ일의 목젹과 방침

학싱쳥년회 회원들이 신입학싱을 위ᄒᆞ야 일ᄒᆞᄂᆞᆫ자ᄂᆞᆫ 목젹이 두가지니 쳣지ᄂᆞᆫ 학교에들어오ᄂᆞᆫ 밋ᄂᆞᆫ학싱들로ᄒᆞ여금 조흔회원이되게ᄒᆞ며 그디방에 잇ᄂᆞᆫ회당에 여일히 다니게ᄒᆞ고져ᄒᆞᆷ이오 둘지ᄂᆞᆫ 아직ᄭᆞ지도 완젼ᄒᆞᆫ 교인자격이 되지못ᄒᆞᆫ자들로ᄒᆞ여금 입회ᄒᆞ야 ᄎᆞᄎᆞ예수를 ᄯᆞ르ᄂᆞᆫ자이되게ᄒᆞ기를 위쥬ᄒᆞᆷ이라 이목젹을 젼혀일년급 신입학싱의게 티ᄒᆞ야 힝ᄒᆞ고져ᄒᆞᆷ이나 기외에 혹 이삼년등급으로 처음들어 오ᄂᆞᆫ 학싱들의게도 일톄로 힝ᄒᆞᆷ이 맛당ᄒᆞᆫ지라 ᄒᆞ물며 그즁에 혹엇던학싱은 다른학교에오ᄅᆡ잇셔셔 이런회에 참예ᄒᆞᆯ긔회가 잇셧스되 혹권ᄒᆞᄂᆞᆫ이가 업셔 못ᄒᆞ엿던지 혹다른연고가 잇셔 못ᄒᆞ엿던지 아직도 입회ᄒᆞ지 안은쟈ㅣ잇슬지라 이런학싱들을 힘써권ᄒᆞ며 긔회쥬ᄂᆞᆫ거시 대단긴요ᄒᆞᆫ지라 이 긴요ᄒᆞᆫ일을 ᄒᆞᆼ샹츈츄 두학긔 ᄀᆡ학ᄒᆞᆫ후에

시작ᄒᆞᄂᆞ니 츈긔 경징이라 츄긔경징이라 닐컷ᄂᆞ니라

(二) 신입학ᄉᆡᆼ 인도의 필요

학ᄉᆡᆼ쳥년회에 경력이만흔 인도자들의 말을듯건ᄃᆡ ᄀᆡ학ᄒᆞᆫ후 여러회원이 일심으로 합력ᄒᆞ야 신입학ᄉᆡᆼ들을 인도ᄒᆞᄂᆞᆫ거시 그회의 여러가지 ᄉᆞ업즁에 뎨일긴요ᄒᆞᆫ일이라ᄒᆞᄂᆞᆫ지라 이일이 이러듯 긴요ᄒᆞᆫ거슨 무슴연고이뇨 다름안이라 각학교에 미년 신입ᄒᆞᄂᆞᆫ 학ᄉᆡᆼ슈효를 통계ᄒᆞ면 과연 다슈ᄒᆞᆫ지라 이 다슈ᄒᆞᆫ 쳥년학ᄉᆡᆼ계에 학ᄉᆡᆼ써리 힘써일ᄒᆞ여야될지라 ᄉᆡ 학ᄉᆡᆼ이 긔왕에 입교ᄒᆞ엿ᄂᆞᆫ가 혹 교회에 다녓ᄂᆞᆫ가 쳥년회 회원인가 ᄉᆞᆲ혀 조ᄉᆞᄒᆞ야 종교샹 관계를 ᄭᅳᆫ치지말도록 인도ᄒᆞᆷ이 가ᄒᆞ도다 만일 그러치안이ᄒᆞ면 처음으로 입학ᄒᆞ야 다른길로들어 교회를 아조 져바리기 쉬운지라 산촌에 깁히 잇ᄂᆞᆫ 학교에셔도 이런학ᄉᆡᆼ들을 교회범위안에 버셔나지 안토록ᄒᆞᆷ이 가ᄒᆞ거던 ᄒᆞᆷ물며 번화ᄒᆞᆫ도셩안에 쳐ᄒᆞᆫ학교에셔야 더욱이 조심ᄒᆞᆯ비로다 기외에 혹 교회에 다니지안턴 학ᄉᆡᆼ으로 말ᄒᆞ면 ᄉᆡ학교에 처음으로 들어왓슴ᄯᆡ에 종교샹 관렴을 발ᄒᆞ기쉬운지라 여러 학교에 경력을 증험ᄒᆞ건ᄃᆡ 입학ᄒᆞᆫ후 두쥬일동안에 잘

인도ᄒᆞ는힘을 엇으면 입교ᄒᆞ는 사ᄅᆞᆷ이 다슈ᄒᆞᆯ지라 조금 더 졍돈이되면 여러가지
학교일과 공부에 ᄆᆡ여셔 그ᄆᆞ옴을 도리킬슈 업슬지니 그럼으로 졍돈되기젼에 잘
인도ᄒᆞ야 셩경에일으신바 하ᄂᆞ님의 나라와 하ᄂᆞ님의 의를 몬져차ᄌᆞ라ᄒᆞ신 ᄯᅳᆺ슬
알게ᄒᆞᆯ지라 모든 다른일에 잠심ᄒᆞ기젼에 힘써 인도ᄒᆞᆷ이 가ᄒᆞ도다 근ᄅᆡ에 학ᄉᆡᆼ들
의 몬져 힘쓰는거시 토론이나 혹 다른 문학샹 명예와 운동이며 유희ᄒᆞ는등 모든
일이라 이거시 다 긴치안음은 안이로되 하ᄂᆞ님과 하ᄂᆞ님의 일을ᄒᆡᆼᄒᆞ기에 긴급ᄒᆞᆫ
직분을 몬져 ᄒᆡᆼᄒᆞ여야 올흔지라 입학ᄒᆞ는 처음에 이법을 가라쳐 ᄒᆡᆼᄒᆞ게ᄒᆞ면 왼
학교안에 큰 능력이 될거시오 겸ᄒᆞ여 이런도리를 ᄒᆡᆼᄒᆞ는 학ᄉᆡᆼ은 학식계에나 운
동장에나 흔히 남의뒤에 ᄯᅥ러지지 안는비라 그럼으로 서로 입학ᄒᆞ는 학ᄉᆡᆼ마다 ᄀᆡ
인샹 젼면으로 일너쥬어 사ᄅᆞᆷ의 덕의샹과 령혼샹 발달이 신톄샹과 심셩샹 양육
ᄒᆞ는 관계만치 긴요ᄒᆞᆫ거슬 알게ᄒᆞ리로다 이여러사ᄅᆞᆷ을 인도ᄒᆞ야 예수압흐로 나
오게 ᄒᆞ기는 교회와 청년회에 지나는거시 업는지라 지나간 경력을 샹고ᄒᆞ건ᄃᆡ 입
학ᄒᆞᆫ후 처음몃쥬일동안에 감화력을 밧지못ᄒᆞᆫ자는 그후에 인도ᄒᆞ기가 대단히 어렵

다 ᄒᆞᄂᆞ니 이긔회가 이러ᄐᆞᆺ 긴요ᄒᆞᆫ줄을 알어야ᄒᆞᆯ지라 그러나 엇던학ᄉᆡᆼ은 ᄌᆞ리로 쳥년회에 ᄃᆡᄒᆞ야 무ᄉᆞᆷ 감졍이 잇섯던지 혹 오ᄒᆡᄒᆞᆫ일이 잇기쉬운지라 이런학ᄉᆡᆼ에게ᄂᆞᆫ 힘이 밋치기 어려오면 특별ᄒᆞᆫ 계졔를 엇어 그런이유를 연구ᄒᆞ여 가지고 일변으로 회즁 죠리를 ᄇᆞᆰ히 세울지니 회무를 잘다ᄉᆞ려가ᄂᆞᆫ즁에셔 다만 학ᄉᆡᆼ계에ᄲᅮᆫ안이라 강ᄉᆞ즁에도 됴ᄒᆞᆫ신앙을 엇을거시오 ᄯᅩᄒᆞᆫ 신입학ᄉᆡᆼ을 인도ᄒᆞᄂᆞᆫ 동시에 우등 학ᄉᆡᆼ의게도 그힘이 밋치게ᄒᆞᆯ지니 이ᄂᆞᆫ 각학교에 경험을 상고ᄒᆞ건ᄃᆡ 령혼샹큰 부흥의힘이 ᄒᆞᆼ상 일이년급에셔 시작ᄒᆞ야 삼ᄉᆞ년급에 밋치ᄂᆞᆫ연고ㅣ니라 四

(三) 신입학ᄉᆡᆼ 인도ᄒᆞᆯ단톄를 조직ᄒᆞᆷ

이일의 관계가 이러ᄐᆞᆺ 긴즁ᄒᆞᆷ을 알진ᄃᆡ 이일셩취ᄒᆞᆯ 단톄를 조직ᄒᆞ기에 대단히 조심ᄒᆞᆷ이 맛당ᄒᆞ거니와 이외에 ᄯᅩᄒᆞᆫ 여러가지 관계가잇ᄉᆞ니 첫재ᄂᆞᆫ 이ᄉᆞ업의 뎐톄를 여러가지 부분에 난호어 각부분을 ᄒᆞᆫ사ᄅᆞᆷ이나 혹 ᄒᆞᆫ단톄에 ᄯᅳᆺ어맛겨 셩취ᄒᆞ게ᄒᆞᆯ거시오 둘재ᄂᆞᆫ 각반에 신입ᄒᆞᆫ 여러학ᄉᆡᆼ을 ᄒᆞ나도 ᄲᅡ지지말고 다 인도ᄒᆞ기를 힘쓰자ᄒᆞᆫ즉 여러사ᄅᆞᆷ의 단합ᄒᆞᆫ힘이 안이면 될슈업슬거시오 셋재ᄂᆞᆫ 여러학ᄉᆡᆼ에게 ᄒᆞᆫ

두번식 ᄀᆡ인샹으로 권면ᄒᆞ고 그만바려두면 결실될슈업ᄉᆞᆫ즉 조직ᄒᆞᆫ 단톄가 잇서 여일히 힘을써야 ᄭᅳᆺᄭᅳᆺ치 완젼ᄒᆞᆫ 셩젹을 볼거시오 넷재ᄂᆞᆫ 일년에 ᄒᆞᆫ번식되ᄂᆞᆫ 긴요ᄒᆞᆫ 긔회이니 이ᄯᅢ에 온회에서 일심으로 나서서 ᄒᆞᆫ번 젼력ᄒᆞᆯ바인즉 조직이 완젼ᄒᆞ여야 이능력을 경제ᄒᆞ여 이용ᄒᆞᆯ거시며 다섯재ᄂᆞᆫ 이런긴요ᄒᆞᆫ 긔회를 일치말고 ᄂᆞᆺ기젼에 ᄒᆞᆫ사ᄅᆞᆷ도 ᄲᅡ지지말고 ᄒᆞᆯ슈잇ᄂᆞᆫᄃᆡ로 다 인도ᄒᆞ야 ᄀᆞᆺ치 회원이되쟈ᄒᆞᆫ즉 일을 신속히ᄒᆞ여야 될지니 완젼ᄒᆞᆫ 조직이 안이면 ᄯᅩᄒᆞᆫ 일울슈업ᄂᆞᆫ비라 이샹 몃가지 연고를 인연ᄒᆞ야 단톄조직ᄒᆞᆷ이 긴요ᄒᆞᆷ을 보겟도다 그러나 이런 단톄를 잘조직ᄒᆞ자면 몃가지 쥬의ᄒᆞᆯ일이 잇도다 첫재ᄂᆞᆫ ᄉᆡ학긔 시작ᄒᆞ기젼에 조직을 완젼히 맛칠거시며 둘재ᄂᆞᆫ 회장이 의ᄉᆞ부위원과 회의ᄒᆞᆫ후 ᄯᅡ로 ᄒᆞᆫ위원부를 ᄂᆡ여 이경징에 관ᄒᆞᆫᄉᆞ무를 통히 쥬장ᄒᆞ게ᄒᆞ야 일홈을 신입학ᄉᆡᆼ ᄉᆞ무위원부라 칭ᄒᆞ고 그 위원은 대단히 인격을 ᄐᆡᆨᄒᆞ야 지각과 경력이 잇ᄂᆞᆫ쟈로 위임ᄒᆞ며 얼마후에ᄂᆞᆫ 혹 경력업ᄂᆞᆫ쟈로 츙입ᄒᆞ여도 무방ᄒᆞ며 사ᄅᆞᆷ을 ᄐᆡᆨᄒᆞ기 어려운 경우에ᄂᆞᆫ 임원회에서 쥬장ᄒᆞ여도 무방ᄒᆞ며 그위원 부임원슈효ᄂᆞᆫ 신입학ᄉᆡᆼ이 얼마나될넌지 짐작ᄒᆞ여 뎡ᄒᆞᆯ거

六

시며 회장이 위원부장을 겸임ᄒᆞ는거시 ᄆᆡ우 유익ᄒᆞ며 그위원부 단톄를 뎡ᄒᆞᆫ후에 는 그 단톄를 여러 소부분에 난호어 친졉부와 회원부와 종교부로 일홈ᄒᆞ야 친졉 부는 신입학ᄉᆡᆼ계에 친졉ᄒᆞ는 ᄉᆞ무만 젼임ᄒᆞ게ᄒᆞ며 회원부는 졍거장에셔 영졉ᄒᆞ 기와 ᄉᆡᆼ소ᄒᆞᆫ 학ᄉᆡᆼ들의게 모로는거슬 일너쥬어 인도ᄒᆞ기와 종교상 ᄉᆞ실을 조ᄉᆞᄒᆞ 야 밋고 안이밋는것과 엇던교회에 속ᄒᆞ고 무슴회에 참예ᄒᆞᆷ과 모든이런거슬 상고 ᄒᆞ는 칙임을 젼임ᄒᆞᆯ거시며 종교부는 종교상 모든회합에 관계ᄒᆞᆫ거슬 쥬장ᄒᆞᆯ지니 라

(四) 신입학ᄉᆡᆼ인도ᄒᆞ는 일의 쥰비

학ᄉᆡᆼ들이 토론이나 무슴 다른경ᄌᆡᆼ을 시작ᄒᆞᆯᄯᆡ에 ᄒᆞᆼ샹 쥰비를 몬져ᄒᆞᄂᆞ니 이 신입 학ᄉᆡᆼ인도ᄒᆞ는 경ᄌᆡᆼ에 더욱이 쥰비가업시 시작ᄒᆞ여 가지고 죠ᄒᆞᆫ결과보기를 ᄇᆞ랄 슈업는지라 이 경ᄌᆡᆼ 시작ᄒᆞᆯᄯᆡ에 쥰비ᄒᆞᆯ 몃가지 긴요ᄒᆞᆫ조건을 ᄉᆡᆼ각ᄒᆞᆷ이 맛당ᄒᆞ도 다 위션 학ᄉᆡᆼ들의 졍형을 ᄉᆞᆲ힐지니 혹 심심ᄒᆞ여 ᄒᆞ거나 집ᄉᆡᆼ각을 만히ᄒᆞ거나 시 친구 ᄉᆞ괴기를 죠하ᄒᆞ는가 모든 이런형편을 연구ᄒᆞ여가지고 그형편에 긴ᄒᆞᆯᄃᆡ로

방침을 뎡ᄒᆞ야 인도ᄒᆞᆷ이 됴코 ᄯᅩᄒᆞᆫ 학ᄉᆡᆼ들의 가장위ᄐᆡᄒᆞᆷ과 시험밧ᄂᆞᆫ일과 여러가
지 곤란ᄒᆞᆫᄉᆞ졍을 보아셔 도아줄도리를 ᄇᆡ포ᄒᆞᆯ거시오 이런일에 긔왕 됴흔셩젹이
잇ᄂᆞᆫ 다른학교 쳥년회와 교셥ᄒᆞ야 됴흔방법을 ᄇᆡ호기도ᄒᆞ며 ᄆᆡ양 하령회에 ᄃᆡ표
를 만히 보ᄂᆡ기로 힘쓸지니 그런ᄯᆡ에 긔회를 엇어 다른학교 학ᄉᆡᆼ들과 면ᄃᆡᄒᆞ야 문
의ᄒᆞᄂᆞᆫ즁에셔 긴요ᄒᆞᆫ 방법과 고명ᄒᆞᆫ 의ᄉᆞ를 만히ᄇᆡᄒᆞᆯ지라 미국 여러대학교 학
ᄉᆡᆼ쳥년회즁 가장 힘잇ᄂᆞᆫ 회에셔ᄂᆞᆫ 다 하령회에 ᄃᆡ표를 힘써 보ᄂᆡᄂᆞ니 코넬대학
교로만 말ᄒᆞᆯ지라도 ᄇᆡᆨ명이 못되ᄂᆞᆫ 회원으로 일년ᄂᆡ에 삼ᄇᆡᆨ여명회원에 지닌거슨
하령회에 참례ᄒᆞ엿던 ᄃᆡ표 열사ᄅᆞᆷ의 힘으로 된거시라 하령회에 참례ᄒᆞᄂᆞᆫ 관계가
이러ᄒᆞ며 ᄯᅩᄒᆞᆫ ᄆᆡ학년종에 특별히 ᄀᆡ회ᄒᆞ고 ᄉᆡ학긔에 신입회원 만키를위ᄒᆞ야 간
단ᄒᆞᆫ 말로 의론ᄒᆞ고 각학ᄉᆡᆼ들로ᄒᆞ야금 이일에 긔도ᄒᆞ기와 사ᄅᆞᆷ인도ᄒᆞ기로 찬셩
ᄒᆞ기를 권ᄒᆞᆫ후 특별히 몃분동안을 긔도ᄒᆞ고 폐회ᄒᆞ며 회쟝이 각회원들을 ᄀᆡ인샹
으로 권ᄒᆞ야 방학ᄒᆞᆯ동안에 각각 이일을 힘써 도옵겟다ᄂᆞᆫ 말로 언약을 밧을거시오
ᄯᅩᄒᆞᆫ ᄀᆡ학임시ᄒᆞ야 각각 편지로 권ᄒᆞ야 다른학ᄉᆡᆼ들보다 좀 일즉이와셔 신입학ᄉᆡᆼ

인도ᄒᆞ기에 힘쓰기를 청구ᄒᆞᆯ지니라

(五) 신입학ᄉᆡᆼ 인도ᄒᆞᄂᆞᆫ일의 방법

이 방법몃가지ᄂᆞᆫ ᄒᆞᆫ두사ᄅᆞᆷ의 ᄉᆡᆼ각으로 ᄂᆡᆫ거시안이오 다 여러 학교에서 지ᄂᆡᆫ경력을 연구ᄒᆞ야 긔록ᄒᆞᆷ인즉 엇던회에서 이 여러가지를 다 모본ᄒᆞ라ᄂᆞᆫ거시 안이라 각각 그형편에 합당ᄒᆞᆫᄃᆡ로 참용ᄒᆞᆯ비로다

(一) 학ᄉᆡᆼ들이 학교에 오기젼에 회에서 쥰비ᄒᆞᆯ것

첫ᄌᆡ 슈쳡을 만들어 젼ᄒᆞᆯ지니 이ᄂᆞᆫ 학교마다 쳥년회에서 의례히 ᄒᆞᄂᆞᆫ일이라 이런 슈쳡은 보기에도 얌젼ᄒᆞ고 쥬머니에 넛키도 경쳡ᄒᆞ며 오ᄅᆡ가져도 샹치안토록 만들며 각식 긴요ᄒᆞᆫ거슬 차져보기쉽게 긔록ᄒᆞᆯ거시오 그속에 ᄇᆡᆨ일거슨 여러긴요ᄒᆞᆫ거시니 대강 말ᄒᆞᆯ진ᄃᆡ 학교잇ᄂᆞᆫᄃᆡ방을 그린디도와 학교안도형과 슈쳡에 드ᄂᆞᆫ 여러가지의 목록과 회관이나 혹 학교집의 그림과 신입학ᄉᆡᆼ들의게 츅ᄉᆞᄒᆞᄂᆞᆫ말과 또ᄒᆞᆫ 긴요히 알어야 쓸말 몃마듸와 혹 학교에 특별ᄒᆞᆫ 풍속과 학교안에 엇던집은 엇더케 차져가며 강ᄉᆞ의 ᄉᆞ무소와 학ᄉᆡᆼ들의 조직ᄒᆞᆫ회가 몃가지되ᄂᆞᆫ것과 기외에 여

八

러가지로 관계되는거슬 다 긔록ᄒᆞ야 학싱마다 이 슈쳡을보아 서로알것도만코 오리
가지교 샹고ᄒᆞ기 필요ᄒᆞ게ᄒᆞᆯ거시며 칙빅이는 경비는 흔히 영업샹 광고갑ᄉᆞ로 져
당ᄒᆞ되 광고 빅일ᄯᅵ에 덕의샹에 합당치못ᄒᆞᆫ거슨 돈을 아모리만히 밧을슈가 잇슬
지라도 박이지말거시오 광고건이 원칙에 긔록ᄒᆞᆫ것보다 만하도 됴치안코 원칙
에 긔록ᄒᆞᆯ말과 광고건과ᄒᆞᆷᄭᅴ 셕거발간ᄒᆞ여도 불가ᄒᆞ도다 미학년 방학젼에 특별
히 위원을 뎡ᄒᆞ야 슈쳡 발간ᄒᆞ는일을 젼쟝ᄒᆞ게ᄒᆞᆯ거시며 발간ᄒᆞᆫ후에는 학교쟝정
칙 젼면에 ᄒᆞᆫ권식너셔 누구던지 원ᄒᆞ는쟈는 우표금을 보ᄂᆡ거나 친히오거나 사롬
을 보ᄂᆡ거나ᄒᆞ면 쥬겟노라고 ᄒᆞᆯ거시오 혹 친구반연으로도 논호어주며 위원을 뎡
ᄒᆞ야 널니보ᄂᆡ기도 ᄒᆞᄂᆞ니라

둘ᄌᆡ는 학교에 드러오기를 원ᄒᆞ는 학싱을 알만ᄒᆞᆫ사롬과 교셥ᄒᆞᆷ이니 각 유년학교
의 교쟝 교사와 각교회 목ᄉᆞ들이며 각청년회 총무와 여러가지 유년회 인도쟈들
의게 윤쳡통신으로 편지를 소샹히 만들어 그청년회의 목젹이 무엇신것과 신입학
싱들의게 여러가지로 도음이 되고져ᄒᆞ는뜻슬 설명ᄒᆞ고 그학교에 들어오고져ᄒᆞ는

학싱이잇거던 셩명과 거쥬를젹어 보니여달나ᄒᆞᆯ지니라 그러나 긴친안이ᄒᆞᆫ 여러가지말로 ᄂᆞᆷ을 괴로히홈은 도로혀 일에방히가될지니 지삼 조심ᄒᆞᄂᆞᆫ거시 가ᄒᆞ며 회쟝의 일홈만 쓸ᄲᅮᆫ안이라 교쟝이나 혹 고명ᄒᆞᆫ교ᄉᆞ의 일홈을쓰ᄂᆞᆫ거시 ᄯᅩᄒᆞᆫ 합당ᄒᆞ니라

셋지ᄂᆞᆫ 학교에 드러오기를 원ᄒᆞᄂᆞᆫ 학싱들의게ᄂᆞᆫ 일톄로 회에셔 환영ᄒᆞᄂᆞᆫ뜻스로 편지를 보닐지니 그편지에ᄂᆞᆫ 학교의 여러가지 됴흔 관계와 청년회에셔 목젹ᄉᆞᆷᄂᆞᆫ 바와 입학ᄒᆞᄂᆞᆫ뒤로 청년회 ᄉᆞ무소로 ᄎᆞ즈면 여러가지로 도음이될일을 말ᄒᆞᆯ지니라

넷지ᄂᆞᆫ 각 유년학교에 위원을 보니여 ᄉᆞᄉᆞ로히 심방ᄒᆞᆯ지니 혹 ᄒᆞᆫ사ᄅᆞᆷ만 보니도 가ᄒᆞ고 혹 이삼인을 합동ᄒᆞ야 보니도가ᄒᆞ니라 그학교 쥬쟝되ᄂᆞᆫ이와 미리 교셥ᄒᆞ야 엇던시간에오면 긔회를엇어 학싱들의게 말ᄒᆞᆯ계졔가 잇겟다ᄂᆞᆫ 허락을 밧은후에 명망잇ᄂᆞᆫ쟈를 보니여 청년회에셔 ᄒᆞᄂᆞᆫ일이 무어신것과 즁학교나 대학교에 들어가ᄂᆞᆫ쟈이 이회와 합동ᄒᆞᄂᆞᆫ 리익이 엇더ᄒᆞᆫ거슬 셜명ᄒᆞᆫ후에 졸업ᄒᆞᄂᆞᆫ 학싱들과 특별히 ᄯᅡ로맛나셔 ᄀᆡ인샹으로 의론ᄒᆞ며 각인의 일홈과 졸업후 엇던 고등학교에

들어가고져ᄒᆞᆷ과 각인의 반ᄃᆡ를 다엇어 젹을거시며 이위원들은 엇던학교를 ᄃᆡ표ᄒᆞᆫ줄로 알지말고 모든학교의 공동히 관계되는 학ᄉᆡᆼ계 청년회 ᄉᆞ업으로 ᄃᆡ표ᄒᆞᆷ이 가ᄒᆞ며 엇던학교에 편지를 엇어가기를 원ᄒᆞᆫ다는 학ᄉᆡᆼ들을 젹어셔 각각 그학교로 보니여 쥬는것도 무방ᄒᆞ며 이런심방ᄒᆞᆯᄯᅢ에 그학교에 엇던교ᄉᆞ이던지 맛나셔 담화ᄒᆞ고 피ᄎᆞ 교셥ᄒᆞᆯ길을 열어 놋는거시됴흐니라

다섯ᄌᆡ는 각 회원들로ᄒᆞ여금 방학동안에 긔회를 엇을슈잇는ᄃᆡ로 각 회당이나 학교에셔 학ᄉᆡᆼ청년회의 긴요ᄒᆞᆷ과 그회에 입참ᄒᆞ야 엇을리익이며 여러가지 관계를 말ᄒᆞ야 ᄂᆞᆷ의게 알닐지니 이러케ᄒᆞᆷ으로 됴흔 신입학ᄉᆡᆼ들을 만히 인도ᄒᆞᆯ슈잇ᄂᆞ니라

이샹 몃가지 조건은 학교졍형을ᄯᅡ라 혹 ᄎᆡ용ᄒᆞ기에 합당ᄒᆞᆫ것도 잇겟고 혹합당치못ᄒᆞᆫ것도 잇슬터이나 대져 무슴방법을 쓰던지 신입ᄒᆞ는 학ᄉᆡᆼ들로 ᄒᆞ여금 청년회에셔 ᄒᆞ는일의 실샹 리익됨을 ᄭᆡ닷고 됴흔동졍을 가지고 드러오도록 ᄒᆞᆷ이 맛당ᄒᆞ도다 그런즉 종교샹 됴흔관렴을 입학ᄒᆞ기젼브터 가지게ᄒᆞ는거시

二

이 쳥년회에셔 담보ᄒᆞᆯ일이로다

(二) 학ᄉᆡᆼ들이 학교에 이른후에 졉졔ᄒᆞᄂᆞᆫ방법

첫지는 학ᄉᆡᆼ이 먼뎌셔 도착ᄒᆞᄂᆞᆫ디로 영졉ᄒᆞᆯ지니 특별히 부위원이 잇서셔 졍거장에나가 학ᄉᆡᆼ들이 오ᄂᆞᆫ디로 마져들이게ᄒᆞᆷ이 가ᄒᆞ도다 엇던 학ᄉᆡᆼ쳥년회에셔ᄂᆞᆫ 이일이 별로즁대ᄒᆞᆫ줄을 ᄭᆡ닷지못ᄒᆞ고 아모런 학ᄉᆡᆼ이나 대표로보ᄂᆡ여 신입학ᄉᆡᆼ을 영졉ᄒᆞ게ᄒᆞᄂᆞ니 이ᄂᆞᆫ 과연실슈라 대져 처음으로 들어오ᄂᆞᆫ 학ᄉᆡᆼ들이 흔히 쳥년회에 유죠ᄒᆞᆫ일군이 되ᄂᆞᆫ법인디 이런학ᄉᆡᆼ을 영졉ᄒᆞ러 가ᄂᆞᆫ쟈의 위인이 부족ᄒᆞᆯ것ᄀᆞᆺᄒᆞ면 처음보ᄂᆞᆫ쟈이 그회의 젼례를 ᄯᅩᄒᆞᆫ 부족히녁이기 쉬으니 별로히 사ᄅᆞᆷ을 ᄐᆡᆨᄒᆞ야 이직칙을 맛기ᄂᆞᆫ거시 가ᄒᆞ도다 ᄀᆡ학ᄒᆞᆯ임시ᄒᆞ야 이부위원이 졍거장에 나가셔 긔차마다 맛나ᄂᆞᆫ거시 필요ᄒᆞ니 카드를 만들어 간단히 글을박아 위원의직칙과 회의 목젹을 셜명ᄒᆞ여 가졋다가 ᄉᆡ학ᄉᆡᆼ을 맛나ᄂᆞᆫ디로 ᄒᆞᆫ쟝식 쥬어보게ᄒᆞ며 혹 슈디와 ᄒᆡᆼ장 졔구를 밧아들이기도ᄒᆞ며 모든 뭇고져ᄒᆞᄂᆞᆫ말은 아ᄂᆞᆫ디로 일너쥬며 기외에 여러가지로 도아쥬며 졉화ᄒᆞᆷ으로 그회를 이용ᄒᆞ야 친근히ᄒᆞᆯ지니라

둘재는 응답소를 셜시ᄒᆞᆯ지니 학교안에 ᄒᆞᆫ곳슬 뎡ᄒᆞ고 임원을두어 ᄀᆡ학ᄒᆞᆫ후로 곳 시무ᄒᆞ게ᄒᆞ며 학교안과 학교잇ᄂᆞᆫ 디방에 모든일을 쇼샹히 아ᄂᆞᆫ자로 ᄒᆞᆼ샹 그곳에 잇서셔 학교일이 다 졍돈되기ᄭᆞ지 열어두어 누구던지 와셔 모든일을 뭇ᄂᆞᆫᄃᆡ로 ᄃᆡ답ᄒᆞ야 알녀쥬ᄂᆞᆫ거시라 학ᄉᆡᆼ들의 긴요ᄒᆞᆫ 물품을 살곳슨 어ᄃᆡ며 긔숙사와 여관과 음식파ᄂᆞᆫ집은 다 어ᄃᆡ인ᄃᆡ 엇던곳슨 슉식비가 얼마이요 어ᄃᆡ는 엇더ᄒᆞᆫ사ᄅᆞᆷ이 잇ᄂᆞᆫ것과 모든 긴요ᄒᆞᆫ거슬 긔록ᄒᆞ야 찻기쉽게 ᄆᆡᆫ들어 노앗다가 뭇ᄂᆞᆫᄃᆡ로 차져알녀쥬ᄂᆞᆫ거시 필요ᄒᆞᆫᄃᆡ 아모죠록 소샹ᄒᆞ고 조리잇게 긔록ᄒᆞᆯ거시며 슉식ᄒᆞᄂᆞᆫ 쳐소인즉 ᄌᆞᆯ미ᄉᆞᄂᆞᆫ 졈잔은 사ᄅᆞᆷ의 집을 ᄐᆡᆨᄒᆞ여 지시ᄒᆞᄂᆞᆫ거시 맛당ᄒᆞ도다

응답소에 적어도 두사ᄅᆞᆷ이 잇서야 번차례로 갈녀들어 일을볼거시며 긔숙사와 셰주ᄂᆞᆫ방을 소샹히 긔록ᄒᆞ여 카드에젹어 호슈와 갑과 여러가지를 써노엇다가 누구던지와서 거쳐ᄒᆞᆯ곳을 구ᄒᆞ거던 그카드를 보아 상당ᄒᆞᆫᄃᆡ로 뎡ᄒᆞ게ᄒᆞ고 혹 그도셩이나 그학교잇ᄂᆞᆫ 쳐소의 디도를그려 벽에걸어 사ᄅᆞᆷ마다 보기에 편리케ᄒᆞ며 혹엇던 학교에서는 그학교디도를 그려 걸기도ᄒᆞᄂᆞ니 이는 ᄒᆞᆫ학교에 속ᄒᆞᆫ집이 원근에 여

러ᄒᆞᆫ고로 디도를 보아 찻기에 편리케ᄒᆞᆷ이오 혹 슈첩을 박혀 학교에 관계ᄒᆞᆫ 긴요ᄒᆞᆫ소문과 학교안 일년ᄂᆡ 대강 슌서를 올녀셔 ᄒᆞᆫ권식 논호어 주기도ᄒᆞ며 혹 우톄국과 운슈회사를 임시로 셜시ᄒᆞ야 두로편리ᄒᆞ게ᄒᆞ며 신문과 잡지를 늘어노아 보기편리케ᄒᆞᆯ거시니 이모든거시 다 신입학ᄉᆡᆼ을 도옵게ᄒᆞ기로 쥬장ᄒᆞᆷ이라

이런 응답소는 부위원회를 조직ᄒᆞ야 ᄉᆞ무를 쥬장ᄒᆞ게ᄒᆞᆯ거시며 가장 경력도잇고 ᄉᆡᆼ소ᄒᆞᆫ 사ᄅᆞᆷ과 응졉ᄒᆞ기에 연습ᄒᆞᆫ 학ᄉᆡᆼ으로 위원을 뎡ᄒᆞ며 혹교ᄉᆞ들의 신앙을엇ᄂᆞᆫ 학ᄉᆡᆼ으로 직분을 맛겨 입학졀차와 과정시간 분비ᄒᆞ기와 시험보기에 엇지ᄒᆞᆯ모든일에 권면ᄒᆞ며 인도ᄒᆞᆯ지니 이런일을 맛ᄂᆞᆫ쟈를 가장 신즁히ᄐᆡᆨᄒᆞ야 졍의상과 령혼상으로 사ᄅᆞᆷ의 ᄆᆞ음을 엇어셔 ᄀᆡ학ᄒᆞᆯ시초에 이런됴ᄒᆞᆫ 긔회를 리용ᄒᆞ야 사ᄅᆞᆷ을 예수ᄭᅴ로 인도ᄒᆞᆯ거시며

셋지ᄂᆞᆫ 고용부를 셜시ᄒᆞᆷ이니 엇던학교에셔ᄂᆞᆫ 이거시 신입학도 인도ᄒᆞ기에 ᄆᆡ우 긴요ᄒᆞᆫ 부분이라 경력잇고 ᄉᆞ리에 ᄒᆡ빅ᄒᆞᆫ 학ᄉᆡᆼ을ᄐᆡᆨᄒᆞ야 특별히 부위원회를 조직ᄒᆞ야 이일을 쥬장ᄒᆞ게ᄒᆞ며 목뎍인즉 그근쳐에셔 고용인이나 심부름군 구ᄒᆞᄂᆞᆫ겻

을 사탐ᄒᆞ야 가졋다가 돈 벌어가며 공부ᄒᆞ려는 학ᄉᆡᆼ이 잇스면 지시ᄒᆞ고져ᄒᆞᆷ이나 이런일은 다만 큰도셩안에서만 ᄒᆡᆼᄒᆞᆯᄲᅮᆫ안이라 조고마ᄒᆞᆫ 촌에잇는 학교에서도 실ᄒᆡᆼᄒᆞ야 효력을 만히보는바로다

넷재는 종교샹졍형을 죠사ᄒᆞᆯ지니 이는 ᄀᆡ학ᄒᆞᆫ후에 곳 ᄒᆡᆼᄒᆞ는것이 필요ᄒᆞ도다 더져 학ᄉᆡᆼ이 처음드러올때에 그사ᄅᆞᆷ의 종교샹 졍도를 보아야 엇더케 졉제ᄒᆞᆯ방법을 알지니 셜령 밋는사ᄅᆞᆷ곳ᄒᆞ면 엇던교회에 쇽ᄒᆞ얏는가 아는것이 여러가지로 유죠ᄒᆞᆷ이 될것이오 혹 회에는 별로유익ᄒᆞᆯ것이 업다ᄒᆞᆯ지라도 이여러가지 아는것이 근방목ᄉᆞ의게도 유익ᄒᆞᆫ지라 겸ᄒᆞ야 엇던학교에서는 교ᄉᆞ들이 이것을 특별히 죠ᄉᆞᄒᆞᄂᆞ니 혹 긔도반에나 강연실에서 일홈을 밧아 카드에 ᄃᆡ답을쓰게ᄒᆞ되 (一) 일홈이 무어시뇨 (二) 엇던교회에 다니기를 원ᄒᆞᄂᆞ뇨 (三) 쳥년회 회원이뇨ᄒᆞ야 이런 문뎨를 ᄃᆡ답ᄒᆞ게ᄒᆞ며 혹 그러치안은 곳에서는 불가불 학ᄉᆡᆼ들이 ᄀᆡ인으로도라단이며 죠ᄉᆞᄒᆞᆯ것이요 미국에 엇던 학교는 학ᄉᆡᆼ이 널니ᄒᆞᆺ허져사는ᄃᆡ 사방으로 일ᄇᆡᆨ영리되는 디방을 뎝혀잇는지라 삼십명 학ᄉᆡᆼ을턱ᄒᆞ야 위원을졍ᄒᆞ고 낫낫치도라

단이며 죠ᄉᆞᄒᆞᆯ시 이십ᄉᆞ시간안에 쇼샹히보고ᄒᆞ얏더라 이외에 여러가지 방편이잇스나 쇼샹히조ᄉᆞᄒᆞ야 분명히 긔록ᄒᆞᄂᆞᆫ거시 필요ᄒᆞ도다

다섯재ᄂᆞᆫ 간친회를 열지니 신학ᄉᆡᆼ을 친목ᄒᆞ야 쳥년회와 갓갑게ᄒᆞ기에 간친회가 ᄆᆡ우 필요ᄒᆞᆫ고로 학ᄉᆡᆼ계에 친목회ᄒᆞᄂᆞᆫ 풍쇽이 ᄒᆡ마다 셩ᄒᆞᄂᆞᆫ지라 이목뎍인즉 신학ᄉᆡᆼ들과 쳥년회사이에 교섭이 친근ᄏᆞ자ᄒᆞᆷ이요 다른 사ᄉᆞ뜻은 업ᄉᆞᆫ즉 회에서 죵교샹회합으로 모히기젼에 여ᄂᆞᆫ것이됴코 혹 신입학ᄉᆡᆼ이 늣게들어와 참셕ᄒᆞ기어려운경우에ᄂᆞᆫ 쇽히ᄀᆡ회ᄒᆞᆯ슈 잇ᄂᆞᆫᄃᆡ로 힝ᄒᆞᄂᆞᆫ것이 무방ᄒᆞ며 만일 쳥년회에 쇽ᄒᆞᆫ집이나 방이잇스면 거긔셔 의례히ᄒᆞᆯ것이어니와 만일 회원이 과히만치안으면 혹교ᄉᆞ의 집이나 찬셩ᄒᆞᄂᆞᆫ 친구의집에서 모혀도 무방ᄒᆞ고 그모힐쳐쇼ᄂᆞᆫ 단졍히 챠려노을것이며 이런 모든일을 부위원회를 죠직ᄒᆞ야 맛게ᄒᆞᆯ지니 엇던학교에서ᄂᆞᆫ 위원회를 여러사ᄅᆞᆷ으로 죠직ᄒᆞ야 특별ᄒᆞᆫ직분을 난호어 맛겨 혹은 쳐쇼를 쥰비ᄒᆞ게ᄒᆞ며 혹은 쳥쳡ᄒᆞ기를 맛흐며 혹은 영졉ᄒᆞᄂᆞᆫ 쇼임을맛흐며 혹은 슌셔만들기를쥬쟝ᄒᆞᆯ지니 특별ᄒᆞᆫ 직분을난호어 맛ᄂᆞᆫ것이 효험이 더욱 죠흔연고라 슌셔만들ᄯᆡ에

쥬의ᄒᆞᆯ거ᄉᆞᆫ 청년회쟝이 몬져두어마ᄃᆡ로 환영ᄒᆞᄂᆞᆫᄯᅳᆺ을 셜명ᄒᆞᆫ후 혹교쟝이나 특별ᄒᆞᆫ 교ᄉᆞ를청ᄒᆞ야 청년회의 관계를 간단히말ᄒᆞ게ᄒᆞ고 혹 운동이ᄂᆞ 토론이ᄂᆞ 여러가지 학교에 ᄌᆞ미로온문뎨로 학ᄉᆡᆼ들을 ᄐᆡᆨᄒᆞ야 말ᄒᆞ게ᄒᆞ며 청년회가 이 여러가지 부분을 다 도읍고져ᄒᆞᄂᆞᆫᄯᅳᆺ을 회장이 간졀히 셜명ᄒᆞᆯ것이며 다만 ᄒᆞᆫ사ᄅᆞᆷ이 십분동안을 넘기지말고 간단히말ᄒᆞ게ᄒᆞ며 그후에ᄂᆞᆫ 모도셕거 혹 안기도ᄒᆞ고 혹 서기도ᄒᆞ야 극히ᄌᆞ미로히 그져녁을지ᄂᆡᆷ으로 ᄉᆡ학ᄉᆡᆼ들이 그간친회를 오ᄅᆡ 긔억ᄒᆞᆯ만치 만들거시며 아모죠록 긔회를 엇어 학교에 여러사ᄅᆞᆷ과 인ᄉᆞᄒᆞ야 다 아도록 힘쓰며 혹 학교노릐와 학교악ᄃᆡ가잇스면 더욱이 질겁게ᄒᆞ기에 됴ᄒᆞ며 ᄒᆞᆯ수잇ᄂᆞᆫᄃᆡ로 다과를 쥰비ᄒᆞᄂᆞᆫ거시 ᄆᆡ우 ᄉᆡᆼ광시러울거시며 파ᄒᆞ야 갈ᄯᅢ에 임원들이 문간에서셔 나오ᄂᆞᆫ 사ᄅᆞᆷ마다 맛나 인ᄉᆞ를 각별히ᄒᆞ며 혹 종교샹 회합이 몃칠안에 잇슬경우에ᄂᆞᆫ 졍답게 청ᄒᆞ야 오도록ᄒᆞ며 그후에 혹 ᄀᆡ인샹으로 심방ᄒᆞ야 담화ᄒᆞᄂᆞᆫ것도 긴요ᄒᆞ니라

여섯ᄶᅢᄂᆞᆫ 여러학ᄉᆡᆼ들이 일심으로 젼력ᄒᆞ야 ᄉᆡ학도들이 입학ᄒᆞᆫ후 몃칠안으로 ᄒᆞ

나도 싸지지말고 예슈씌나오기를작졍ᄒᆞ도록 권ᄒᆞᆯ지니 이거시 쳥년회의 모든일ᄒᆞᄂᆞᆫ즁 뎨일긴요ᄒᆞᆫ일이라 졍거장에 나가영졉ᄒᆞᆷ과 환영회를 여ᄂᆞᆫ것과 기외에 모든일을 힝ᄒᆞᆫ거시 다 그학ᄉᆡᆼ들의 령혼상관계를 위ᄒᆞᆷ이니 실샹인즉 이 ᄒᆞᆫ가지일을 힝ᄒᆞ기 위ᄒᆞ야 쥰비ᄒᆞᆫ거시라 모든결과가 이 일ᄒᆞᆫ가지에 달녓도다 이러ᄐᆞᆺ 즁대ᄒᆞᆫ일을 십분원만히 셩취ᄒᆞ자ᄒᆞᆫ즉 가장 독신ᄒᆞᄂᆞᆫ 학ᄉᆡᆼ들을 ᄐᆡᆨᄒᆞ야 위원회를 조직ᄒᆞ야 쥬장ᄒᆞ게ᄒᆞᆯ거시오 이위원인즉 다른 즁임을 맛ᄒᆞᆫ사ᄅᆞᆷ으로 겸임ᄒᆞ게ᄒᆞ여도 무방ᄒᆞ며 회즁에 다른일이 아모리 긴요ᄒᆞᆯ지라도 이일을 위ᄒᆞ야 다 젼폐ᄒᆞᆷ이 맛당ᄒᆞ도다 진실로 이일맛ᄒᆞᆫ 사ᄅᆞᆷ들이 신학ᄉᆡᆼ들의 령혼상 관계를 즁대히녁여 모든 다른일을 다젼폐ᄒᆞ고 이런조ᄒᆞᆫ 긔회를타셔 열심과 졍셩으로 일ᄒᆞᆯ진ᄃᆡ 이 쳣주일동안에 셩취ᄒᆞᄂᆞᆫ거시 긔학ᄒᆞᆫ후 일이삭동안에 일우ᄂᆞᆫ것보다 더욱 만ᄒᆞᆯ지라 대져 무슴방법을 쓰던지 그학교안에 모든 신입학ᄉᆡᆼ들로ᄒᆞ여금 ᄒᆞ나도 싸지지말고 긔학ᄒᆞᆫ 몃칠안으로 쳥년회에 입회ᄒᆞ도록 권ᄒᆞ며 만일 밋지안ᄂᆞᆫ재 잇스면 혹 공동ᄒᆞᆫ 회셕에셔던지 혹 ᄀᆡ인담화로던지 예슈밋기를 작뎡ᄒᆞᄂᆞᆫ뜻스로 결심ᄒᆞᆷ을 셜명ᄒᆞ도록 잇

글어 인도ᄒᆞᆯ지라 ᄆᆡ우 큰학교에서ᄂᆞᆫ 첫쥬일동안에 모든 학ᄉᆡᆼ을 져져히 잇글슈업
ᄉᆞ나 여러회원들이 일심으로 일ᄒᆞᄂᆞᆫ자리에ᄂᆞᆫ 과연 ᄯᅳᆺ밧게 일을 셩취ᄒᆞᆯ슈 잇도다
처음ᄒᆞᆫ두 쥬일동안에ᄂᆞᆫ ᄆᆡ일에 소불하 반시가량식을 특별히 모혀셔 이일을 의론
도ᄒᆞ며 간절히 긔도도ᄒᆞᆯ지니 이런회합은 구타여 광고ᄒᆞᆯ것업시 ᄀᆡ인으로 쳥ᄒᆞ야
모힐거시며 다만 임원만 모힐거시안이라 모든 밋ᄂᆞᆫ학ᄉᆡᆼ들은 다 참예ᄒᆞ여도 무방
ᄒᆞ니 모히ᄂᆞᆫᄯᅢ마다 시간을 반분ᄒᆞ야 의론ᄒᆞᆷ과 긔도ᄒᆞᆷ으로 쓸거시오
ᄀᆡ학ᄒᆞᆫ후 처음모히ᄂᆞᆫ 죵교샹회합은 반다시 신입학ᄉᆡᆼ들을 위ᄒᆞ야 힝ᄒᆞᆯ지라 이거
ᄉᆞᆫ 작뎡ᄒᆞᄂᆞᆫ 회합이라ᄒᆞᄂᆞ니 이런회합에 흔히 쓰ᄂᆞᆫ 문졔인즉 평ᄉᆡᆼ누구를 셤길거
ᄉᆞᆯ 오ᄂᆞᆯ 쟉뎡ᄒᆞ야 몬져 하ᄂᆞ님의 나라를 차ᄌᆞ라 표쥰될 학ᄉᆡᆼ의 ᄒᆞᆫ단뎨라 (구약댄
이엘일쟝) 혹 그리ᄉᆞ도를 ᄃᆡᄒᆞᆫ관렴이 엇더ᄒᆞ뇨ᄒᆞᄂᆞᆫ 이런 여러가지라 이회합이 그
학교 학ᄉᆡᆼ쳥년회에 뎨일즁대ᄒᆞᆫ 회합이니 뎨일합당ᄒᆞᆫ 사ᄅᆞᆷ을 ᄐᆡᆨᄒᆞ야 쥬쟝ᄒᆞ게 ᄒᆞ
되 말잘ᄒᆞᄂᆞᆫ쟈로 쥬셕ᄒᆞ게ᄒᆞᆷ이 필요가안이오 인도잘ᄒᆞᄂᆞᆫ자로 맛게ᄒᆞᄂᆞᆫ거시 유죠
ᄒᆞ고 ᄯᅩᄒᆞᆫ 예슈를 독실히 밋으며 학ᄉᆡᆼ계에 ᄆᆡ우 츄앙밧ᄂᆞᆫ쟈로 ᄐᆡᆨᄒᆞ야 관곡ᄒᆞᆫ말

로 인도ᄒᆞ게ᄒᆞ며 간혹 교샤즁 교명ᄒᆞᆫ이의 ᄒᆞᆫ두마ᄃᆡ 권면ᄒᆞᄂᆞᆫ말도 ᄆᆡ우유죠ᄒᆞ도 二〇
다 회합ᄒᆞᆯ동안에 시간을 신입학ᄉᆡᆼ으로 ᄒᆞ여금 만히쓰게ᄒᆞ며 긔왕잇던 학ᄉᆡᆼ들은
얼마즘 감안히 잇서셔 ᄉᆡ학ᄉᆡᆼ을 권ᄒᆞ야 젼에 교회안에셔 일ᄒᆞ던 경력을 들어말
ᄒᆞ도록 식히며 몃사ᄅᆞᆷ이 이러케 말ᄒᆞᆫ후에는 ᄯᅩ말ᄒᆞ고 십ᄒᆞᆫ쟈들은 다 일허셔라고
ᄒᆞ야 사ᄅᆞᆷ의 다소를 보아 다만일이분식이라도 긔회를 쥬ᄂᆞᆫ거시 됴코 그후는 밋
지안이ᄒᆞᄂᆞᆫ 학ᄉᆡᆼ들의게 긔회를 쥬어 밋기로 쟉뎡ᄒᆞ게ᄒᆞ며 그형편에 합당ᄒᆞ거던
이젼학ᄉᆡᆼ들의게 일례로 긔회를 쥬어 더욱독실히 밋교 부즈런히 ᄒᆞ기로 쟉뎡ᄒᆞ기
를 권ᄒᆞᆯ거시며 모든 인도ᄒᆞᄂᆞᆫ쟈들은 특별히 쥬목ᄒᆞ야 예슈밋기를 서로쟉뎡ᄒᆞᆫ다
고 설명ᄒᆞᄂᆞᆫ쟈와 혹 설명은 안이ᄒᆞ더ᄅᆡ도 감동ᄒᆞᄂᆞᆫ 빗치잇ᄂᆞᆫ쟈를 눈익여 보아두
엇다가 츄후에 ᄀᆡ인샹으로 면ᄃᆡᄒᆞ야 권ᄒᆞ기를 힘쓸거시며 폐회ᄒᆞ고 나갈ᄯᅢ에 문
간에셔 ᄉᆡ학ᄉᆡᆼ들의게 칙ᄒᆞᆫ권식 쥬ᄂᆞᆫ것도 죠흐니 혹 (晨更) 아츰에 긔도ᄒᆞᄂᆞᆫ 법을
설명ᄒᆞᆫ 칙ᄒᆞᆫ권이나 혹 셩경공부ᄒᆞᄂᆞᆫ 슌서표ᄒᆞᆫ 칙이나 ᄉᆞ경반에 유익ᄒᆞᆫ칙을 ᄒᆞᆫ히
쓰ᄂᆞ니라 폐회ᄒᆞᆫ후에는 ᄀᆡ인으로 흣허져 신입학ᄉᆡᆼ들을 차져다니며 졍셩시러히

일ᄒᆞᆯ지라 이일ᄒᆞᆯ 동안에 긔도로 ᄒᆞᆼ샹 압세여 일ᄒᆞᆯ거시니 이러틋 지셩으로 일ᄒᆞᄂᆞᆫ 결과로 쥬압헤 나오기 쟉뎡ᄒᆞᄂᆞᆫ 학ᄉᆡᆼ이 가쟝 만ᄒᆞ며 여러학교에 역ᄉᆞ를 샹고ᄒᆞ건ᄃᆡ 가장 유력ᄒᆞᆫ 부흥이 만히 이런쟉뎡ᄒᆞᄂᆞᆫ 회합에셔 시쟉ᄒᆞ엿ᄂᆞ니라

(六) 신입학ᄉᆡᆼ을 위ᄒᆞ야 ᄒᆡᆼᄒᆞᆫ 여러ᄉᆞ업을 완젼히 결심되게ᄒᆞᄂᆞᆫ 방침

엇던쳥년회에셔는 쟉뎡ᄒᆞᄂᆞᆫ 회합을 지나면 신입학ᄉᆡᆼ을 위ᄒᆞ야 ᄒᆡᆼᄒᆞᆯ일은 다 필ᄒᆞᆫ줄로 알아더ᄒᆞᆯ거시업ᄂᆞᆫ줄로 녁이ᄂᆞ니 이는 실슈의 ᄉᆡᆼ각이라 실샹인즉 이샹에 모든일이 불과시 큰 ᄉᆞ업의 시쟉ᄲᅮᆫ이니 이뒤를 잘 조쳐ᄒᆞ지못ᄒᆞ면 됴ᄒᆞᆫ결과를 거두기 어려오리로다

회즁에 권입「(勸入)명칭은 무어시라ᄒᆞ던지 학ᄉᆡᆼ을 권ᄒᆞ야 입회ᄒᆞᄂᆞᆫ ᄉᆞ무를 쥬장ᄒᆞᄂᆞᆫ임원」 위원이 잇셔 일뎡ᄒᆞᆫ 규모를 뎡ᄒᆞ여 가지고 여일히 도라다니며 학ᄉᆡᆼ을권ᄒᆞ야 입회ᄒᆞ게ᄒᆞ야 쟈격됴ᄒᆞᆫ 학ᄉᆡᆼ이 ᄒᆞ나이라도 ᄲᅡ지지안토록 쥬션ᄒᆞᆯ거시며 엇던학교에셔는 회원모집ᄒᆞᆯ일을 쟉뎡ᄒᆞᄂᆞᆫ 회합을 맛친뒤로 곳 시쟉ᄒᆞ나 보통으로 말ᄒᆞ면 간친회를ᄒᆞᆫ후에 시쟉ᄒᆞᄂᆞᆫ거시 더욱 유익ᄒᆞ도다 회쟝이 신입학ᄉᆡᆼ즁 가쟝 독

신ᄒᆞᄂᆞᆫ쟈를 ᄉᆞ실ᄒᆞ여 틱ᄒᆞ여다가 권입위원에 붓쳐 각각 쳔분잇ᄂᆞᆫᄃᆡ로 권ᄒᆞ야 입 二三
회케ᄒᆞᆯ거시며 권입위원은 학ᄉᆡᆼ심방ᄒᆞᄂᆞᆫ 시간을 ᄆᆡ일 얼마식뎡ᄒᆞ여노아 그일뎡ᄒᆞᆫ
시간외에ᄂᆞᆫ 더ᄒᆞ거나 들ᄒᆞᄂᆞᆫ 폐단이 업게ᄒᆞᄂᆞᆫ거시 됴흐며 처음 이삼쥬일동안은
ᄌᆞ조 모혀 의론ᄒᆞᄂᆞᆫ거시 필요ᄒᆞ고 종교졍형 조ᄉᆞ표를 시시로 상고ᄒᆞᆷ이 일에ᄆᆡ우
유익ᄒᆞ리로다 그러나 회원모집ᄒᆞᄂᆞᆫ 일을 다만 권입위원에게만 바려둘ᄲᅮᆫ안이라
친졉부위원이나 종교부위원이나 다 일심ᄒᆞ야 시간을 분비ᄒᆞ여 가지고 ᄉᆡ학ᄉᆡᆼ을
심방ᄒᆞ야 입회ᄒᆞ기도 권ᄒᆞ며 밋지안ᄂᆞᆫ이ᄂᆞᆫ 밋기를 권면ᄒᆞᆯ지니 ᄂᆞᆷ을 권면ᄒᆞᆯᄯᆡ에
ᄒᆞᆫ두번ᄒᆞ여 안이듯ᄂᆞᆫ다고 파의ᄒᆞ여 바리지말고 연속히 힘쓰면 아모리 듯지안턴
쟈라도 드러오ᄂᆞᆫ슈가잇고 급기드러오ᄂᆞᆫ날은 가장 반ᄃᆡ 만히ᄒᆞ던이가 흔히 유력ᄒᆞᆫ
일군이되ᄂᆞᆫ 법이라 ᄉᆡ로드러오기로 쟉뎡ᄒᆞᄂᆞᆫ이ᄂᆞᆫ 각각 무ᄉᆞᆷᄉᆞ무를 맛겨 일군이
되게ᄒᆞᄂᆞᆫ거시 가ᄒᆞ니라
동신셔긔가 그 학교근쳐 각례ᄇᆡ당 목ᄉᆞ의게 교셥ᄒᆞ야 학ᄉᆡᆼ즁 종교졍형 조ᄉᆞ표를
보고 쳥년회와 합동ᄒᆞ야 일ᄒᆞ게ᄒᆞ며 또ᄒᆞᆫ 목ᄉᆞ들을 권ᄒᆞ야 특별히 학ᄉᆡᆼ들의게 젼

도도ᄒᆞ며 ᄉᆞᄉᆞ로히 심방도ᄒᆞ게ᄒᆞ며 혹 교회안에 무ᄉᆞᆷ죵교샹 단톄가 잇스면 ᄯᅩᄒᆞᆫ 이일에 합력ᄒᆞ기를 청구ᄒᆞᆯ지니 엇더케 ᄒᆞ던지 그학교안이나 학교잇ᄂᆞᆫ 디방에 여러 죵교샹 셰력을 일톄로 합동ᄒᆞ야 젼력ᄒᆞ면 셩젹이 과연 갑졀이되리로다 ᄉᆞ경(査經) 위원은 맛당히 젼에 다니던 학ᄉᆡᆼ들도 권면ᄒᆞ야 다시 다니게ᄒᆞ기를 힘쓰려니와 ᄉᆡ학ᄉᆡᆼ들을 더욱 간졀히 쳥ᄒᆞ야 학ᄉᆡᆼ쎄리 ᄌᆞ원으로 공부ᄒᆞᄂᆞᆫ ᄉᆞ경반에 입참ᄒᆞ게 ᄒᆞᆯ거시오

션교부(宣敎部)위원들은 ᄂᆡ외국간에 션교ᄒᆞᄂᆞᆫ 일에 쥬의ᄒᆞ기를 권ᄒᆞ야 혹 고명ᄒᆞᆫ 션교ᄉᆞ들의 ᄉᆞ젹과 ᄂᆞᆷ의나라에 션교ᄒᆞᄂᆞᆫ 졍형과 셰계각국에 션교ᄒᆞᄂᆞᆫ ᄉᆞ업에 관계ᄒᆞᆫ ᄎᆡᆨ들을 가지고 공부ᄒᆞᄂᆞᆫ 션교반을 셜시ᄒᆞ야 ᄉᆡ학ᄉᆡᆼ이 다 슈히 참예ᄒᆞ게ᄒᆞᆯ거시오

회쟝이 ᄆᆡ츈긔에 각위원부 임원을 ᄐᆡᆨ뎡ᄒᆞᆯᄯᅢ에 ᄆᆡ위원부에 특별히 ᄒᆞᆫ자리식 ᄂᆡ여노엇다가 츄긔에 ᄉᆡ학ᄉᆡᆼ즁으로 가감ᄒᆞᆫ 사ᄅᆞᆷ을 ᄐᆡᆨ뎡ᄒᆞ야 보츙ᄒᆞ게ᄒᆞ되 그자격을 ᄉᆞᆲ혀 일을 맛길거시니 긔왕에 교회에셔 무ᄉᆞᆷ 경력잇ᄂᆞᆫ것을보면 그인격을 가히알슈

잇슬지니라

모든 회원의 젼톄로말ᄒᆞ면 이것이 학ᄉᆡᆼ계 죵교샹 ᄉᆞ업에뎨일긴요ᄒᆞᆫ 긔회이니 이긔회를 일치말기로 일심ᄒᆞ야 그학교에 령혼샹 부흥이 일어나기를 도모ᄒᆞᆯ진듸 다만 그학교에만 무한ᄒᆞᆫ 복이될ᄲᅮᆫ안이라 다른 학교에도 ᄯᅩᄒᆞᆫ 그능력이 밋칠지라 학ᄉᆡᆼ이 처음으로 셔학교안에 들어와셔 모든ᄉᆡᆼ각이 아쥬 미뎡ᄒᆞᆯ때에 령혼샹 ᄉᆡᆼ각이 더욱 간졀ᄒᆞᆫ법이니 그사름 평ᄉᆡᆼ에 이만치 됴흔긔회가 업ᄂᆞ니라 학ᄉᆡᆼ쳥년회에셔 신입학ᄉᆡᆼ을 위ᄒᆞ야 ᄒᆡᆼᄒᆞᆫ력ᄉᆞ롤 샹고ᄒᆞᆯ때에 긔왕 셩젹이 아모리 쟝ᄒᆞᆯ지라도 더잘ᄒᆞᆯ슈 업시 극졈에 이른쥴로 ᄉᆡᆼ각흠이 불가ᄒᆞ니 맛당히 ᄒᆞᆼ샹 부족ᄒᆞᆫ쥴로 녁여 셩력만 다ᄒᆞ면 더욱 ᄒᆞᆫ업시 됴흔 셩젹을 엇을슈 잇ᄉᆞ리로다

부 측

밋는학싱이 ᄌᆞ긔의 학교안 학싱쳥년회에 입참ᄒᆞ야 그회를 흥왕ᄒᆞ게ᄒᆞ는것이 맛당ᄒᆞᆫ리유가 여러가지인ᄃᆡ 여긔 몃가지말ᄒᆞ는것은 특별히 신입학싱위ᄒᆞ야 일ᄒᆞ는 모든 위원부임원과 권입위원들의게 도음이되기를 위ᄒᆞᆷ이나 ᄯᅩᄒᆞᆫ 밋지안는자도 쥬의ᄒᆞ기를 ᄇᆞ라노라

입회ᄒᆞᆯ리유

(一) 학싱쳥년회는 각학교안에 뎨일 크게조직된 종교상 단톄이니 학싱의 도리에 맛당히 극력 찬셩ᄒᆞᆯ것이오

(二) 그회가 학싱의 령혼상 리익에 즉졉으로 관계가잇스며

(三) 학싱이 쟝리에 교회인도쟈될 쥰비를 쳥년회에서 엇을슈잇스며

(四) 각교회의 ᄃᆡ표되는 모든 학싱들과 련락교섭ᄒᆞ는 즁에서 령혼의 풍셩ᄒᆞᆫ 복을 엇을슈 잇스며

(五) 그회에서 모든 학싱으로 ᄒᆞ여금 각각 ᄌᆞ긔동포의 령혼을위ᄒᆞ야 일ᄒᆞ기에 가쟝 됴흔긔회를 줌이오

(六) 회원으로 잇셔셔 셩립된 단톄와 합동ᄒᆞ야 일ᄒᆞ는것이 혼쟈 ᄀᆡ인으로 일ᄒᆞ는이보다 학싱계에 더욱 유익ᄒᆞᆯ것이며

(七) 모든 밋는학싱들이 일톄로 연합ᄒᆞ야 단톄로 인도ᄒᆞ기전에는 그학교안에 덕의샹 부픽ᄒᆞᆫ 풍힝과 혹 종교를 반ᄃᆡᄒᆞ거나 혹 종교에 샹관업시녁이는 모든이런폐단을 졔어ᄒᆞᆯ슈 업슴이오

(八) ᄌᆞ긔가 쳥년회에 입참ᄒᆞᆷ으로 다른 학싱들이 또ᄒᆞᆫ 본밧아힘입을지라 셜령 ᄌᆞ긔는 회의힘을 밧을필요가 업슬지라도 놈들이보고 ᄯᅡ르게ᄒᆞ는것이 부지즁 무한ᄒᆞᆫ 능력을 발싱ᄒᆞᆷ이오

(九) 가령 그회에셔 ᄒᆞ는 여러가지 일즁에 혹 ᄒᆞᆫ두가지 ᄌᆞ긔ᄯᅳᆺ세 합당치안인일이 잇슬진ᄃᆡ 그것을 인연ᄒᆞ야 입회ᄒᆞ지 아닐것이아니라 도로혀 입회ᄒᆞᆷ이 맛당ᄒᆞᆯ리유가 잇스니 쳣지는 여러가지 일즁에 몃가지 합의ᄒᆞᆯ일이 잇슬것이오 둘

ᄌᆡ는 그회에 불가ᄒᆞᆫ일이 잇스면 맛당히 그안에 드러가셔 힘써긔량ᄒᆞ기를 도모ᄒᆞᆯ지라 엇지폐단을 인연ᄒᆞ야 됴흔사업에 방ᄒᆡ됨을 도라보지 안이ᄒᆞ리오

(十) 만일 밋는학ᄉᆡᆼ이 혜아리되 ᄌᆞ긔는 그회에 참례ᄒᆞᆯ 결을이업셔 못ᄒᆞᆫ다ᄒᆞᆯ진ᄃᆡ 이는 대단히 위ᄐᆡᄒᆞᆫ ᄉᆡᆼ각이라 엇던사ᄅᆞᆷ이던지 하ᄂᆞ님의 뜻을 힝ᄒᆞᆯ결을이 업는쥴로 ᄉᆡᆼ각ᄒᆞᆯᄯᅢ는 그사ᄅᆞᆷ의 령혼이 대단위ᄐᆡᄒᆞᆫ법이니 회에 다닐결을이 업는쥴로 ᄉᆡᆼ각ᄒᆞᆯᄉᆞ록 더욱이 입회ᄒᆞ는것이 가ᄒᆞ며

(十一) 만일 엇던학ᄉᆡᆼ이 말ᄒᆞ기를 ᄌᆞ긔는 엇던례비당에셔 일을보는고로 회에다닐 필요가 업노라ᄒᆞᆯ진ᄃᆡ 이는 과연 깁히ᄉᆡᆼ각지 못ᄒᆞᆫ말이라 그러치안이ᄒᆞᆫ 연고가 여러가지니 쳣재 례비당일은 학ᄉᆡᆼ안이라도 ᄒᆞᆯ사ᄅᆞᆷ이잇슬터이오 학교안에 일인즉 학교밧겟 사ᄅᆞᆷ이 ᄒᆞᆯ슈업는일이라 ᄂᆞᆷ이못ᄒᆞᆯ 학교일을 폐지ᄒᆞ고 아모라도 ᄒᆞᆯ슈잇는 교회일을 젼력ᄒᆞ리오 만일 헤아리되 교회를 위ᄒᆞ야 몬져일ᄒᆞ는것이 나의직칙이라ᄒᆞᆯ진ᄃᆡ 이는 더옥 깁히 ᄉᆡᆼ각지못ᄒᆞᆫ말이라 교회에ᄃᆡᄒᆞᆫ직칙으로만 볼지라도 셰계인류즁 뎨일긴요ᄒᆞᆫ 부분되는 학ᄉᆡᆼᄉᆞ회를 예수ᄯᅢ로 인

도ᄒᆞᄂᆞᆫ일에셔 더큰 직칙이업ᄂᆞ니 쳥년회의 셜립된것이[illegible]교회를 위ᄒᆞ야된것인 쥴을ᄉᆡᆼ각ᄒᆞᆷ이 가ᄒᆞ도다

(十二) 학교에셔 쳥년회 ᄒᆞ나에 입참ᄒᆞᆷ으로 셰계학ᄉᆡᆼ계에 뎨일 큰 단톄ᄅᆞᆯ 연락ᄒᆞᆯ 슈잇ᄂᆞᆫ지라 미국과 킈나다에 잇ᄂᆞᆫ학ᄉᆡᆼ 쳥년회로만 말ᄒᆞᆯ지라도 ᄐᆞᆼ히륙ᄇᆡᆨ오십 여회에 회원이 합ᄉᆞ만여명이라 겸ᄒᆞ여 셰계각쳥년회에셔 ᄃᆡ표를 합ᄒᆞ야 만국 학ᄉᆡᆼ 긔독교대연합회를 일우니 이회에 참예ᄒᆞᆫ회가 합이 일쳔오ᄇᆡᆨ여소요 회원이 학ᄉᆡᆼ과 교ᄉᆞᄅᆞᆯ합ᄒᆞ야 륙만오쳔여명에 달ᄒᆞᆫ지라 이러ᄒᆞᆫ 큰 단톄에 ᄒᆞᆫ부분되ᄂᆞᆫ것이 엇지 원ᄒᆞᆯ비안이리오

(十三) 셰계에 긔독교 쳥년회를 ᄐᆞᆼ계ᄒᆞᆫ건ᄃᆡ 오쳔여소요 회원이 도합 오십여만명 이라 이는 다만 학ᄉᆡᆼ뿐안이오 모든직업과 여러가지 등분으로합ᄒᆞ야 일우어 ᄃᆡ구샹 모든나라에 ᄒᆞᆺ허잇셔 련락교통ᄒᆞᄂᆞᆫ비라 이시ᄃᆡ에 쳥년되여 엇지이런 큰 운동에 참예치 안이ᄒᆞ리오

(十四) 쥬를 밋ᄂᆞᆫ학ᄉᆡᆼ되여셔 학교에 잇슬때에 쥬셤기기ᄅᆞᆯ 엇지 잠시인들 밀우어

혹 졸업ᄒᆞᆫ후에나 혹학년을 맛친후에 일을ᄒᆞ기로 ᄉᆡᆼ각ᄒᆞ리오 당장에 당ᄒᆞᆫ긔회를 일치마는것이 합당ᄒᆞ도다 셩경에 말슴ᄒᆞ셧스되 너희가 말ᄒᆞ기를 넉달이 지나야 곡식거둘때가 이르겟다 ᄒᆞ지안ᄂᆞ냐 내가 너희게 닐ᄋᆞ노니 눈을들어 밧출보라 곡식이 익어 임의누르럿스니 가히 거둘지라 ᄒᆞ셧스며 또ᄀᆞᄅᆞ샤ᄃᆡ 때가 아직낫시ᄆᆡ 나를보ᄂᆡ신이의 일을 우리가 맛당히 힝ᄒᆞ거니와 밤이오면 사ᄅᆞᆷ이 일을 힝ᄒᆞᆯ슈업스리라 ᄒᆞ셧ᄂᆞ니라

明治四十四年十月十日印刷

明治四十四年十月十三日發行

著作 美國紐育二八街東一二四番 穆德

飜譯 東門外紅樹洞十六統六戶 李承晚

發行人 西大門外圓峴 巴樂萬

印刷人 西小門內 드레물레

發行所 京城鍾路 皇城基督敎青年會

印刷所 西小門內 法韓會社印刷部